neue frau
herausgegeben von
Angela Praesent

Margaret Mead

Brombeerblüten im Winter

Ein befreites Leben

Mit einem Nachwort von
Margarete Mitscherlich-Nielsen

Rowohlt

Die Originalausgabe erschien 1972 unter dem Titel
«Blackberry Winter»
bei William Morrow & Company, Inc., New York
Ins Deutsche übertragen von Katrine von Hutten
Foto der Autorin von Louis Pitzely
Umschlagentwurf Isa Petrikat
Deutsche Erstausgabe

119.–130. Tausend April 1982

Veröffentlicht im Rowohlt Taschenbuch Verlag GmbH,
Reinbek bei Hamburg, Juni 1978

Gesetzt aus der Aldus (Linotron 505 C)
Gesamtherstellung Clausen & Bosse, Leck
Printed in Germany
780-ISBN 3 499 14226 0

Die rororo-Reihe «neue frau» legt erzählende Texte aus den Literaturen aller Länder vor, deren Thema die konkrete sinnliche und emotionale Erfahrung von Frauen und ihre Suche nach einem selbstbestimmten Leben ist. Die monatlich erscheinenden Bände wenden sich an alle, die mit Spannung verfolgen, wie sich die Beziehung der Geschlechter und das Selbstverständnis der Frau wandelt.

Danksagung

Dies ist kein Buch über die Völker der Südsee, die ich über viele Jahre hinweg studiert habe. Ich habe in vielen Büchern über sie berichtet, und der interessierte Leser kann dort das finden, was in dieser Erzählung über mein eigenes Leben als selbstverständlich vorausgesetzt wird. Obwohl der Schwerpunkt dieses Buches nicht auf ihnen liegt, sind sie trotzdem anwesend, und ich danke ihnen.

Es wäre mir unmöglich, allen Menschen zu danken, die mich willkommen geheißen haben, die mich toleriert und sich überall dort, wo ich in nun fast fünfzig Jahren des Reisens hinkam, um mich gekümmert haben. Ebenso unmöglich wäre es, all jenen zu danken, die das Leben, von dem ich hier berichte, mitgeformt haben.

Ausdrücklich für ihre Kritik und ihre Hilfe danken kann ich hier nur Marie E. Eichelberger, Geoffrey Gorer, Leah Josephson Hanna, Caroline Kelly, Rhoda Métraux und Elizabeth Steig, und Florette Henri, Mary Beth O'Connell und Eleanor Pelham Stapelfeldt für ihren tatkräftigen Beistand bei der Vorbereitung des Manuskripts.

New York, Mai 1972

Brombeer-Winter das ist die Zeit,
wenn Rauhreif auf den Brombeerblüten liegt;
ohne Rauhreif keine Beeren.
Er verspricht eine reiche Ernte.

Den acht Völkern, die mich in ihr Leben aufgenommen haben,
widme ich dieses Buch, in dem ich versuche,
etwas von meinem eigenen Leben zu geben,
so wie sie von ihrem gegeben haben.

1. Prolog: Für wen und warum

Mit 16 Jahren las ich an der Sprechzimmerwand eines alten Landarztes einen mit Blümchen umrahmten Spruch: «Wer Gott liebt, dem gereicht alles zum Guten». Ich dachte dabei an ein Schiff. Wenn der Kurs stimmt und man mit den Segeln jeden Wind ausnützt, um voranzukommen, wenn man immer darauf vertraut, daß der eingeschlagene Kurs richtig ist, dann ist er tatsächlich richtig, selbst wenn das Schiff während der Fahrt jederzeit untergehen kann.

Ich habe den größten Teil meines Lebens damit verbracht, die Lebensgewohnheiten anderer Völker zu studieren, Völker aus fernen Ländern, damit meine Landsleute sich selbst vielleicht besser verstehen. Heute lebende primitive Völker, die weder über die Schrift noch über andere Zeugnisse verfügen außer dem gesprochenen Wort, haben nur sich selbst, um darzustellen, was sie sind. In ganz ähnlicher Weise erzähle ich mein eigenes Leben, damit es ein Licht darauf werfen möge, wie Kinder so aufgezogen werden können, daß Eltern und Kinder zusammen auch die rauheste See gut überstehen. Junge Menschen bereits fragen: «Werden wir unseren Kindern so fremd sein, wie wir unseren Eltern waren?» Ich glaube nicht. Meine Eltern und meine Großmutter gaben mir ein Bewußtsein von der Kultur, die uns umgab, mit ins Leben. Es wurde durch viele Jahre der Arbeit in der Mitte von Südseevölkern geschärft. Aber ich glaube, wir können diese Art von Bewußtheit auch in unserer eigenen Lebenssphäre entwickeln.

Die Südseebewohner, die ich beschrieben habe – die Samoaner, Manus, Arapesh, Mundugumor, Tchambuli, Balinesen und Jatmul –, gaben großzügig, als ich von ihnen wissen wollte, wie sie lebten. Manchmal war es schwierig, einem Volk, das noch in der Steinzeit lebte, zu erklären, warum ich gekommen war, um unter ihnen zu leben, und was ich eigentlich tat. Aber ich versuchte es immer. Am Anfang mußte ich es zulassen, daß sie sich ihre eigenen Phantasien über das bildeten, was ich trieb, und dann hatte ich oft das Gefühl, daß sie mich nicht verstanden, obwohl ich sie vielleicht würde verstehen können. Aber als ich nach dem Krieg wieder hinfuhr – zu den Manus, Balinesen, Jatmul –, entdeckte ich mit großer Freude, daß es dort jetzt Männer und Frauen gab, die sich selbst Gedanken über das Schicksal ihres in stürmischer Veränderung begriffenen Volkes machten und die nun verstehen konnten, warum ich gekommen – und wiedergekommen – war und was sie der übrigen Welt zu geben hatten.

Wenn ich früher, besonders von jungen Leuten meines eigenen Landes, gefragt wurde, wieso ich zu verstehen schien, was sie zu tun und auszudrücken versuchten, antwortete ich oft: «Weil ich Ethnologin bin.» Jetzt scheint mir diese Antwort nicht mehr auszureichen. Und wie nützlich ist solch eine Antwort überhaupt? Schließlich gibt es nur sehr wenige ausgebildete Ethnologen oder Leute, die sich die Zeit nehmen können, monate- und jahrelang am Leben anderer Völker teilzunehmen und dann mit geöffneten Augen nach Hause zu kommen. Darüber hinaus scheint mir jetzt, daß diese Antwort zwei für mein Leben entscheidende Dinge ausließ. Das eine ging mir auf, als einer meiner ältesten Freunde sagte: «Bei mir zu Hause war ich ein Kind. In deiner Familie war ich eine Person». Das andere – und ich habe es in den letzten zehn Jahren erneut zu schätzen gelernt – ist die Tatsache, daß meine Erziehung der Zeit in meiner eigenen Kultur in mancher Hinsicht um zwei Generationen voraus war.

Die Arbeit an diesem Buch ist mir fast so vorgekommen wie die Auswahl von Material für einen Film, zu dem viel zuviel gedreht worden ist, und dabei ist mir wieder bewußt geworden, wieso meine Erziehung meiner Zeit voraus war. Zum Teil kam es daher, daß ich während meiner ganzen Kindheit die intensive Beziehung meiner Großmutter zur Vergangenheit und zur Gegenwart teilte. Aber es kam auch daher, daß ich das Kind von Soziologen war, die ein tiefes – und unterschiedliches – Interesse am Zustand der Welt hatten. Für mich war es fast dasselbe, zu einer Frau erzogen zu werden, die in der heutigen Welt verantwortlich leben kann, und eine Ethnologin zu werden, die sich der Kultur bewußt ist, in der sie lebt.

Wenn ich mit anderen Kindern im Buckingham Valley über die Felder rannte, um ein Feuer anzuschauen oder zu sehen, ob das Eis auf den Teichen hielt, wußte ich, auf welche Weise sich das Leben der Leute um uns herum vom Leben ihrer Vorfahren unterschied. Und mir war bewußt, wie unser Leben sich vor unseren eigenen Augen veränderte. Als meine Großmutter lernen wollte, wie man Butter macht, war das nicht dasselbe wie das Buttermachen zu einer Zeit, als es noch keine abgepackte Butter im Laden gab. Als ein Zeppelin gemächlich am Himmel über unseren Wiesen vorbeitrieb, bezog ich das sowohl auf die ersten Ballonflüge als auch auf Vorstellungen vom Luftverkehr, die damals noch nicht verwirklicht waren. Und wenn unsere Nachbarn an den vielen Orten, an denen wir während meiner Kindheit lebten, sich anders als wir, aber auch verschieden voneinander verhielten, dann lernte ich, daß dies von ihren Lebenserfahrungen und von den Lebensgewohnheiten ihrer und meiner Vorfahren herrührte und nicht von den Unterschieden unserer Hautfarbe oder unserer Kopfform.

Man braucht nicht nach Neuguinea oder Samoa zu fahren, um das zu lernen. Diese Art, die Welt zu sehen und darüber nachzudenken, ist etwas, was Kinder zu Hause lernen können und heute auch oftmals lernen. Es ist natürlich wahr, daß meine Mutter mir nicht dieselben Dinge hätte beibringen können, wenn frühere Ethnologen nicht nach weit entfernten Orten gefahren wären und aufgezeichnet hätten, was sie dort fanden. Und wenn die Fürsorge für den Nachbarn nicht Teil der religiösen Erfahrung meiner Großmutter gewesen wäre, dann wäre mir vielleicht weder meiner Mutter noch meiner Großmutter Engagement für die Menschheit verständlich gewesen. Ganz bestimmt hätte ich die Überzeugung meines Vaters, daß jeder Mensch vor allen Dingen etwas zum Wissensschatz der Welt beizutragen habe, nicht so interpretiert, wie ich es tat.

In diesem Buch habe ich die Arten von Erfahrungen zu beschreiben versucht, die mich zu dem gemacht haben, was ich bin: ich selbst. Und ich habe die Erfahrungen herauszustellen versucht, die vielleicht etwas zu einer Art von Kindererziehung und Weltsicht beitragen können, welche die Vergangenheit und die Zukunft als Aspekte der Gegenwart mit erfaßt – der Gegenwart einer jeden Generation. Während ich mir die früheren Erfahrungen meines eigenen Lebens ins Gedächtnis gerufen habe, haben sie sich zugleich von neuem mit meinen Beziehungen zu anderen Menschen verwoben, die mir lange Zeit nahe standen. Denn ich habe dieses Buch an vielen verschiedenen Orten der Welt geschrieben, immer aber in der Nähe von jemandem, der ein Teil dessen war, worüber ich schrieb – in Cincinnati, wo Familienangehörige meiner Großmutter leben; in Australien, wo Caroline Tennant Kelly während all der Jahre, in denen ich auf der Hin- und Rückfahrt durch Sydney kam, zu meinem Leben im Süd-Pazifik gehörte; in Cambridge, wo meine Schwester Elizabeth und meine Tochter Catherine lesen konnten, was ich über unsere Familien schrieb; in Ungarn, bei einem internationalen Seminar über Wohnformen, an dem ich zusammen mit Geoffrey Gorer teilnahm, den ich erst 1935 kennenlernte, aber der dieselbe Einstellung zur theoretischen Entwicklung der Ethnologie und zu dem Abenteuer, die moderne Welt zu verstehen, hat wie ich; und schließlich in New York, wo ich Rhoda Métraux, der gerade von Feldstudien am Sepik-River zurückgekommen war, diesen Überblick über meine eigenen, jetzt schon fast 50 Jahre zurückreichenden Erfahrungen vorlegen konnte.

Als ich das Buch zur Hälfte geschrieben hatte, fuhr ich nochmals in den Süd-Pazifik, um jene eigenen Studienreisen zu wiederholen, die 1925 in Samoa angefangen und 1938 in Neuguinea aufgehört hatten. Dort, auf der Reise von Bali nach Jatmul, hatten wir auf einem kleinen chinesischen Handelsschiff auf dem Sepik-River aus dem Radio die unheilvolle Nachricht von Chamberlains Besuch bei Hitler gehört, der einen Krieg «in unserer Zeit» verhüten sollte. Nur ein paar Monate später, als wir kurz vor der tschechoslowakischen Tragödie auf dem Heimweg waren, wurde uns klar, daß ein Krieg nicht abzuwenden sein würde. Wir gaben unsere Arbeit draußen auf, um uns dem Krieg zu stellen, dessen Ausbruch mir so wahrscheinlich vorgekommen war, daß ich alle Forschungsarbeiten in den vergangenen neun Jahren im Gefühl des Zeitdrucks durchgeführt hatte.

Vergangenheit und Gegenwart überlagerten sich, als ich jene Sommerreise machte, auf der mich das unfertige Manuskript begleitete. Und mir wurde klar, daß ebenso wie der Krieg die Menschen dieser Welt in zwei Gruppen teilt – nicht als Feinde, aber als Mitglieder zweier Generationen, von denen die eine vor dem Krieg geboren wurde und aufwuchs, die andere nach jenen Ereignissen, die die Situation des Menschen veränderten –, auch mein Lebensbericht mit dem Krieg aufhören müsse. Als wir 1939 zu Hause eingetroffen waren, zeichnete sich die Situation, in der sich dieser einzigartige Generationsbruch ereignete, schon ab. Meine Zeitgenossen waren bereits tief besorgt über die jungen Leute. Ihnen kamen viele junge Männer und junge Frauen unbeteiligt vor, apathisch, und ohne moralischen Standpunkt – sie benutzten genau die Worte, die auch heute noch vertraut klingen. Andererseits gab es solche, die meinten, junge Leute müßten es lernen, ohne große Ambitionen zu leben, da es in der gegenwärtigen Welt für Ehrgeizige nur ein begrenztes Betätigungsfeld gebe. Meine eigene Antwort darauf hatte ich in einem Artikel über die jüngere Generation vorweggenommen, in der einige, wie es mir schien, unsere traditionellen Begriffe neu durchdachten, indem sie die Frage stellten: «Soll man überhaupt ein Gewissen haben?»

Als ich diese Woche alte Fotografien aus dem Archiv durchschaute, das Marie Eichelberger für mich führt – Fotografien, die im Lauf der Jahre von so vielen Menschen aufgenommen wurden, mit denen ich zusammengearbeitet habe – Karsten Stapelfeldt, Gregory Bateson, Jane Belo, Paul Byers, Ken Heyman und Robert Levin –, fand ich keinen klaren Bruch mit der Vergangenheit. Als ich die Bilder alle nebeneinander legte, die von meiner Tochter und meiner Enkelin, von meiner Großmutter als junger Frau und Aufnahmen, die sie so zeigten, wie ich sie zuletzt gekannt hatte, von meinem Vater mit meiner jüngeren Schwester, und viele Jahre später mit meiner Mutter, und von mir selbst als Kind mit meinem Bruder, und von meinen heranwachsenden Geschwistern, fand ich, daß in allen diesen Bildern etwas von Wiederholung war. Jedes einzelne war ein Bild von einer Person in einem ganz bestimmten Augenblick, aber wie sie so vor mir ausgebreitet lagen, erkannte ich das Muster, das meine Familie für mich darstellt.

Der Kurs, den mein Leben genommen hat, wurde vor langer Zeit bestimmt. Aber seit den vierziger Jahren habe ich mich in neue Richtungen bewegt. Dieses Buch handelt von der Gegenwart, aber in einer Weise, wie ich sie erst in einer maßlos veränderten Welt verstand.

Jetzt sagen junge Leute, jung genug, um meine Urenkel sein zu können, oft zu mir: «Sie gehören zu uns.» Es ist eine große Versuchung für mich, zuzustimmen. Es wäre etwas Außergewöhnliches, zu dieser Generation zu gehören, die gerade zu sich selbst findet. Aber ehrlicherweise muß ich antworten: «Nein, ich gehöre zu meiner eigenen Generation. Nur weil wir jetzt vielfach dieselben Dinge suchen, gehören wir noch nicht zur selben Generation. Ich kann niemals zu eurer Generation gehören, genausowenig wie ihr zu meiner. Aber ich kann versuchen, mich mit meiner Lebensgeschichte darzustellen, so wie ihr euch gern mit euren Körpern darstellt.»

Darüber handelt dieses Buch, deshalb habe ich es geschrieben.

Erster Teil

2

Zu Hause und unterwegs

Für viele Leute ist Umziehen eine Sache und Reisen etwas ganz anderes. Reisen heißt, sich von zu Hause zu entfernen und erst einmal wegzubleiben: Es ist ein Mittel gegen die Eintönigkeit des Alltagslebens, der Auftakt von Ferien, auf die man nach öden Monaten einen Anspruch hat. Umziehen heißt, sich von einem Zuhause zu trennen, sich traurig oder froh von der Vergangenheit trennen; ein glückliches Unterfangen oder ein großer Kummer, etwas, was mit mehr oder weniger Tapferkeit ausgestanden werden muß. Umziehen und zu Hause sein, reisen und ankommen gehören für mich fest zusammen. Es gibt viele Wohnungen auf der Welt, in denen ich für einen Tag, einen Monat, ein Jahr oder viel länger gelebt habe. Wieviel ich für ein Zuhause empfinde, hängt nicht von der Zeit ab, die ich dort verbracht habe. Eine Nacht in einem Zimmer mit einem züngelnden Feuer im Kamin kann mir mehr bedeuten als viele Monate in einem Zimmer ohne offenen Kamin, ein Zimmer, in dem mein Leben weniger aufregend weiterging.

Soweit ich mich zurückerinnern kann, wußte ich, daß wir nicht immer dort gelebt hatten, wo wir gerade lebten – in Hammonton, New Jersey, wo wir hingezogen waren, damit Mutter ihre Doktorarbeit schreiben konnte. Ich wußte, daß ich meinen ersten Sommer in einem Ferienort namens Lavallette verbracht hatte, ein Ort, den ich nicht mehr besuchte, bis ich siebzehn war, und wo ich dann den einzigen wirklichen Anfall von Heimweh bekam, den ich jemals hatte. Er wurde vom Geräusch der Brandung ausgelöst. Ich wußte auch, daß wir am St. Marks Square in Philadelphia gelebt hatten, weil wir im nächsten Winter in der Nähe des St. Marks Square lebten und noch Leute kannten, die dort wohnten.

Wir lebten jeden Winter in oder in der Nähe von Philadelphia, damit Vater an den Abenden, an denen er an der Universität lehrte, nicht zu weit fahren oder gar in der Stadt bleiben mußte. Von meinem siebten Lebensjahr an verreisten wir auch den Sommer über. Also zogen wir viermal pro Jahr um, denn im Herbst und im Frühling kehrten wir in das Haus in Hammonton zurück.

Alle anderen Häuser waren seltsame Häuser, die wir so schnell wie möglich vereinnahmen mußten, damit sie nicht mehr so seltsam waren. Das hieß nicht, daß sie beängstigend waren, nur daß wir jeden Schlupfwinkel und jede Ecke kennenlernen mußten, denn sonst war es schwer, Verstecken zu spielen. Sobald wir ankamen, rannte ich voraus, um ein

Zimmer für mich zu finden, möglichst weit entfernt von den anderen, am liebsten ganz oben im Haus, wo ich immer durch Schritte gewarnt wurde, wenn jemand kam. Bis wir uns eingerichtet hatten, war ich dann damit beschäftigt, alles zu erforschen und mir die fremde Umgebung zu eigen zu machen. Später, als ich ungefähr vierzehn war, mußte ich mich ums Auspacken kümmern, ums Bettenmachen, ich mußte sehen, daß das Essen in den Eisschrank kam und daß die Lampen vor Einbruch der Dunkelheit gefüllt und angezündet wurden.

Als nächstes wurde die Nachbarschaft ausgekundschaftet. Ich mußte herausfinden, was für Kinder in der Nähe wohnten und ob es Wälder, wilde Blumen, Dickichte oder Dschungel gab – ich mußte jeden verborgenen Platz finden, der sich in einen kleinen Urwald verwandeln ließ, wo das Leben schnell in einer Phantasiewelt weitergehen konnte.

In Hammonton besaßen wir 5 Morgen Land, wovon ein großer Teil mit verwildertem Gebüsch bewachsen und mit Heidelbeerbüschen übersät war. Die kleinen italienischen Kinder, die neben uns wohnten, pflückten die Beeren und verkauften sie an uns zurück. In Landsdowne und Swarthmore gab es kleine Waldstücke. Aber in Philadelphia gab es nichts außer verschieden hohen Steinmauern, auf denen man gehen konnte. Es gab nichts, außer in dem einen Winter, wo wir am Parkrand in der Nähe des Zoos lebten.

Wie weit weg und wie oft wir auch umzogen, wir kamen doch immer nach Hause nach Hammonton zurück zu den bekannten und geliebten Dingen, die zum Mitnehmen zu empfindlich waren – obwohl Mutter uns sehr großzügig erlaubte mitzuschleppen, was jeder von uns wollte. In Hammonton war immer dasselbe Blaubeergestrüpp, durch das wir auf den alten Pfaden streiften oder uns neue bahnten, dort war dieselbe leichte Kutsche, die wir in einem Fuhrgeschäft mieteten, und dieselbe Tür, die nie geöffnet wurde – die zweite Tür in der Glasveranda des Hauses, die nur ein einziges Mal benutzt wurde, nämlich in jener Nacht, als die Nachbarn dagegen trommelten, um uns darauf aufmerksam zu machen, daß unser Schornstein Feuer gefangen hatte.

Dort stand der große Baum, von dem im Sturm einmal ein Hornissennest herunterfiel. Ich hatte im Wind herumgetanzt, als es herunterfiel, und war, immer noch tanzend, mit den Händen hineingeraten. Ich kann mich noch an den Sturm erinnern, aber nicht mehr an die Stiche, mit denen ich übersät war, wie mir erzählt wurde. Dort standen die großen, immergrünen Koniferen, die den Rasen in kleine Quadrate einteilten. Dort spielte Großmutter immer mit uns bis zu dem Tag, an dem sie sich die Hand aufs Herz legte und dann kein Spiel mehr mitmachte, bei dem man rennen mußte. Außerhalb der Pfeifenstrauch-Hecke fanden wir einmal Fäkalien, und Mutter sagte in einem angeekelten Tonfall, der an Entsetzen grenzte, das seien menschliche Fäkalien.

Dort war der Brunnen mit einer Pumpe, die wir mit heißem Wasser in

Gang brachten, bis eines Tages mein fünfjähriger Bruder mit seinem tollkühnen, um ein Jahr jüngeren Freund, alles, was sie abmontieren konnten, da hineinwarf. Von da an wurde der Brunnen nie mehr benutzt. Dort stand ein altes Boot, in dem wir Blumen anpflanzten, bis die Buben es zerstörten. Und einmal, als die Scheune neue Schindeln bekommen hatte und die alten für den Winter in der Scheune aufgestapelt waren, warfen die beiden kleinen Jungen alle Schindeln heraus. Großmutter meinte, das zeige, wie zwei Kinder, von denen jedes für sich ganz in Ordnung sei, zusammen auf schlimme Gedanken kommen könnten. Wenn man zwei Kinder zusammenbrächte, könne man nie wissen, was dabei herauskäme. Das erweiterte mein Bild davon, wie Jungen eigentlich waren.

Sie waren das Gegenteil von jener Radierung, die in einem selbstangefertigten Kupferrahmen auf dem Kaminsims stand. Auf diesem Bild waren zwei Kinder zu sehen, ein kleines Mädchen, das liebevoll einen feinen Saum nähte, und ein wunderschöner, weltentrückter Junge, der einfach nur so dasaß und in die Ferne schaute. Viele Jahre später lieferte mir dieses Bild den zentralen Stoff für ein bitteres kleines feministisches Gedicht. Ich schrieb es, als Edward Sapir mir sagte, es sei besser für mich, zu Hause zu bleiben und Kinder zu kriegen, als in der Südsee Studien über heranwachsende Mädchen zu machen:

> Miß den Faden, schneid ihn ab
> grad richtig für den Saum,
> näh den Stoff um, nicht zu knapp,
> kein Platz mehr für den Traum.
> . . .
> Senk den Kopf und laß dich nicht erwischen
> daß du schaust, wohin die wilden Gänse fliegen.

Auch auf Mutters Toilettentisch gab es Schätze – ein Nadelschälchen aus Wedgwood-Porzellan, eine kleine Maria mit ihrem Lämmchen, den blaßgrünen, geblümten Deckel einer Rosenschale, die zerbrochen war, und Mutters Kamm, Bürste und Spiegel mit silbernem Rücken. All diese Dinge bedeuteten etwas für mich. Jedes einzelne war – und ist immer noch – fähig, einen ganzen Schwarm von Erinnerungen hervorzurufen.

Alles zusammengenommen bedeuteten mir nur wenige Dinge viel, als ich ein Kind war, wenn ich sie mit den überladenen Tischen und vollgestopften Regalen vergleiche, durch die Kinder heute ihren Weg finden müssen. Nur mit sehr viel Glück wird es ihnen gelingen, die Unmassen von Krimskrams, Spielzeug und leicht vergessener Dinge ohne Vergangenheit oder Zukunft, jene Stapel von Schnappschüssen, die nächstes Jahr durch neue, leuchtend bunte Schnappschüsse ersetzt werden, zu Erinnerungen zusammenzufassen.

Mir scheint, die Schwierigkeit liegt nicht, wie so viele ältere Menschen behaupten, darin, daß das Leben früher einfacher war, es weniger Dinge gab und die Menschen deshalb sowohl irgendwie besser als auch bescheidener waren. Eher besteht das Problem darin, daß Kinder heute neue Wege finden müssen, um mit den ständig wechselnden Gegebenheiten ihres Lebens fertig zu werden, und zwar ohne große Hilfe ihrer Eltern, die in einer völlig anderen Welt aufgewachsen sind. Wie viele der jungen Leute, die sich gegen die Tyrannei der Dinge auflehnen, die ihren Besitz auf den Inhalt eines Rucksacks beschränken wollen, können sich an die Dinge erinnern und sie benennen, die auf dem Toilettentisch ihrer Mutter lagen, oder können jedes Spielzeug oder Buch beschreiben, das sie als Kind besaßen?

Man hat herausgefunden, daß verzweifelte, unglückliche Jugendliche, wenn sie sich entschließen, aus der unordentlichen, drogenabhängigen Kommune auszubrechen, in der sie seit Monaten gelebt haben, als erstes ihre wenigen Habseligkeiten an einer Stelle sammeln und eine Art von Ordnung herstellen. Das Bedürfnis, sich von dem Ort her zu definieren, an dem man lebt, bleibt selbst dann bestehen, wenn dieser Ort nur von einem einzigen Gegenstand gekennzeichnet ist, wie von der kleinen blauen Vase, die einer meiner Freundinnen das Gefühl vermittelte, zu Hause zu sein. Sie war die Tochter einer verwitweten Krankenschwester, die ständig von einem Ort zum anderen umzog. Die Buschmänner der Kalahari-Wüste schütten oft keine Wälle auf, wenn sie in der Wüste lagern. Sie graben nur eine kleine Vertiefung in den Sand. Aber dann biegen sie einen schlanken Baumschößling zu einem Bogen, einer Art Tor, das die Wohnung dahinter genauso unverletzlich gegen Übergriffe macht wie die befestigten Wohnsitze der Reichen, oder so unverletzlich wie Makati in Manila, wo Wächter die Wohlhabenden gegen die Armen beschützen.

Wie wenige Dinge nötig sind, um ein «Zuhause» zu schaffen, wurde mir klar, als ich meine siebenjährige Tochter auf ihre erste Seereise mitnahm. Das Schiff – die «Marine Jumper», ein nicht renovierter Truppentransporter mit eisernen Decks – war mit über tausend Studenten vollgestopft. Sie waren unten einquartiert, wo die Truppen geschlafen hatten, während Cathy und ich eine Kabine mit sechs anderen Dozenten teilten. Cathy kletterte als erstes in ihre obere Koje, öffnete die kleinen Pakete, die sie als Abschiedsgeschenke bekommen hatte, und legte alles in einem Kreis um sich herum. Dann lehnte sie sich über den Kojenrand und sagte: «Jetzt will ich das Schiff anschauen.» Ein Zuhause, das habe ich gelernt, kann überall dort sein, wo man es sich einrichtet. Ein Zuhause ist auch der Ort, an den man immer wieder zurückkommt. Eine wirklich einschneidende Trennung ist nur die, die für immer sein könnte. Dieses Gefühl, von einer Segelfahrt vielleicht nie mehr zurückzukommen, läßt die Völker auf den pazifischen Inseln nicht los. Schon am selben Tag, an dem ich in Samoa ankam, begannen die Leute zu fragen: «Wann fährst du wieder weg?» Als ich antwortete: «In einem Jahr», seufzten sie: «Alas, talofai» – unsere Liebe sei mit dir – mit der Traurigkeit von tausend Abschieden in der Stimme. Ihre Inseln waren von Seefahrern bevölkert, die zu einer kurzen, wohl erkundeten Reise aufbrachen und deren Kanus dann Hunderte von Meilen vom Kurs abgetrieben wurden. Aber selbst wenn nur ein Fischerboot ausläuft, ist es möglich, daß es am gefährlichen Riff kentert und jemand ertrinkt. Auch die kleinste Reise kann für immer sein.

Etwas Vergleichbares habe ich an der portugiesischen Küste beobachtet, wo seit vierhundert Jahren jedes Jahr Fischer mit ihren schwachen Booten zu den Fischgründen im heimtückischen Ozean auslaufen und niemand sagen kann, wann – und ob überhaupt – sie jemals zurückkommen. Portugal ist immer noch ein Witwenland. Die alten, schwarz gekleideten Frauen scheinen immer noch mit den Augen die See nach ihren Männern abzusuchen, die mit unbekanntem Schicksal in der Ferne verschwanden.

In all den Jahren, in denen ich Feldforschung betrieb, wurde jeder Ort, an dem ich lebte, ein Heim für mich. Jeder kleine Gegenstand, den ich mitgebracht habe, wird zum Kennzeichen eines Heimes, jedes Ding auf einem Regal, Büchsen mit Perlen oder Salz für Tauschgeschäfte oder Malkreide für die Kinder. Beim Ausräumen am letzten Morgen – einem Morgen, der ebenso geprägt ist von der Gier derjenigen, die wenig haben und auf einen Anteil an dem, was übrigbleibt, hoffen, wie auch vom Kummer darüber, daß jemand für immer fortgeht – an diesem Morgen weine ich. Auch ich weiß, daß dieser Abschied im Gegensatz zu den Abschieden von zu Hause als Kind sehr wahrscheinlich für immer sein wird.

In Manus schlugen die Männer 1928 die Totentrommeln, als unser Kanu das Dorf verließ. Als ich 1953 Manus zum erstenmal wieder besucht hatte und mich verabschiedete, gab mir der alte Pokanau einen formellen Abschiedsgruß mit auf den Weg: «Wie eine alte Schildkröte verschwindest du jetzt im Meer, um zu sterben, und wir werden dich niemals wiedersehn». Dazu meinte Kilipak, ein viel jüngerer Mann verständnisvoll: «In Wirklichkeit spricht er über sich selbst!»

Wegzugehen mit dem Bewußtsein, daß ich an denselben Ort und zu denselben Leuten zurückkommen werde – so ist mein Leben immer gewesen. Als ich 1925 nach Samoa fuhr, zu meinem ersten Forschungsaufenthalt, hatten wir ein letztes gemeinsames Abendessen im Eßzimmer unserer Farm in Holicong, im Bucks County. Wir waren dort hingezogen, als ich zehn Jahre alt war, nachdem wir das Haus in Hammonton verkauft hatten. Alle waren da, Vater und Mutter und Großmutter, und meine Geschwister Richard, Elizabeth und Priscilla, und mein Studentenehemann Luther Cressman. Vater und Richard sangen abwechselnd, halb um mich aufzuziehen und halb, um ihre Gefühle zu verdecken: «The smoke goes up the chimney just the same» (Und dennoch steigt der Rauch im Kamin) – ein Lied, das zum Familienwitz geworden war, als wir in die Farm einzogen und alle Kamine rauchten –, und sie sangen: «We shall meet but we shall miss her.»

Nach dem Abendessen fuhren wir nach Philadelphia zum alten Baltimore-und-Ohio-Bahnhof, den ich bis dahin noch nie gesehen hatte. Ich küßte sie alle zum Abschied und ging durch die Sperre. Später sagte mein Vater: «Sie hat sich keinmal umgedreht!» Ein neuer Abschnitt meines Lebens fing an. Ich ging auf eine Exkursion und Luther hatte das Reisestipendium für Europa bekommen, das er so gerne haben wollte. Niemand hatte dauerhaft etwas verloren. Ich würde wieder auf der Farm sein, wenn die Rosenmalven das nächste Mal blühten.

Ich hatte immer ein Zuhause, in das ich zurückkommen konnte. Zuerst Hammonton und dann die Farm, die erst 1928 verkauft wurde. 1926 dann ging ich nach meiner Rückkehr aus Samoa ans American Museum of Natural History in New York. Als Büro bekam ich ein Zimmer im Dachgeschoß zugewiesen, direkt unter dem überstehenden Dachrand im West-Turm des alten Gebäudes in der 77. Straße. Es war genauso wie mein Zimmer in der Farm und die Art von Zimmer, wie ich sie mir in jedem unserer gemieteten Häuser ausgesucht hatte. Abgesehen von anderen Vorteilen führten zwei Treppen in den Turm hinauf, genauso wie in allen besseren Häusern, die wir gemietet hatten; das bedeutete, daß man die eine Treppe hinunterschleichen konnte, während jemand, den man nicht treffen wollte, die andere hochkam – während *meiner* Kindheit war das meine Mutter oder jemand, der beim Versteckenspielen suchen mußte; und später ein überbesorgter alter Kurator.

Vielleicht weil ich dieses kleine Dachzimmer mit Blick über die ganze Stadt bekam, entschied ich mich schon nach ein paar Monaten, daß ich mein Leben lang an dem Museum bleiben würde. Ich sah die alten Männer, im Ruhestand lebende Kuratoren – einer von ihnen hieß sogar Mead – zwischen ihren Büchern und Sammlungsstücken herumpusseln. Weit davon entfernt, abgestoßen zu sein, fühlte ich mich hier sicher. Offensichtlich setzte das Museum seine Kuratoren nicht an die Luft, wie es die Universitäten mit ihren Professoren taten, wenn sie zu alt waren, um ihren Papierkram an einem neuen Platz wieder so zu ordnen, daß sie finden konnten, was sie suchten. Ich wollte erreichen, daß ich bleiben konnte, für immer.

Noch wenige Jahre bevor ich zum Museum kam, war mein Büro das Schlafzimmer des Hausmeisters gewesen, der mit seiner Familie im Turm gewohnt hatte. Er stand oft im Eingang und erzählte mir, wie all seine Kinder in diesem Zimmer zur Welt gekommen waren. Es war auch ein Badezimmer da, groß genug für ein massives Becken, in dem Proben gewaschen werden konnten, und in einem Raum auf der anderen Seite des kleinen Korridors gab es einen offenen, gekachelten Kamin, der später mit Gas beheizt wurde. Für uns, die wir im Turm arbeiteten, gab es keine endlose Halle mit Schaukästen, an denen man vorbeigehen mußte, und keine Beschränkungen, wie sie unten in den großen, eleganten Büros üblich waren, in denen jeweils ein Kurator mit seinen Helfern saß.

Nach dem Auszug des Hausmeisters und seiner Familie war mein Dachzimmer zu einem Katalogisierraum geworden, in dem Mr. Sabine herrschte, der ehemalige Butler des Museumsdirektors, der später Assistent in der Abteilung geworden war. Er hatte ein sehr gutes Auge für Details und entdeckte in meiner Manus-Sammlung sofort den ungewöhnlichen Speer, der genau wie römische Speere mit Hilfe einer gedrehten Kordel geschleudert wurde. Als ich kam, wurde Mr. Sabine umquartiert, damit ich wenigstens vorübergehend einen Arbeitsraum hatte, bis unten eines der großen Büros frei würde.

Am Anfang wirkte mein Büro riesig und leer. Die einzigen Möbel waren ein paar halbhohe Glasvitrinen mit Metallrahmen, ein Bücherregal und ein alter eichener Rollschreibtisch, der aus einem der unteren Büros verbannt worden war. Ich hängte einen gemusterten Vorhang aus Baumwolle ans Fenster, bedeckte den Boden mit Matten aus Samoa und heftete eine Weltkarte an die Wand, auf der wir, der Archäologe Erich Schmidt und ich, unsere geplanten Forschungsreisen einzeichneten.

Im Lauf der Jahre, nachdem man mir ein richtiges Büro angeboten und ich es abgelehnt hatte, vergrößerte ich im Dachgeschoß langsam mein Revier. Zuerst eignete ich mir den Durchgangsraum der ehemaligen Wohnung an, der während Mr. Sabines Regime «nicht identifizierten Objekten» vorbehalten gewesen war. Dort war auch das Geheimfach, in dem Gold aus Peru gelagert wurde. Jetzt arbeiten meine Mitarbeiter hier, ich selbst habe das äußere Büro behalten. In gewisser Beziehung ist es viele Jahre lang mein stabilstes Zuhause gewesen.

Seit den späten zwanziger Jahren habe ich kein festes Zuhause gehabt, in das ich zurückkehren konnte, nur eine Anzahl von Wohnungen, die ich zwischen zwei Reisen mietete, oder ich bewohnte Teile der gemütlichen Sandsteinhäuser meiner Freunde mit; ich habe daran gehangen, ohne die Verantwortung eines Hauptmieters tragen zu müssen. Nachdem meine Eltern die alte Farm im Buckingham Valley verkauft hatten, kauften sie eine andere, die aber bald abbrannte. So trat das Büro im Museum die Nachfolge der Räume an, in denen ich aufgewachsen war.

Nachdem die Farm niedergebrannt war, lebten meine Eltern ebenfalls in gemieteten Häusern, zuerst in einem sehr großen, aus dem mein Bruder und meine jüngeren Schwestern erst auszogen, als sie sich verheirateten, und später, nach Vaters Pensionierung, wohnten meine Eltern in einem winzigen Haus, über das sich meine Mutter beklagte, weil die Räume zu klein für die Sitzungen ihrer Komitees waren. Jetzt besitzt mein Bruder ein Haus, aber weit weg, in Kalifornien. Meine Tochter hat ebenfalls ein Haus, in New Hampshire, aber kein Haus auf dem Land ist heute mehr sicher vor Nagetieren, Vandalen und Brandstiftern.

In meinem Büro über dem Museum habe ich all meine wertvollen Sachen gelagert, Notizen, Manuskripte, Fotografien und Filme, und ich mußte im Lauf der Zeit zusätzlichen Platz für die Notizen, Manuskripte und Filme meiner Mitarbeiter schaffen – in dem Zimmer auf der anderen Seite des Korridors, das früher die Hausmeisterküche war, und in den tiefen Fensternischen des Turmes, direkt neben hohen Regalen voller Sammlungsstücke.

«Das Museum ist ein sehr sicherer Ort», pflegte der Leiter der Abteilung, Dr. Wissler, zu sagen. «Als wir einmal für den Sommer verreisten, brachte ich all unser Silber hierher, und wir haben es elf Jahre lang nicht wiedergefunden. Meine Frau war darüber nicht so sehr erfreut. Aber wir fanden es wieder.»

Dieses Gefühl völliger Sicherheit hat sich in den letzten dreißig Jahren verringert. Während des Zweiten Weltkriegs stellte ich mir probeweise hin und wieder vor, wie es wohl wäre, wenn das Empire State Building zur Seite kippen und zusammenstürzen würde, und wir packten einige unserer wertvollsten Stücke und Notizen weg. Sie wurden dermaßen sorgfältig weggepackt, daß die Durchschläge unserer Notizen aus Bali bis heute noch nicht wieder aufgetaucht sind. Es kamen aber auch ein paar Diebstähle vor. Ein Dieb, ein erfinderischer Mensch, der sehr an Gegenständen von Eingeborenen interessiert war, veränderte ethnologische Objekte nach eigenem Belieben, was es nicht gerade leichter machte, sie in den städtischen Leihhäusern wieder aufzutreiben. Große Publizität erreichte der Diebstahl des Sterns von Indien aus der Edelsteinsammlung des Museums. Und es gab telefonische Bombendrohungen und falsche Alarme, einer davon zu der Zeit, als der Mann, der als der «Bombenspinner» bekannt war, noch in New York sein Unwesen trieb.

Wie im Krieg ist auch jetzt in diesen unruhigen Friedenszeiten kein Platz wirklich sicher. Aber oben im Turm, zwei Treppenfluchten von dem Menschengewimmel unten entfernt, fühle ich mich ebenso sicher vor Eindringlingen und geschützt vor Verlusten wie früher zu Hause in meinem Zimmer im dritten Stock, wenn der Nachtwind durch die geschlossenen Fensterläden pfiff und die Spatzen in der Morgendämmerung im Efeu vor meinen Fenstern lärmten. All die Jahre, die ich auf Reisen verbrachte, hatte ich immer einen Platz, an den ich zurückkommen konnte, einen Platz, wo alles genau dort lag, wo ich es zwanzig, dreißig oder vierzig Jahre vorher hingepackt hatte.

Es war nicht leicht für mich, als ich vor ein paar Jahren auf meinem Schreibtisch eine Satire vorfand, der ein offensichtlich nur unwillig geschriebener, knapper Entschuldigungsbrief beilag. Jemand aus einer anderen Abteilung, die er dem Sinne nach als «Abteilung für bedeutungslose Informationen» bezeichnete, hatte diese Satire geschrieben. In dieser Satire berichtete der Schreiber, er habe mich viele Jahre lang nicht mehr im Museum gesehen, obwohl er in den Zeitungen, im Rundfunk und Fernsehen ständig auf mich stoße. Schließlich sei er in den West-Turm eingedrungen und habe mein Büro tief verstaubt vorgefunden. (Meine hart arbeitenden, gehetzten jungen Assistenten wiesen speziell diese Bemerkung zurück.) Endlich sei er in das große Eckzimmer des Turmes gekommen. Dort habe er eine Personalakte gefunden, die ihm offenbarte, daß ich schon seit Jahren tot sei, daß aber eine Reihe von Doppelgängerinnen weiterhin dem Museum großzügige Zuwendungen beschafften; daß diese Doppelgängerinnen jedoch jeweils umgebracht und ersetzt würden, sobald sie einen größeren Anteil am Gewinn verlangten.

Das war ein grausamer kleiner Stich. Aber ich muß zugeben, es war ein Körnchen Wahrheit daran. Ich kam schon immer – und komme auch heute noch – zu sehr seltsamen Stunden ins Museum, so daß ich nur selten die Möglichkeit habe, meine Kollegen im Aufzug zu grüßen, und ich habe die meisten Ausgaben für meine Forschungen aus eigenen Einnahmen bezahlt. Als ich immer mehr zu tun hatte und Platz für meine Mitarbeiter unter den Dachvorsprüngen und in den Fensternischen fand, veränderte sich der Einrichtungsstil meines Büros allmählich mit den Interessen der jungen Leute, die mit mir zusammenarbeiten. Lange Zeit hingen zwei Reproduktionen von Bildern des Zöllners Rousseau an der Wand im Durchgangszimmer. Dann hingen eine Zeitlang japanische Laternen von den Deckenlampen herunter, und die Papierkörbe und Stehleitern waren in leuchtenden Kinderfarben angemalt. Später hängten die Studenten ein Bild von Martin Luther King auf. Zur Zeit bedeckt das riesige, herrliche Portrait eines amerikanischen Indianers den größten Teil der schrägen Decke des Büros im Durchgangszimmer.

Mein persönlicher Besitz paßt spielend in die Wohnung, die ich mit einem Kollegen teile. Aber im Lauf der Jahre sammelt sich immer mehr Forschungsmaterial an. Wir brauchen immer neue Bodenräume für die Stücke aus der Vergangenheit, die einfach wegzuwerfen wir uns nicht entschließen können. Eines Tages könnten ja Enkelkinder sie finden und sich darüber den Kopf zerbrechen wie über alte, lang vergrabene Schätze.

3
Der Urknirps

Ich war ein erstes Kind, erwünscht und geliebt. Mit fünfzehn Jahren fragte ich meine Mutter, ob sie ihre Kinder geplant habe. Sie antwortete, «Um Gottes willen, nein! Es gibt ein paar Sachen, die man am besten dem Schöpfer überläßt!» Tatsächlich war «der Schöpfer» nur eine Redensart. Sie glaubte nicht an einen persönlichen Gott, aber sie hatte starkes Vertrauen zu einer im allgemeinen wohlwollenden Vorsehung.

Vor meiner Geburt führte meine Mutter ein kleines Notizbuch, in das sie unter anderem Zitate von William James über die Entwicklung aller Sinneswahrnehmungen bei Kindern eintrug, außerdem die Titel von Artikeln, an denen sie für verschiedene Lexika arbeitete, und sie schrieb auch: «Als ich wußte, daß ich ein Kind erwartete, war ich sehr darauf aus, das Beste für dieses Kind zu tun.»

Auf Fotos von mir als Baby bin ich in den Armen meiner Mutter oder Großmutter zu sehen, sie trugen ihr Haar offen und hatten Kittel übergezogen. Selbst habe ich keine von beiden je so gesehen. Erst jetzt, nach so vielen Jahren, ist mir klargeworden, daß meine Mutter sich nur ihren Kindern zuliebe das Haar jeden Morgen, sobald sie aufstand, so sorgfältig hochgesteckt hat. Solange ich noch zu klein war, um es zu bemerken, ließ sie es sanft um ihr Gesicht fallen – aber später nie mehr. Nun kämme ich auch als erstes am Morgen mein Haar, und als meine Tochter klein war, zog ich etwas Hübsches an – das mache ich auch heute noch, wenn ich in einem Haus mit Kindern bin.

Ein anderes Bild zeigt mich als drei Monate altes Baby mit erhobenem Kopf in einem Morris-Stuhl liegen. Viele Jahre später hatten wir den Morris-Stuhl immer noch, und als ich alt genug war, um darüber nachzudenken, wußte ich sowohl, daß dieser Stuhl eine Art Revolution im Möbel-Design darstellte, als auch, daß es irgendwie gut war, in einem Morris-Stuhl geschlafen zu haben statt in einer Wiege, wie andere Babies.

Ich war das erste Baby, das in einem neuen Krankenhaus geboren wurde, so daß sich alle Aufmerksamkeit der Mitarbeiter auf Mutter richtete. Sie hatte eine aufgeklärte Entscheidung getroffen, aber als ich in der Schule anfing, Gedichte zu lernen – etwa «Ich sehe noch, ich sehe noch das Haus, in dem zur Welt ich kam» oder «Über den Fluß und durch den Wald/gehn wir zu Großvaters Haus» – fühlte ich mich etwas benachteiligt, weil ich kein Haus hatte, in dem ich geboren worden war, und kein Haus eines Großvaters, in das ich an Thanksgiving gehen konnte. Meine beiden Großväter waren tot und meine Großmutter väterlicherseits lebte bei uns.

Diese zwei Aspekte meiner Kindheit, unsere verschiedenen Häuser und meine ungewöhnliche Erziehung blieben meine frühen Jahre hindurch bestehen. Ich war stolz darauf, nicht wie andere Kinder zu sein, und in einem Haushalt zu leben, wie es keinen zweiten gab. Aber gleichzeitig sehnte ich mich danach, jede gesellschaftlich normale Erfahrung mit anderen teilen zu können. Ich wünschte mir, zu Hause geboren zu sein. Ich wollte ein Medaillon haben wie andere kleine Mädchen es hatten, und ich wollte einen Hut mit langen Bändern und steife Petticoats tragen statt der vernünftigen kurzen Hosen, in die fortschrittliche Mütter ihre kleinen Töchter steckten, damit sie auf Bäume klettern konnten. Der kulturell vorherrschende Lebensstil, so wie er sich in Geschichten,

Gedichten, Aphorismen, und im Verhalten unserer Nachbarn ausdrückte, faszinierte mich bis ins kleinste Detail. Ich wollte ihn voll erleben. Aber ich wollte auch sicher sein, daß ich immer als ich selbst anerkannt werden würde.

Mein Vater nannte mich sehr liebevoll «mein kleiner Knirps». Als mein Bruder zwei Jahre später geboren wurde, wurde ich zum «Urknirps», und Dick hieß der «Knirpsjunge». Das war eine Umkehrung des üblichen Musters, nach dem das Mädchen nur eine weibliche Abart des wahren menschlichen Wesens, des Jungen ist.

Vor Dicks Geburt machten meine Eltern den üblichen Fehler, indem sie mir in dem neuen Baby einen Spielkameraden versprachen. Deshalb war ich über die totale Unbrauchbarkeit des Neugeborenen besonders verärgert. Man erzählte mir, daß ich ihn einmal, als er gerade anfing zu laufen, hinter einer Tür erwischte und ihn wütend fragte: «Kannst du denn gar nichts anderes als die ganze Zeit ‹Da da da› sagen?»

Ich war ein kräftiges Kind und praktisch nie krank. Mein Bruder aber war empfindlich und – so schien es mir – andauernd krank und gab meinen Eltern ständig Anlaß zur Sorge. Von Anfang an hatte ich die Erwartung, daß alle Katastrophen, die auftauchten, Dick zustoßen würden, und bequemerweise schob ich sogar beängstigende Erinnerungen auf ihn ab, wie die Geschichte, als eine deutsche Gouvernante, die nicht länger als eine Woche bei uns blieb, mich im dunklen Büffet einschloß. Als ich diese Geschichte später erzählte, glaubte ich fest, sie sei meinem Bruder und nicht etwa mir passiert, wie ich mich auch fälschlicherweise erinnerte, daß er und nicht ich im Zoo von einem Kaninchen gebissen worden sei. Bis zum heutigen Tag habe ich einige Schwierigkeiten, unangenehme Vorfälle zu behalten, die mir zugestoßen sind. Deshalb habe ich mir schon vor langer Zeit angewöhnt, meine Erinnerungen sehr genau zu überprüfen, und niederzuschreiben, was dabei herauskommt, aber ich neige immer noch dazu, kleine Unglücksfälle aus meinem Bewußtsein zu tilgen. Andere Leute müssen mich später immer daran erinnern.

Mein Vater war ein Meter achtzig groß, und 1901 war das sehr groß. Er nannte meine Mutter, die knapp ein Meter fünfzig groß war, «Kleines Frauchen», und so nannte auch ich sie, als ich anfing, sprechen zu lernen. Sie war schlank und hatte sehr blaue Augen und goldenes Haar, und ich hatte große Freude an ihrer zarten Schönheit. Leider erlaubte sie es sich nur selten, sich an hübschen Kleidern oder besonders schönen Frisuren zu erfreuen. Das Leben war real, das Leben war ernst – zu ernst für solche trivialen Sachen. Sie mußte sich um ihre Kinder kümmern und hatte einen Haushalt zu führen. Sie hielt es auch für wichtig, ihr eigenes intellektuelles Leben weiterzuführen und Mitbürger in einer Welt zu sein, in der es viel Unrecht gab – Unrecht den Armen und Unterdrückten gegenüber, an Ausländern, Negern und Frauen –, das wiedergutgemacht werden mußte. Lange Zeit später, gegen Ende ihres Lebens, als sie sich von einem Schlaganfall erholte und es sich erlaubte, Spaß an hübschen Bettjäckchen zu haben, gestand sie ihrem Schwiegersohn Leo Rosten: «Margaret wollte immer eine kleine Rosenknospe als Mutter haben.» Als sie starb, kleideten wir sie in Hellblau mit Rosenblüten. In diesen letzten Stunden hatte mein Vater das Gefühl, seine junge Frau sei ihm zurückgegeben worden.

Gotthard Booth, der sich sehr für Erbforschung interessiert, machte mit meinen Eltern den Rorschachtest, als sie in ihren Siebzigern waren. Es waren einige der angenehmsten Stunden meines Lebens, als ich mit ihm über den Rorschachtest meiner Mutter diskutierte, in dem sie sich ganz frei machte von den helldunklen Schatten und seltene winzige Bilder entdeckte, flüsternde kleine Bäche und sich küssende Kinder. Aus meinen eigenen frühesten Erinnerungen kann ich die Gedichte hervorholen, auf die diese Bilder zurückgehen, zum Beispiel auf Wordsworth' «Daffodils»:

Ging ich – und sah mit einemmal
Ein Heer von Goldnarzissen leicht
Sich wiegen, flattern im Geweh
Unter den Bäumen und am See.

. . .

Dann tut mein Herz, an Freude reich,
Im Tanz es den Narzissen gleich!

Meine Mutter ist am Ufer des Michigan-Sees aufgewachsen. Ihre Kindheit in Chicago war ihr so gegenwärtig, daß sogar ich die Vergangenheit einteilte in «vor dem Feuer» – 1871 –, dem das Haus meines Großvaters im Norden der Stadt knapp entgangen war, oder «vor der Ausstellung» – der Chicagoer Weltausstellung von 1893. Als Kind war einer meiner Schätze eine Miniaturdose Van Houten's Kakao von der Weltausstellung. Ich bewahrte sie jahrelang sorgfältig auf meinem Betstuhl auf – meine Mutter hatte ihn bei einem Ausverkauf erstanden, ohne sich klar darüber zu sein, was das eigentlich war. «Eines Tages», dachte ich, «mach ich die kleine Dose auf und kann dann schmecken, wie die Weltausstellung wirklich war.» Da das aber nur einmal getan werden konnte, blieb die Dose neben einem Miniaturkrug stehen, der aus Ton vom Heiligen Land geformt war.

Trotz ihrer Zartheit und sanften Schönheit war meine Mutter ein entschiedenes und heftiges junges Mädchen gewesen. Sie erzählte uns, wie sie die ganze Oberschule auf die Straße geführt hatte, um die Wahl von Grover Cleveland zu feiern, und wie sie sich geweigert hatte, einen Jungen zu küssen – später blieb er bei einer Expedition ins Innere von China verschollen –, weil er, statt sie einfach zu küssen, gesagt hatte, «Emily, jetzt geb ich dir einen Kuß» – und sie natürlich «nein» gesagt hatte. Vater konterte mit der Geschichte, wie er Mutter in der ersten Reihe eines Seminars in der Universität von Chicago sitzen sah, sich neben sie setzte und ankündigte (vielleicht nur sich selbst, aber wir erfuhren es niemals ganz sicher): «Ich werde Sie heiraten.» Fünfzig Jahre später kam nach einer Vorlesung eine alte Dame zu mir herauf und teilte mir in einem fast drohenden Tonfall mit: «Ich bin für Ihre Existenz verantwortlich. Ich habe Ihren Vater mit Ihrer Mutter bekannt gemacht.»

Mutter trug einen Ehering, aber sie besaß nie einen anderen Ring, bis ihr Vater dreißig Jahre nach ihrer Hochzeit einen Türkisring schenkte. Der Türkis ist mein Geburtsstein, und als kleines Kind lernte ich den Satz: «Dezemberkind, in dieser Welt/Türkis Erfolg dir sicherstellt.» Aber ich wußte nicht, daß ich ein Schütze war – jemand, der nur so weit wie alle anderen geht, aber etwas weiter schießt – bis ich sechzehn Jahre alt war und wir von dem Arzt-Ehemann einer Studienkollegin meiner Mutter etwas über Astrologie erfuhren.

Es war immer schwierig, Mutter ein Geschenk zu machen. Sie hatte das Gefühl, das Geld sollte besser für einen guten Zweck ausgegeben werden. Einmal kaufte ihr Vater – wie ich vermute in einem Anfall von schlechtem Gewissen über einen eingebildeten Seitensprung, und weil er sich daran erinnerte, daß Mutter oft gesagt hatte, sie besäße gerne eine blaue Perlenkette – bei Tiffany in New York eine Lapislazulikette für 90 Dollar. Mutter reagierte auf diese prächtige Geste mit wahrem Entsetzen und bestand darauf, daß das Halsband zurückgegeben wurde. Ich bekam die Gutschrift, um mir etwas dafür zu kaufen, wenn ich heiratete. So kam es, daß zehn Jahre später drei Studienfreundinnen vom Barnard-College mit mir auf dem Oberdeck eines Busses die Fifth Avenue hinunterfuhren und bei Tiffany Teelöffel und Kaffeelöffel und einen wenig gewürdigten Soßenlöffel aussuchten, der nicht einmal die Form eines Soßenlöffels hatte.

Wann immer zur Diskussion stand, wie Geld ausgegeben werden sollte – sollten wir einen neuen Teppich kaufen oder das Geld dem Stipendium-Fond der Amerikanischen Gesellschaft für studierende Frauen spenden? – versuchte meine Mutter immer, das Geld für den besseren Zweck zu ergattern. Zwischen den Zitaten reiner Freude von Wordsworth und Browning, die ihr so leicht über die Lippen kamen, gab es auch immer die harten Leitsätze ihrer amerikanischen Vorfahren und die leidenschaftlichen Erklärungen der frühen Feministinnen, zum Beispiel man solle die Frauen endlich von der Schande befreien, in einem Atemzug mit Kriminellen und Geisteskranken als wahlunfähig bezeichnet zu werden.

Mutters Heftigkeit blieb den Bewegungen vorbehalten, die sie unterstützte, und ihre Wut war gegen unpersönliche Institutionen gerichtet, politische Gruppierungen wie die Vares of Philadelphia oder Tammany

Hall, die Telefongesellschaft, Standard Oil oder die Börse von Chicago. Sie trug aus Prinzip niemals einen Pelz; Federn, mit Ausnahme von Straußenfedern, waren verboten. Schon lange bevor ich eine Ahnung hatte, woher sie kamen, lernte ich, daß die weißen Reiherfedern einen Mord an Unschuldigen bedeuteten. Es gab auch bestimmte Leute, mit denen sie nichts anfangen konnte – Anti-Suffragetten (Frauen, die womöglich einen Pudel hielten) oder «die Art von Frau, die morgens um zehn mit einem Boudoir-Häubchen herunterkommt und Migränepulver einnimmt». Aber das waren niemals Leute, die sie kannte.

Zu wirklich lebenden Menschen war sie immer gütig und großzügig, und sie hatte ein strahlendes Lächeln, das in der Erinnerung von allen Menschen weiterlebt, die sie kannten und die sie je um Hilfe baten. Ihre Heftigkeit war vollständig selbstlos. Sie konnte mit einer Intensität argumentieren, über die sich meine Großmutter aufregte, da sie von früher her ruhigere Familienessen gewöhnt war.

Daß kein Widerspruch zwischen ihrer begeisterten Unterstützung guter Zwecke und ihrer Wut gegen jede Ungerechtigkeit auf der einen Seite und ihrer großen persönlichen Güte auf der anderen Seite bestand, belegte ihre Reaktion auf die Ratschläge in einem Säuglingspflegebuch für Mütter. Das Buch erschien etwa zu der Zeit, als ich zur Welt kam. Der Autor, L. E. Holt, war ein Vertreter der strengen Kinderdressur; er befürwortete zum Beispiel das Einhalten bestimmter Fütterzeiten für Flaschenkinder. Das spukt noch heute in unseren Erziehungsvorschlägen herum. Sie las das Buch, stillte jedoch ihre Kinder. Sie hielt sich an die Ermahnung, nie ein schreiendes Baby hochzunehmen, es sei denn, es habe Schmerzen. Aber sie sagte einfach, ihre Babies seien liebe Kinder, die nur dann schrien, wenn etwas nicht stimmte, und so nahm sie sie hoch. Da sie glaubte, sich nach den modernsten Regeln der Kindererziehung zu richten, paßte sie ganz zufrieden alles, was man ihr abstrakt über Kinder beibrachte, der lebendigen Realität ihrer eigenen Kinder an.

Ihr Leben lang behielt sie eine Art Unschuld bei, die wir alle vorschnell für eine Unfähigkeit hielten, Humor zu schätzen. Tatsächlich hatte sie keinerlei Begabung zum Spielen und nur sehr wenig für Vergnügen oder Gemütlichkeit. Sie achtete darauf, daß wir ausgewogen ernährt wurden, aber das Essen war immer sehr einfach. Erst gegen Ende ihres Lebens begann ich zu vermuten, daß beides, sowohl die Einfallslosigkeit unseres Essens als in gewisser Beziehung auch ihr anspruchsvolles Wesen, von einem Defekt ihrer Geruchs- und Geschmacksorgane herkam.

Sie selbst füllte gewissenhaft die 18 Lampen, die wir in unserem Haus in Bucks County brauchten, aber mich ließ sie die Blumensträuße arrangieren. Sie kümmerte sich weit weniger um den Blumengarten als um den Gemüsegarten. Neuerungen wie zum Beispiel die, statt Tischtüchern Sets zu benutzen, wurden nicht eingeführt, weil es Mode war, sondern um den Hausmädchen Arbeit zu ersparen. Die zwei jüngeren Schwestern meiner Mutter hatten viel mehr Sinn für Vergnügen und nahmen oft Anstoß an ihrem Ernst. Sie wiederum gestand ihrer Schwester Fanny McMaster leichten Herzens ein Gefühl für Schönheit und Stil zu, von dem sie glaubte, daß es ihr selbst fehle. Trotzdem hatte jedes Zimmer, in dem sie lebte und das stets angefüllt mit Büchern und Papieren war, Lampen, die gut für die Augen waren, und man hatte das Gefühl, willkommen zu sein. Man hatte nie das Gefühl, daß es hier Dinge gab, um die Kinder vorsichtig herumgehen mußten. Die wenigen wertvollen Dinge, die wir besaßen – das Wedgwood-Kaffeeservice und das Meißener Zwiebelmustergeschirr, das jeder in der Familie meiner Mutter von Großtante Fanny Howe bekam –, wurden immer benutzt, und es wurde nur kurz bedauert, wenn ein Stück bei einem der vielen Umzüge von einem Haus ins nächste zerbrach oder verlorenging. Meine Mutter bewahrte sich jedoch eine kleine, unpersönliche Wut für die unfaire Art, mit der ihre vorausschauenden Vorfahren das Familiensilber verteilt hatten.

Genauso wie sie keine Begabung zum Spielen hatte, konnte sie auch weder Geschichten erzählen noch sich welche ausdenken, und Kindergesellschaften oder Spiele, die sie für uns plante, hatten immer einen Beigeschmack von Pflichtgefühl. Mit acht Jahren übernahm ich die Vorbereitungen für Feste. Ich schmückte den Tisch und schrieb Tischkärtchen. Um die Weihnachtszeit füllte ich die Strümpfe und schmückte den Baum, während Mutter die halbe Nacht aufblieb, um eine Krawatte für Vater fertig zu machen. Sie konnte weder kochen noch nähen, obwohl sie ab und zu Kreuzstich-Stickereien anfertigte oder für jemanden etwas strickte. Im Haushalt fiel ihr das Organisieren am leichtesten – sie sorgte für ein sicheres und gemütliches Zuhause, wo die Kinder gut ernährt wurden, wo Buchhändler und Nonnen, die für wohltätige Zwecke sammelten, zum Mittagessen eingeladen wurden, wo andere Kinder immer willkommen waren und wie Menschen behandelt wurden, und wo es Räume gab, die groß genug waren für Komiteesitzungen.

In vieler Hinsicht teilte sie den traditionellen intellektuellen Snobismus, der bezeichnend für neuenglische Familien war, für die Unitarier oder ehemaligen Unitarier mit College-Bildung, Leser ernster Romane, die noch tief beeinflußt waren von der Haltung und den Vorstellungen der Essayisten und Dichter des vorigen Jahrhunderts, ganz besonders von Robert Browning. Die Welt, so wie meine Mutter sie sah, bestand aus «Leuten mit Hintergrund» – ein wohlmeinender Ausdruck, der weder Lob noch Kritik enthielt, die Leute aber irgendwie aller Privilegien beraubte –, aus «gewöhnlichen Leuten» und einer besonderen Gruppe von «hervorragenden Leuten», ein Ausdruck, der meistens in der Variante «hervorragende Frauen» verwendet wurde.

Gewöhnliche Leute ließen ihre Kinder Kaugummi kauen, Mädchen- bzw. Jungen-Bücher lesen, Ice Cream-Soda trinken, sie fuhren nach

Coney Island oder Willow Grove und mischten sich dort unter die «gemeine Masse» – ein Ausdruck meiner Mutter, den wir sie nie vergessen ließen. Diese Art Leute lasen auch billige Taschenbuchromane und hatten nur Vorurteile – Vorurteile gegen Gewerkschaften, gegen Fremde, gegen Schwarze, gegen Katholiken und Juden.

Hervorragende Leute dagegen waren sehr belesen, sie besaßen Geschmack und wußten zu differenzieren. Was noch viel wichtiger war, sie bemühten sich, die Welt zu verbessern. Sie führten Prozesse und organisierten Bürgerinitiativen. Mutter glaubte fest an die Wichtigkeit der Gemeinschaft, bestand darauf, ihre Nachbarn zu kennen und Dienstboten als Menschen mit eigener Würde und eigenen Rechten zu behandeln. Dadurch verstörte sie allerdings oft Dienstboten, die auf Bekundungen warmer, aber wechselhafter Zuneigung vielleicht besser reagiert hätten.

Ihre missionarische Art bezog sich zum Beispiel auch auf den hohen Wert des Wanderns. In ihrer Kurzbiographie für *American Women* gab sie das Spazierengehen als ihre hauptsächlichste Nebenschäftigung an. Jahrelang war sie im Bucks County bekannt dafür, daß sie im Sommer, wenn wir dort wohnten, zu Fuß nach Plumsteadville ging, um einer Versteigerung beizuwohnen, und wieder zurück, immerhin ein Weg von 15 Meilen. Sie war bekannt dafür, daß sie selbst die Küchendecke anstrich – beides seltsame und für lokale Vorstellungen unweibliche Tätigkeiten. Derlei Kritik machte ihr aber nichts aus.

All das gehörte zu dem Bild, das ich von meiner Mutter hatte, aber für mich persönlich besaß sie zwei wirklich außergewöhnliche Eigenschaften. Die eine war ihre unerschöpfliche und selbstverständliche Großzügigkeit. Ich erreichte in meinem Leben all die Ziele, die sie nicht erreicht hatte, und sie freute sich sehr darüber, ohne jeden Vorbehalt. Die andere hervorstechende Eigenschaft war ihre absolute Zuverlässigkeit. Ich bin ganz sicher, wenn ich ihr geschrieben hätte: «Bitte warte auf mich an der Ecke 13. Straße und Chestnut Street», dann hätte sie dort gestanden, bis ich gekommen wäre oder bis sie vor Müdigkeit umgefallen wäre.

Ich als die Älteste – der Urknirps, das Kind, dem immer gesagt wurde «Margaret gibt's nur einmal» – hatte die klarste Vorstellung davon, wie sie wirklich war. Als meine jüngste Schwester Priscilla 22 Jahre alt war, stellte sie für eine meiner soziologischen Arbeiten einen autobiographischen Bericht zusammen. Sie schrieb: «Dick war Vaters Lieblingskind, Elizabeth das von Großmutter, Margaret war das Lieblingskind von allen. Ich war das von Mutter, aber Mutter zählte nicht viel in unserem Haus.»

Priscilla schrieb das, als sie, das jüngste Kind, von zu Hause wegzog und Mutter unglücklich darum kämpfte; ihr Studium wieder aufzunehmen, das sie fünfundzwanzig Jahre zuvor unterbrochen hatte. Und Priscilla war eines der Kinder, die nach dem Tod meiner neun Monate alten Schwester Katherine geboren wurden, des dritten Kindes meiner Eltern. Dieser Tod trieb einen Keil zwischen meine Eltern. Mein Vater schwor, daß er nie mehr einem Kind sein Herz ganz und gar schenken würde.

4
Mein Vater und die Akademische Welt

Wenn mein Vater nach Hause kam, dann war es wahrscheinlich, daß meine Mutter und meine Großmutter in ihrer Beschäftigung mit den Kindern durch die Forderungen unterbrochen wurden, die er augenblicklich erhob. «Kleine Emmy, wo ist mein . . .» – was immer er gerade suchte. Mutter konnte niemals vorhersagen, wonach er fragen würde; es konnte alles sein – ein Buch, das er jahrelang nicht mehr gelesen hatte, eine Nummer der Zeitschriften, die er zur Unterhaltung las, eine Telefonnummer oder ein Name, den er vergessen hatte. Er hatte eine laute, klare Stimme, und der befehlende Tonfall war sehr typisch für ihn. Wenn er etwas besonders nachdrücklich anordnete und das Gefühl hatte, daß man ihm zu langsam gehorchte, biß er sich auf die Zungenspitze. Ich mache das auch – mit einem kleinen Schmerz in der linken Backe –, wenn ich mich von Dummheit oder Widerspenstigkeit frustriert fühle. Vater benutzte das Telefon ununterbrochen, dadurch erfuhren wir alle viel über seine jeweiligen Interessen, lernten aber auch einfach, wie man sich am Telefon benimmt und Nachrichten richtig notiert.

Er hatte keinerlei Nachsicht für Ungenauigkeiten oder Pfuschereien und keine Geduld mit Leuten, die ihren Kopf nicht benutzen. Seine Sekretärinnen beteten ihn an und führten unermüdlich auch seine maßlosesten Forderungen aus, während er sie so ansprach: «Was tragen Sie da eigentlich auf Ihrem Hals herum?»

Ich hatte schon ziemlich früh eine ganz gute Vorstellung davon, wie das Leben vor sich ging. Vater war Professor an der University of Pennsylvania – zu Hause wurde sie einfach «die Universität» genannt –, und von seinem Büro aus blickte man auf den Eingang zur Leichenhalle der medizinischen Fakultät. Wenn Mutter ihn bat, auf eines von uns Kindern aufzupassen, nahm er uns mit ins Büro und händigte uns einer Sekretärin aus. Sie versuchte uns davon abzuhalten, zur Leichenhalle hinüberzustarren und führte uns statt dessen ins Museum, wo wir uns über allerlei wunderten, zum Beispiel darüber, daß die alten Ägypter ihre Fingernägel angemalt hatten, obwohl Mutter doch gegen jegliches Schminken war.

Als ich klein war, kamen während des Winters in Philadelphia sonntags Mitglieder der Fakultät und Studenten zu uns zum Frühstück. Man unterhielt sich und aß Makrelen. Unter meinen Spielsachen hatte ich eine Kette zusammengebundener seltsamer Tiere, die eine scherzhafte Illustration zu Professor Simon N. Pattens Vorlesungen über die Evolution darstellte und die ich als erstes Kind eines Fakultätsmitgliedes der neugegründeten Abendakademie bekommen hatte.

Vaters Stellung in der Wharton School of Finance and Commerce brachte es mit sich, daß sich seine Aufmerksamkeit schon früh auf praktische Dinge konzentrierte, und er wurde schon bald einer der Herausgeber der Zeitschrift *Railway World.* Zeichnen lernte ich auf der Rückseite von Korrekturfahnen, deren glänzender, starrer Oberfläche nur mit dem härtesten Bleistift beizukommen war. Heute benutze ich weiche Bleistifte, und es schaudert mich fast, wenn ich aus Versehen einen harten erwische.

Da ich in einer akademisch geprägten Umgebung aufwuchs, hörte ich immer wieder Gespräche über Universitätspolitik und Finanzen, über Tricks und Schliche, die sich ehrgeizige Männer ausdachten, und über solche Leute, die sich einen Namen machten, indem sie die Werke anderer zitierten oder beinahe zitierten, ohne Quellen anzugeben. Da ich mit Universitätspolitik und akademischen Auseinandersetzungen aufwuchs, bekam ich schon sehr früh ein Gefühl dafür, wie sich das akademische Leben abspielte. Ich begriff auch die tiefe Überzeugung meines Vaters, daß Vertrauen zwischen Menschen und Loyalität der «Organisation» gegenüber unabdingbar sei. Er hegte eine unnachgiebige Abneigung gegen jeden, der nicht zu seinen Kollegen stand. Ein Dekan, der sich von den Männern, die ihm vertrauten, distanziert hatte, war der Gegenstand immer neuer Mißbilligung. 1915, als Scott Nearing von der Universität entlassen wurde, half mein Vater, die Gruppe zu organisieren, die ihm für das darauffolgende Jahr sein Gehalt garantierte. Ehemalige Studenten behielten immer ein Anrecht auf seine Zeit, und er erwartete die gleiche Loyalität von ihnen. Er sagte gern: «Ich kann in jede Bank an der Ostküste gehen, und überall ist ein ehemaliger Student von mir in einer guten Position.» Viel später, als er sich von der Universität zurückzog, die ihn tatsächlich recht schäbig behandelt hatte, wurde ihm eine neue Position angeboten. Er sollte die Wirtschaftswissenschaftliche Fakultät der Temple University aufbauen. Das war eine ehrgeizige Privatuniversität, die aber verglichen mit der University of Pennsylvania doch sehr die zweite Geige spielte. Das Angebot reizte meinen Vater, aber er fand, es anzunehmen, käme einem Verrat an seiner eigenen Institution gleich, und so sagte er ab. Loyalität gehörte zu seinen auffälligsten Eigenschaften – bedingungslose Loyalität durch dick und dünn.

Zugleich machte sein enormer Respekt vor Fakten seine akademische Arbeit präzise, aber sehr einseitig. Entweder man kannte die Fakten, oder man kannte sie nicht, und aus den Fakten – nicht aus irgendeiner abstrakten Theorie – wurden die Schlüsse gezogen. Er unterrichtete immer anhand von Fällen, und jeder seiner Studenten mußte selbständig ein Unternehmen oder einen Industriebetrieb analysieren. Da die Mehrzahl der Studenten damit rechnete, ein Familienunternehmen zu erben, machten es sich die meisten leicht und fertigten eine Studie über ihr eigenes Familienunternehmen an. Nicht zuletzt dadurch verfügte Vater über enorm viel Lehrmaterial, und dies war ihm so viel wert, daß er einmal, als es in Logan Hall brannte, in der Tür zu seinem Büro stehenblieb, um zu verhindern, daß Feuerwehrleute hineingingen. Wie hätte er ohne seine Akten unterrichten können? Zum Glück blieben sie unversehrt. Als er sich zur Ruhe setzte, unternahm er aber nichts, um diese Massen von Material zu retten. Sie waren einfach ein Teil der Ausrüstung eines Universitätslehrers und Autors zeitgenössischer Lehrbücher und Kommentare.

Für einen Mann, der einen so großen Teil seines Lebens in der akademischen Welt verbrachte, war er an den Arbeiten seiner Fachkollegen außerordentlich desinteressiert. Schon allein das Wort «Fach» klingt falsch, wenn man es im Zusammenhang mit ihm benutzt. Er benutzte es nie. Nach ein paar Jahren Mitgliedschaft bei der American Economic Association ging er nicht mehr zu den Versammlungen. Statt dessen widmete er sich auf der einen Seite ganz dem Aufbau der Wharton School und der Abendakademie und auf der anderen Seite der Aufgabe, die zeitgenössischen Gegebenheiten des amerikanischen ökonomischen Systems völlig zu verstehen. Eine der wenigen Äußerungen, die er jemals über den Ruhm oder einen guten Namen machte, war die Bemerkung, daß die Länge des Nachrufs, den man jemandem in der New York Times einräumte, sich proportional dazu verhalte, wieviel Gutes ein Mensch getan habe, und nichts mit dem Umfang seines Vermögens zu tun habe.

Obwohl die Lehre im Mittelpunkt seines Lebens stand, hatte er viele andere Interessen, von denen Mutter nur wenige guthieß. Als sie ihn kennenlernte und heiratete, war er ein Wirtschaftstheoretiker, der sich mit Problemen wie der Geldmengentheorie beschäftigte. Aber diese Arbeit führte ihn dazu, das Gold selbst zu beachten, statt es nur als reine Abstraktion mit ein paar speziellen, konkreten Eigenschaften zu behandeln. So fing er an, sich für Goldminen zu interessieren, und er schrieb sogar ein kleines Buch über alles, was damit zusammenhing, *The Story of Gold*.

Für seine Interessen außerhalb des Lehrplans hatte Vater immer einen nahen männlichen Vertrauten. Ob sein Vertrauter nun ein Fakultätsmitglied war oder ein umherziehender Erfinder oder ein Geschäftsmann – ein ehemaliger Student, der sich mit dem schlecht gehenden Familienunternehmen herumschlug und meinen Vater um Hilfe bat –, oder der jeweilige Pächter unserer Farm, so behandelte Mutter ihn als im großen und ganzen eigentlich nicht erwünscht. Sie hätte es gern gesehen, wenn mein Vater ein prominentes und bewundertes Mitglied der Gemeinde gewesen wäre.

Aber er zog es vor, in seiner freien Zeit die konkreten Prozesse des ökonomischen Lebens zu studieren. Sein ganzes Leben lang interessierte er sich zum Beispiel für die Möglichkeiten, die Abfallprodukte des Kohlenbergbaus zu verwenden. Selbst am ersten Weihnachtsfest nach ihrer Verheiratung, erzählte mir meine Mutter, ließ er sie den Baum allein schmücken, weil er «irgendwo einem Experiment mit Briketts beiwohnte» – geformten Blöcken aus gepreßtem Kohlenstaub. Einmal wurde ein Versuch unternommen, Melasse als Bindemittel zu benutzen. Der Erste Weltkrieg machte dem ein Ende. Später wurde Pech benutzt, und einen Winter lang war unser Haus voll von ungebundenem Kohlenstaub. Dann gab es den «Bach», wo die ökonomisch kaum nutzbare feine Kohle gefördert wurde. Natürlich brachen die Maschinen ständig zusammen, und dann hatte mein Vater eine Entschuldigung, um hinauf nach Shamokin zu fahren, wo er mit den rauhbeinigen Ingenieuren schwätzte, die dieses windschiefe Unternehmen leiteten. Es gab auch die Ziegelsteinfabrik in Trenton, die die Kohle aus dem «Bach» benutzen sollte. Schließlich gab es nach meinem zehnten Lebensjahr auch die Farm als ein weiteres Projekt, das die Aufmerksamkeit meines Vaters in Anspruch nahm. Wenn es für die Farm im Bucks County zu viel regnete, dann war das gut für den weiter nördlich gelegenen «Bach». Von diesen Aktivitäten meines Vaters abgesehen gab es auch noch die Volkshochschulen in Harrisburg [Wilkes-Barre] und in Scranton, die mein Vater mit aufbaute und wo er jahrelang getreulich zwei Abende pro Woche unterrichtete.

Vater war an Geld interessiert, war daran als einem Gegenstand zum Nachdenken und für Manipulationen sehr interessiert, aber er meinte, es wäre ihm nicht gut bekommen, wenn er selbst viel Geld gemacht hätte. Obwohl er mehr verdiente als nur sein Universitätsgehalt, mußten wir uns immer Geld für den Sommer leihen. Er hatte ein Motto: Wenn du mehr Geld brauchst, dann verdiene es dir; sei nicht knauserig und spare auch nicht. Manchmal verdiente er mit seinen Experimenten etwas Geld. Aber häufiger verlor er Geld dabei.

Normalerweise versuchte er es Mutter zu verheimlichen, daß er wenig Geld hatte. Aber Geldmangel war just der Grund, warum er mich 1919 nicht aufs College schicken wollte. Als Begründung gab er an, war der, daß ich, da ich heiraten wollte, ja kein Studium brauche – das sagte er, der eine Frau geheiratet hatte, die an ihrer Doktorarbeit arbeitete, als ich geboren wurde! Und zudem meinte er, würde ich in Wellesley dieselben alten Jungfern als Lehrerinnen haben, die schon meine Mutter unterrichtet hatten.

Er hatte eine Art an sich, die den Sinn meiner Mutter für Anstand verletzte, einen Schuß Vulgarität zusammen mit einer Tendenz, sich

Dinge in ziemlich rohen und, wie ich vermute, gespenstischen Farben auszumalen. Selbstverständlich gab es hin und wieder andere Frauen in seinem Leben. Eine davon hatte rotes Haar, und eine brachte ihn fast dazu, sie zu heiraten. Das war zu der Zeit, als er die Farm kaufte. Mutter knirschte mit den Zähnen und sagte, daß sie wisse – und es nie vergessen würde –, warum die Farm gekauft worden sei. Aber mein Vater sagte mir später, eine Frau, die darauf hinarbeite, daß ein Mann seine vier Kinder verließ, könne keine gute Frau sein. Und nachdem Mutter herausgefunden hatte, wieviel Geld sie brauchen würde, um uns anständig aufzuziehen, war klar, daß für ihn nichts mehr übrigbleiben würde.

Das war 1912. Von da an fand seine Untreue Ausdruck in dem Interesse, das er für Erfindungen und Herstellungsprozesse verschiedenster Art und für die neuen Möglichkeiten von kommerziell betriebener Landwirtschaft aufbrachte. Sein letztes wichtiges Buch war *The Ebb and Flow of Investment Values*, wo er die Entwicklungen der Wertpapierbörse mit der Frage in Zusammenhang brachte, ob bestimmte Wertpapiere von einem zurückgehenden oder einem expandierenden Industriezweig kamen.

Während all dieser Jahre verbrachte mein Vater viel Zeit damit, jene Leute zu beobachten und ihnen zuzuhören, die tatsächlich mit den Dingen zu tun hatten, über die er lehrte und schrieb. Meine erste Erfahrung mit Feldforschung machte ich, als meine Mutter mit den Italienern arbeitete, die in Hammonton, New Jersey lebten, wohin wir 1902 gezogen waren, damit sie sie studieren konnte. Aber Vaters lebendige Schilderungen, wie ein Straßenbahnprojekt in Massachusetts gescheitert war oder welches Schicksal einer Brezelfabrik bevorstand, gaben mir ein Gefühl dafür, in welchem Verhältnis Theorie und Praxis zueinander stehen müssen. Und an der Tatsache, daß er sowohl die Schritte kannte, die nötig waren, um ein Vorhaben auszuführen, als auch die Männer, die damit zu tun hatten – die Arbeiter zum Beispiel, die abwechselnd fluchten und das Kreuz über den widerspenstigen Maschinen schlugen, die den «Bach» ausbaggerten – lernte ich, wie wichtig die Verbindung zwischen dem Konkreten und dem Abstrakten war.

Trotz seines lebenslänglichen Interesses am Funktionieren von Dingen war mein Vater körperlich sehr ungeschickt. Er konnte nur sehr unbeholfen mit seinen Kindern umgehen, und sein fester Griff tat weh. Ich habe viele Erinnerungen daran – am Morgen, als mein Bruder geboren wurde, zog er mir die Schuhe verkehrt herum an, immer hielt er mich viel zu fest, einmal kämmte er mir mein Haar viel zu heftig.

Er hatte kein Vertrauen zu seinem eigenen Körper, obwohl er als Kind jeden Sommer auf der Farm seines Onkels gearbeitet hatte. Er hatte viele körperliche Ängste. Er hatte Angst, wenn wir Fahrrad fuhren, und er verbot das Reiten, nachdem mein Bruder und ich von einem geführten Pferd heruntergefallen waren. Die von solchen Verboten wie von sehr gelegentlichen Strafen begleitete und, wie mir schien, völlig willkürliche Einmischung in unser Leben lehnte ich wütend ab. Seine Strenge, wenn er mich vom Tisch wegschickte, weil mein Hals nicht sauber aussah, weckte in mir eine solche Wut, daß ich jede Tür – es waren sechs – zwischen dem Eßzimmer und meinem Refugium im dritten Stock zuschlug. Im allgemeinen überließ er aber die Überwachung seiner Töchter meiner Mutter und konzentrierte sich statt dessen darauf, sich unmäßige Sorgen über seinen Sohn zu machen.

Wenn ich heute darüber nachdenke, dann scheint mir, daß seine körperlichen Ängste aus frühen Ängsten entstanden waren, die etwas mit dem Tod seines Vaters zu tun haben müssen – er starb an Lungenentzündung. Im typischen Kampf eines kleinen Jungen mit seinen eigenen Aggressionen muß er sich irgendwie am Tod seines Vaters schuldig gefühlt haben – er hatte ihn sterben sehen. Ein viel späterer Vorfall, bei dem ein Mitstudent einen anderen fast mit der Pistole getötet hätte, machte einen unauslöschlichen Eindruck auf ihn, und er war von jeglicher Art von physischer Gewalt entsetzt.

Die Oberflächlichkeit dieser Verdrängung zeigte sich aber in dem unendlichen Vergnügen, mit dem er Wildwestromane las, und in der Faszination, die dieselben Geschichten stets aufs neue auf ihn ausübten. Andere Arten von Romanen mochte er nicht, und keines von all den Büchern, die ihm Mutter – und später seine Kinder – empfahlen, machte ihm Spaß. Sein Club an der Universität besaß eine erstklassige Bibliothek mit den laufenden Nummern sämtlicher Zeitschriften, und er hielt sich viel dort auf. Zu Hause las er entweder seine ewigen Wildwestromane oder las gewisse Lieblingsbücher noch einmal, zum Beispiel *Rise of the Dutch Republic* von John L. Motley oder *The Writings and Speeches of Edmund Burke.* Sonst rechnete und rechnete er auf der Rückseite von alten Briefumschlägen und produzierte lange Kolonnen fein geschriebener Zahlen oder schrieb etwas in sein Tagebuch, in dem er sein ganzes Leben lang jede interessante Unterhaltung aufzeichnete. Immer wenn über Mutter oder die Kinder Leute ins Haus kamen, versuchte er herauszufinden, ob sie über irgend etwas Besonderes Bescheid wußten; wenn das so war, dann fragte er sie aus und hörte ganz genau zu.

Ich glaube, an meinem Vater respektierte ich am meisten seine Fähigkeit zuzuhören und sich zu konzentrieren, und seine gute kritische Begabung. Als ich mein Studium an der Barnard University Phi Beta Kappa (summa cum laude) abschloß, schnappte er den Schlüssel, der mir an einer Kette um den Hals hing und sagte: «Das hat mich zehntausend Dollar gekostet, und das ist es auch wert!» Später, besonders nachdem meine Mutter 1950 gestorben war, nahm ich Einladungen zu Vorträgen in und um Philadelphia an. Er kam, hörte zu und kritisierte mich. «Du solltest nie hinter einem Podium stehen beim Reden», riet er mir, «es darf gar nichts zwischen dir und deinen Zuhörern sein!» Oder er riet mir, doch bloß nicht abzunehmen, und sagte: «Du bist sowieso schon zu klein. Du brauchst etwas Gewicht, damit du überhaupt da bist!»

Von der Zeit an, als ich als kleines Kind öffentlich Gedichte vortragen mußte, brachte er mir bei, ihm in die Augen zu schauen, während er unter den Zuhörern saß, und das zu vermeiden, was er die «Rasensprengermethode» nannte, bei der der Sprecher seine Worte über die Zuhörer ergießt, ohne dabei jemandem in die Augen zu schauen. Aber genauso oft, wie er zu solchen Gelegenheiten erschienen war, hatte er es auch nur versprochen und war letzten Endes dann nicht gekommen. Ich lernte es, darauf gefaßt zu sein und auf den Dollar, den er mir statt dessen anbot. Meine Mutter und Dick waren immer enttäuscht. Aber ich fand, Geld ist etwas anderes als Liebe, und nur Liebe ist unersetzlich. Wenn Vater meinte, daß über seine Anwesenheit bei irgendeinem Anlaß verhandelt werden könne, dann würde ich darüber verhandeln.

Auf diese Weise lernte ich es sehr früh, mit seinem Sittenkodex auszukommen. Man konnte mich nie kaufen, wenn ich nicht selbst die Bedingungen im voraus bestimmt hatte und bereit war, die Konsequenzen zu tragen. Zunächst hatte Mutter für mich gekämpft, als Vater mich nicht aufs College schicken wollte, und hatte den verführerischen Einfall gehabt, mich nach DePauw zu schicken, auf Vaters College, und nicht nach Wellesley. Als ich zwei Jahre später eine ernste Nervenentzündung im rechten Arm bekam, gab es einen guten medizinischen Grund, um mich zu Hause zu behalten – was wieder den Finanzen meines Vaters guttat. Ich lehnte mich nicht auf. Ich gestand ihm das Recht zu, sein Geld so auszugeben, wie er es wollte. Aber ich erwog, von zu Hause wegzulaufen und eine Stellung als Köchin anzunehmen. Der endlose Strom von durchgebrannten Frauen und Töchtern, der im Lauf der Jahre durch unsere Küche gezogen war, bot mir ein gutes Vorbild. Und Kochen war sowieso meine einzige voll ausgereifte Fertigkeit. Aber dieser Schachzug erwies sich als unnötig.

Ohne Mutter als Fixpunkt in seinem Leben hätte er seiner finanziellen Unsicherheiten und Ängste wegen zweifellos sehr viel mehr in unser Leben eingegriffen, als er es tat.

1928 nahm meine Mutter meine Schwester Elizabeth nach Italien mit, und ich ging auf eine Exkursion nach Neuguinea. Wir waren beide sicher, daß mit den Studienplänen meiner jüngsten Schwester alles klappen würde. Fast augenblicklich änderte Vater alles um mit der Begründung, Priscilla neige zu einer Überfunktion der Schilddrüse und das College, an dem sie studieren wollte, liege in der Gegend, wo es viele Kröpfe gäbe. Ruth Benedict, die sich mit dem Problem herumschlug, was sie mit einem 18jährigen jungen Mädchen machen sollte, dem erlaubt worden war, den Sommer in New York zu verbringen, dem aber verboten wurde, die University of Wisconsin zu besuchen, schrieb mir nach einem Mittagessen mit meinem Vater: «Meine Glückwünsche, Margaret, ich begreife nicht, wie du jemals erwachsen werden konntest!»

Aber in gewissem Sinne war ich Vater schon immer gewachsen gewesen. Eine der Geschichten, die er sehr gern erzählte, war die, wie er mit mir, als ich ungefähr drei Jahre alt war, in Philadelphia spazierenging. Das Pflaster war mit nassem Laub bedeckt, und ich bestand darauf, die Blätter vor mir her zu kicken. Er drohte mir, allein fortzugehen, wenn ich nicht damit aufhören würde, und schließlich entfernte er sich. Ich setzte mich auf das nasse Pflaster und beklagte mich: «Böser Papa geht weg und läßt sein armes kleines Mädchen hier!» Natürlich mußte er zurückkommen, als er die mißbilligenden Blicke anderer Sonntagsspaziergänger sah, mich hochnehmen und beruhigen.

Ich hatte großen Respekt für die Art, wie mein Vater dachte, nicht aber für seine sittlichen Vorstellungen oder die Worte, mit denen er seine Gedanken ausdrückte. Während ich ihm das Recht zugestand, selbst die Bedingungen zu bestimmen, wenn er es war, der bezahlte, bekämpfte ich bis zum bitteren Ende seine konservativen, immer vom Geld abhängigen Urteile. Seine häufigen Rückgriffe auf Sarkasmus und schneidende Parodien fand ich im höchsten Grade schwierig. Mit elf Jahren entschied ich mich dafür, getauft zu werden. Mein Vater fuhr mich zur Kirche, aber als wir uns der Brücke näherten, wo alle Leute außer den Kirchgängern einen Wegzoll zahlen mußten, ließ er die Pferde durchgaloppieren und schrie: «Wir werden getauft, Lou!» Mehr als ein Jahr lang drohte er mir immer dann, wenn ich etwas tat, was ihm nicht paßte, er werde meine Taufe rückgängig machen lassen. Ich glaubte nicht wirklich, daß er das überhaupt könnte, aber ich schrieb in mein Tagebuch «Ich finde es falsch, sich über solche Sachen lustig zu machen», und ich vertraute meine Sorgen einer der Krankenschwestern an, die den Sommer über bei uns waren und sich um meinen Bruder kümmerten, der ein Bein gebrochen hatte.

Ich akzeptierte die Vorstellung meines Vaters, daß die Melodie bestimmt, wer das Orchester bezahlt. Ich war nur sehr darauf bedacht, nicht in eine Position zu geraten, wo er, der die Melodie bestimmte, zuviel Macht über mich hatte. Als ich mit dem College fertig wurde, bot mir Vater eine Weltreise und ein sehr großzügiges Taschengeld an, wenn ich meinen Plan zu heiraten aufgeben würde. Er tat das, weil meine Großmutter davon überzeugt war, ich wolle nur deshalb heiraten, weil ich meinte, dies werde von einem jungen Mädchen nach dem College erwartet. Sie hatte völlig recht. Hinzu kam, daß mein Vater den Mann nicht mochte, den ich mir zum Ehemann ausgesucht hatte. Zweifellos spürte er, daß ich an Luther gerade die Eigenschaften schätzte, die ich bei ihm vermißte – präzise körperliche Geschicklichkeit und Sensibilität für andere Menschen. Natürlich schlug ich Vaters Angebot sofort aus.

Zwei Jahre später war die Situation eine ganz andere. Ich hatte die

Möglichkeit, Feldforschung in Samoa zu betreiben, was ich der Arbeit mit einem Stamm amerikanischer Indianer, die mein Professor Franz Boas mir vorschlug, weit vorzog. Da bot mir mein Vater erneut an, meine Reise um die Welt zu bezahlen, teilweise, um einfach einen Gegenvorschlag zu bringen, aber auch, weil er sich ehrlich am Ehrgeiz anderer Menschen freuen konnte. Und dieses Mal nahm ich das Angebot an.

Es ist schwer für mich auseinanderzuhalten, was mein Vater mir als Person gegeben hat und was er mir als dem Mädchen gegeben hat, das lernen mußte, was eine Frau und was ein Mann ist. Ganz bestimmt gab er mir sehr viel Zuneigung. Er hielt sehr gern meine Hände und sprach darüber, wie sie geformt waren und wie sie sich anfühlten, und mein Leben lang habe ich meine Hände sehr gern für alle möglichen Aktivitäten und zur Kommunikation benutzt. Er brachte mir bei, wie wichtig es ist, klar zu denken und Prämissen klar im Auge zu behalten. Ich lernte männliche Geschicklichkeiten als etwas zu schätzen, über das er nicht verfügte, wodurch er auch irgendwie kleiner wurde. Von Anfang an habe ich seine Ängstlichkeit abgelehnt und später meiner abenteuerlustigen, aber vorsichtigen kleinen Tochter ganz entschieden erlaubt, auf die höchste Fichte zu steigen.

In vieler Hinsicht spürte ich, daß mein Vater auf die akademischen und sozialen Eigenschaften reduziert wurde, an die meine Mutter glaubte, und daß er viel von seinen eigentlichen Möglichkeiten dadurch vergeudete, daß er dagegen rebellierte. Ich fragte mich oft, warum er es nötig hatte, solche Dinge zu tun – mit dem Händewaschen zu warten, bis es zum Essen läutete, Brot auf dem Teller zu zerkrümeln, der dann ausgewechselt wurde, sich zu weigern, das Fleisch zu tranchieren, oder bösartige Witze über Mutters stilbewußte und ernste Freunde zu machen. Einmal kaufte er zwei Milchkühe von einer von Mutters Freundinnen und nannte die Kühe nach dieser ziemlich lauten Frau und ihrer Sekretärin. Später machte es ihm einen Heidenspaß, im Milchschuppen auf ihre Namen und ihren tabellarisch aufgezeichneten Milchertrag hinzuweisen. Oder er fuhr zu einem Markt, ersteigerte eine Kuh und wollte sie dann nicht mehr haben; hinterher schrieb er einen Scheck aus, den er an sich selbst richtete und vorne und hinten unterschrieb. Der perplexe Auktionator weigerte sich natürlich, den Scheck anzunehmen. Und als Mutter einmal darauf bestand, wir sollten der Vereinigung der Farmer beitreten, um damit auch der Gemeinde näherzukommen, hatten wir Käse zu einem von der Gemeinde veranstalteten Abendessen mitzubringen; Vater brachte Limburger mit, den außer ihm nur ein alter Pennsylvanien-deutscher Farmer aß.

Ich habe das Gefühl, daß mein Vater in vieler Hinsicht sein Leben verfehlt hat – daß all seine Abenteuer mit Kohle und Ziegelsteinen und der Landwirtschaft und, ganz am Ende seines Lebens, mit Methoden der Wiederaufbereitung von Wasser nur ein Ersatz für etwas Wichtiges waren, das er verfehlt hatte. Aber die Mißerfolge, die er erlebte – daß er den Vorsitz über seine Abteilung verlor, bevor er sich zur Ruhe setzte, und somit nicht zum emeritierten Professor wurde –, bedauerte er hauptsächlich wegen meiner Mutter. Es tat ihm leid, weil dies Dinge waren, die für sie zählten, und weil er wußte, daß sie darunter leiden würde.

Mir scheint, daß er in gewisser Weise rein intellektuelle Anstrengungen für etwas Feminines hielt. Er hatte seinen Vater kaum gekannt und dieselbe Art von Geist wie seine Mutter mitbekommen. Typischerweise war er sehr stolz auf die Erfolge und Ehrungen, die meine Mutter erfuhr – auf den Preis, den sie als «bedeutende Mitbürgerin» von den Absolventinnen der University of Chicago verliehen bekam, und später, nach ihrem Tod, auf den langen Nachruf in der «New York Times». Obwohl sie nur wenig publiziert hat, weil sie den Hauptteil ihres Lebens ihren Kindern und verschiedenen guten Zwecken widmete, sprach er von ihren Publikationen mit einem Stolz, der niemals verblaßte. Es war richtig für Frauen, sich der Ausübung reiner Güte und rein intellektuellen Zielen hinzugeben, und es war richtig, wenn ihre Männer stolz waren auf ihre Leistungen.

Obwohl er es bedauerte, wenn meine Mutter sich darüber ärgerte, daß er in akademischen Kreisen nicht die Beachtung fand, die sie ihm wünschte, oder wenn sie wütend war, wenn andere Männer seine Ideen stahlen, bedeutete ihm das alles nicht sonderlich viel. Er sah immer andere Arenen, in denen die Kämpfe weit erbitterter und die Risiken viel höher waren als in der akademischen Welt. Jahr für Jahr beschäftigten ihn intellektuelle Planspiele mit Industrieunternehmen, die zwar nicht zum Erfolg geführt werden konnten, deren Niedergang jedoch wenigstens zu bremsen war. Aber selbst diese Spiele brachten ihm keine ungetrübte Freude. Einmal sagte er zu mir: «Schade, daß du kein Junge bist, du hättest es weit gebracht.» Ich glaube, er meinte damit nur, daß ich eine Führungsposition in der Welt der Industrie hätte erreichen können, etwas, was ihm selbst durch die Standards verwehrt war, die er von seiner Mutter gelernt und bei seiner Frau akzeptiert hatte. Die Honorare von den verschiedenen Unternehmen, mit denen er es ständig zu tun hatte, besserten zwar sein Gehalt auf – aber nur wenig. Die Erfolglosigkeit machte die ganze Angelegenheit intellektuell respektabel, vermehrte aber auch seinen Respekt vor der wirklichen Welt und seine unterschwellige Verachtung für Männer, die über diese Welt nur Vorlesungen hielten, sich aber nie auf sie einließen.

Trotzdem war die akademische Welt sehr real für uns, wenn auch Vater sie als bloßen Schatten der Welt zu behandeln schien, über die er seine Vorlesungen hielt. Bücher, Fahnenabzüge und Neuauflagen, Vorträge, Studenten, Änderungen in der Abteilung, Heiraten von Professoren und ihren Sekretärinnen, Assistenzprofessoren, die unverschämte Fragen stellten oder einen küßten, wenn man nicht geküßt werden wollte, Preise und Ehrungen – das ganze Drum und Dran des akademischen Lebens war für uns weit realer als je für meinen Vater.

Aber wir reagierten sehr verschieden auf diese akademische Realität. Für meinen Bruder bedeutete sie wenigstens zu Anfang eine große Belastung. Ich erinnere mich noch daran, wie er als junges Fakultätsmitglied der Wharton School von meinem Vater gefragt wurde, ob ein Bericht, an dem er gerade arbeitete, veröffentlicht würde. Dick sagte, er werde vervielfältigt und rauschte, als mein Vater verächtlich dreinschaute, ärgerlich aus dem Zimmer. In dieser Nacht schlafwandelte er und versuchte dabei, aus den Hängepflanzen seiner Frau eine Druckerpresse zu machen.

Eine Generation später sah diese Realität für meine achtjährige Tochter schon ganz anders aus. Als ihr auffiel, daß ihr das Buch von Colin McPhee *A Club of Small Men*, das ihr gewidmet war, nicht sonderlich gefallen hatte, beschloß sie: «Ich werde ihm eine Besprechung daran schicken.» Das machte sie auch, und Colin schickte die Besprechung an die «Saturday Review» weiter. Als ich meiner Tochter erklärte, daß die Besprechung vielleicht nicht abgedruckt würde, meinte sie ganz philosophisch: «Naja, in jedem Fall habe ich dann etwas geschrieben, was *fast* gedruckt worden ist, und das mit acht Jahren.» Aber es wurde gedruckt, und sie bekam die Hälfte des normalen Satzes bezahlt, weil sie ein Kind war. Mit dem Scheck in der Hand meinte sie: «Ich glaube, Schriftsteller verdienen nicht viel Geld.»

Es ist von großer Bedeutung, wie die eigenen Eltern altern. Meine Mutter hatte einen schweren Schlaganfall und mußte alles wieder neu lernen, reden, gehen, und ihr Verhältnis zur Welt. Sie brauchte ein Jahr dafür, und als sie soweit wiederhergestellt war, daß sie wieder jedes Buch im Haus fand und ihr jeder Name einfiel, den wir wissen wollten, starb sie. Ihr Tod erlöste meinen Vater. Er hätte nicht gewollt, daß sie noch einmal die lange, ermüdende Genesungszeit durchstehen mußte.

Obwohl er jetzt allein war, blieb er weiter in dem kleinen Haus wohnen, das sie nach seiner Pensionierung bezogen hatten und in dem die Räume für Komitee-Sitzungen zu klein waren. Er war so vergeßlich und allen materiellen Dingen gegenüber so achtlos wie eh und je, da er aber nicht rauchte und der Heizraum eine automatische Feuerlöschanlage hatte, war er mehr eine Gefahr für sich selbst als für die Nachbarn, an deren Kindern er stark interessiert war. Er hatte sogar den Zaun für sie abgerissen, damit sie mehr Platz zum Spielen hatten. Meine jüngste Schwester meinte, er solle in ein Altenheim ziehen. Sie hatte Angst, daß er die steile kleine Treppe hinunterfallen könnte oder überfahren würde, wenn er in Gedanken versunken bei Rot die Straße überquerte. Aber ich war anderer Meinung. Ich glaubte, er habe ein Anrecht darauf, seine eigenen Risiken einzugehen.

Als mein Vater älter wurde, wurde er noch exzentrischer. Er wurde geizig, obwohl er früher großzügig gewesen war, und beschwerte sich über die Rechnungen, die in die Höhe schossen, wenn hin und wieder Studenten bei ihm wohnten. Er wachte oft um vier Uhr morgens auf und verließ das Haus. Und er verlegte Sachen, aber er hatte niemals in seinem Leben etwas finden oder in Ordnung halten müssen. Er erzählte immer wieder dieselben Geschichten, aber er hatte schon immer Geschichten wiederholt, ganz gefangen vom Erzählen und ohne beim Zuhörer auf den Ausdruck des Wiedererkennens oder der Langeweile zu achten. Nun hatte er weniger Geschichten zu erzählen und erzählte sie öfter.

Aber die Struktur seiner Persönlichkeit blieb intakt, und sein Geist war so scharf und frisch, so lebhaft an allem Neuen interessiert wie eh und je. Im letzten Frühling vor seinem Tod hielt ich ein Seminar mit einer Gruppe, die sich für avantgardistisch hielt, aber die eindringlichsten Fragen stellte er.

Als er im Sommer 1956 aus dem kleinen Haus ausziehen mußte, in dem alle Erinnerungen seines Lebens einen Platz hatten, ging es mit ihm offensichtlich bergab. Obwohl seine Enkelkinder ein Hotel für ihn gefunden hatten, wo er unabhängig leben konnte und nicht zu viele Schwierigkeiten verursachte, wenn er seine Tür offenstehen oder das Badewasser laufen ließ, weil jemand da war, der auf solche Dinge aufpaßte, fühlte er sich doch seinem Ende nahe. Nach Beendigung der Sommerkurse schloß der Club, den er gegründet hatte und in dem er täglich zu Mittag aß. Er war viel allein, aber wenigstens frühstückte der Neffe eines alten Freundes jeden Morgen mit ihm zusammen, um sicher zu sein, daß er wenigstens einmal am Tag richtig aß. Er machte eine letzte Anstrengung, jene von seinen alten Freunden wiederzusehen, die noch am Leben waren. Er starb eines Nachts im Schlaf, als er bereits wußte, daß ich zu Schiff von Europa unterwegs nach Hause war.

Mehr noch als meine Mutter, deren Karriere die Zahl ihrer Kinder und ihre zarte Gesundheit Grenzen gesetzt hatten, bestimmte mein Vater für mich meinen Platz in der Welt. Obwohl ich mich auf einer größeren Bühne bewegt habe als meine Eltern, ist es doch dieselbe Bühne – dieselbe Welt, nur hat sie eben größere Ausmaße. Ich habe das Glück gehabt, den Geist meiner Eltern bis weit über meine mittleren Lebensjahre hinaus bewundern zu können. Und ich konnte beobachten, wie sich mein Vater entwickelte – wie er seine früheren Rassenvorurteile ablegte, wie er es lernte, neue Institutionen der Regierung zu bejahen, zum Beispiel Sozialversicherungen oder verstaatlichten Besitz, was er früher mit der Begründung abgelehnt hatte, die beste Regierung sei die, welche sich am wenigsten einmischt. Zu beobachten, wie sich die eigenen Eltern entwickeln, ist eine der beruhigendsten Beobachtungen, die man überhaupt machen kann, ein Privileg, das nur die genießen können, deren Eltern über die frühen Erwachsenenjahre keines ihrer Kinder am Leben bleiben.

5
Was es heißt, Enkelin zu sein

Meine Großmutter väterlicherseits, die mit uns zusammen lebte von der Hochzeit meiner Eltern an bis zu ihrem Tod im Jahre 1927, als ich in deutschen Museen ethnologische Sammlungen studierte, übte den entscheidendsten Einfluß auf mein Leben aus. Sie war der Mittelpunkt unseres Haushalts. Ihr Zimmer – meine Mutter achtete immer darauf, daß sie das schönste Zimmer bekam, hell und geräumig, wenn möglich mit einem offenen Kamin – war der Ort, wo wir sofort hingingen, wenn wir vom Spielen oder von der Schule zurückkamen. Dort ging auch mein Vater hin, wenn er zu Hause eintraf. Dort machten wir unsere Hausaufgaben an dem Kirschholztisch, mit dem sie ihren Haushalt begonnen hatte und der später 25 Jahre lang mein Eßzimmertisch war. Aufrecht und konzentriert am Feuer sitzend, hörte sie dort uns, allen Freunden meiner Mutter und unseren eigenen Freunden zu. In meiner frühen Kindheit war sie sehr aktiv – sie kochte, machte ein, zog Blumen im Garten und verfolgte aufmerksam alles, was im Land und auf der Farm vor sich ging, einschließlich der Hühner, die immer auf den Rasen liefen, so daß ich mein Buch beiseite legen mußte, um sie zu verscheuchen.

Meine Mutter war in all den Bereichen zuverlässig, die unser Wohlergehen anbelangte. Großmutter war auf eine ganz andere Art zuverlässig. Sie meinte genau das, was sie sagte, und zwar immer. Wenn man ihre Schere lieh, dann brachte man sie zurück. Im gleichen Fall hätte meine Mutter sich nutzlos beklagt: «Warum leiht jeder sich meine Schere, bringt sie aber nie zurück?» Und Vater hätte unwirksame Drohungen ausgestoßen. Großmutter drohte niemals. Sie erhob nie ihre Stimme. Sie forderte einfach Respekt und Gehorsam durch ihre felsenfeste Überzeugung, man werde ihr gehorchen. Niemals ordnete sie etwas Dummes an. Ich nahm sie mir zum Vorbild, als ich später Verhaltensregeln für moderne Eltern formulieren wollte, die nicht mehr allein auf Grund der Tatsache, daß sie Eltern sind, Gehorsam fordern können, und die trotzdem Gehorsam fordern müssen, wenn es nötig ist. Großmutter sagte niemals: «Tu das, weil Großmutter es sagt» oder «weil Großmutter möchte, daß du es machst.» Sie sagte einfach «Mach das», und ich hörte am Ton ihrer Stimme, daß es notwendig war.

Meine Großmutter wuchs in Winchester, einer kleinen Stadt im Adams County in Ohio auf. Zwei meiner Ur-Ur-Großväter hatten diese Stadt gegründet. Sie war eines von neun Kindern, die das Erwachsenenalter erreichten. Ihr Vater war Landwirt, kleiner Unternehmer, Mitglied der gesetzgebenden Körperschaft, Friedensrichter, Prediger der örtlichen Methodistengemeinde. Er hieß Richard Ramsey, und in unserer Familie gab es so viele Richards, daß man sie Onkel El's Richard nannte oder Grace Bradfords Richard, und so weiter.

Meine Großmutter fing schon sehr jung an, in der Schule zu unterrichten. Das war zu einer Zeit, als es noch recht ungewöhnlich für ein junges Mädchen war, Lehrerin zu sein. Als mein Großvater, der ebenfalls Lehrer war, aus dem Bürgerkrieg zurückkam, heiratete er meine Großmutter, und sie gingen gemeinsam auf die Universität. Sie machten auch ihre Abschlußprüfung zusammen. Sie hielt ihre kleine Dankesrede am Morgen, und mein Großvater, der die seine am Nachmittag hielt, wurde vorgestellt als der Mann von Frau Mead, die am Vormittag gesprochen hatte.

Mein Großvater war ein Schulrat, der so leidenschaftlich Neuerungen einführte, daß die erschöpften Schulverwaltungen ihm nach Ablauf eines Jahres die besten Empfehlungsschreiben gaben und ihn baten, die Reform doch an einer anderen Schule durchzuführen. Wir haben noch ein paar Briefe, die meine Großmutter ihm während ihrer Verlobungszeit schrieb, unter anderem solche mit Ermahnungen, am Sabbat nicht an einem Picknick teilzunehmen. Er starb, als mein Vater sechs Jahre alt war. Zwei Tage später übernahm der Schulleiter seinen Posten, und meine Großmutter übernahm den Posten des Schulleiters. Von dieser Zeit an unterrichtete sie, manchmal in der höheren Schule, manchmal kleine Kinder, bis sie zu uns zog, als meine Eltern heirateten. An kleinen Kindern war sie am meisten interessiert, und ich besitze noch ihre Notizen über Schulen, die sie vor der Heirat meiner Eltern bei einem Besuch in Philadelphia besichtigt hatte. Sie hatte vieles begriffen, was selbst heute noch kaum in die allgemeinen Erziehungsvorstellungen eingegangen ist. Zum Beispiel war ihr klar, daß Arithmetik schädlich für den Geist junger Menschen ist, also brachte sie mir Algebra bei, nachdem ich das Einmaleins gelernt hatte. Sie wußte auch, welche Vorzüge es hat, gleichzeitig induktiv und deduktiv zu lernen. An manchen Tagen gab sie mir ein Büschel Pflanzen zu analysieren; an anderen Tagen gab sie mir eine Beschreibung und schickte mich in die Wiesen und Wälder, um zum Beispiel Vertreter der Minz-Familie zu sammeln. Sie war der Ansicht, es sei nicht sehr wichtig, einfache Tatsachen auswendig zu lernen, und glaubte, jeder Drill habe nur eine verdummende Wirkung. Mit dem Resultat, daß ich in Geographie oder Rechtschreibung schlecht war. Aber ich lernte, die Welt um mich herum zu beobachten, und aufzuschreiben, was ich sah – lernte, Pflanzen und Kinder und Kücken zu beobachten. Sie brachte mir bei, auf den Sinn dessen zu achten, was ich las, und Spaß am Lernen zu haben.

Mit Ausnahme von zwei Jahren Kindergarten – Großmutter hielt es für wichtig, die Hände frühzeitig zu üben, allerdings nicht an zu feinen Arbeiten – und einem Jahr Schule in Swarthmore, als ich acht war, unterrichtete sie mich, bis ich in die höhere Schule kam, und half auch dann noch, wenn ich jämmerlich schlechte Lehrer hatte, was oft vorkam. Ich erwartete von einem Lehrer niemals, daß er soviel wisse wie meine Eltern oder meine Großmutter. Obwohl sie kein Griechisch konnte, war ihr Latein recht gut, und ich erinnere mich, daß sie sich einmal an einem 4. Juli, dem Nationalfeiertag, mit einem der Lateintexte meines Bruders beschäftigte, weil sie nie Sallust gelesen hatte.

Die entwicklungsmäßig bedingten Unterschiede zwischen Jungen und Mädchen waren ihr bewußt, und sie glaubte, Jungen seien viel verletzlicher und brauchten viel mehr Geduld von ihren Lehrern als Mädchen im gleichen Alter. Das gehörte zu den Grundlagen dessen, was ich über die Bedeutung des Wortes Geschlecht lernte. Und ebenso wie meine Großmutter annahm, Jungen seien verletzlicher, nahm mein Vater an, es sei leichter für Mädchen, gut in der Schule abzuschneiden, und so mußte ich bessere Noten als mein Bruder nach Hause bringen, um dieselbe finanzielle Anerkennung zu bekommen.

Großmutter hatte nicht das geringste Gefühl, jemals benachteiligt gewesen zu sein, weil sie eine Frau war. Ich denke, sie spielte unter ihren Geschwistern eine ebenso starke Rolle wie ihr älterer Bruder, der ein bekannter Methodisten-Prediger war. Die beiden hielten ein enges Verhältnis zu ihren Eltern in Winchester aufrecht, und während ihrer Besuche beobachteten, stimulierten und berieten sie die weniger tatkräftigen Mitglieder der Familie. Bei einigen Nachkommen der Schwestern meiner Großmutter, die immer noch in kleinen Ortschaften und großen Städten in Ohio leben, ist dies nun meine Aufgabe geworden.

Großmutter konnte wunderbar Geschichten erzählen, und sie hatte eine Anzahl von unbezahlbaren, sehr individuell geprägten Geschichten, mit denen in ihrer Jugend amerikanische Großeltern Kinder großgezogen hatten. Da gab es die Geschichte von den kleinen Jungen, die absoluten, sofortigen Gehorsam gelernt hatten. Eines Tages schrie ihr Vater draußen in der Prärie: «Werft euch zu Boden!» Sie gehorchten, und das furchtbare Präriefeuer raste über sie weg, und es passierte ihnen nichts. Da gab es auch die Geschichte von den drei Jungen im Internat, von denen jeder einen Kuchen von zu Hause geschickt bekam. Der eine hob seinen auf, und die Mäuse fraßen ihn; einer aß ihn ganz und gar auf, und es wurde ihm schlecht, und wer, glaubt ihr, hatte am meisten Spaß daran? Nun, natürlich der, der den Kuchen mit seinen Freunden teilte. Dann gab es den kleinen Jungen, der von zu Hause wegrannte und den ganzen Tag lang fortblieb. Als er nach dem Abendessen zurückkam, saß die Familie ums Feuer herum und niemand sagte ein Wort. Kein einziges Wort. Schließlich konnte er es nicht mehr aushalten und sagte: «Na, wie ich sehe, ist die alte Katze ja immer noch da!» Dann gab es die Geschichte über einen Mann, der so faul war, daß er lieber hungerte, als zu arbeiten. Schließlich beschlossen seine Nachbarn, ihn bei lebendigem Leib zu begraben. Auf dem Weg zum Friedhof trafen sie einen Mann mit einer

Wagenladung voll ungeschältem Mais. Er fragte, wohin sie gingen. Als sie ihm erzählten, sie wollten diesen Nichtsnutz lebendig begraben, bekam der Maisbesitzer Mitleid mit ihm und sagte: «Ich sage dir eins. Ich schenke dir diese Ladung Mais. Du mußt ihn nur schälen.» Aber der faule Mann sagte: «Fahrt weiter, Jungens!»

Da Großmutter so vieles mit den Händen machte, konnte ein kleines Mädchen ihr andauernd am Rockzipfel hängen und mit ihr reden, Fragen stellen und ihr zuhören. An der Seite von Großmutter lernte ich Äpfel schälen, Tomaten häuten, die zuvor in kochendes Wasser getaucht worden waren, ich lernte einfache Stick-Stiche und stricken. Als ich später während des Ersten Weltkrieges für den ganzen Haushalt kochen mußte, brachte sie mir eine Menge bei, zum Beispiel, wann man einen Stich Butter an das Essen gab. Das mußten wir Mutter immer verheimlichen, denn sie hielt es für extravagant, mit Butter zu kochen. Während ich ihr bei der Erledigung der vielen kleinen Haushaltspflichten half, die sie übernommen hatte; wenn sie etwa die Arbeit der Hausmädchen zu Ende führte oder auch mehr als das tat, falls wir gerade kein Mädchen hatten – und das kam oft vor –, dann erzählte sie mir endlose Geschichten über Winchester. Sie erzählte mir vieles über ihre Schulzeit und über die armen Kinder, die um die Apfelbutzen der reichen Kinder baten, die ganze Äpfel zum Mittagessen dabeihatten. Sie erzählte mir von Em Eiler, der Tante Lou über einen Zaun in eine überschwemmte Weide gestoßen hatte; von der Großtante Louisian, die Gedanken lesen und jedem sagen konnte, was er über sie gesprochen hatte, die ein Drilling und bei Ihrer Geburt so klein gewesen war, daß sie in einen Maßbecher hineinpaßte; von Grace, die gestorben war, weil sie zu viel geritten hatte, und das war ja nicht gut für Mädchen; und davon, wie Lida Anna-Louises Locken abgeschnitten und dabei gesagt hatte: «Jetzt kann niemand mehr ‹hübsches kleines Mädchen› sagen.» Meine Großmutter erzählte mir, daß ihr Urgroßvater so lange Tischgebete zu sprechen pflegte, daß sie, um ihn nicht zu unterbrechen, ihrem Gefühl nach stundenlang mit dem Holzklotz, den sie gerade ins Feuer hatte werfen wollen, dagestanden hatte. Das war eine ihrer lebendigsten Erinnerungen. Mir war das alles so gegenwärtig, als hätte ich es selbst erlebt. Ich glaube, wenn jemand versucht hätte, den Bridie Murphy-Fall zu wiederholen, dann hätte ich wie in Trance das Kind und Mädchen spielen können, das meine Großmutter gewesen war.

Eine der Geschichten, die ich am meisten liebte, handelte davon, wie die Soldaten der Südstaatler durch den Ort zogen und die Fahne herunterschossen. Der Gefahr trotzend, rannte die jüngere Schwester meiner Großmutter heraus und hielt die Fahne hoch.

Ich lernte Winchester erst vor kurzem kennen, als die Stadt ihr hundertfünfzigjähriges Bestehen feierte. Ich nahm meine Tochter mit, und als wir durch die Straßen gingen, sah ich Häuser, die mir völlig bekannt vorkamen. Ich sah das Haus, in dem meine Urgroßeltern gelebt hatten und in dem eine Cousine meines Vaters, Cally, auf der Treppe das Geräusch eines Geistersarges gehört hatte, bis ihre Mutter sie niederknien und versprechen ließ, nie mehr einem solch wunderlichen, Tante Louisian-artigen Verhalten zu fröhnen. Ich sah das Haus, in dem die Bradfords gelebt hatten und so herzliche Gastgeber gewesen waren. Und ich erkannte die Stellen wieder, wo es gebrannt hatte. Denn ein guter Teil der Geschichte von Winchester, der kleinen Stadt, die nie wuchs, wurde mit Feuer geschrieben.

Ich wurde als Ehrengast behandelt, in einem schönen Haus mit Pfauen auf dem Rasen, das einem erfolgreichen Mann gehörte, der aus der Großstadt zurückgekehrt war, um das Haus zu kaufen, in dem er früher Stallbursche gewesen war. Auch der Mann einer meiner Cousinen wurde für seinen Erfolg geehrt, und viele Leute erzählten mir, wie sehr sie das freue; als Kind sei er so arm gewesen, erklärten sie mir, daß er auf einem ungesattelten Pferd zur Schule reiten mußte. Eine der Besonderheiten dieser kleinen Stadt, die in den Erzählungen meiner Großmutter nie herauskam, weil sie das Leben nach ethischen Gesichtspunkten und nicht nach Klassenunterschieden beurteilte, war ihr unglaublicher Snobismus. Das wurde mir klar, als ich beobachtete, wie Leute mit seltsamen Ticks und Mißbildungen, wie man sie in der Stadt nur selten sieht, demütig das Haus betraten, um den Gästen eines angesehenen Bürgers die Hand zu schütteln, der jetzt die Autoreparaturwerkstatt besaß, wie früher sein Vater den Mietstall besessen hatte.

Meiner Großmutter war die soziale Klassenzugehörigkeit gleichgültig, aber in den Geschichten, die sie mir erzählte, kamen arme Leute vor, unglückliche Leute, Leute, die wohlhabender waren, und Leute, die nicht zählten, die tranken oder spielten oder ihre Frauen und Kinder verließen. In ihrer eigenen Familie gab es trotz des Stolzes und der gutgeschnittenen Nasen in jeder Generation eine ganze Reihe solcher charmanter Männer, die nicht zählten, und passenderweise auch eine ganze Anzahl von Frauen, die diese Art von Männern heirateten. Es gab eine Reihe strenger, beeindruckender Frauen, und hin und wieder auch einen beeindruckenden Mann, aber auch viele schwache – so sah es in der Familie aus. Meine Cousinen vermuten, daß unser Urgroßvater kein sehr starker Charakter war, daß ihn aber unsere Urgroßmutter fest in der Hand hatte.

Diese Gleichgültigkeit sozialen Klassen gegenüber irritierte meine Mutter, und sie beschwerte sich manchmal darüber, daß sich Großmutter für die allereinfachsten Leute interessieren konnte. Manchmal machte sie Ferien am Meer. Wenn sie nach Hause zurückkam, erzählte sie uns endlose Geschichten aus dem Leben einfacher Leute, mit denen sie auf den Treppenstufen des Hotels am Meer gesessen hatte. Meine Mutter störte das. Großmutter und Mutter sahen sich ziemlich ähnlich. Sie waren gleich groß, wogen gleich viel und hatten so ähnliche Gesichtszüge, daß viele Leute sie für Mutter und Tochter hielten. Auch das gefiel meiner Mutter nicht.

Mutter hörte nie auf, daran Anstoß zu nehmen, daß Großmutter bei uns lebte, aber sie wußte, was sie ihr schuldig war. Großmutter mischte sich nie ein, sie versuchte niemals, den Kindern etwas Religiöses beizubringen, was nicht zuvor von Mutter zur Sprache gebracht worden war, und bei Unstimmigkeiten zwischen meiner Mutter und meinem Vater war sie immer auf Mutters Seite. Als mein Vater damit drohte, meine Mutter zu verlassen, sagte ihm Großmutter ganz klar, sie werde bei ihr und den Kindern bleiben.

Wenn Großmutter wütend war, saß sie da und hielt ihren Mund. Ich glaubte immer, sie schaffe das nur mit Hilfe eines geheimnisvollen anatomischen Tricks; so stumm war sie dann, so wütend und so damit beschäftigt, nicht zu sprechen und nicht die Haltung zu verlieren. Und die verlor sie nie. Aber die Anstrengung, die es sie kostete, sprühte ihr aus den Augen wie Feuer. Jahre später, als ich ein Bild von ihr als junger Frau geschenkt bekam, fand ich, daß ich ihr im gleichen Alter sehr ähnlich gesehen hatte. Aber als ich tatsächlich Fotos von mir mit dem von ihr verglich, sah ich sanft wie Milch dagegen aus. Dieser feurige Glanz der Augen tauchte nicht mehr in der Familie auf, bis ihre Ur-Ur-Enkelin, die Tochter meiner Tochter, Sevanne Margaret, geboren wurde. Wenn ich in ihre schwarzen Augen schaue, die sie von ihrem armenischen Vater geerbt hat, sehe ich darin wieder die Wut von Martha Ramsey aufblitzen.

Ich glaube, es war meine Großmutter, die es mir leicht machte, eine Frau zu sein. Sie war ohne Zweifel sehr weiblich – klein und zierlich und hübsch und völlig frei von männlichem Protest oder dem feministischen Gefühl, benachteiligt zu sein. Sie hatte die Universität besucht, als das für Mädchen noch sehr ungewöhnlich war, sie hatte eine klare Vorstellung von allen Dingen, denen sie ihre Aufmerksamkeit schenkte, sie hatte geheiratet und ein Kind bekommen, und sie hatte eine eigene Karriere. All das traf auch auf meine Mutter zu. Aber meine Mutter war von einem leidenschaftlichen Zorn über die Situation der Frauen erfüllt, den meine Großmutter vielleicht geteilt hätte, wenn mein Großvater noch gelebt hätte, wenn sie fünf Kinder bekommen und wenig Gelegenheit gehabt hätte, ihre besonderen Begabungen und ihre Ausbildung zu nutzen. Aber wie es sich ergeben hatte, waren die zwei Frauen, die ich am besten kannte, Mütter und hatten eine akademische Ausbildung. Also hatte ich keinen Grund, daran zu zweifeln, daß Verstand zu einer Frau paßte. Und da ich die gleiche Art zu denken wie mein Vater hatte – die der seiner Mutter gleich war –, lernte ich, daß Geist nicht geschlechtsgebunden ist.

Die Art meines Gewissens geht auf das Interesse zurück, das meine Mutter anderen Leuten und dem Zustand der Welt entgegenbrachte, und auch auf die Überzeugung meines Vaters, daß nur eine Tätigkeit der Mühe wert sei: den Schatz exakt bekannter Tatsachen zu mehren. Aber die Stärke meines Gewissens stammt von Großmutter her, die genau das meinte, was sie sagte. Vielleicht gibt es nichts Wertvolleres für ein Kind, als mit einem Erwachsenen zu leben, der stark ist und lieben kann – und Großmutter konnte lieben. Ich liebte das Gefühl ihrer zarten Haut, aber ich durfte ihr beim Gute-Nacht-Sagen niemals einen zweiten Kuß geben.

Als ich von zu Hause wegging, schrieb ich Großmutter lange Briefe, und als ich später nach Samoa fuhr, versuchte ich für sie klar darzustellen, was ich tat. Sie war nicht ganz glücklich über meine Berufswahl; sie fand, Botanik wäre der Beschäftigung mit Wilden vorzuziehen. Obwohl sie selbst fast nie zur Kirche ging – sie hatte entschieden, daß sie oft genug dort gewesen war –, hatte sie mir beigebracht, alle Menschen als Kinder Gottes zu behandeln. Aber in ihre Vorstellung von menschlichen Wesen konnte sie die ihr unbekannten Völker auf fernen Südsee-Inseln nicht einbeziehen. Wenn ich als Kind mit fliegenden Haaren zu ihr ins Zimmer kam, sagte sie mir, ich sähe aus wie der wilde Mann von Borneo. Für sie war das nur eine Redensart.

Während meiner ganzen Kindheit sprach sie oft über Lehrer, über ihre Probleme und Konflikte, und über solche Lehrer, die niemals die Schulhaustür hinter sich zumachen konnten. Der Eindruck, den sie mir von Lehrern vermittelte, noch unverzerrt von meinen eigenen Erfahrungen mit Lehrern, erweckte in mir den Wunsch, mein erstes Buch über Jugendliche so zu schreiben, daß die Lehrer von Jugendlichen es verstehen könnten. Großmutter wollte immer alles verstehen, und sie war bereit, solange zuzuhören oder zu lesen, bis sie es verstand. Es gab nur ein Thema, das sie, wie sie etwas eigensinnig beschloß, nicht weiter verfolgte. Das war die Geburtenkontrolle. Sie meinte, mit achtzig Jahren müsse sie darüber nicht Bescheid wissen.

Als ich aus Samoa zurückkam, war Großmutter schon nach Fairhope in Alabama abgereist, wo sie meine beiden jüngeren Schwestern auf eine experimentelle Schule brachte. So hatte ich nie die Möglichkeit, die Briefe, die ich ihr von Samoa aus geschrieben hatte, durch lange Gespräche zu ergänzen, aus denen sie besser verstanden hätte, was ich tat, und ich gelernt hätte, auf welche Art man am besten mit Lehrern spricht.

In ihren späteren Jahren hatte sie sich mit Leidenschaft fast ausschließlich meiner Schwester Elizabeth gewidmet, derjenigen unter uns, die am verschiedensten von den anderen war. Am Ende jenes Jahres in Fairhope machte Elizabeth dort ihren High School-Abschluß. Ich sehe vor mir, wie sie im weißen Abschlußkleid im Garten steht, und Großmutter sitzt daneben. Ich bin sicher, Großmutter hatte das Gefühl, daß ihre schwierigste Aufgabe nun beendet war – Elizabeth zu beschützen und zu erziehen. Sie starb auf dem Heimweg, während eines Besuches bei einer ihrer Lieblingsnichten in Ohio.

Die besten Freunde, die ich in meinem Leben gefunden habe, waren Menschen, die wie wir in der Nähe einer geliebten, liebenden Großmutter oder eines solchen Großvaters aufwuchsen.

6
Das Muster, das meine Familie mir vorzeichnete

Von meiner frühesten Kindheit an verglich ich meine eigene Familie mit den Familien, von denen ich hörte, von denen ich in Liedern und Büchern erfuhr.

Ich war traurig, daß ich kein Geburtshaus hatte und auch kein Haus eines Großvaters – meine beiden Großväter waren tot. Obwohl mein Großvater väterlicherseits schon starb, als mein Vater noch ein Kind war, trug meine Großmutter immer Schwarz, bis ich sie schließlich dazu überreden konnte, auch lavendelfarbene Kleider anzuziehen. Ich wußte, daß der große Bücherschrank, der bei uns in der Halle stand, noch von dem Feldzug stammte, an dem mein Großvater teilgenommen hatte. Zu den wenigen Dingen, die ich über ihn wußte, und das machte ihn für mich zu einer vorstellbaren Person, gehörte, daß er sehr darauf geachtet hatte, wie Menschen Bücher behandeln. Der Vater meiner Mutter, ein gutaussehender Mann, der, wie man mir erzählt hat, die gleichen sanften blauen Augen wie meine Mutter besaß, hatte mich noch als Baby gesehen, und das beruhigte mich irgendwie. Er hatte uns in Lavallette besucht, wo wir in einem Häuschen neben Woodrow Wilson gelebt hatten. Als Wilson später Präsident war, dachte ich gern daran, daß auch er mich als Baby gesehen hatte. Irgendwie habe ich das Gefühl, daß die Leichtigkeit, mit der ich öffentlich auftrete, und meine Freude darüber, als die erkannt zu werden, die ich bin, daher kommt, daß ich von bedeutenden Leuten gesehen worden bin.

Als Kind fand ich die Tatsache, daß ich zwei Großmütter hatte, irgendwie lästig. Ich betrachtete die Mutter meines Vaters als meine wirkliche Großmutter. Sie war die, die bei uns lebte, während die Mutter meiner Mutter Großmutter Fogg war, die nur zu Besuch kam. Und wenn sie kam, wollte sie hauptsächlich Mutter helfen. Sie war eine kleine, gutaussehende Frau mit energischen, schwarzen Augen, einer scharfen Zunge und einem pflichtbewußten, aber farblosen Verhältnis zu Kindern. Sie beschrieb mich einmal als ein ermüdendes Kind, das andauernd Stücke schrieb, die niemand anhören wollte. Ich versuchte, das Beste aus Großmutter Foggs Klugheit zu machen, aus ihrer aufgesetzten Munterkeit, ihrer Abneigung gegen ältere Menschen und ihrer Suche nach Leuten, bei denen sie sich jung fühlte.

Als ich ungefähr sechzehn war, schenkte ich ihr einen Band mit Erzählungen von Maupassant und schrieb hinein: «Für meine gemeine kleine Großmutter.» Sie starb hoch in den Neunzigern, nachdem sie mit ihrem jüngsten Sohn aus dem komfortablen Altersheim weggelaufen war, in dem ihre Kinder sie untergebracht hatten.

Großmutter Fogg war auf eine sprunghafte Weise trivial; meine Mutter und meine jüngste Schwester Priscilla hatten das von ihr. Typisch dafür war ein Vorfall lange nach meiner Kindheit, der mich dazu brachte, sie die Handschuh-Großmutter zu nennen. Als ihr Lieblingssohn Lockwood starb, der ihr sehr zugetan war, flüsterte sie mir, als ich zum Begräbnis ins Haus kam, zu: «Margaret, ich habe keine Handschuhe, sie haben Lockwood in mein Zimmer gelegt, ich kann nicht an meine Handschuhe.»

Meine Mutter konnte sich auf ganz ähnliche Weise an Kleinigkeiten festbeißen. Während meiner College-Zeit beteiligte sich eine Gruppe von uns als Streikposten bei einem Streik in New York. Mutter war für Streiks und gegen Streikbrecher, und deshalb hörte sie sich von mir in aller Ruhe an, wie die Streikbrecher aus den Fenstern leere Spulen nach uns geworfen hatten und wie wir um ein Haar verhaftet worden waren. Ihr Ausdruck änderte sich erst, als ich ihr erzählte, daß uns beigebracht worden war, zu den Streikbrechern zu sagen: «Wo ist denn euer Gewissen abgeblieben, ihr Schätzchen? Wißt ihr nicht, daß jede Stunde, die ihr arbeitet, eine Stunde ist, die wir verlieren?» Da rief sie ganz entsetzt aus: «Margaret! Du hast doch nicht ‹abgeblieben› gesagt?»

Ein vergleichbarer Fall trat ein, als ich mich 1928 auf einen Forschungsaufenthalt vorbereitete und Priscilla mich in New York besuchen kam. Sie war elegant angezogen und sah sehr erwachsen aus. Ich bat sie, in der Stadt mein Flugticket zu kaufen, was bedeutete, daß sie ungefähr 1200 Dollar in bar mitnehmen mußte. Als sie eine Schnute zog, erklärte ich ihr: «Es tut mir leid, aber ich weiß grade niemand anderen, der das für mich erledigen könnte. Ich weiß, so viel Geld ist eine große Verantwortung.» Priscilla sah immer noch bekümmert aus. «Das macht mir nichts aus, aber ich muß meine weiße Handtasche nehmen, weil die einen besseren Verschluß hat!» Und ich dachte bei mir: «Genau wie Großmutter Fogg!»

Ich begann schon sehr früh, mich für bestehende Verhaltensmuster zu interessieren, als ich Ähnlichkeiten innerhalb der Familie bemerkte – wer von der neuen Generation die Augen oder die Nase oder das lockige Haar oder den scharfen Witz von jemand aus der vorigen Generation geerbt hatte.

Ich war das älteste von fünf Kindern. Aber ich habe nur sehr wenige

Erinnerungen an meine frühe Kindheit, in denen mein Bruder nicht vorkommt. Ich erinnere mich an die Feier zu meinem zweiten Geburtstag, und ich erinnere mich daran, daß ich in jenem Winter meine neuen roten Schuhe kaputtmachte, weil ich damit in den Schnee lief. Im Frühling danach wurde Richard geboren, und sehr bald wurde dann von Margaret und Richard erwartet, daß sie alles gemeinsam machten.

Wir aßen zusammen zu Abend, trugen weiße Schlafanzüge mit Füßen und aßen Haferbrei oder am Sonntagabend Heinzelmänner aus dem übriggebliebenen Brot vom Samstag, und gebackene Bohnen in heißer Milch. Uns wurde beigebracht, zusammen zu singen, bis sich herausstellte, daß ich überhaupt nicht singen konnte, während Richard eine reine, klare Stimme hatte. Wir waren sogar gleich angezogen. Wir trugen blaue Mäntel mit Messingknöpfen und steife runde Baskenmützen. Ich wünschte mir leidenschaftlich einen Hut, aber erst mit sieben bekam ich die Erlaubnis, einen alten, bestickten Hut zu tragen, den eine junge Tante dagelassen hatte.

Richard war mein kleiner Bruder. Er verteidigte mich tapfer, stellte sich vor mich und rief: «Laßt meine Schwester in Ruh!» Aber er war auch zart, und seine häufigen Krankheiten verstärkten die übertriebene Sorge, mit der mein Vater ihn behandelte. Ich habe ein paar Erinnerungen an ehrliche Kämpfe – er zerbrach eine Puppe und schlug mit einem Hammer den Riegel meiner Zimmertür auf der Farm kaputt. Einmal wurde ich geschlagen, weil ich ihn verhauen hatte. Aber normalerweise ging unser Zusammenleben ruhig und ohne große Aufregungen vor sich. Die meisten Streiche, die wir spielten, hatte ich mir ausgedacht, und immer wenn er eine unserer Missetaten verheimlichen wollte, wurde er scharlachrot unter seiner hellen Haut. Es war schon peinlich, wie ehrlich er war.

Ich sehnte mich nach einem älteren Bruder, und auch nach einem Bruder, der ein guter Anführer bei bösen Streichen wäre. Dieser Wunsch nach einem Bruder, der unartiger wäre als ich, wurde zeitweise erfüllt, als ich dreizehn Jahre alt war und mein Vetter Phillip eintraf, der zwei Jahre lang bei uns lebte, weil der Haushalt seiner Eltern aufgelöst war. Er war in jugendlicher Bosheit so erfahren wie mein Bruder in Tugendhaftigkeit, und wir wurden feste Verbündete. Ich brachte Phillip auch dazu, daß er sich taufen ließ, und wurde so zu seiner jungen Taufpatin. Aber mein Vater unterband erfolgreich meine Versuche, ihn zu einem festen Mitglied der kirchlichen Organisation zu machen.

Es wurde nicht nur verhindert, daß Richard, der zwei Jahre jünger und bedeutend schwächer war als ich, typische Jungensachen machte, die mir als einem Mädchen verboten waren, sondern er wurde sogar davon abgehalten, viele der wilden Dinge zu treiben, die mir erlaubt waren. Weit davon entfernt anzunehmen, daß ich aus einer männlichen Welt ausgeschlossen wäre, hatte ich immer das Gefühl, daß mein kleiner Bruder im Haus gehalten wurde, weil er eine Erkältung hatte oder

Ohrenschmerzen oder Husten. Mein einziges Gefühl der Benachteiligung rührte daher, daß ich mich wie ein Junge statt wie ein spitzenberüschtes Mädchen anziehen mußte.

Als ich vier war und Richard zwei, bekamen wir eine Schwester, die ich Katherine nennen durfte. Sie war ein glückliches, temperamentvolles Baby, und wir freuten uns über ihr Gelächter, wenn sie sich die Söckchen auszog. Als sie ungefähr drei Monate alt war, beschloß ich, daß wir drei Kinder uns vom allgemeinen Haushalt trennen würden. Ich schloß die Türen ab, die zu den Kinderzimmern führten, und schmiedete verzweifelt Pläne, wie die Hygiene- und Nahrungsbedürfnisse erfüllt werden könnten. Essen, so entschied ich, konnten wir uns nachts beschaffen, wenn alle anderen schliefen, aber das Problem mit dem Badezimmer, das außerhalb der verschlossenen Tür lag, machte mir zu schaffen. Katherine schlief friedlich weiter, während Mutter mich mit einer ganz leisen Stimme, die ihre Verzweiflung verriet, anflehte, doch die Tür aufzumachen. Nach einer Stunde schließlich gab ich nach.

Das Weihnachtsfest mit der 6 Monate alten Katherine verlief glanzvoll und glücklich. Der Baum war mit wunderschönem, zierlichem Christbaumschmuck aus Wien behängt, und unter dem Baum lag eine in weißes Fell gekleidete Puppe für unser Baby. Im März dann starb sie. Zwei Tage lang war das Haus wie verstummt und mit Entsetzen gefüllt, und als Großmutter uns sagte, Katherine sei zu Großvater gegangen, wußte ich, was das bedeutete.

Richard wußte nicht so genau, was passiert war, und er lief monatelang traurig im Haus herum und suchte Katherine. Ich wußte, daß sie gestorben war, aber meine verlorene kleine Schwester lebte in meinen Tagträumen weiter. Zuerst hatte ich Tagträume von einer verlorenen Zwillingsschwester. Später träumte ich, daß ich Katherine wiederfand. Und mit Anfang zwanzig dann hatte ich den Tagtraum, ich würde entführt, um ein Kind zu erziehen; als es herangewachsen war, bemerkten meine Freunde, daß sie meine Schülerin gewesen sein müsse, denn nur ich könne sie aufgezogen haben.

Katherines Tod schlug eine Lücke in die Familie. Statt fünf Kinder wie die Orgelpfeifen zu werden, fielen wir in zwei Pärchen auseinander. Die zwei und vier Jahre später geborenen Schwestern wurden fast wie eine zweite Familie behandelt und hießen jahrelang «die Babies». Durch Katherines Tod änderte sich auch etwas im Verhältnis meiner Eltern zueinander. In tiefer Trauer zog Vater sich zurück und wollte keinem Baby mehr so viel Liebe schenken. Elizabeth und Priscilla erhielten nie so viel Wärme und Zuneigung von ihm. Dr. Jarvis, der während Katherines Krankheit ins Haus gekommen war, war zu spät eingetroffen, um ihr Leben retten zu können, aber irgendwie glaubten wir, er hätte sie am Leben erhalten, wäre er nur rechtzeitig bestellt worden. Er wurde zum engen Freund meines Vaters und gleichzeitig zum feindseligen Rivalen und scharfen Kritiker meiner Mutter, der er emotionale Unzulänglichkeit vorwarf.

In dieser Atmosphäre trauervoller Entfremdung und Zweifel wurde meine Schwester Elizabeth empfangen und geboren. Es war eine schwere Schwangerschaft für meine Mutter. Sie war die ganze Zeit so krank, daß immer wieder erwogen wurde, die Schwangerschaft ihretwegen zu unterbrechen. Aber dann wurde Elizabeth geboren, sieben Jahre jünger als ich. Sie schrie, und jedes Haar auf ihrem Kopf stand quer zu der Welt um sie herum. Bald nach ihrer Geburt zogen wir in ein Sommerhaus in den Pocono-Bergen, und als das Baby eines Tages fast erstickte, schickte mich meine bestürzte Mutter die Straße hinunter, um einen Arzt zu suchen. Man hielt es für nötig, Elizabeth Fausthandschuhe aus Stoff überzuziehen, damit sie sich nicht das Gesichtchen zerkratzte, und als ich einmal mit einem verbotenen Federmesser spielte und mir damit aus Versehen in die Nase schnitt, sagte ich, das Baby hätte mich gekratzt – eine schwere Sünde, die ich niemals vergessen habe. Sie war ein empfindliches Baby, und im Herbst war sie wieder schwer krank. Ich weiß nicht, ob mich unser Zweifel, ob sie am Leben bleiben würde, darauf brachte oder ihre Lebhaftigkeit und ihr Charme, der mich fesselte; jedenfalls hatte ich das Gefühl, sie sei geschickt worden, um den Platz des Babys einzunehmen, das gestorben war. Dieses Gefühl hatte einen ganz entscheidenden Einfluß auf mein Leben, da es mir ein bleibendes Vertrauen einflößte – was verloren war, würde wiedergefunden werden.

Elizabeth bereitete mir großes Vergnügen. Mutter wurde sehr bald wieder schwanger, und meine jüngste Schwester Priscilla wurde nur achtzehn Monate später geboren. Großmutter, die meine Sorge um Elizabeth und meine Freude teilte, ärgerte sich über die Geburt eines weiteren Kindes, das Mutters Fürsorge in Anspruch nehmen würde, und deshalb widmete sie sich Elizabeth ganz besonders. So kam das neue, ruhigere und geduldige Baby in eine Familie, deren Mitglieder alle in gewissem Sinne bereits beschäftigt waren.

Priscilla, die nach der Großmutter väterlicherseits genannt wurde, kam zu Hause auf die Welt, und jetzt waren wieder zwei Kinder da, die als Pärchen behandelt wurden wie vorher Richard und ich. Nach Priscillas Geburt litt Mutter unter einer Wochenbettdepression und wurde weggeschickt, um bei einem alten Familienarzt im Bucks County zu leben. Die übrige Familie wohnte in Swarthmore in einem gemieteten, großen kalten Haus, so kalt, daß das Wasser nachts auf den Nachttischen gefror. In diesem Winter hatten wir alle Keuchhusten, und Weihnachten kam Mutter endlich nach Hause, um sich um die zwei sehr kranken kleinen Kinder zu kümmern.

Sie fingen schon an, sich ganz klar in ihrem Temperament zu unterscheiden, Großmutter wies mich darauf hin, als sie mich anleitete, Notizen über ihr Verhalten zu machen – ich schrieb die ersten Worte von

Priscilla auf und notierte die Art, wie sie einander nachahmten. Großmutter machte mich darauf aufmerksam, wie Priscilla die Worte und Rufe nachahmte, die zwischen dem schwedischen Kindermädchen und der irischen Köchin über die Hintertreppe hinauf- und hinunterflogen, und wie Elizabeth das Leben bereits in Poesie umsetzte. Als man ihr sagte, ihr Kleid sei zerrissen, sagte sie ganz glücklich: «Ja, ich bin der Lumpensammler.» Ich lernte es, diese Notizen liebevoll aufzuschreiben und führte etwas weiter, was Mutter angefangen hatte. Ich wußte, daß sie dreizehn Notizbücher über mich und nur vier über Richard geführt hatte; jetzt übernahm ich das für die zwei Kleinen. In vieler Hinsicht betrachtete ich die Babies als meine Kinder, die ich beobachten, belehren und erziehen konnte. Ich wollte ihnen auch all das geben, was ich selbst vermißt hatte. Das setzte sich fort, bis ich ihnen, als sie acht und zehn Jahre alt waren, Medaillons schenkte und anschließend bemerkte, daß keine von beiden je ein Medaillon gewollt hatte.

Meine Fürsorge für meine jüngeren Schwestern paßte zu der Rolle als eine Art Regisseur bei Familienfesten, die ich mir selbst ausgesucht hatte. Diese Rolle machte mir Spaß. Ich hielt mich nicht für hübsch, und ich hatte auch kein schauspielerisches Talent. Mir bereitete es, besonders in späteren Jahren, die größte Freude, die Kulisse herzustellen, vor der zu unserem Vergnügen Priscilla ihre Schönheit zeigen, Richard singen und Elizabeth uns etwas vorspielen und vortanzen konnte.

Während all der Jahre, in denen wir heranwuchsen, faszinierte mich die Verschiedenheit meiner Schwestern. Elizabeth konnte sich begeistern, war liebesfähig und hingebungsvoll. Priscilla war egozentrischer und gab ihre Motive mit einer geradezu vernichtenden Ehrlichkeit preis. Sie konnte jemandem ein Kompliment machen und dann hinzufügen: «Aber das hab ich dir nur gesagt, damit du mich mitnimmst.» Von einer kurzen Zeit als junges Mädchen abgesehen, in der sie zu dick war, fast häßlich aussah und eine Brille tragen mußte, war sie außergewöhnlich schön. Aber sie betrachtete das als Belastung – eine Gabe, die sie kultivieren mußte, ohne sie je richtig genießen zu können. In vieler Hinsicht war sie die amerikanischste von uns allen. Als Kind hatte sie eine enge Freundin, die Tochter eines Geistlichen. Wenn sie das Verhältnis charakterisierte, beschrieb sie ihre Freundin als «ungewöhnliches Kind in einer gewöhnlichen Familie, während ich das gewöhnliche Kind in einer ungewöhnlichen Familie bin». Dabei fiel von uns Kindern nur Elizabeth wirklich auf als das Kind, deren Phantasie die gewohnten Vorgänge des Alltags zum Strahlen brachte und oft auf eine sehr besondere und persönliche Art veränderte.

Als ich 1926 auf der Rückreise von meinem ersten Aufenthalt in Samoa war, brachte Großmutter die zwei Kleinen an die Schule für organische Erziehung in Fairhope, Alabama. Priscilla fand keinen Gefallen an dem Programm der «organischen» Freiheit und lehnte sich bald dagegen auf. Sie äußerte entschieden: «Ich bin nicht organisch, und ich will in eine Schule gehen, wo man etwas lernt.» Sie durfte zurück nach Philadelphia und auf die Friends Central School. Es wurde eine harte Zeit für sie, aber sie beschwerte sich nicht. «Man muß die Schule nicht mögen», sagte sie, «ich lerne dort was». 1928 machte sie ihren Schulabschluß mit besonderer Auszeichnung.

Aber Elizabeth blieb in Fairhope. Wenn sie in der Töpferei arbeitete, schmuggelte sie Haarnadeln herein, denn jede Art von Werkzeug war verboten in dieser ungewöhnlichen Schule, einer Vorläuferin der Zurück-zur-Natur-Bewegung der sechziger Jahre. Sie lernte in Fairhope praktisch überhaupt nichts – außer zu unterrichten, in Kindern Begeisterung zu erwecken und jedes Individuum als Person zu behandeln. Und so hat sie es ihr Leben lang gehalten mit ihren eigenen begabten Kindern, mit den Kindern des Blocks in Greenwich Village, wo sie wohnte, und mit all ihren späteren Schülern: verkrüppelten Kindern, Müttern in Vassar-Sommerkursen, alten Damen, die zu einem experimentellen Programm für alte Menschen nach Cold Springs kamen, den entsetzlich unterprivilegierten Kindern in den High Schools von Harlem, wo allein in einem Jahr 2500 Kinder in ihren Kunstunterricht kamen – in einem Zimmer ohne fließendes Wasser oder andere Hilfsmittel, wo der Fußboden dermaßen zerstört war, daß ein Drittel des Raumes aus Sicherheitsgründen gesperrt werden mußte –, und heute am Lesley College, wo sie Studentinnen unterrichtet, die Lehrerinnen kleiner Kinder werden wollen.

Meine beiden Schwestern waren Linkshänder, und Großmutter, die an Experten glaubte, nahm sie mit nach Philadelphia und konsultierte einen berühmten Psychologieprofessor von der University of Pennsylvania. Nach guter damaliger Tradition riet er ihr, ihnen den Gebrauch der rechten Hand beizubringen. Sie selbst, die jahrelanges Unterrichten von Kindern im Grunde zu einer viel besseren praktischen Psychologin hatte werden lassen, überlegte, ob es nicht günstiger wäre, wenn die Mädchen ihrer natürlichen, angeborenen Präferenz folgten. Aber der Psychologe argumentierte, es werde dann Schwierigkeiten mit der sozialen Anpassung geben; es wäre zum Beispiel unschicklich, wenn sie die «falsche» Hand beim Essen benutzten und dabei immer Gefahr liefen, an den Ellenbogen des Nachbarn zu stoßen. Also brachte Großmutter, die Respekt vor intellektueller Autorität hatte, die kleinen Mädchen nach Hause zurück und lehrte sie, die rechte Hand zu benutzen.

Priscilla lernte wie gestochen schreiben und gewann einen großen Rechtschreib-Wettbewerb in New Jersey. Elizabeth hatte eine fürchterliche Handschrift und schrieb jedes zweite Wort falsch. Als sie sich am College für Architektur entschied, machte sie Skizzen mit der linken Hand und führte die Zeichnung dann mit ihrer trainierten und disziplinierten Rechten aus – und sie fing an zu stottern. Zu der Zeit war schon etwas über den Zusammenhang zwischen dem Gebrauch der Hände und dem Stottern bekannt, und ich überredete Elizabeth dazu, ihre linke Hand zu gebrauchen – und ihr Stottern hörte auf.

Aber ich fragte mich, wie ich mich immer gefragt habe, woher denn der Unterschied komme. Warum nahm das eine Kind das schmerzhaft auferlegte Umlernen, das sowohl seine neurologische Disposition als auch seine früheren Lernerfahrungen verletzte, als Herausforderung an, mit der es glänzend fertigwurde, während der Versuch, sich an einen von außen auferlegten Standard anzupassen, das andere behinderte und beschädigte?

Wenn ich über uns vier nachdachte und immer wieder über meine eigene frühe Erinnerung und die Familienlegende grübelte, die um jedes Kind gesponnen wurde, wie das in allen artikulierten Familien geschieht, versuchte ich stets, meine Beobachtungen auf eine Formel zu bringen. Die Verschiedenheit von uns drei Mädchen ließ sich nicht unserem Geschlecht zuschreiben. Natürlich war da die Reihenfolge. Elizabeth war weder die Älteste noch die Jüngste, und sie sagte manchmal bitter: «Wenn ich sterbe, hinterlasse ich alles der nächstjüngsten.» Priscilla hatte Mutters Art zu denken geerbt; wie Mutter war sie weniger auf Originalität aus als daran interessiert, Aufgaben, die gerade anfielen, möglichst kompetent zu bewältigen. Wie Mutter fehlte es ihr an Spannkraft und an tiefer, sinnlicher Lebensfreude.

Wie Priscilla hatte auch Richard viel von Mutter, und keiner der beiden kümmerte sich weiter um seine ganz persönlichen Begabungen. Ihre Schönheit machte Priscilla nicht glücklich, und Dick fing letzten Endes wenig mit seiner herrlichen Tenorstimme an. Obwohl er jahrelang Unterricht hatte und nach dem College ein Jahr lang in New York einen sehr guten Lehrer hatte, reizte ihn eine musikalische Karriere nicht. Statt dessen ging er an die Universität zurück und wurde Professor wie sein Vater.

Nur Elizabeth war bis in ihre Fingerspitzen hinein Künstlerin, und gleichgültig, welches ihrer Talente sie benutzte, sie benutzte es ganz anders als wir übrigen. Ihre Art, Dinge wahrzunehmen, die von der unseren so verschieden war, hat mich all die Jahre hindurch inspiriert. Ihr Verständnis für das, was in Schulen vor sich ging, verlieh meinen eigenen Bemerkungen über die amerikanische Erziehung Tiefe und Lebendigkeit. Und ihre Ölbilder haben jeden Ort, an dem ich lebte, zu meinem Zuhause gemacht. Ich besitze ihr erstes Aquarell und ein Bild von der New Yorker Börse, das sie für Vater gemalt hat. Ich habe ein Bild von Großmutter, Priscilla und ihr selbst, auf dem die drei für die Kirche gekleidet am Gartentor unseres Hauses in Holicong stehen, und ein anderes mit dem Blick aus unseren Fenstern in Philadelphia. Ein weiteres Bild zeigt die Fassade eines italienischen Hauses – jede Tür und jedes Fenster regt die Phantasie an. Kürzlich fand ich, als ich die Farben meines Zimmers änderte, ein Bild von Elizabeth, das das Licht auf sich zieht, und jetzt hängt ein neues Bild von Elizabeths Tochter Lucy Steig daneben.

Schon immer bedeutete mir ein Bild oder ein Gedicht von jemandem, der mir bekannt ist, weit mehr als die Arbeit eines bekannten Malers oder Dichters, den ich nicht kenne. Ich bette meine Erfahrungen gern in einen persönlichen Kontext ein – meine Kenntnisse vom Leben des Künstlers, oder wenn ich mit jemandem, den ich liebe, ein bestimmtes Stück oder eine Lieblingsoper sehe und mich später daran erinnere.

Selbstverständlich sehe ich ein Kunstwerk auch als einen Teil der Kultur, die den Künstler geprägt hat, und je mehr ich über eine Kultur weiß, um so bedeutungsvoller wird ein Bild, ein Gedicht oder ein Roman für mich, bis schließlich das intellektuelle und formale Wissen über diese Kultur mir etwas von der Wahrnehmungsfähigkeit für die Einzigartigkeit und Individualität der Arbeit nimmt. Aber der Bezug zu meiner eigenen persönlichen Erfahrung bereitet mir immer einen größeren ästhetischen Genuß.

Die Reflexion über die Verschiedenheit meiner Schwestern brachte mich auch dazu, über die anderen Frauen in der Familie meiner Mutter nachzudenken und darüber, daß Schwesternpaare in jeder Generation enge Freundinnen gewesen sind. In dieser Hinsicht bieten sie ein typisches Beispiel für die Eigenart amerikanischer Verwandtschaftsbeziehungen. Schwestern neigen während des Heranwachsens zu starken Rivalitätsgefühlen. Als junge Mütter vergleichen sie ständig eifersüchtig ihre Kinder. Aber wenn die Kinder älter werden, kommen Schwestern sich näher und werden im Alter oft aus freier Wahl die glücklichsten Gefährtinnen. Zusätzlich zu ihren gemeinsamen Erinnerungen an die Kindheit und ihrem jeweiligen Verhältnis zu den Kindern der anderen haben sie gemeinsame Erinnerungen an dasselbe Zuhause, an den Stil, der daheim herrschte, und an die kleinen Vorurteile über Haushaltsführung, in denen die Stimme der Mutter nachklingt, mit der sie mahnte «Füll den Teekessel nie am Heißwasserhahn» oder «Wasch das Ei sofort von den Silberlöffeln ab» oder «Zuerst die Gläser abtrocknen». Aber darüber hinaus wissen Schwestern, die eng zusammen aufgewachsen sind, vielleicht, welche Verbindung ihre Träume mit ihren Lebenserfahrungen eingegangen sind.

Fanny, die nächstjüngere Schwester meiner Mutter, ist heute eine sehr gebrechliche alte Dame. Sie wohnt in einem Altersheim, wo sie immer noch Cocktailparties für ihre Freunde und Verwandten gibt. Manchmal beklagt sie sich darüber, daß ein modernes Buch, das sie gerade liest – zum Beispiel ein Buch von Claude Lévi-Strauss – schwierig sei. Sie ist fünfundneunzig Jahre alt, und sie so vergnügt und ihrer Umwelt bewußt zu sehen, ist eine ganz außergewöhnliche Freude für ihre Nichten, Großnichten und Urgroßnichten. Aber sie beklagt sich immer noch darüber, daß ihre Schwester Emily, meine Mutter, nicht mehr da ist und die letzten Jahre mit ihr verbringt.

7
In der Schule und neben der Schule

Ein paar Jahre lang gingen wir zur Schule. Andere Jahre hindurch blieben wir zu Hause, und Großmutter unterrichtete uns. Das ist die eine Weise, meine Schulzeit zu beschreiben. Eine andere Weise ist diese: ich war zwischen meinem fünften und siebzehnten Lebensjahr zwei Jahre lang im Kindergarten, ein Jahr lang, aber nur halbtags, in der vierten Klasse und sechs Jahre auf der High School. Wenn ich nicht sehr gern zur Schule gegangen oder kränklich gewesen wäre, hätte ich wahrscheinlich noch weniger Zeit dort verbracht.

Es ist seltsam, daß eine Familie von Lehrern – denn auch Mutter hatte vor meiner Geburt unterrichtet – dermaßen sonderbare Vorstellungen von Schulen hatte wie unsere. Wo immer wir lebten, nahm unsere ganze Familie ein aktives Interesse an Schule, und viele der häufigen Umzüge für die Windermonate wurden in der Erwartung unternommen, eine bestimmte Art von Schule zu finden. Aber meine Familie war stark gegen die Art von Schule eingestellt, in der Kinder jeden Tag stundenlang in den Klassenzimmern an ihre Bänke gefesselt sind.

Mein Kindergarten – der einzige, den ich besuchte, war ein privater Kindergarten in dem großen Haus von wohlhabenden Leuten – war der Inbegriff der damals modernsten Erziehungsvorstellungen. Augen und Hände zu trainieren, mit leuchtend bunten Wollfäden zu nähen, um Farbe, Form und Muster kennenzulernen, zu schneiden und zu kleben, bunte Perlen aus verschiedenen Materialien aufzureihen und zu rhythmischen Spielen zu singen – das alles waren Tätigkeiten, die Großmutter, Mutter und Vater für Kinder gut hielten. Vater schätzte es, daß ich im Kindergarten Präzision erlernte, Fingerfertigkeit und die Fähigkeit, Dinge herzustellen; Großmutter und Mutter waren mehr an der Freiheit interessiert, mit der man sich dort bewegen konnte. Ihrer Vorstellung nach gehörte beides zusammen. Es ergänzte sich, widersprach sich nicht – wie es sich so oft herausstellt, wenn man untersucht, was hinter der moderneren Überzeugung steht, daß Kinder gleichzeitig impulsiv und gehorsam sein können. Wenn ich zurückblicke, sind meine Erinnerungen daran, wie ich es gelernt habe, präzise und geschickt zu sein, lange Passagen von Gedichten auswendig zu lernen und mit Papier umzugehen, eng mit Erinnerungen an Laufen verbunden – im Wind, durch Wiesen, und Landstraßen entlang – und dabei Blumen zu pflücken, Nüsse zu sammeln und alte Geschichten und neue Vorfälle zu Mythen über einen Baum oder einen Felsen zusammenzumengen. Und es gab auch lange Phasen, die mit Lesen angefüllt waren, so viele Stunden am Tag wie nur möglich zwischen dem Spielen im Freien und den richtigen Unterrichtsstunden. Natürlich war Lesen eine gute Sache, aber man glaubte, zuviel Lesen sei schlecht für ein Kind. Und so wurde es teilweise zu einem geheimen Vergnügen, dem ich nachts frönte, wenn ich schlafen sollte, oder tagsüber, wenn ich mich stundenlang in die Höhle zwischen den Wurzeln eines Baumes kuschelte, während ich eigentlich einer aktiveren Tätigkeit nachgehen sollte.

Von meinem sechsten Lebensjahr an war die Frage nie, wann die Schule anfing, sondern was man, wenn überhaupt, mit ihr anfangen konnte. Jedes Jahr lebten wir in einem anderen Haus an einem anderen Ort – zuerst in Landsdowne, dann in Philadelphia an der Ecke vom Fairmont-Park nahe am Zoo in einem Apartmenthaus, das von einem entfernten Verwandten meiner Großmutter verwaltet wurde, dann zwei Jahre lang in Swarthmore – ein Jahr «auf dem Hügel», wo die Leute von der Universität lebten, und ein Jahr lang am Stadtrand. Der Besitzer dieses zweiten Hauses lebte in einem kleineren Haus in der Nähe, und wir stahlen Getreide aus seinem Getreidespeicher und fütterten damit seine Hühner. Klauen aus Übermut gehörte zum Leben, es kam in Liedern und Geschichten vor, und wir mußten es ausleben. Während dieser ganzen Zeit ging ich nur einmal zur Schule – und das durfte ich auch nur halbtags. Die anderen Kinder beneideten mich, aber der Lehrer war ärgerlich darüber und ich ebenfalls, denn ich fühlte mich ausgeschlossen und gezwungen, anders zu sein als die anderen. Aber diese Schulzeit im Winter, als ich neun Jahre alt wurde, gab mir eine klare Vorstellung davon, was Schule eigentlich war. Vorher hatte ich nur den Kindergarten gekannt, von dem aus ich nie nach Hause zurück wollte. Im ersten Monat in der neuen Klasse versagte ich jämmerlich im Rechnen. Aber schon im dritten Monat hatte ich fast alles nachgeholt und hatte herausgefunden, daß in der Schule ein System herrschte, mit dem umzugehen man lernen mußte, genauso wie man jedes neue Haus und jeden Garten neu kennenlernen und die Möglichkeiten jeder neuen Stadt neu erforschen mußte.

Mutter beurteilte jeden Ort, an dem wir lebten, nicht nur hinsichtlich seiner Schulen, sondern auch als mehr oder weniger vielversprechende Quelle von «Stunden». Was für Stunden das auch waren – Zeichen-, Mal-, Schnitz-, Modellierkurse oder solche im Körbeflechten –, sie hielt sie unter dem Gesichtspunkt der fortschrittlichsten Erziehung für eine Ergänzung des regulären Unterrichts. In Hammonton hatte ich Musikstunden und auch Unterricht im Holzschnitzen, weil der einzige Künstler, auf den die Stadt stolz war, ein sehr fähiger Holzschnitzer war. In Swarthmore waren wir bei einem Lehrer, der Unterricht in allen handwerklichen Tätigkeiten erteilte, und unter seiner Aufsicht baute ich sogar einen kleinen Webstuhl. In Buck County hatte ich Malunterricht bei einem ortsansässigen Maler und später bei einem Maler aus New Hope. Und ein Jahr lang ließ Mutter uns von einem ortsansässigen Schreiner Holzbearbeitung beibringen. Es war ihr ziemlich egal, was wir in diesen

Stunden lernten, vorausgesetzt, daß die Person, die uns unterrichtete, ihr Fach beherrschte.

Wenn ich zurückdenke, scheint es mir, daß diese Art der Schulung bestimmter Fähigkeiten mir ein Modell geliefert hat für die Art, in der ich Arbeit immer organisiert habe, ob nun ein Forschungsteam zusammenzustellen ist, eine Gruppe von Assistenten oder die verfügbaren Informanten in einem Eingeborenendorf eingeteilt werden müssen. In jedem Fall versuche ich herauszufinden, was jede Person gut kann, und dann stelle ich sie zu einer Gruppe zusammen, die irgendwie ein Ganzes bildet.

Wo wir auch lebten, kümmerte Mutter sich immer um passende Spielgefährten für uns. Sie hielt das für ihre Pflicht und kam dieser Pflicht mit einem starken Empfinden für die Gleichheit aller Menschen nach. In Landsdowne spielten wir mit den Kindern eines Kutschers und einem Kind, dessen Mutter Theologin war und die es ermahnt hatte, mit anderen Kindern niemals über Religion zu sprechen. In Swarthmore spielten wir mit einer Gruppe von kleinen Mädchen, die sich im Kinderzimmer eines wohlhabenden Nachbarn trafen. In Bucks County, wo wir mit den Gardys zusammengebracht wurden, der einzigen anderen Familie aus der Stadt, waren unsere Freundschaften sehr viel vielfältiger. Aber die Kerngruppe war der Club, den Julian Gardy und ich organisierten. Er hatte sechzehn Mitglieder, zuerst auf dem Land und später dann in Doylestown, wo wir schließlich alle hinzogen, um die High School zu beenden. Julian, der ein Jahr älter war, und ich bauten eine feste, unsentimentale Freundschaft auf, die erste von vielen Freundschaften, die auf Zusammenarbeit in einer langen Reihe von Unternehmungen gründete.

Mutter hatte den Bauernhof im Buckingham Valley auf einer der langen Wanderungen gefunden, die sie mit Vater unternahm, während sie sich von einer Krankheit erholte, und sie hatte sich in den Bauernhof verliebt, weil er an einer Schlucht lag. Es gab auch fünf Morgen Urwald dort, die der Besitzer aber verkaufte, bevor wir den Bauernhof erwarben. Das ganze erste Jahr über hörten wir das Geräusch umstürzender Bäume. Das machte mir so sehr zu schaffen, daß der alte Richter Fell, dessen Vater der Besitzer des Bauernhofes gewesen war, mir einen einzigen großen Baum kaufte, der stehen blieb, als alle anderen gefällt waren.

Auch die Schlucht wurde verschont. Unser Bach, an dessen Ufern ich sämtliche Frühlingsblumen fand, rauschte durch die Schlucht und floß dann unter der Brücke zwischen dem oberen und dem unteren Obstgarten durch, wo die Dreschmaschine Wasser auftankte, und floß dann, gesäumt von Wasserkresse, weiter durch Wiesen, die mit einem Teppich von wilden blauen Hyazinthen bedeckt waren, zu der schmalen, baumbestandenen Straße, die wir Kaninchen-Rennbahn nannten.

Zur Farm gehörten 107 Morgen Felder, auf denen Weizen, Roggen und Hafer wuchs und gewöhnlich auf zwei Feldern Mais. Es gab eine riesige, dreistöckige Scheune, deren Heuboden gerade die richtige Höhe hatte, um beim Versteckspielen herunterzurutschen und herunterzuspringen. Es gab eine Windmühle, die manchmal stillstand. Dann war kein Wasser im Becken. Es gab einen Getreidespeicher, ein paar leere Taubenställe, einen Milchschuppen und eine ältere Remise, die mit Überbleibseln vergangener Zeiten angefüllt war, einschließlich der Sachen, die Vater auf Versteigerungen kaufte und die Mutter nicht leiden konnte. Im Wirtschaftshof gab es einen Bullen. Einmal malte das Kind unserer damaligen Köchin ihm durch die Stäbe des Gitterzaunes hindurch die Nase mit grüner Farbe an.

Das Leben auf der Farm – uns wurde gesagt, daß wir dort lebten, weil Großmutter glaubte, jedes Kind habe ein Recht darauf, auf einer Farm zu leben – öffnete uns die Augen für viele verschiedene Erfahrungen. Im Haus des Pächters wohnte immer noch eine andere Familie, und wir hatten oft Hausmädchen mit kleinen Kindern. Wenn die Drescher kamen, saßen zwanzig Leute in der Küche des Pächters, und wir halfen alle. Mein Vater brachte mir bei, wie man in Ohio die Ähren von den Weizengarben abschlug und teilte mir dann die Aufgabe zu, den Männern zu zeigen, wie sie es machen sollten, ohne daß sie ärgerlich wurden.

Wir hatten sechs Pferde – zwei Paar schwere Bauernpferde und zwei Kutschpferde. Von einem glaubten wir, daß es früher ein Rennpferd gewesen sei, und von dem anderen, einer alten Mähre, war, als wir sie kauften, behauptet worden, sie würde bald fohlen, aber nach sechzehn Monaten, während denen Mutter sie sehr rücksichtsvoll behandelt hatte, kam kein Fohlen. Wir durften selbst mit der Kutsche fahren, aber nicht reiten. Aber wir fuhren mit unseren leichten Wägelchen und dem Pony der Gardys so weit in der Umgebung herum, wie es selbst heute nur sehr wenig elf- und zwölfjährige Kinder tun. Nur das Telefon blieb uns auf der Spur, und wenn es klingelte, riefen wir: «Wenn es meine Mutter ist, sag, ich bin grade weggefahren!»

Während des letzten Jahrs in Swarthmore, in dem ich wieder nicht zur Schule ging, weil wir alle in jenem Winter Keuchhusten hatten, nahm ich vierzig Pfund zu und wuchs von der Größe eines siebenjährigen Kindes zu meiner jetzigen Größe heran. Im ersten Jahr auf der Farm, als ich immer noch zu Hause unterrichtet wurde, kam ich in die Pubertät. Mutter machte eine wichtige Geschichte daraus und sagte mir, daß ich nun erwachsen sei und Kinder haben könne. Sie selbst hatte sich immer über die Menstruation geärgert, die sie den «Fluch» nannte. Ihre sorgsame Bemühung, mich die Menstruation als etwas Gutes akzeptieren zu lassen, verhinderte nicht, daß ich es lernte, sehr schlimme Krämpfe zu erwarten, und deshalb nannte ich die Menstruation «Krämpfe».

Aber ich behielt die Haltung einer Elfjährigen bei. Ich wurde gewarnt, daß es meinen Körper jetzt verletzen könne, wenn ich zum Beispiel von einem Baseball getroffen würde. Deshalb bestand ich darauf, ein Korsett zu tragen, das mich wie eine Rüstung umgab – und machte weiter mit den wilden Spielen. Ich glaube, das ist der Grund, warum ich den Bewegungsstil einer Elfjährigen beibehalten und mir nie den gesetzten Gang und das Benehmen von Mädchen angeeignet habe, die später als ich reif wurden.

Die Jahre zwischen Landsdowne und unserem Umzug auf die Farm waren Jahre, in denen ich nach irgendeiner Art von religiöser Verankerung suchte. Großmutter hatte hingebungsvoll der methodistischen Kirche angehört, aber aufgehört, zur Kirche zu gehen, als ich noch ziemlich klein war; einerseits, weil es einen Konflikt mit Mutter gegeben hätte, die der unitarischen Kirche angehört hatte, bevor sie sich von jeder Religion lossagte, und andererseits, wie ich glaube, aus Langeweile. Ich durfte die kirchlichen Sonntagsschulen mit Nachbarkindern auskundschaften, und ich ging auch mit unseren eingewanderten Hausmädchen zu vielen verschiedenen Gottesdiensten. Während wir in Swarthmore lebten, nahm ich an den Meetings unserer Nachbarn teil, die Quäker waren, und ich litt sehr unter der Boshaftigkeit der Anti-Quäker-Witze, die mein Vater von sich gab. Als wir auf die Farm zogen, enttäuschte mich das Meeting in Buckingham, wo sehr wenige reiche alte Leute in absoluter Stille herumsaßen.

Deshalb wechselte ich mit Begeisterung zu der kleinen Gemeinde der Episcopal Church in Buckingham über, als der in England geborene Pastor Mr. Bell und seine Tochter Miss Lucia uns einen Besuch abstatteten. Fast augenblicklich spürte ich, daß die Rituale der Episcopal Church die Form von religiösem Ausdruck enthielten, nach der ich gesucht hatte. Ich hatte nicht nach etwas Ausschau gehalten, woran ich hätte glauben können, denn ich fand, ein Verhältnis zu Gott solle nicht darauf gründen, was man glaubt, sondern darauf, was man fühlt. Die überbewußte Einstellung meiner Mutter zur Religion ging einfach fehl – als ich sieben war, ließ sie mich versuchen, die Geschichte von Christi Geburt auf deutsch zu lesen, um mir die Grausamkeit der Geschichte der Menschwerdung Christi zu demonstrieren; das einzige Resultat war, daß ich Glaubwürdigkeit als irrelevant empfand. Was ich suchte, war eine Form von Religion, die einem schon bestehenden Glauben Ausdruck verleihen konnte.

Von Anfang an gab es auch einen Platz für mich im Pfarrhaus. Miss Lucia war die bezauberndste, menschlich sensibelste Person, die ich jemals gekannt hatte. Ganz die Tochter ihres Vaters, ließ sie mich an ihrem Leben in der kleinen ländlichen Pfarrgemeinde teilnehmen, und ich teilte ihre Verlobungszeit mit ihr und schließlich auch ihren Entschluß, mit ihrem Verlobten zu brechen. Ich kann immer noch den großen Schmerz empfinden, der mich auf dem Heimweg während eines schönen goldenen Sonnenuntergangs an jenem Tag befiel, als Miss Lucia mir erzählte, daß sie ihre Verlobung aufgelöst habe, weil ihr

Verlobter zu abhängig von seiner Mutter war. Ich hatte das Gefühl, die Welt habe nicht das Recht, so schön zu sein, wo Miss Lucia so unglücklich war. Jahrelang, fast bis zu der Zeit, als sie starb, fragte ich sie hin und wieder um Rat, wenn mich Probleme quälten. Einmal fragte ich sie, was ich mit einer eindeutig selbstmordgefährdeten Sekretärin im Museum tun sollte, einer Frau, die eine schlechte Haut und ein unangenehmes Wesen hatte und die ich ganz und gar nicht leiden konnte? Ich höre immer noch ihre Antwort: «Jemand anders sollte sich mit ihr anfreunden – aber nicht du.»

Miss Lucia, Mr. Bell, die kleine Kirche, das Pfarrhaus und später die religiösen Bücher, die ich mir schicken ließ – all das wurde Teil eines eigenständigen Lebens, das ich nur mit meinen beiden Patentanten teilte – Miss Lucia und Isabel Lord, einer Freundin meiner Mutter aus der anglikanischen Hochkirche. Beide hatte ich mir selbst ausgesucht. Ich betete gern. Ich ging gern zur Kirche. Ich machte mir Sorgen darüber, daß unsere Gemeinde so klein war. Die anderen Kinder, die ich kannte, hielten all das für überflüssig. Sie gingen zur Kirche, wenn sie es mußten, und sie spielten in ihren Mützen mit Geld oder zwickten einander während des Gottesdienstes.

Nach dem jahrelangen Unterricht von Großmutter, der selten länger als eine Stunde dauerte und mir zuviel Zeit ließ, während die anderen Kinder in der Schule waren, wurde ich schließlich mit elf Jahren zur Schule geschickt. Die Buckingham Friends School in Lahaska war eine berühmte alte Stiftung, die, wie man sagte, eine ganze Anzahl von Gerichtspräsidenten von Pennsylvania als Kinder besucht hatten. 1911 verfügte die Stiftung über so wenig Geld, daß der Fonds nur für einen Lehrer und drei Klassen ausreichte – eine achte Klasse und zwei High School-Jahrgänge. Das obere Stockwerk des Gebäudes hatte die Stadt für ihre Grundschule gemietet, an der Miss Mary Johnson jahrzehntelang unterrichtet hatte. Wir hatten den Raum im Erdgeschoß und saßen an Pulten, die sich aufklappen ließen und Schutz boten, wenn man neben dem Unterricht andere Sachen machen wollte.

Wir waren zwischen zehn und zwanzig Jahren alt. Es gab zwei Kinder, die jünger waren als ich, kleine dünne Persönchen, und fast von Anfang an übernahm ich es, die kleinen Mädchen vor den gnadenlosen Hänseleien eines großen, bulligen, viel älteren Mädchens zu schützen. Es waren auch große Jungen und Mädchen da, die in Gruppen herumliefen. Manche kamen von einer nahegelegenen Farm, dessen Besitzer Fürsorgepfleglinge aufgenommen hatte, andere kamen aus einer Schule für gestörte Kinder aus dem selben Ort.

Alle unsere Schulbücher waren mindestens zwei Generationen alt. Wir lernten Latein aus derselben Grammatik, die meine Großmutter benutzt hatte, und wurden von einem Lehrer unterrichtet, der selbst nie über Vergil hinausgekommen war. Dreißig Jahre später besserte sich die

Schule und ist jetzt eine bekannte Privatschule für die Kinder der vielen Städter, die ins Bucks County gezogen sind. Aber in meiner Schulzeit lernte ich das meiste aus veralteten Schulbüchern oder von Großmutter, die uns weiterhin bei unseren Aufgaben half.

Während ich in der Buckingham Friends School war, brach in Europa der Krieg aus. Zuerst bedeutete das für uns Geschichten über die Grausamkeiten der Deutschen in Belgien, und ich schloß die Augen und stellte mir vor, wie die Deutschen durch unsere Weizenfelder marschierten. Auch meine Tagträume bezogen sich auf den Krieg, und ich malte mir aus, ich sei Anführer in einer spanischen Gruppe von Spionen, die in Deutschland auf den Sturz des Kaisers hinarbeitete. Obwohl die Diskussionen über den Krieg zu Hause realistisch geführt wurden, war alles doch sehr weit weg, und ich glaube, ich versuchte, es wirklicher für mich zu machen, auch wenn ich dann Angstträume bekam, in denen Deutsche über unsere Weizenfelder heranrückten.

Im Frühling 1915 machten vier von uns den Schulabschluß mit allem Drum und Dran: ein Schüler hielt die Abschlußrede bei der Entlassungsfeier, ein anderer hielt die Begrüßungsansprache, der Klassenhistoriker sprach und der Klassenpoet. Meine Abschlußrede fing an mit «Hätte Deutschland . . .», und ich gab zu bedenken, wie anders das Schicksal Europas gelaufen wäre, wenn Deutschland seine Aktionen in eine andere Richtung gelenkt hätte. In diesem Frühjahr mußten wir die verschiedenen weißen Flecken in unserer Bildung ausfüllen, als wir für das Examen paukten, um auf die neue staatliche High School gehen zu können. Ich las die vorgeschriebenen Bücher und faßte den Inhalt kurz für meine Klassenkameraden zusammen, und wir alle prägten uns die Hauptstädte der Staaten und Länder ein und lernten solche Sachen wie den Handelsweg von Odessa nach New York oder nach Sydney in Australien, während Großmutter uns von dem gesungenen Geographieunterricht ihrer Kindheit erzählte.

Im darauffolgenden Jahr ging ich zur staatlichen High School, die von unserer Farm aus zwei Meilen in der entgegengesetzten Richtung entfernt lag, eine Strecke, die ich schon zweimal pro Woche zu den Malstunden gegangen war. Ich bekam diese Stunden nur unter der Voraussetzung, daß ich meinem Lehrer Pemberton Ginther, dem Autor und Illustrator von Mädchenbüchern, für seine Heldinnen namens Beth Ann und Miss Pat Modell saß, und deshalb lernte ich viele langweilige Stunden das Zeichnen und Malen nicht vom Gesichtspunkt des Künstlers aus kennen, sondern vom dem eines Modells.

Im nächsten Winter zogen wir nach Doylestown, und zwei Jahre lang ging ich in eine ziemlich gute kleinstädtische High School, wo die Lehrer einen Universitätsabschluß hatten, das Unterrichtsniveau hoch war und die Bücher modern. Meine Eltern verfolgten die Erziehung, die ich dort erhielt, sehr viel weniger kritisch. Aber in meinen Augen blieb die Schule weiterhin etwas Eigenartiges. Es bedeutete keine Herausforderung, zur Schule zu gehen. Niemand mußte wirklich hart arbeiten, und wenn das Eis gut war und der Mond hell, gingen wir alle Schlittschuhfahren. Aber es war noch etwas anderes im Spiel. In all meinen bisherigen Schulen hatte ich das Gefühl gehabt, irgendwie an einer Theatervorstellung teilzunehmen, in der ich eine Rolle zu spielen hatte und Schauspieler für die anderen Rollen finden mußte. Ich wollte jede Erfahrung, die mit der Schule zusammenhing, durchleben, und deshalb machte ich den, der am besten dafür in Frage kam, zu meinem engsten Freund, verliebte mich in einen Jungen, schloß mich fest an einen Lehrer an und organisierte, soweit das möglich war, alle Arten von Spielen, Theaterstücken, Vorführungen, Maitänzen, Valentinstag-Parties und, zusammen mit Julian Gardy, auch einen Club nach dem anderen. In einem davon erörterten wir solche Fragen wie «Wer war bedeutender, Washington oder Lincoln?». Für all diese Projekte fanden wir großzügige Hilfe bei meiner Mutter und den anderen Müttern, die sie mit heranzog. Im Sommer 1915 führten wir mit Hilfe eines Tanz- und Schauspiellehrers, den Mutter aus der Stadt hatte kommen lassen, ein großes Shakespeare Festival auf – unsere Säulenveranda war die Bühne – wo wir eine Szene aus «Der Kaufmann von Venedig» aufführten und Madrigale sangen. Während all dieser Jahre mit lässiger Erziehung und gelegentlichem mehr oder weniger unzureichendem Schulunterricht, der mir die amerikanische Kultur nahebrachte, aber wenig dazu beitrug, mich auf ein ernsthaftes Studium vorzubereiten, hatte ich reichlich Zeit, mich im Schreiben zu üben. Mit neun Jahren fing ich an, Gedichte zu schreiben, und als wir im nächsten Jahr auf die Farm zogen, führte ich ein Tagebuch und schrieb meinen Freunden in Swarthmore lange Briefe. Diese Korrespondenz führte ich die ganze High School-Zeit weiter. Ich hatte auch zwei Brieffreunde, deren Namen ich durch das *St. Nicholas Magazine* bekam. Das eine Mädchen beantwortete meine ausführlichen Briefe mit freien und ehrlichen Berichten über ihr Leben in Pottstown, Pennsylvania, aber die andere phantasierte sich verschiedene Identitäten zusammen. Briefeschreiben war immer ein sehr realer Bestandteil meines Lebens, besonders während der Jahre, wo ich Feldforschung betrieb. Briefe an die Familie, Briefe an Kollegen – besonders an Ruth Benedict und Geoffrey Gorer – und Rundbriefe an den immer größer werdenden Kreis meiner Familie und meiner Freunde haben mich auf eine Art mit ihnen verbunden, die aus einer Welt verschwindet, in der die meisten Menschen über das Telefon kommunizieren oder gelegentlich auch über Tonbänder.

Ich fing auch an, ernsthaft zu schreiben. Ich begann einen Roman. Ich berichtete in der Zeitung *The Intelligencer* über eine Vortragsreihe, die im Winter 1915 gehalten wurde. Ich schrieb, wenn etwas gebraucht wurde, kurze Theaterstücke für die Schule. Und in Doylestown half ich beim Aufbau einer Schülerzeitung, schrieb Artikel in diesem oder jenem

Stil, lernte Manuskripte zu bearbeiten und mit den Schwierigkeiten fertigzuwerden, die das Drucken bei der lokalen Zeitung mit sich brachte. Meine Eltern schrieben, und schreiben gehörte für mich genauso zum Leben, wie Gärtnern und Einmachen in jener Zeit zum Leben einer Farmerstochter gehörte. Und doch war es etwas sehr viel Spezielleres – etwas, was die Leute um uns herum nicht taten.

In der Schule fühlte ich immer, daß ich etwas Besonderes war und auf eine Weise verschieden, die nichts mit einer Begabung von mir zu tun hatte, sondern einzig mit meinem familiären Hintergrund – mit der Erziehung, die ich von meiner Großmutter erhalten hatte, und den spezifisch akademischen Interessen meiner Eltern. Ich fühlte, daß ich hart arbeiten mußte, um mich einzugliedern. Gleichzeitig aber suchte ich nach einer größeren Intensität, als die Welt um mich herum sie anbot, und machte mir Gedanken über eine Karriere. Manchmal wollte ich Rechtsanwältin werden, dann wieder Nonne, Schriftstellerin oder Pfarrersfrau mit sechs Kindern. Mit dem Vorbild meiner Großmutter und meiner Mutter vor Augen erwartete ich beides zu werden, Akademikerin sowie Ehefrau und Mutter.

In mancher Hinsicht war meine Erziehung meiner Zeit ziemlich voraus – vielleicht sogar zwei Generationen voraus. Mutters fortschrittliche Vorstellungen, die Art, wie alle Kinder in unserem Haus als Personen behandelt wurden, die Bücher, die ich las – von den Kinderbüchern aus der Generation meiner Großmutter bis hin zu den allermodernsten Theaterstücken, die meine Mutter sich schicken ließ, um sie mit einer Gruppe von Freunden zu lesen – und die Art, wie alles, was ich las, in eine historische Perspektive gesetzt wurde, und vor allem die ständigen laufenden Kommentare meiner Familie über Schulen, über Erziehung, über die Weise, wie Lehrer von der Gemeinde behandelt wurden, und über den Zusammenhang zwischen guten Schulen und den dringend benötigten höheren Steuern – ich hörte niemals etwas anderes über Steuern, als daß sie zu niedrig seien –: all das repräsentierte einen außergewöhnlichen Reflexionsstand und eine Vorstellung von Kindern, die in meiner Kindheit selten war.

Aber in anderer Hinsicht vermittelten mir diese Jahre im Bucks County das Bild eines viel früheren Lebensstils, der noch mit der Kindheit meiner Großmutter in Zusammenhang stand. Wir lebten in dem wunderschönen alten Achtzehn-Zimmer-Haus mit den niedrigen Fenstern unter dem Dachvorsprung und dem tiefen Keller, in dem die Milch kühl blieb, und dem hölzernen Verschlag, wo das Kerosin aufgehoben wurde, das wir für die Lampen in den achtzehn Zimmern brauchten. Als wir das Haus kauften, war es unberührt von jeglicher Installation, und wir richteten im ersten Jahr eine Küche, ein Bad mit fließendem Wasser und einen Heizraum ein und ließen die alten offenen Kamine wieder herrichten. Wir sahen alles – wie es gewesen war und wie es wurde.

Zunächst einmal wurde nichts für ganz selbstverständlich gehalten. Die alten Kamine herzurichten, oder zu buttern, was Großmutter erst lernen mußte, oder im Herbst einen großen Eisenkessel aufzustellen, um Apfelmus zu kochen – all das gehörte zum Erfahren einer Lebensweise, die einerseits mit der Kindheit meiner Großmutter verglichen wurde und andererseits mit unserer Erfahrung des Großstadtlebens, wo die Leute in Autos und elektrischen Straßenbahnen fuhren. Die Farm stellte eine Art zu leben dar, aber nur eine von vielen.

Sehr früh wurde mir auch die große Diskrepanz zwischen verschiedenen Haltungen bewußt. Zu Hause wurden mir die Tatsachen des Lebens ernsthaft und realistisch, aber auf eine sehr abstrakte Weise dargestellt. Zur gleichen Zeit erfuhr ich in der Schule laufend von den erschreckenden und brutalen Vorfällen im Leben unserer Nachbarn. Ungefähr zu der Zeit, als meine Mutter mir erklärte, warum viele Leser eine Zeitschrift abbestellt hatten, als die Statue eines weißen Sklaven auf dem Umschlag abgebildet worden war, hörte ich von meinen Mitschülern, wie eine Hausangestellte grausam vergewaltigt worden war, obwohl ihre blinde Herrin in Hörweite war. Diese in der Gemeinde hochgeachtete Frau hob keinen Finger, um dem Mädchen zu helfen. Zwischen den freimütigen, modernen Ansichten meiner Mutter und dem rohen, unverhohlenen Klatsch auf dem Land blieb nur wenig übrig, was ich mit Hilfe von Büchern herausfinden mußte. Aber durch das Lesen von Romanen erfuhr ich, was eine Abtreibung war, und was Illegitimität bedeutete.

Unser Umzug nach Doylestown beendete die extremen Unterschiede und Diskrepanzen zwischen Zuhause, Schule und Kirche, die für die Jahre auf dem Land so bezeichnend gewesen waren. Der Umzug bedeutete auch eine Rückversetzung in der Schule. Da ich erst vierzehn war, gestand mir der Direktor nur unter der Bedingung, daß ich das dritte Jahr wiederholte, den Besuch der High School zu. Ich mußte «L'Allegro» und «Il Penseroso» zum drittenmal durcharbeiten und Cicero zum zweitenmal – aber wenigstens war der Unterricht besser. Die Gardys, mit denen wir all die vergangenen Jahre gespielt hatten, zogen ebenfalls nach Doylestown, und wieder einmal gründeten Julian und ich einen Club, damit die Mitglieder am Samstagabend bei uns zu Hause tanzen konnten. In diesem Frühjahr traten die Vereinigten Staaten in den Krieg ein. In der Gemeinde gab es Sängerfeste, und wir hörten von Männern, die in den Krieg zogen.

Im Juni, als wir schon wieder auf der Farm lebten, wurde mein Physiklehrer George Cressman gebeten, die Abschlußrede an der High School in Buckingham zu halten. Ich bat Mutter, ihn zum Abendessen einzuladen, und als er ihr sagte, daß er gerade seinen jüngeren Bruder Luther zu Besuch habe, lud sie den mit ein. Ich fuhr bis Furlong hinaus, um sie vom Bahnhof abzuholen. In dieser Nacht tanzten wir stundenlang in der High School, und später in derselben Nacht bekam ich eine akute Blinddarm reizung. Die Krankheit zog sich den ganzen Sommer hin, da ich erst wieder zu Kräften kommen mußte, bevor ich operiert werden konnte.

Ich sah Luther nicht wieder, aber er schickte mir sein Jahrbuch. Im Herbst besuchte ich zusammen mit einem anderen Mädchen die Cressmans – von den sechs Söhnen eines Landarztes war George Cressman der Älteste. Als Kinder hatten wir gespielt, daß wir die Wahl unter verschiedenen Verehrern hätten. Julian Gardy und mein Vetter Phillip hatten einen Club gegründet, dessen Mitglieder eine Liste der zehn Mädchen oder Jungen anlegten, die sie am liebsten hatten. In neun Fällen konnte jeder von uns drohen: «Ich streiche dich von meiner Liste!» Aber der erste Platz war einem Fremden vorbehalten, jemandem, den niemand in der Gruppe kannte. Wir spielten dieses Spiel auch noch in der High School in Doylestown – und Luther Cressman war der «Fremde» auf meiner Liste.

Luther war vier Jahre älter als ich und im letzten College-Jahr. Er studierte Latein und Griechisch, und schenkte mir Gedichtbände mit gereimten Widmungen, die er selbst geschrieben hatte. Er war groß und schlank und gut gebaut. Er konnte sehr gut Auto fahren und glänzend schießen und machte herrliche Fotos. Er tanzte wunderbar. Er hatte ein einnehmendes Lächeln und einen schrägen Humor, obwohl er das Leben ernst nahm und wie meine Mutter bereit war, es als eine Einheit zu sehen.

Als Luther an Weihnachten wieder zu Besuch kam, verlobten wir uns heimlich. Und zu jener Zeit spielte er mit dem Plan, Pfarrer zu werden – das hatte seine Mutter immer gewollt, und ich wollte Pfarrersfrau werden.

In diesem Jahr machte Luther seinen Abschluß am Pennsylvania State College und ging nach der Grundausbildung in ein Offiziersausbildungslager. Die Kriegsaktivitäten in unserer Gemeinde, die Befürchtung, daß Luther nach Europa geschickt würde, und mein High School-Abschluß brachten viel Unsicherheit in mein Leben. Ich versäumte Luthers Abschlußfeier, das eine große Ereignis am College, dem ich hätte beiwohnen können, weil mein Bruder und ich Röteln bekamen. Dann war meine eigene Abschlußfeier.

Wieder war der Krieg, der jetzt so viel näher gerückt war, das zentrale Thema. Diesmal hatte ich vor, eine Rede über Kriegsplakate zu halten, die ich mit fünf Plakaten illustrieren wollte. Ich wollte sie im Festsaal aufhängen. Aber ich sprach mehr über die Zukunft als über den Krieg:

Plakate (schrieb ich) sind wie Taschenlampen. Sie sind dazu da, um einen bestimmten Teil eines bestimmten Augenblicks zu beleuchten. Wie wir mit einer Taschenlampe das Schloß einer verschlossenen Tür finden können, um den Schlüssel hineinzustecken, können Kriegsplakate ein Licht auf die verschlossenen Türen werfen, die zum Ausgang dieses Krieges führen. Diese fünf Plakate werfen ein Licht auf fünf Türen, und sie führen zum Internationalismus, zu einer besseren Stellung der Frauen, einer höheren Wertschätzung der Kinder, einer wirklichkeitsnäheren Religion und zu einem größeren Weitblick.

Unklar jedoch war mir die zu erwartende Reaktion unseres High School-Direktors, eines heftigen, sehr lebhaften Amerikaners italienischer Herkunft, der Staatsbürgerkunde und amerikanische Geschichte so unterrichtete, wie es nur ein Einwanderer der ersten Generation kann. So verließ ich gegen Ende der Schulzeit die Stadt und kam erst zur Abschlußfeier zurück, als ihm keine Zeit mehr blieb, Einwände zu erheben oder auf Änderungen zu bestehen.

Der letzte Kriegssommer war hart. Ich hatte meinen Eltern noch nichts von meiner Verlobung erzählt, aber ich schrieb Luther jeden Tag einen Brief – vier Seiten mit kleiner, feiner Handschrift. Meine Hauptbeschäftigung war die einer Farmersfrau in Kriegszeiten, und auch Dick arbeitete hart, um die Ernte einzubringen. Unsere letzte Köchin hatte uns verlassen, um für die Soldaten zu singen, und Mutter verstand nichts vom Kochen. So kochte ich nur mit Hilfe eines kleinen schwarzen Mädchens und ihrer Mutter, die uns montags die Wäsche wusch, für acht Personen auf einem dreiflammigen Kerosinofen und versuchte, mit all den seltsamen Arten von Ersatzmehl zurechtzukommen, die wir mit jedem Pfund Weizenmehl kaufen sollten. Jeden Vormittag kochte ich zwei Mahlzeiten. Zweimal die Woche rollte ich nachmittags Binden beim Roten Kreuz und an den anderen Nachmittagen strickte ich und las meinen jüngeren Geschwistern und meinen beiden verfeindeten Großmüttern etwas vor. Am Abend schrieb ich Luther lange Briefe, voll mit Gedichten.

Im Herbst 1918 zog die ganze Familie erneut um, diesmal nach New Hope, wo die Holmquist-Schule, eine neue, sehr ungewöhnliche Schule den Betrieb aufgenommen hatte. In der Doylestown High School gab es keinen Deutschunterricht mehr, und ich brauchte noch ein Jahr Deutsch oder drei Jahre Französisch als Vorbereitung für Wellesley. Hinzu kam, daß Elizabeth und Priscilla, die überhaupt nie zur Schule gegangen waren, die ersten Klassen dieser Privatschule mitten in der berühmten alten Künstlerkolonie besuchen konnten. Es gab fast so viele Lehrer wie Schüler, und wir erhielten eine wertvolle Mischung von aufregendem Unterricht und religiöser Selbsterforschung bei einem der Gründer der Schule, der auch in Bryn Mawr Religion unterrichtete. Da die einzige Hilfe, die wir zu Hause hatten, ein älteres Schulmädchen war, kochte ich, lernte zwischendurch Trigeometrie und holte drei Jahre Französisch nach. Als der Krieg zu Ende war, kam Luther aus dem Ausbildungslager nach Hause zurück, und ich sagte meinen Eltern, daß ich mit ihm verlobt war. Das wurde natürlich vor meinen Mitschülerinnen streng geheim gehalten, die immer noch ihre romatischen Tagträume auslebten, indem sie verbotene Bücher lasen.

Im Frühjahr verlor mein Vater viel Geld bei einer seiner privaten

Spekulationen. Das fand seinen Niederschlag in einer Familienkrise über meine Studienpläne. In der Hoffnung, jemanden zu finden, der seine neue Ansicht unterstützte, daß ich nicht zu studieren brauche, bestellte er unseren Hausarzt, und der sagte: «Schaut euch diese kleinen nutzlosen Hände an! Haben noch nie im Leben einen Tag lang gearbeitet und werden es niemals tun! Aus dir kann vielleicht eine gute Hausherrin werden, aber keine gute Frau. Du wirst am besten Krankenschwester!» Als ich das hörte, bekam ich einen der wenigen Anfälle von feministischer Wut, die ich jemals hatte. Zu der Zeit hatte ich nicht nur viel für die Schule zu tun und fertigte alle Kostüme für ein Theaterstück an, sondern führte auch noch der ganzen Familie den Haushalt. Was mich aber am wütendsten machte, war die völlig widersprüchliche Bemerkung, ich sei zwar nicht kräftig genug, um ein Studium abzuschließen, aber kräftig genug, um Krankenschwester zu werden. Schließlich überredete Mutter meinen Vater, indem sie Taktiken benutzte, die bei ihrer sonstigen rückhaltlosen Ehrlichkeit ganz fremd anmuteten, mich nach DePauw zu schicken. Das war sein College, und diese Idee erregte sein Interesse. Ich wurde in DePauw angenommen, und mein ganzes Lernen in jenem Jahr war unnötig gewesen. Luther, der seit seiner Entlassung als Soldat ein halbes Jahr lang unterrichtet hatte, kam am General Theological Seminary in New York an.

Den Sommer verbrachte ich im Haus einer Frau, die in Doylestown meine Englischlehrerin gewesen war und deren Mann Bibelschulen in Philadelphia leitete. Ich kümmerte mich um ihr Baby und stand einer Bibelschule mit drei Lehrern und 150 Schülern vor – eine wahrhaft mühsame Einführung ins Unterrichten. In diesem Sommer lernte ich gründlich die Möglichkeiten zwölfjähriger Jungen kennen, die alle dazu entschlossen schienen, mich bei einem Fehler zu ertappen. Während meiner Forschungsaufenthalte fand ich später bei zwölfjährigen Jungen die wichtigste Hilfe und kam zu dem Schluß, daß Museen für Jungen eingerichtet werden sollten, die in diesem Alter auf der Höhe ihrer intellektuellen Neugier und ihrer Skepsis sind. Aber in jenem Sommer schaffte ich es nur, ihnen gerade einen Schritt voraus zu sein, besonders nachdem der einzige männliche Lehrer, der Werken unterrichtete, die Schule verließ.

Obwohl ich müde war am Ende dieses Sommers, gaben mir die Geschichten meiner Mutter über den freien und demokratischen Westen Auftrieb, und ich packte mit Begeisterung für meine Studienzeit in DePauw.

Mutter ließ mich meine Kleider selbst entwerfen, und ein Schneider kam ins Haus, um sie zu nähen. Ich entwarf ein Abendkleid, auf dem ein Kornfeld mit Klatschmohn gegen einen blauen Himmel mit weißen Wolken zu sehen war. Der Rock aus steifem, silbergrünem Stoff war plissiert und mit Klatschmohn verziert. Die Bluse war aus blauem und weißem Georgette. Es war ein romantischer Einfall, aber das Kleid war entsetzlich. Jedenfalls hatte Mutter ihre Pflicht getan, indem sie es mich selbst entwerfen ließ. Der Schneider machte mir auch gesmokte Abendblusen aus Crepe de Chine. Aber ich hatte kein einziges Kleidungsstück, das irgendwie dem ähnelte, was die Mädchen in DePauw wirklich trugen.

Ich machte auch einen ganz genauen Plan für mein Zimmer im College. Ich wählte den Stoff für die Vorhänge aus – das Zimmer sollte altrosa und blau werden –, und ich suchte Bilder für die Wände aus, unter anderem ein Bild von Rabindranath Tagore und ein Porträt von Catherine Bushovka, der «kleinen Großmutter» der russischen Revolution. (Mutter hatte beim Ausbruch der Revolution vor Freude getanzt, als es hieß, daß die Russen, die von den bösen Zaren unterdrückt gewesen waren, endlich frei seien.) Und natürlich packte ich viele Kisten voll Bücher – Lyrik, Romane und Essaybände.

Mein Vater sagte: «Du gehst natürlich zu den Thetas.» Mehrere Mitglieder seiner Studentenverbindung lehrten in Greencastle. Sie hatten Thetas geheiratet, und er schrieb ihnen immer noch. Ich fand das alles ziemlich mysteriös. Ich wußte, daß Mutter der Shakespeare-Verbindung in Wellesley angehört hatte und Tante Beth bei den Mortarboards an der Universität von Chicago gewesen war, aber ich hatte niemals von Verbindungen gehört, die sich nach griechischen Buchstaben nannten. Während des Sommers erhielt ich Briefe von einem aufdringlichen Mädchen, die in der Stadt lebte, wo Tante Beth, die mit einem sehr erfolgreichen Geschäftsmann verheiratet war, als junge Dame der Gesellschaft lebte. Das Mädchen erklärte mir, sie sei eine Kappa von DePauw und freue sich darauf, mich zu einer Kappa-Party einzuladen, wenn ich im College ankäme.

Ich war siebzehn. Ich war verlobt und wollte heiraten. Aber mehr als alles andere war ich begierig darauf, in die akademische Welt einzutreten, auf die ich mein Leben lang vorbereitet worden war.

8
College: DePauw

Was der College-Besuch für das Leben ihrer Kinder bedeuten wird, darüber hegen amerikanische Familien sehr unterschiedliche Erwartungen. In der Intellektuellen-Schicht, zu der meine Eltern gehörten, galt das College als so wichtig wie lesen zu lernen. Es war eine intellektuelle Erfahrung und ein Tor zum weiteren Leben. Mein Leben lang hatte ich damit gerechnet, aufs College zu gehen, und ich war darauf vorbereitet, es zu genießen.

Meine Mutter hatte in den verschiedenen seltsamen Umgebungen, in denen wir gelebt hatten, unter anderen Privilegien auch Malstunden für mich organisiert, und ich besaß immerhin soviel Talent, daß ich ermutigt wurde, Malerin zu werden. Als ich aber von Verwandten, die Künstler waren, hörte, daß man, um Maler zu werden, die Kunstschule besuchen und das College überspringen müsse, ließ ich die Idee fallen. Für mich bedeutete nicht aufs College zu gehen in gewissem Sinne auch, kein vollständiger Mensch zu werden.

Das hieß natürlich nicht, daß alle Kinder in unserer Familie dieser Ansicht waren. Mein Bruder besuchte das College, wie es sich gehörte, und promovierte anschließend. Aber Lesen bedeutete ihm nie viel. Statt dessen konzentrierte er sich auf die praktische Seite der sehr intellektuellen, aber auch sehr konkreten Interessen meines Vaters. Richard interessierte sich am meisten für die geschäftlichen Aspekte des täglichen Lebens – für solche Dinge wie das Verhältnis von Verkehrsrecht zu Buslinien und Lastwagentransport oder die besten Standorte für Ladenketten oder die Verwendungsmöglichkeiten von Kohle. Wenn er aus einer anderen Art von Familie gekommen wäre, dann wäre er wahrscheinlich sehr zufrieden direkt ins Geschäftsleben eingestiegen. Wie es aber nun einmal war, wurde er für den größten Teil seines Lebens ein Betriebswirtschaftsprofessor, der sich Gedanken über die Projekte machte, an denen er selbst als Berater mitarbeitete. Seine Person war ein Beispiel für das, was in Amerika passierte, als die Hochschulerziehung für das Geschäftsleben, die Industrie und die Landwirtschaft genauso üblich wurde wie für die juristischen und medizinischen Berufe, die früher ihre eigenen, besonderen Ausbildungswege hatten.

Für meine Schwester Elizabeth bedeutete das College nie mehr als einen Hintergrund – und nicht einmal einen sehr wichtigen Hintergrund – für die Entwicklung ihrer Begabungen. Sie unterbrach ihr Studium und fuhr mit meiner Mutter nach Italien, verbrachte ein glückliches Jahr in Rom und studierte Architektur. Danach studierte sie an der University of Pennsylvania und der Columbia University weiter Architektur und belegte später Kurse für Malerei und Pädagogik an der New York University. Wenn es nötig war, Scheine zu machen, dann machte sie sie. Wenn es nötig war, Bücher zu lesen, las sie und verstand es, viel aus den Büchern herauszuholen. Obwohl ihr Vergnügen an Malen und Musik und Tanzen sie in unserer Mitte zu derjenigen machte, die ganz anders war, bekam auch sie den intellektuellen Familienstempel aufgedrückt. Sie wurde Lehrerin, und nur im Nebenberuf – den sie selten und trotzdem mit großem Vergnügen ausübt – Malerin. Und sie heiratete William Steig, einen Künstler aus einer Künstlerfamilie, der das College nach einem Semester verließ und sich einen Namen als Cartoonist machte, einer der ironischsten und einfühlsamsten unserer Zeit.

Und dann war da noch meine jüngste Schwester Priscilla, die sich den

Standards der Gesellschaft so willig fügte. Sie hatte mit fünf Jahren zu lesen angefangen und las alles, was sie wollte, von Science-fiction bis hin zu formaler Logik. Was sie sich angelesen hatte, benutzte sie dann als Waffe gegen die übrige Familie. Als es Zeit für sie war, aufs College zu gehen, war sie unglaublich schön; sie war außerdem fähig und verfügte über einen Geist, der imstande war, alles zu leisten, was ihm abverlangt wurde. Ich fand damals, daß sie, um der Versuchung widerstehen zu können, eine gut erzogene, elegante junge Frau zu werden, die sich über alles intelligent auslassen konnte, ohne sich für irgend etwas wirklich zu engagieren, eine Überdosis von jener Art gesellschaftlichen Lebens brauchte, wie es in Vassar oder am Smith College existierte, wo es aber zugleich durch das Verhältnis zu guten Lehrerinnen in seinem Einfluß gemäßigt würde, die ihren eigenen Verstand gebrauchten und darauf hofften, daß ein paar Studentinnen intellektuell aktiv würden. Deshalb riet ich ihr, an die University of Wisconsin zu gehen, und achtete darauf, daß sie die richtige Einführung und die richtigen Kleider bekam, in die richtige Verbindung aufgenommen wurde und soviel Beachtung fand, wie sie es bei ihrem Aussehen verdiente. Sie entschloß sich, mit Auszeichnung innerhalb von drei Jahren zu graduieren. Als ihr das gelungen war, ließ sie das Leben der Studentenverbindungen auf dem Campus in Wisconsin hinter sich, packte alles, was sie bei dem guten Unterricht der Professoren, denen ihr Thema wichtig war, mitbekommen hatte, und ging, wie sie sich selbst ausdrückte, an die University of Chicago, um etwas zu lernen. Im gleichen Geist widerstand sie der Anziehung von jungen Männern mit tadellosem Ivy-League-Hintergrund. Statt dessen heiratete sie Leo Rosten, einen brillanten jungen Politologen, der sich sein Studium in Frauenclubs durch Vorträge über Weltliteratur und durch Englischunterricht für Einwanderer verdient hatte – Erfahrungen, die er später in seinem Buch *The Education of Hyman Kaplan* benutzte. Während ihrer ganzen Ehe drosselte sie die überströmende Phantasie ihres begabten Mannes, indem sie hin und wieder ökonomische Erwägungen wie jene einbrachte, mit denen meine Mutter darauf bestanden hatte, daß mein Vater die Lapislazulikette zurückgab – das Geld sollte lieber für ein Stipendium gespendet werden. In den letzten Jahren ihres Lebens ließ sie sich zur Sozialarbeiterin ausbilden.

So prägte das überwältigende akademische Ethos das Leben von uns allen. Es wurde aber gemildert durch die Verantwortung, die meine Mutter der Gesellschaft gegenüber empfand, durch das Interesse meines Vaters an realen Vorgängen, das größer war als das an theoretischen Abstraktionen, und durch das Interesse meiner Großmutter an Kindern, an Hühnern und daran, wie man gedämpfte Tomaten mit Toastbrot verfeinern konnte. Aber das intellektuelle Vergnügen, das durch Worte in Büchern vermittelt wurde, stand im Mittelpunkt: und ich war das Kind, das am meisten damit anfangen konnte – das Kind, von dem nicht verlangt wurde, eine andere Begabung zu unterdrücken oder zu verfälschen.

Und so näherte ich mich meiner Collegezeit mit der Erwartung, an einem intellektuellen Fest teilzunehmen, obwohl ich nach DePauw gehen mußte statt nach Bryn Mawr oder Wellesley. Ich freute mich darauf, interessante Dinge von Leuten zu lernen, die wußten, wovon sie sprachen. Ich stellte mir vor, daß ich hochbegabte Studenten treffen würde, Studenten, die mich dazu herausfordern würden, meinen Geist anzustrengen und zu arbeiten statt Schlittschuhfahren zu gehen, sobald ich mein Pensum gerade gut genug erledigt hatte, daß ich jenen Freunden helfen konnte, die ihr Studium haßten. Im College, daran glaubte ich hingebungsvoll, ohne es erklären zu können, würde ich zu einer Person werden.

In DePauw fand ich 1919 hauptsächlich Studenten vor, die als erste in ihrer Familie studierten und deren Eltern am Besuchstag schlecht gekleidet erschienen, während ihre Töchter die Waschbär- oder Bisammäntel trugen, die ihrer Studentenverbindung angemessen waren. Es war die Art von College, auf das die Studenten wegen des Verbindungslebens kamen, wegen der Footballspiele und um jene Art von Beziehung zu anderen herzustellen, die aus ihnen im späteren Leben gute Rotarier machen würde und aus ihren Frauen gute Mitglieder von Gartenklubs. Ich reiste an mit Gedichtbänden, Bildern wichtiger Persönlichkeiten, die ich an die Wand hängen wollte, und snobistischen Ideen aus dem Osten, wie der, daß man sich abends sogar für die eigene Familie umzuziehen habe. Und ich wurde mit dem Snobismus und der Brutalität des Sorority-Systems konfrontiert, wie es schlimmer nicht sein konnte, mit Regeln gegen zu große Strebsamkeit, die die Frauen, die mit meinem Vater studiert hatten und mit Verbindungsbrüdern meines Vaters verheiratet waren, davon abhielten, auch nur ein Wort mit mir zu wechseln oder mich zu sich nach Hause einzuladen – Regeln, die von der Panhellistic Association aufgestellt worden waren, um den Wettbewerb zu kontrollieren, der so hart und schamlos war, daß die Regeln, die zu seiner Kontrolle dienten, die ganze Sache noch schlimmer machten. Das war meine erste und einzig wirkliche Erfahrung mit Diskriminierung – sicherlich eine vergleichsweise harmlose.

Es läßt sich sehr schwer abschätzen, wie wichtig es ist, daß die eigene Seele von den großen Ungerechtigkeiten der Zeit, in der man lebt, verhärtet wird – wenn man als Leibeigener oder als Sklave geboren wird, als Frau, von der angenommen wird, daß sie weder einen Geist noch eine Seele hat, als Schwarzer oder Schwarze in einer weißen Welt, als Jude unter Christen, die aus dem Antisemitismus eine Tugend machen, als Bergarbeiter unter solchen Menschen, die es gut finden, Pinkertons zu kaufen, die dann streikende Bergarbeiter erschießen. Unter solchen Erfahrungen verhärtet sich die Seele. Bitterkeit und Wut plagen die Opfer, sie haben Mitgefühl mit Leidensgenossen oder den blinden Drang davonzukommen, und sei es auf dem Rücken ihrer Leidensgenossen. Solche Erfahrungen können den Wunsch zeitigen, unermüdlich gegen jene Ungerechtigkeit zu kämpfen, die dazu geführt hat, daß die eigene Mutter starb, weil kein Doktor sich ihrer annehmen wollte, oder dazu, daß der Bruder in einem Bergwerk arbeiten mußte, weil es keine Schule gab, die seine Begabung erkannt hätte – eine Ungerechtigkeit, die willkürliche soziale Einteilungen an die Stelle der Anerkennung von Menschen als Menschen setzt, Ungerechtigkeiten, die man am eigenen Leib erfährt, am zutiefst verletzten eigenen Leib, sind der Stoff, aus dem explosionsartig Veränderung entsteht. Aber der leidenschaftliche Kampf für die Menschheit – der Kampf um die Befreiung von Sklaven, von Kolonien, von Frauen und Kindern – wurde auch von denen geführt, die jene Abgründe der Ungerechtigkeit, gegen die sie kämpften, nie selbst erfahren haben – oder sogar, wie im Fall von Weißen, die für Schwarze, und von Männern, die für Frauen kämpften, auch niemals am eigenen Leib erfahren konnten.

Heutzutage wird viel von der Unerfahrenheit von Vorstadtkindern aus der wohlhabenden Mittelschicht geredet, die nie eine offene Wunde oder die Geburt eines Babys oder jemand sterben gesehen haben, die ihre Vorstellung von Erniedrigung, Entbehrung und Leid ausschließlich aus Filmen und dem Fernsehen beziehen. Aber solche Diskussionen berücksichtigen die verschiedenen Arten von Kämpfern nicht, die in jedem Kampf immer alle gebraucht werden – sowohl jene, die am eigenen Leib die verhärtende Wirkung von Diskriminierung erfahren haben, als auch jene, die zutiefst betroffen sind von der Begegnung mit Tragödien, die zu den Alltagserfahrungen anderer Menschen gehören.

Der springende Punkt von John Howard Griffins Buch *Black Like Me* war gerade, daß er nicht schwarz ist. Für eine kurze Zeit erlebte er die Demütigung und Feindschaft, auf die ein Schwarzer täglich gefaßt sein muß – für sein ganzes Leben in den Vereinigten Staaten. Aber Griffin erfuhr das nicht als Schwarzer, sondern als ein Weißer, der seine Haut eine Weile geschwärzt hatte; als ein Weißer, der dazu erzogen war, etwas anderes zu erwarten, und der plötzlich von dem Bild, das er von sich selbst hatte, abrückte, als seine eigene Frau – eine Weiße, weit weg am anderen Ende der Telefonleitung – ihn mit einem Kosewort ansprach. Aus dieser Erfahrung heraus war Griffin fähig, weißen Männern und Frauen Dinge zu sagen, die zu sagen einem Schwarzen niemals eingefallen waren. Und ich denke, es ist kein Zufall, daß einige der leidenschaftlichsten Erklärungen über die Rechte der Frau von Männern abgegeben wurden oder daß anti-imperialistische Bewegungen in Kolonien von Europäern ins Leben gerufen und sogar geleitet wurden, die empört waren über die Folgen sozialer Verhältnisse, unter denen sie als Mitglieder einer privilegierten Schicht niemals gelitten hatten.

Trotzdem ist es sehr schwer, eine Grenze zu ziehen. Natürlich können gewisse Privilegien auch eine starre Unempfindlichkeit erzeugen, eine völlige Unfähigkeit, sich vorzustellen, was es heißt, ein Außenseiter zu sein, ein Mensch, der Verachtung oder Abneigung erfährt auf Grund von Hautfarbe, Geschlecht, Religion, Nationalität oder wegen des Berufs seiner Eltern und Großeltern. Manche Erfahrungen sind notwendig, um einem die Augen zu öffnen und die Fesseln phantasieloser Konformität zu lockern. Diese Entwicklung kann ein furchtbarer Schock auslösen – etwa das brutale Erlebnis, daß ein naher Freund aus einem Restaurant gewiesen oder gar auf der Straße niedergeschossen wird. Aber es gibt noch eine andere Art, verstehen zu lernen, was Demütigung ist – durch schwere Erlebnisse in einer bedeutungslosen Karikatur der wirklichen Welt, die uns gerade durch ihre Bedeutungslosigkeit zu emotionalem Engagement bewegt und unser Bewußtsein für die zerstörerische Wirkung jeglicher Art von sozialer Ungerechtigkeit schärft.

Mein Leben lang war ich Anführerin von Kindergruppen gewesen, die nach demokratischen Spielregeln funktionierten. In meiner Familie führten idealistische Nächstenliebe und die Vorstellungen meiner Mutter von der Gleichheit der Menschen dazu, daß die Landarbeiterkinder mit genausoviel – und vielleicht sogar mehr – Freundlichkeit und Aufmerksamkeit behandelt wurden wie die Kinder gebildeter Akademiker. Aus dieser sicheren Position heraus glaubte ich durchsetzen zu können, daß jeder jeden gleich behandelt. Ich war nach der amerikanischen Vorstellung von guter Erziehung aufgezogen worden, die von der Annahme ausgeht, daß ein gut erzogener Mensch niemals jemanden absichtlich verletzt – eine Umkehrung der englischen Vorstellung, nach der ein gut erzogener Mensch niemals unabsichtlich grob ist. Mein Vater zitierte hin und wieder Chesterfields Mahnung, rücksichtsvoll zu Unterlegenen zu sein, höflich zu Gleichgestellten und förmlich zu Höhergestellten. Aber niemand deutete jemals an, daß es Leute gab, die höher waren als wir; es gab nur Leute, die mehr Geld hatten oder stärker daran interessiert waren, ihre gesellschaftliche Stellung zu festigen. Mein Vater weigerte sich, Anstrengungen dieser Art zu unternehmen, und meine Mutter konzentrierte sich deshalb auf ihren persönlichen Umgang mit anderen Frauen, denen gute Taten genauso wichtig waren wie ihr. Meine Mutter beklagte sich darüber, daß mein Vater gar keine Anstrengungen unternahm, aber niemand ließ durchblicken, daß es ihm, wenn er es nur gewollt hätte, nicht gelungen wäre.

In mancher Hinsicht war ich in der Position eines Kindes, das in einer führenden Familie einer abgesondert existierenden Minderheit heranwächst, in der Position der Tochter eines Rabbis in einer jüdischen Gemeinde zum Beispiel, oder der Tochter eines Pastors in einer rein schwarzen Gemeinde; ein Mädchen, das ihren privilegierten Status niemals in Frage gestellt, aber eine Ethik aufgesogen hat, die alle Ungerechtigkeit in der Welt sehr kritisch beurteilt. In seinem Buch *Ex-Prodigy* beschreibt Norbert Wiener, wie er in einer antisemitischen Umgebung aufgezogen wurde, in der man seine russische Herkunft mit Überlegenheit gleichsetzte. Als er herausfand, daß er selbst Jude war, konnte er sich nicht nur mit den Juden, sondern mußte sich mit allen unterdrückten Völkern identifizieren. Das Stigma der Privilegiertheit blieb erhalten.

Als ich in DePauw ankam, fand ich zwei Zimmergenossinnen vor. Eine davon war ein Mädchen, das aufs College gekommen war, um einer Studentinnenverbindung beizutreten, und das war schon vor ihrer Ankunft geregelt worden; die andere erwartete, von einer Verbindung mit wenig Prestige dringend zum Eintritt überredet zu werden. Ich lernte bald, daß kein Mädchen, das einer Verbindung angehörte, mit einer Studentin im 1. Semester sprechen konnte, die keine Anwärterin bei einer Verbindung war. Dies erklärte natürlich, warum ich nichts von dem aufdringlichen Mädchen hörte, das mir im Sommer so viele Briefe geschrieben hatte. Als die Einladungen herauskamen, wurde ich zur Eröffnungsparty bei den Kappas eingeladen. Aber als ich dort ankam und mein ungewöhnliches, unmodisches Kleid trug, in dem ich wie ein Weizenfeld mit blühendem Klatschmohn aussah, kehrte meine Briefpartnerin mir den Rücken zu und sprach nie wieder ein Wort mit mir. Ich fand den ganzen Abend äußerst verwirrend. Ich konnte natürlich nicht wissen, daß allen signalisiert worden war, es sei ein Fehler gewesen, mich einzuladen. Hinterher bekamen meine Zimmergenossinnen die Aufforderungen, die sie erwartet hatten, aber ich bekam keine Aufforderung.

Es dauerte trotzdem noch einige Zeit, bis ich ganz begriff, was es bedeutete, an einem College, wo sich alles um Sororities und Fraternities drehte, keine Anwärterin auf Mitgliedschaft zu sein. Zum einen hatte ich keine Verabredungen; die nämlich wurden organisiert, indem den Studenten im ersten Semester, die Anwärter bei bestimmten Verbindungen waren, befohlen wurde, Studentinnen im ersten Semester, die ihrerseits Anwärterinnen bei bestimmten Verbindungen waren, einzuladen. Obwohl alle Studenten des ersten Semesters in Studentenwohnheimen leben mußten, gab es doch eine wachsende Kluft zwischen den Anwärtern, die viel Zeit in ihren Verbindungshäusern verbrachten, wo sie Disziplin lernen und in Form gebracht werden sollten, und denen, die keine Anwärter einer Verbindung waren, und den wenigen in den Wohnheimen lebenden fortgeschrittenen Studenten.

Mit sehr wenigen Ausnahmen waren diese älteren Studenten eine trübe Schar. Aber Katharine Rothenberger war da, die meine Freundin wurde und blieb; sie war von einem anderen College übergewechselt, wo sie das Angebot, einer Verbindung beizutreten, abgelehnt hatte, weil es zu teuer gewesen wäre. Und es war ein sehr großes, sehr ernstes Mädchen aus England da, das ebenfalls das College gewechselt hatte und im späteren Leben eine sehr bekannte Missionarin wurde. Im großen und ganzen jedoch waren die Mädchen, die nach den Maßstäben der Sororities nicht in Frage kamen, unattraktiver und weniger geistreich als die Auserwählten. Außerdem hatten alle die, die noch hofften, ein Merkmal gemeinsam – die Angst, sich mit jemandem anzufreunden, der in der gleichen Lage war wie sie. Obwohl ich die bittere Ungerechtigkeit erlebte, ausgeschlossen zu werden aus Gründen, die ich nicht respektierte, erlebte ich auch das, was ich als Hauptgrund für die Abschaffung solcher exklusiven Institutionen betrachte, nämlich den Schaden, der den willkürlich Ausgeschlossenen zugefügt wurde, die weiterhin daran glaubten, sie könnten eines Tages in die Reihen der Erwählten aufsteigen.

Es dauerte auch einige Zeit, bis ich entdeckte, daß abgewiesene Studenten später akzeptiert werden konnten, wenn sie eine spezielle Begabung entwickelten, die einer Verbindung helfen konnte, jene Kette von Höchstleistungen im Wettbewerb aufrechtzuerhalten, auf die miteinander rivalisierende Verbindungen auf dem Campus oder die verschiedenen Niederlassungen der einzelnen Sororities und Fraternities großen Wert legten. All das wurde von den nationalen Verbindungen gefördert, die sich nach griechischen Buchstaben nannten. Ein Student oder eine Studentin konnte immer weiter hoffen, daß die Mitglieder einer Verbindung eines Tages in ihm – oder ihr – etwas entdeckten, entweder ein Anzeichen von großer akademischer Leistung oder eine überragende Fähigkeit auf einem Gebiet, das außerhalb des Lehrplans lag, oder eine politische Chance, und ihn oder sie dann aufforderten, der Verbindung beizutreten, und dabei die anfängliche Ablehnung vergaßen und sich vielleicht sogar Mühe gaben, die Person gernzuhaben, die früher so grausam ausgeschlossen worden war.

Dies geschah viele Jahre bevor liberale weiße Amerikaner merkten, daß das, was sie schwarzen Amerikanern zumuteten, gar nicht so anders war. In der Zeit zwischen den zwei Weltkriegen wurden schwarze Ärzte, Rechtsanwälte, Wissenschaftler und Männer mit anderen anerkannten Talenten und herausstechenden Fähigkeiten zu den Berufsorganisationen zugelassen, die ihnen bis dahin verschlossen gewesen waren, und sie wurden fast so behandelt, als ob sie von der Gruppe, der sie beigetreten waren, akzeptiert würden.

Während der nächsten vierzig Jahre, bevor Verbindungen und Clubs fast ganz ihre Macht an den Universitäten verloren auf Grund der allgemeinen Ablehnung von elitärem Verhalten, die sich in den sechziger Jahren entwickelte, wurden verschiedene Anstrengungen unternommen, um eine Institution zu demokratisieren, die ihrer Natur nach dazu unfähig war – denn was die Exklusivität im Grunde ausmacht, ist, daß jemand ausgeschlossen wird. Aber das hauptsächliche Ergebnis solcher Anstrengungen war, daß die Mitglieder der Griechische-Buchstaben-Verbindungen in der Überzeugung bestärkt wurden, Studenten, die nicht angenommen worden waren, hätten das auch nicht gewollt oder es sich nicht leisten können. Und die Abgelehnten sprachen selten darüber.

Wie naiv die Privilegierten ihren Status akzeptieren, zeigte sich, als mich die Panhellenistische Gesellschaft der Syracuse University während des Zweiten Weltkrieges einlud, bei einem Dinner über Demokratie zu sprechen, ein Thema, das zu jener Zeit ganz besonders in Mode war. Die Organisatoren hatten sich nicht die Mühe gemacht herauszufinden, ob ich jemals an einem College gewesen war, wo es Griechische-Buchstaben-Verbindungen gab. So bekamen sie eine Menge Geschichten zu hören, vor denen sie bis dahin verschont geblieben waren.

Während des Jahres, das ich in DePauw studierte, leugnete ich nicht, daß ich gekränkt war, und ich machte mir auch nicht vor, daß ich die Möglichkeit, von einer Sorority angenommen zu werden, ausgeschlagen hätte. In Wahrheit hätte ich dazu nicht genug gewußt. Und es ist gut möglich, daß ich mich, wäre ich erst Mitglied gewesen, so unkritisch verhalten hätte wie alle anderen. So aber nahm ich im Verlauf des Jahres immer mehr Anstoß an der Diskrepanz zwischen dem angeblich großartigen demokratischen Bewußtsein im mittleren Westen und der aufdringlich schrillen Künstlichkeit der Griechische-Buchstaben-Verbindungen auf diesem Campus, sowie an der Härte der ungeschriebenen Gesetze, die verhinderten, daß die Studienkollegen meines Vaters jemals ein freundliches Wort an mich richteten; mehr als alles andere aber verletzte mich, wie unloyal die Zurückgewiesenen sich gegeneinander verhielten.

Ich erfuhr auch, daß es mit der bloßen Zurückweisung nicht genug war. Man bekam sie ordentlich unter die Nase gerieben. Damals war es Mode, daß Mädchen sogenannte Peter Thompson-Kostüme trugen – Matrosenkostüme aus dunkelblauer Wolle oder pastellfarbenem Leinen. Als ich mir ebenfalls im Frühling ein Peter Thompson-Kleid kaufte, zog mir ein prominentes Theta-Mitglied, als wir uns auf dem Campus begegneten, grob den Kragen herunter, um sich das Etikett anzusehen. Sie erwartete natürlich, daß mein neues Kleid eine Imitation war – es war aber echt.

Meine ungewöhnliche Kleidung war nicht das einzige, was die anderen gegen mich einnahm. Da war mein Zimmer mit der wohlbedachten Farbzusammenstellung, mein Tee-Service, und vor allem waren da meine Bücher und Bilder. Und ich kaute kein Kaugummi. Als sei das nicht schon genug, war da auch noch mein Oststaaten-Akzent. Der große Anfängerkurs in englischer Literatur wurde von einem Professor aus Neu-England abgehalten, der es für seine Hauptaufgabe hielt, provinzielle Amerikaner zu erziehen. Gleich am ersten Tag blickte er im Raum herum und fragte: «Weiß hier irgend jemand, wie man das Wort *calf* ausspricht?» Ich meldete mich, und als ich ein offenes «a» aussprach, kommentierte er gleich: «Aha, Sie kommen aus dem Osten, nicht wahr?

Hier draußen sagt man ‹calf›», und er sprach es mit einem gequetschten «ä» aus und mokierte sich darüber. Ein Drittel der Studenten im ersten Semester bekamen dieses zweifelhafte Kompliment zu hören. Es waren noch zwei andere Studentinnen aus dem Osten da. Eine war die Tochter eines Methodistenbischofs, der vorher Rektor in DePauw gewesen war; die andere war ihre engste Freundin. Das rettete sie. Aber ich war gebrandmarkt.

Obwohl die Zurückweisung durch die Sorority der härteste Schlag war, gab es noch einen anderen. Ich fand heraus, daß ich dem Y. W. C. A., dem Christlichen Verein junger Frauen, ebenfalls nicht beitreten konnte, weil ich als Mitglied der Episkopalkirche keiner evangelischen Religion angehörte. Es gab fünf von uns in DePauw, die aus religiösen Gründen zurückgewiesen wurden – ich, ein römischer Katholik, ein Griechisch-Orthodoxer, ein Lutheraner und ein Jude. Der Jude war David Lilienthal. Einmal wurde er darum gebeten, in der Sonntagsschule der Methodisten einen Vortrag über das jüdische Jesus-Bild zu halten. Wir vier anderen zählten einfach nicht.

Ich wurde zum erstenmal in meinem Leben damit konfrontiert, für fast alle vollständig unakzeptabel zu sein und zwar aus Gründen, auf die stolz zu sein mir beigebracht worden war. Daraufhin versuchte ich herauszufinden, was ich innerhalb dieses Systems tun konnte – das mir im übrigen so unsympathisch war, daß ich keine Zeit damit verlor, meinen Ausschluß zu bedauern.

Ich schrieb einen Sketch, der von den Studentinnen meines Wohnheims Mansfield Hall im Rahmen eines Wettbewerbs mit dem Wohnheim der älteren Studenten und den Sororities aufgeführt wurde – das hatte es noch nie vorher gegeben. Ich bereitete mich auf die Aufnahmeprüfung der Gesellschaft für englische Literatur vor, die sich Tusitala nannte – nach dem Namen, der Robert Louis Stevenson in Samoa gegeben worden war. Ich führte Regie bei dem Festzug, den die gesamte weibliche Studentenschaft jedes Jahr unter der Leitung der Abteilung für Leibeserziehung veranstaltete. Dafür entwarf ich auch den Festzugswagen der ersten Semester. Und schließlich betätigte ich mich auf politischem Gebiet und erreichte, daß Katharine Rothenberger zum Vizepräsidenten unseres Jahrgangs gewählt wurde, indem ich die Sororities der Studentinnen gegeneinander ausspielte. Es befriedigte mich, daß ich am Ende des Studienjahres aufgefordert worden wäre, einer Sorority beizutreten – wahrscheinlich wenigstens zwei verschiedenen. Denn obwohl mich wohl keine Verbindung haben wollte, fürchteten alle, ich könnte einer Konkurrenzverbindung beitreten.

Der Lehrbetrieb in DePauw war weit weniger enttäuschend als das gesellschaftliche Leben. Ich hatte in meinem Katalog Kurse mit zusammen über 200 Wochenstunden angestrichen, obwohl man in vier Jahren nur insgesamt 120 Wochenstunden belegen konnte. Ich genoß den großartigen Unterricht von Männern, die in erster Linie Lehrer waren, die sich für ihre Studenten interessierten und nicht unter dem Druck standen, «zu veröffentlichen oder zugrunde zu gehen». Auch kleine Colleges wie DePauw blieben davon später nicht verschont. Nie wieder habe ich eine so gute stilistische Schulung erfahren wie bei Professor Pence. In DePauw nahm ich an Diskussionen über die Propheten des alten Testaments und über soziales Christentum teil, und diese fest verankerte Verbindung zwischen dem alten und dem neuen Testament sowie dem Verlangen nach sozialer Gerechtigkeit vermittelte mir einen ethischen Hintergrund, von dem ich bis zur Zeit der Entwicklung des ökonomischen Gedankens und des Zweiten Vatikanischen Konzils ausging. Diese Kurse wurden von tief religiösen Männern abgehalten, die es als Privileg betrachteten, dort unterrichten zu können, wo sie unterrichteten.

In DePauw nahm ich auch an einem Seminar über den historischen Wandel ethischer Vorstellungen teil, auf das ich mich noch heute beziehe. Es waren nur zwei Mädchen unter ein paar Dutzend jungen Männern in diesem Seminar, und die beiden Mädchen bekamen die besten Noten. Solange ich in der höheren Schule war, hatte mich die größere Reife heranwachsender Mädchen nicht gewundert. Aber im Rahmen dieses gemischten Colleges wurde völlig klar, daß kluge Studentinnen besser abschneiden konnten als kluge Studenten, aber auch, daß man sie darunter leiden ließ. Deshalb erschien mir Koedukation als völlig unattraktiv. Ich wollte weder schlechte Arbeit leisten, um mich für die Studenten anziehend zu machen, noch wollte ich, daß sie mich nicht leiden konnten, weil ich gut war. Es schien mir viel einfacher, an ein Mädchencollege zu gehen, wo man so hart arbeiten konnte, wie man wollte. Ich glaube, in dieser Vorliebe kündigte sich schon meine spätere Haltung bei ethnologischen Feldforschungen an – mich nicht mit Männern in männlichen Bereichen zu messen, sondern mich statt dessen auf die Art von Arbeit zu konzentrieren, die von Frauen besser gemacht wird. Es gibt tatsächlich zwei Aufgaben bei der Feldforschung, die Frauen besser erfüllen können als Männer. Zum einen können sie besser mit Frauen und Kindern in Situationen arbeiten, in denen männliche Forscher leicht von den Männern einer Gesellschaft verdächtigt und abgelehnt werden. Zum anderen kann eine ältere Frau besser mit Männern und Frauen arbeiten, indem sie den hohen Status nutzt, den eine Frau jenseits der Menopause genießt, um ein Verständnis der verschiedenen Bereiche einer Kultur zu erlangen, ganz besonders in solchen Kulturen, in denen Frauen, die sich nicht mehr fortpflanzen können, von den Zwängen und Tabus befreit sind, die das Leben von jungen Frauen einengen. Die eine Aufgabe kann erfolgreich nur erfüllt werden, wenn eine Kultur von einem Mann und einer Frau oder von einem Team untersucht wird. Denn wenn sich eine Frau offenkundig mit den ausgeschlossenen Frauen und den noch nicht eingeweihten Kindern beschäftigt, dann findet sie keinen Zugang zu der übrigen Kultur. Die zweite Art von Arbeit eignet sich gut für eine ältere Frau, die sich allein mit einer Kultur beschäftigt, die bereits von einem Mann und einer Frau erforscht worden ist.

Solange ich in DePauw war, fühlte ich mich wie im Exil. Ich saß oft in der Bibliothek und las die Theaterkritiken in der *New York Times*. Wie so viele andere ehrgeizige amerikanische Intellektuelle und Künstler hatte ich das Gefühl, daß kleine Städte in Amerika dem Leben des Geistes und der Sinne im Grunde genommen feindlich gegenüberstehen. Ich glaubte, der Mittelpunkt des Lebens sei New York, wo Mencken und George Jean Nathan *Smart Set* herausgaben, wo die Zeitschriften *The Freeman, The New Republic* und *The Nation* florierten, wo F. P. A. und Heywood Broun ihre heftigen Leitartikel schrieben und wo das Theater den Widerstreit der Ideen lebendig darstellte.

Und Luther Cressman war in New York. Ich hatte mich lange genug damit getröstet, daß ich verlobt war, so daß der ganze Unsinn, ob man Verabredungen hatte oder nicht, irrelevant wurde. Ich wollte ein Leben führen, das mir auf realere und spürbarere Weise bewies, daß ich nicht zu den Zurückgewiesenen und Abgelehnten gehörte. Also überredete ich meinen Vater am Ende des Jahres dazu, mich von DePauw an das Barnard College überwechseln zu lassen.

Was lernte ich aus dieser im Grunde sehr milden Erfahrung, von meiner eigenen Gesellschaft als Außenseiter behandelt und abgelehnt zu werden? Eben genug, um klarer als je zuvor zu verstehen, daß man auf diese Weise keine Gesellschaft organisieren kann – daß diejenigen, die andere abweisen oder die Abgewiesenen selbst, normalerweise beide, nicht wiedergutzumachende Charakterschäden davontragen. Sicherlich kann der eine oder der andere trotzdem ausgezeichnete Charakterzüge haben. Ich halte das englische Gentleman-Ideal, das sich im Glauben verkörpert, daß nur man selbst – und sonst niemand – seine Position zerstören kann, für wertvoll. Ebenso hat die Situation der Juden, die immer verfolgt werden, aber auch immer wieder Kraft schöpfen aus der Vorstellung, das auserwählte Volk zu sein, eine enorme Anzahl von hochintelligenten, für andere sensiblen, wertvollen Männern und Frauen hervorgebracht. Aber das Gegenstück dazu, der Glaube der Nazis, sie seien die rechtmäßigen Erben der europäischen Kultur, aus der alle, die sie als Untermenschen bezeichneten, ausgeschlossen werden sollten, war ein Übel, das die Welt nicht noch einmal ertragen kann. Welche Vorteile auch immer in der Vergangenheit aus der Existenz einer besonders begünstigten und privilegierten Aristokratie erwachsen sein mögen, so ist mir klar, daß heutzutage kein Argument mehr standhalten kann, das für Chancenungleichheit oder die Verweigerung der Teilnahme am ganzen Leben plädiert.

Durch den Kontrast, den es mir bot, klärte DePauw das Bild, das ich mir von einem College machte, an dem ich studieren wollte – ein Ort, wo Menschen von Ideen intellektuell ergriffen und angeregt wurden, wo Leute die ganze Nacht über aufblieben und über wichtige Dinge sprachen, wo man ebenbürtige Menschen traf und, wichtiger noch, Menschen von andersartiger oder größerer Begabung, und wo man nicht zuletzt auch herausfinden konnte, was man im Leben zu leisten imstande war.

Ich verließ DePauw und war nur traurig, daß Katharine Rothenberger zurückblieb. Wie bleibend einige meiner Eindrücke sein würden, ahnte ich damals kaum. Nie mehr bin ich als Parteigänger zu einem Football-Spiel gegangen, aber als ich mehr als fünfundzwanzig Jahre später gebeten wurde, am Wabash College einen Vortrag zu halten, fühlte ich mich ein bißchen wie ein Verräter – dieses College war DePauws Hauptgegner im Football.

Selbst heute noch muß ich mich, wenn ich im Mittelwesten Vorträge halte und meine Stimme von Bissigkeit frei halten möchte, in die Welt meiner Großmutter und meiner Mutter zurückversetzen – den Mittelwesten, so wie sie ihn mir darstellten – und muß mir befehlen, meine eigenen Erfahrungen 1920 in DePauw zu übergehen. Ich hatte einen leuchtenden Traum gehabt; die Wirklichkeit war mehr als enttäuschend gewesen.

9
College: Barnard

Im Herbst 1920 kam ich nach Barnard, wo ich die Art von Studentenleben vorfand – und in gewisser Weise schuf – die meinen früheren Träumen entsprach. Im Verlauf der drei Studienjahre dort wurden die Freundschaften begründet, die ein ganzes Leben voller Veränderungen erhalten blieben, und am Ende dieser drei Jahre wußte ich, daß ich das Leben meistern würde.

Zu jener Zeit gab es am Barnard College nur ein großes Studentenwohnheim, und in den vorausgegangenen Jahren war es einer Gruppe von Studenten erlaubt worden, sich eine Wohnung zu mieten und gemeinsam den Haushalt zu führen. Es waren ungewöhnliche Mädchen, von denen die meisten später bekannt wurden – Margaret Mayer, Dorothy Swaine Thomas, Betsy Anne Selhayes, Agnes Piel und Léonie Adams. Als ich ankam, hatte die Wohngemeinschaft sich aufgelöst, aber die Studenten, die im Wohnheim keinen Platz mehr fanden, wohnten immer noch in Apartments. Obwohl der Platz, den wir hatten, meistens sehr begrenzt war, ermöglichte es der unterschiedliche Mietpreis der Zimmer – die Küche und das Mädchenzimmer waren am billigsten –, daß auch eine Gruppe mit ungleichen finanziellen Mitteln zusammenleben konnte.

In unserer Gruppe stellte Léonie Adams die Verbindung zur alten Kooperative und ihrer Gesinnung her; daraus entwickelten wir unsere eigenen Vorstellungen von einer Gemeinschaft, die auf den gemeinsamen Interessen und gleichzeitig auf einem Respekt für Verschiedenartigkeit basierte. Die meisten unserer Gruppe lebten, in drei aufeinanderfolgenden Wohnungen, während der ganzen Collegezeit zusammen. Es gab immer Zwischenfälle – Mädchen, die dazukamen, aber nicht dazupaßten, aber wir bezogen sie ein und weinten mit ihnen, und wir unterstützten sie, wenn sie aus eigener Entscheidung das College verließen oder ausgeschlossen wurden, weil sie die Nacht in Greenwich Village verbracht hatten.

Jedes Jahr nahmen wir als Gruppennamen ein Schmähwort an, das gegen uns im Besonderen oder gegen die Studenten im allgemeinen ausgestoßen worden war. Im ersten Jahr beschrieb uns die Leiterin des Wohnheims, Miss Abbott, als «geistigen und moralischen Wirrwarr», und wir akzeptierten das mit höhnischem Vergnügen. Im zweiten Jahr übernahmen wir den Ausdruck «Kommunisten-Trottel» aus den ärgerlichen Worten eines Redners bei der Abschlußfeier. «Ascheimer-Katzen», der Name, der schließlich paßte, wurde uns von unserer beliebtesten Professorin verliehen, der lebhaften, schnoddrigen, zeitgemäß denkenden Minor W. Latham, nach der das Theater von Barnard benannt ist. Wir hörten alle ihre Vorlesung über das Drama, wo sie mit guter Intuition und einer Geringschätzung für historische Abläufe griechische Tragödien, das zeitgenössische Broadwaytheater und Mirakelspiele zusammenbrachte, und wir waren ihre Anhänger gegen die konventionelleren Geister in der englischen Abteilung, die, immer kritisch, Kreativität nur dann bewunderten, wenn der Künstler tot war.

Obwohl keineswegs naiv, waren wir doch auffallend unschuldig in allen praktischen Fragen, die mit Sex zu tun hatten. In diesem ersten Jahr wurde die sechzehnjährige Tochter einer Freundin meiner Mutter mit einem Untermieter im Bett erwischt und von ihrer Mutter gezwungen, zu heiraten. Wir wußten, sie sollte noch kein Baby bekommen, und wir stellten für sie eine fünf Seiten lange, mit der Schreibmaschine geschriebene Liste der Hausmittel zusammen, die zur Spülung benutzt werden konnten. Unsere junge Freundin bekam aber prompt doch ein Baby und brachte ihm bei, still auf dem Klavier zu sitzen, während sie übte. In der Zwischenzeit blätterte die Farbe von der Gipswand im äußeren Wohnzimmer unserer Studentenwohnung ab, und sie malte eine riesige Karikatur darauf, in der eine große, grinsende Weltkugel ein sehr kleines Fräulein im Talar und mit Magisterhut freundlich aufforderte: «Tritt ein und lerne den Rest des Alphabets.»

Aber wir wußten, wer Freud war. Agnes Piel war in Analyse und verbrachte manchmal die Nacht bei uns, obwohl Übernachtbesuche nicht erlaubt waren und versteckt werden mußten, wenn Miss Abbott auftauchte. Bei ihrem ersten Besuch richtete ich ein Bett für sie her. Derlei Dinge erledigte immer ich, weil ich es gewohnt war, die Älteste zu sein. Ag schaute mich an und sagte: «Naja, der Mann, den du heiratest, wird natürlich ödipal auf dich fixiert sein, aber das macht ja nichts, wenn kein Inzest-Komplex dazukommt.»

Wir erfuhren auch von Homosexualität, hauptsächlich durch die Flüstergeschichten, die durch ältere College-Absolventinnen, durch die Kooperative und durch Léonies ältere Schwester, die eng mit ein paar Fakultätsmitgliedern befreundet war, zu uns durchsickerten. Behauptungen über bestimmte Mitglieder der Fakultät wurden aufgestellt, und wir ängstigten uns und dachten an die gefühlvollen Episoden in unseren früheren Freundschaften mit Mädchen zurück und fragten uns, ob das erste Anzeichen gewesen waren.

Wir wußten, daß Unterdrückung etwas Schlechtes war, und eine unserer Freundinnen – kein Mitglied der engeren Gruppe – erzählte, wie sie und ihr Verlobter eine ganze Liste von Gesprächsthemen aufgestellt hätten, damit sie bei ihren Verabredungen etwas zu besprechen hätten und nicht frustriert würden. Als sie hörte, daß ich schon zwei Jahre lang verlobt war und in den nächsten drei Jahren nicht vorhatte zu heiraten, rief sie: «Kein Wunder, daß du Schmerzen im Arm hast!»

Gegen Ende meines ersten Jahres in Barnard bekamen ich, meine Großmutter und meine Schwester Elizabeth fürchterliche Muskelschmerzen, die damals als Nervenentzündung diagnostiziert wurden. Als eines Tages bei einer Routineuntersuchung mein Greifvermögen getestet wurde, stellte ich fest, daß ich in der rechten Hand keinerlei Kraft mehr hatte. In diesem Frühling trug ich meinen Arm in einer Schlinge, legte meine Prüfungen mündlich und lernte – wie auch meine Großmutter –, mit der linken Hand zu schreiben. Damals drohte mein Vater wieder, da er knapp an verfügbaren Mitteln war, mich aus dem College nach Hause zu holen.

Die ganze Collegezeit hindurch hatte ich Schmerzen, und ich habe überhaupt immer unter Muskelschmerzen verschiedenster Art gelitten – im Nacken und in meinen Armen und Beinen. In späteren Jahren lernte ich, den Schmerz zu überlisten, indem ich mich auf einen anderen Teil meines Körpers konzentrierte. Noch später brachte mir Janet Travells Methode, Schmerzen durch einen Nadelstich in das Zentrum zu behandeln – die so sehr an die chinesische Methode der Akupunktur erinnert –, Linderung, wenn ich gelegentlich geplagt wurde.

Aber zu der Zeit, als die Schmerzen meinen Arm zum erstenmal lähmten, glaubten wir, ich hätte ein unbekanntes, «affektiv gefärbtes Trauma» erlitten. Uns machte dieser Ausdruck Spaß, und ich schrieb ein Gedicht mit dem Titel «Die Bleistiftstriche des Schmerzes», das in *The Barnacle* erschien, der neuen Zeitung der Studienanfänger.

Wir hielten uns für Radikale – mehr im Hinblick auf unsere Gefühle als auf die Bindung an irgendeine radikale Ideologie. Aber es gab immer auch unerschütterliche Konservative in unserer Mitte. Eine davon war Muriel Mosher, eine passionierte Mittelalter-Forscherin, und Viola Corrigan, eine Katholikin, die das erste Jahr in unserer Gruppe als sehr hart empfand. Und zwei Mädchen aus dem Süden, Virginia Huey und K. Wright, störte es sehr, daß sie in den Soziologieseminaren etwas über Bergarbeiter und Schwarze erfuhren. Zur gleichen Zeit versorgte uns Anne McCall, der perfekte Backfisch der frühen zwanziger Jahre, laufend mit Schilderungen eines Lebensstils, der uns anderen ziemlich fremd war, entweder weil wir zu altmodisch oder weil wir zu intellektuell und idealistisch waren.

Der Kern der Gruppe lebte in unserer Wohnung in der 116ten Straße, aber wir fungierten auch als Zentrum für Mitglieder, die woanders wohnten und die wir unelegant als «Parasiten» bezeichneten, weil sie ihre Hüte in unserer Wohnung aufhängten. Von ihnen blieben zwei für immer Mitglieder der Gruppe. Eine davon ist Eleanor Philips, mit der ich mich auf Grund unserer Temperamentunterschiede fünfzig Jahre lang immer wieder gestritten habe. Es war Eleanor Phillips, die sagte, daß Shelley nicht immer Shelley für mich sei, während von ihrem Standpunkt aus der Dichter stets, unter allen Umständen, der Dichter bleibe. Die andere ist Leah Josephson Hanna, die, wie ich glaube, eine besondere Begabung für Freundschaften hat und die uns allen ihre menschliche Wärme schenkte, während sie uns mit nie ermüdender, kluger Sympathie zuhörte.

Unsere Gruppe war halb jüdisch und halb nichtjüdisch. Wenn ich zurückdenke, scheint es mir, als seien die nichtjüdischen Familien im großen und ganzen etwas aufnahmebereiter für die Freundschaften ihrer Töchter gewesen als die enger verbundenen jüdischen Familien. Ich hatte die wenigen jüdischen Kinder, die ich vorher gekannt hatte, sehr gern gehabt, und während der Semesterferien langweilte mich das langsamere intellektuelle Tempo der nichtjüdischen Welt oft sehr.

In der ersten Wohnung lebte Léonie Adams in der «Küche», die eine Schwingtür hatte, durch die wir sie stießen, wenn nach endlosen Tagen des Nichtstuns der Abgabetermin für eine Arbeit zu nahe bevorstand. Im zweiten Jahr teilten wir uns ein Zimmer, und wir befestigten einen Zettel an der Tür, auf dem stand: «Wir glauben nicht an Privateigentum, bitte laßt eures draußen.» Jeder von uns wählte als Motto ein paar Zeilen eines Gedichts aus Edna St. Vincent Millays eben veröffentlichtem Buch *A Few Figs from Thistles*. Léonies und meine Wahl fiel auf diese:

«Sicher auf dem Fels die grauen Häuser stehen:
Komm, dann kannst du mein glänzendes Schloß im Sande sehen.»

Als wir anfingen zusammenzuleben, erfand ich ein Verwandtschaftssystem für die Gruppe. Deborah Kaplan, Léonie Adams und ich waren die «Eltern», Viola Corrigan und Eleanor Pelham Kortheuer – die eine außerordentliche Gabe für sensible und humorvolle Einsichten hatte – waren die «Kinder». 1922 kamen «Enkelkinder» dazu, von denen nur eines, Louise Rosenblatt, weiterhin Mitglied der Gruppe blieb, und schließlich nahmen wir 1923 einen «Urenkel» auf, Hannah Kahn, die wir David nannten, weil sie dem «Hirtenknaben» ähnlich sah. Léonie graduierte 1922. Im dritten Jahr lebten wir in einer sehr viel schöneren Wohnung in der Claremont Avenue Nr. 29.

Diese drei Jahre hindurch war unser Leben mit Theater- und Literaturereignissen angefüllt. Wir gingen oft ins Theater – sahen Robert Edmond Jones Inszenierung von *Macbeth*, bewunderten Katharine Cornell, als sie in *A Bill of Divorcement* die Schau an sich riß. Wir teilten uns ein Baby, indem wir abwechselnd auf die Tochter eines Professors aufpaßten – weil wir Geld dafür bekamen, aber auch, weil wir in Kontakt mit einer Welt bleiben wollten, in der es Babies gab. Manchmal lasen wir uns lange Passagen von Milton vor. Oder wir überlegten, ob die neuen Freudschen Einsichten, die dem Leben jedes Geheimnis zu nehmen schienen, sich assimilieren und ins Unterbewußte versenken ließen, so daß Spontaneität in der Kunst wieder möglich würde.

Deborah Kaplan wurde Präsidentin der Gesellschaft für hebräische Kultur und ich Präsidentin des Sonntag-Abend-Clubs, der einzigen Organisation auf dem Campus, wo sich junge Leute beiderlei Geschlechts treffen konnten, um liberale Redner anzuhören. Vor den Versammlungen kauften Deb und ich riesige Stücke Karton für unsere Plakate ein, die wir halb durchschnitten, und wir stritten uns heftig darüber, ob Juden ein «Chromosom» für soziale Gerechtigkeit hätten oder nicht.

Alle nahmen wir an einer Massenveranstaltung für Sacco und Vanzetti während ihres Prozesses im Frühling 1921 teil. Als dabei nur 25 Dollar herauskamen, fühlte sich Léonie als Herausgeberin von *The Barnard Bulletin* veranlaßt, einen Leitartikel zu schreiben, «Nur Mut, Mr. Coolidge» – ihre Antwort auf einen Artikel mit der Überschrift «Machen sich die ‹Roten› über unsere College-Mädchen her?», die der Prorektor im *Delineator* geschrieben hatte. Verschiedentlich stürzten wir uns auch in radikale Aktivitäten, stellten uns als Streikposten zur Verfügung oder adressierten Briefe für die Gewerkschaft der Bekleidungsindustrie. Wir hörten auch eine Vorlesung über die zeitgenössische Arbeiterbewegung, die Sylvia Kopalt hielt, eine brillante junge Volkswirtschaftlerin.

Aber die aufregendsten Ereignisse wurden von Léonies Gedichten ausgelöst, die, obwohl sie noch auf dem College war, doch schon angenommen und gedruckt wurden. Da wir uns alle für Literatur interessierten, erkannten wir, daß Léonie schon eine richtige Lyrikerin war, während sonst noch keine von uns etwas war; ja, wir wußten nicht einmal genau, welche Richtung wir einschlagen würden.

Die Gegenwart eines hochbegabten Menschen, dessen Talent Beachtung findet, hat eine enorme Wirkung auf alle Mitglieder einer Gruppe. Die Werte, die in Vorlesungen gelehrt und von Kritikern diskutiert werden, finden dadurch eine ganz neue Bestätigung. Auch die Beurteilung der eigenen Begabungen wird dadurch beeinflußt. Ich hatte ebenfalls Gedichte geschrieben und schrieb noch ein paar Jahre lang weiter, aber es wurde eine Nebenbeschäftigung daraus – eine angenehme Art, Erfahrung für mich selbst umzusetzen und mit Freunden zu kommunizieren, die Dichter waren. Aber der Ehrgeiz in dieser Richtung verlor sich, seit es Léonie gab. Ohne sie hätte ich vielleicht viel länger weitergemacht und mir eingebildet, ein kleines Talent sei eine wirkliche Begabung. Die Gegenwart Léonies bewirkte auch, daß wir die Entscheidungen, die wir auf anderem Gebiet fällten, einer viel strengeren Prüfung unterwerfen mußten und unsere jeweiligen Begabungen sehr viel kritischer beurteilten, als es uns sonst möglich gewesen wäre. Und dies kam nicht nur uns zugute, wir bildeten einen angenehm schützenden Wall um Léonie und unterstützten sie in allem. Das schloß die Herausgabe des *Barnard Bulletin* mit ein; ich löste sie ab, und Louise Rosenblatt folgte mir. Es machte uns traurig, als Léonie das Caroline Duror-Stipendium nicht bekam, das einzige Stipendium in Barnard für weiterführende Studien. Auch ich bekam es nicht, aber schließlich bekam es Louise.

Wir hörten als glücklich fasziniertes Publikum Léonies langen anekdotischen Erzählungen zu, von denen viele mir heute noch genauso klar vor Augen stehen wie damals, als sie entstanden. Mich selbst sah ich als eine Art Manager, der half, die fluktuierenden Gruppen um Léonie herum zu organisieren. Ich hielt die Kontinuität über die Generationen von Collegestudenten hinweg, wie sie für unsere eigene Gruppe kennzeichnend war, und die für mich das einzig Gute am Sorority-System in DePauw darstellte, für sehr wichtig, weil sie die engstirnigen Altersstereotype korrigierte, die in amerikanischen Colleges so verbreitet sind. Aber ich ahnte kaum, daß auch ich selbst einen Brennpunkt für die Gruppe darstellte, und ich erinnere mich noch an meine Überraschung, als ich bei einem Tee-Nachmittag im College während meines letzten Studienjahres feststellte, daß man mir lachend zuhörte. Mir war immer gesagt worden, ich hätte keinen Humor, und ich weiß immer noch nicht, wie es dazu kam, daß ich plötzlich andere zum Lachen bringen konnte, statt zur lachenden Zuhörerschaft zu gehören.

Abgesehen davon, daß wir uns durch Mentalität, ähnliche Begabungen und ein Interesse an Literatur verbunden fühlten, waren einige von uns – aber nicht alle – echte Kinder unserer Zeit und wirkliche Nachfolger der Gruppe von Mädchen, die in der alten Kooperative zusammen gelebt hatten. Wir gehörten einer Generation junger Frauen an, die sich ungeheuer frei fühlte – frei von dem Zwang zu heiraten, es sei denn, wir wollten es; frei genug, die Heirat zu verschieben, während wir andere Dinge taten; frei von der Notwendigkeit zu feilschen und sich rückzuversichern, die Frauen früherer Generationen belastet und eingeengt hatte. Wir lachten über die Vorstellung, daß eine Frau mit fünfundzwanzig ein altes Mädchen sein sollte, und wir freuten uns über die moderne Medizin, die es einer Frau ermöglichte, mit vierzig ein Kind zu bekommen.

Wir verhandelten nicht mit Männern. Fast jede von uns verliebte sich in einen weit älteren Mann, der eine herausragende Persönlichkeit in einem der Gebiete war, in denen wir arbeiteten, aber keine dieser Liebesgeschichten führte zu einer Ehe. Die Männer, die in älteren Moralvorstellungen herangewachsen waren, fühlten sich durch uns verwirrt und wurden hin und her gerissen zwischen dem Wunsch, die Liebe, die ihnen so großzügig und ohne Berechnung angeboten wurde, anzunehmen, und dem Gefühl, sie würden damit die Rolle des üblen Verführers spielen. Später heirateten die meisten von uns Männer, die unserem eigenen Alter und Lebensstil viel näher standen, aber es war eine seltsame Zeit, in der Mädchen, die zu stolz waren, um ein Schicksalspfand zu fordern, die Männer, die sie liebten, völlig verwirrten.

Zugleich entwickelten wir in unseren Beziehungen zu anderen Frauen einen bestimmten Stil. «Brich niemals eine Verabredung mit einem Mädchen wegen eines Mannes» war eines unserer Mottos zu einer Zeit, in der Loyalität unter Frauen normalerweise – wie auch heute noch – ihren möglichen Beziehungen zu Männern untergeordnet wurde. Wir erlernten Loyalität Frauen gegenüber, Freude am Gespräch mit Frauen und Vergnügen an der Art, in der sich unsere Temperamente ergänzten, was wir genauso interessant fanden wie die Ergänzung, die durch Geschlechtsunterschiede bewirkt wird. Trotz unserer ganz unterschiedlichen Karrieren sind wir einander freundschaftlich verbunden geblieben und treffen uns immer noch, obwohl dies schwieriger wird, weil wir seit der Pensionierung alle woanders wohnen.

Im College hatte ich, wie schon in früheren Jahren, verschiedene Gruppen von Freunden. Obwohl ich nie versuchte, die Ascheimer-Katzen und andere Gruppen getrennt zu halten, hatten sie doch verschiedene Interessen und paßten deshalb nicht zueinander. Es gab zum Beispiel eine Gruppe von Mädchen, die gern tanzten und zu Tanztees gingen, Mädchen, die ich manchmal mit zusätzlichen Tanzpartnern aus Luthers Freundeskreis versorgte. Dann war da Marie Eichelberger, die jünger als manche Studienanfängerin aussah, die aber tatsächlich einer schweren Tuberkulose wegen, die sie sich während ihrer High School-Zeit zugezogen hatte, erst sehr spät aufs College gekommen war. Wir wurden enge Freunde, und später wurde ihre Wohnung zu einem sehr wichtigen Ort in meinem Leben. Während ihrer Collegezeit blieb sie außerhalb des

Kreises der Ascheimer-Katzen, aber danach freundeten sich viele von ihnen mit ihr an.

Während meiner Zeit in DePauw wollte ich Schriftstellerin werden, und nach dem Wechsel studierte ich am Barnard College Englisch als Hauptfach weiter. Aber es war eine enttäuschende Erfahrung. Billy Brewster, bei dem ich die Beschreibung alltäglicher Themen übte, sagte, aus mir würde nie eine Schriftstellerin werden. Ich belegte ein Seminar über den Roman, in dem ich weniger lernte, als wenn ich alleine Romane las. Deshalb belegte ich zusätzlich die nötigen Stunden für ein zweites Hauptfach, Psychologie, obwohl mich die Einführungsübung hochgradig gelangweilt hatte.

Aber ich war mir immer noch unsicher. Durch die Bekanntschaft mit Léonie sah ich meine Begabungen aus einem neuen Blickwinkel. Obwohl ich gut schreiben konnte, begriff ich, daß kreatives Schreiben nie eine zentrale Bedeutung in meinem Leben haben würde. Ich interessierte mich auch für Politik, besonders für die Chancen weltweiter Veränderung, und schloß mich Diskussionsgruppen an, aber ich lehnte das Debattieren schon bald als etwas Unehrliches ab. In der aktiven Politik dient das Debattieren hauptsächlich dazu, jede Schwäche beim Gegner auszunützen und kein Argument, egal ob es stark oder schwach ist, wird verschmäht, wenn es die eigene Position stärken kann. Als Kind hatte ich Scott Nearing gekannt, und während meiner Collegezeit hörte ich ihn mit dem populären radikalen Vorsitzenden der Community Church, John Haynes Holmes, debattieren. Holmes wollte nichts als gewinnen; Scott war an den Streitfragen selbst interessiert. Ich war ziemlich sicher, daß ich in der Politik Erfolg haben würde. Ich konnte gut sprechen, ich hatte ein gutes Gedächtnis für Menschen, und ich konnte planen – aber ich hatte das Gefühl, politischer Erfolg sei einerseits zu kurzlebig, andererseits zu aufwendig.

Später dann, als der Zustand der Welt einen neuen Anlaß dazu gegeben hätte, war ich de facto vom politischen Leben ausgeschlossen, weil ich zweimal geschieden war. Deshalb konnte ich immer dann, wenn mir meine Freunde während des Zweiten Weltkrieges nahelegten, eine politische Position anzustreben, antworten, daß ich zu angreifbar sei und deshalb jeder Sache schaden könnte, die ich fördern oder verteidigen sollte.

Auf seltsame Weise hat mich das sowohl beschützt, als mir auch das kompromißlose Eintreten für Dinge ermöglicht, die mir wichtig waren; genauso wie die Tatsache, daß ich eine Frau war, mich davor schützte, Verwaltungsposten annehmen zu müssen. Sonst hätte ich mich bei meiner Neigung, dem Leben seinen Lauf zu lassen, leicht von der Behauptung umstimmen lassen, es sei absolut nötig, daß ich in die Politik einsteige. Solange ich mich aber nicht zur politischen Zielscheibe machte, stellte mein Privatleben auch keine Gefahr dar und wurde tatsächlich

Macht unsre Bücher billiger! . . .

... forderte Tucholsky einst, 1932, in einem «Avis an meinen Verleger». Die Forderung ist inzwischen eingelöst.

Man spart viel Geld beim Kauf von Taschenbüchern. Und wird das Eingesparte gut gespart, dann zahlt die Bank oder Sparkasse den weiteren Bucherwerb: Für die Jahreszinsen eines einzigen 100-Mark-Pfandbriefs kann man sich zwei Taschenbücher kaufen.

auch von den meisten Leuten schnell vergessen. Heute bekomme ich gelegentlich Briefe, in denen ich als alte Jungfer angegriffen werde, die kein Recht habe, zu Fragen des Familienlebens Stellung zu nehmen. Fast unvermeidbar provoziert die Beschäftigung mit gesellschaftlichen Fragen jene Art von Feindseligkeit, die auf einem wirklichen oder scheinbaren wunden Punkt herumreitet. Wenn ich heute eine unpopuläre Meinung vertrete, wird mein Alter als Zielscheibe benützt, und immer bezeichnet mich irgendein Fanatiker als senil.

Noch im College entschied ich mich ganz klar gegen eine politische Laufbahn. Zugleich hatte mich meine Erfahrung mit dem Malen und Schreiben davon überzeugt, daß ich nicht das überragende Talent besaß, das in früherer Zeit vielleicht nicht nötig gewesen wäre, in der heutigen Welt aber entscheidend für den Erfolg war. Im Amerika der zwanziger Jahre war kein Platz für einen Künstler, der einen Engelsflügel malen konnte und das Malen des Engelsgesichts jemandem überließ, der begabter war als er.

Ich wollte einen Beitrag leisten. Es schien mir damals – wie auch heute noch –, daß in der Wissenschaft Raum für viele Grade und viele Arten von Begabungen ist. In der Wissenschaft kann jeder einzelne Mensch einen wirklichen Beitrag leisten, wenn er die ihm angemessene Ebene findet. Deshalb entschied ich mich für die Wissenschaft – und für mich hieß das eine der Sozialwissenschaften. Das Problem war nur, welche.

Im letzten Jahr konzentrierte ich mich ganz auf Psychologie, aber ich belegte auch ein Seminar über psychologische Aspekte der Kultur, das William Fielding Ogburn hielt. Es war eines der ersten Seminare, in denen die Freudsche Psychologie mit Respekt behandelt wurde. Ich mußte außerdem zwischen den beiden wichtigsten Lehrveranstaltungen für Studenten in höheren Semestern wählen – einem Philosophieseminar von William Pepperell Montague und dem Ethnologiekurs von Franz Boas. Ich entschied mich für Ethnologie.

Ich hatte viele ethnologische Grundkenntnisse bereits zu Hause aus dem, was meine Mutter in Bryn Mawr bei Caseby und meine beiden Eltern von Veblen gelernt hatten, mitbekommen. Alle menschlichen Rassen als gleichwertig und alle menschlichen Kulturen als vergleichbar anzusehen, war ich gewohnt. Neu für mich war der Ausblick, der sich durch Diskussionen über die Entwicklung der Menschheit seit ihren frühesten Anfängen eröffnete. Die Rekonstruktionen von Steinzeitmenschen mit Stockbündeln im Arm bewegten mich ungeheuer, denn sie weckten in mir ein Gefühl für die unendliche Zeit, die der Mensch für die ersten tastenden Schritte in Richtung Zivilisation gebraucht hatte und für die vielen tausend Jahre, in denen die vielen schmalen Steine unbenutzt in den paläolithischen Werkstätten herumgelegen hatten, bevor die Menschen sie als Hämmer benutzten.

Boas war ein erstaunlicher und auch irgendwie beängstigender Lehrer.

Er hatte eine böse und eine gute Gesichtshälfte. Auf der einen Seite hatte er eine lange Narbe aus seiner Corpsstudentenzeit in Deutschland – eine seltsame Beschäftigung für einen jüdischen Studenten –, über die seit seinem Schlaganfall das Augenlid tränend herunterhing. Aber von der anderen Seite sah sein Gesicht genau so gut aus wie zu der Zeit, als er ein junger Mann gewesen war. Seine Vorlesungen waren geschliffen und klar. Gelegentlich blickte er umher und stellte eine rhetorische Frage, die niemand zu beantworten wagte. Ich gewöhnte mir an, eine Antwort aufzuschreiben und mit dem Kopf zu nicken, wenn sie sich als richtig herausstellte. Am Ende des Semesters wurden ich und ein anderes Mädchen, das ich nicht kannte, dessen Name sich aber auf meinen reimte, wegen «förderlicher Diskussionsbeiträge» von der Prüfung befreit.

Ruth Benedict war Boas' Assistentin. Sie war zögernd und scheu und trug immer dasselbe Kleid. Sie sprach dermaßen zaghaft, daß viele Studenten sie ablehnten, aber Marie Bloomfield und ich waren mehr und mehr von ihr fasziniert. Bei Museumsbesuchen nahmen wir mit ihr zusammen die Broadway-Straßenbahn. Ihre Kommentare vermenschlichten die sehr formalen Vorlesungen von Boas, wenn sie zum Beispiel anmerkte, wie kommunistisch das Inkareich gewesen sei, oder sich über die Mühe lustig machte, die sich die Crow-Indianer mit Visionen gaben. Sie lud Marie und mich in ihr Oberseminar ein, wo uns ihr scheuer, unartikulierter Bericht über John Deweys *Human Nature and Conduct* ganz verlegen machte. Aber wir besuchten das Seminar weiter. Am Ende des ersten Semesters entschloß ich mich, zu allen Lehrveranstaltungen von Boas zu gehen, denn Ruth Benedict sagte, er werde vielleicht am Ende des Jahres in den Ruhestand treten. Ich machte im College außerdem so viel Propaganda für ihn, daß sich im nächsten Semester die Teilnehmerzahl verdoppelt hatte, wodurch Boas die Verwaltung von Barnard dazu bewegen konnte, einen eigenen Dozenten anzustellen, statt für jeden Studenten an die Columbia University Gebühren zu bezahlen.

Im Frühling bedachte ich ernsthaft die Möglichkeit, Ethnologie zu studieren, aber ich hatte meine Magisterarbeit in Psychologie schon begonnen. Als ich dann eines Tages mit Ruth Benedict zu Mittag aß und mit ihr darüber sprach, ob ich mich, wie es Ogburn gern gehabt hätte, auf Soziologie verlegen oder Psychologie weitermachen solle, was ich eigentlich vorhatte, sagte sie: «Professor Boas und ich können nichts bieten außer der Gelegenheit, wichtige Arbeit zu leisten.» Das gab für mich den Ausschlag. Ethnologie mußte *jetzt* getrieben werden. Andere Dinge konnten warten.

Ich war im Begriff, Ruth Benedict besser kennenzulernen, als uns plötzlich während der Semesterferien der tragische Tod von Marie Bloomfield sehr viel näher brachte. Marie, die verwaiste jüngere Schwester des Linguisten Leonard Bloomfield, war ein linkisches Mädchen, intellektuell sehr interessiert, aber steif und für jede Art von körperlicher Zuneigung unzugänglich. Obwohl wir nicht viele gemeinsame Interessen hatten, bewegte mich ihre Einsamkeit. Deshalb fühlte ich mich etwas verantwortlich für sie, als ich hörte, daß niemand da war, um sie aus dem Krankenhaus abzuholen, wo sie sechs Wochen lang mit Masern gelegen hatte. Ich wußte, wie trübselig ein leeres Wohnheim sein konnte, besonders für jemanden, der so isoliert war wie Marie. Also brachte ich ihr etwas zum Anziehen ins Krankenhaus, und als wir ins Wohnheim zurückkamen, machte ich ihr Zimmer für sie zurecht.

Danach mußte ich sie alleinlassen, wenigstens für den Moment. Ich hatte mich mit einer anderen Freundin, die ein Physik-Examen ablegte, zum Mittagessen verabredet. Aus dem Examen kam sie hysterisch erblindet heraus. Was sollte ich tun? Niemand war da, an den ich mich wenden konnte; bis Sonntagabend würde das College ausgestorben sein. Es war Freitag. Ich mußte mich klar entscheiden – und ich entschied mich dafür, mich um das erblindete Mädchen zu kümmern, das sofortige Hilfe benötigte. Ihr Sehvermögen kehrte zurück, aber als wir am Montag, als Marie nicht zum Abendessen erschien, ihr Zimmer aufbrachen, entdeckten wir, daß sie Zyanid genommen hatte. Natürlich konnte ich nicht wissen, was mit dem anderen Mädchen passiert wäre, wenn ich es allein gelassen hätte, aber ich spürte, daß Marie, wenn ich bei ihr hätte bleiben können, nicht von einer solchen Verzweiflung erfaßt worden wäre. Seit damals bin ich übersensibel für alle Hinweise auf möglichen Selbstmord.

Alle Zeitungen berichteten über Maries Tod. Ihr Gesicht starrte uns aus den Zeitungen an, die auf dem Boden der Untergrundbahn zertrampelt wurden. Verständlicherweise war die College-Verwaltung ganz außer sich, und versuchte mich zu überzeugen – damit ich andere davon überzeugen würde –, daß Marie geisteskrank gewesen war. Ich wies das zurück und war sehr aufgebracht gegen die Erwachsenenwelt jener Ärzte und Rektoren, denen Marie Bloomfields Schicksal ganz gleichgültig war und denen es nur darum ging, die Ruhe des Colleges zu bewahren.

Die einzige Ausnahme bildete Ruth Benedict. Sie schrieb mir einen kleinen Zettel, und ich ging sie besuchen. Sie war die einzige Person, die verstand, daß Selbstmord auch eine würdige und bewußte Wahl darstellen konnte. Als Kind hatte sie sich darüber gewundert, warum der Edelmut des Römers Cato gepriesen wurde, während Selbstmord in den ländlichen Gegenden des Staates New York, wo sie aufwuchs, als Schande galt. Von dieser Zeit an war sie nicht nur eine Lehrerin, sondern auch eine Freundin für mich. Bis zum Examen nannte ich sie weiterhin «Mrs. Benedict», danach wurde unser Verhältnis fast unmerklich das von Kollegen und engen Freunden. Trotzdem war mir unser fünfzehnjähriger Altersunterschied immer bewußt; ich befürchtete immer, es würde sich eines Tages eine Kluft auftun, die ich nicht überbrücken könnte.

Als ich mich für Ethnologie als Berufslaufbahn entschied, entschied ich mich auch für ein engeres Verhältnis zu Ruth, für eine Freundschaft, die bis zu ihrem Tode im Jahre 1948 anhielt. Wenn ich fort war, übernahm sie meine verschiedenen Verpflichtungen anderen Leuten gegenüber; wenn sie fort war, übernahm ich die ihren. Abwechselnd lasen und kritisierten wir unsere Arbeiten, wir schrieben uns Gedichte als Antwort auf Gedichte, wir teilten unsere Hoffnungen und Sorgen, was Boas, Sapir, die Ethnologie und in späteren Jahren die Welt betraf. Als sie starb, hatte ich alles gelesen, was sie jemals geschrieben hatte, und sie hatte alles gelesen, was ich jemals geschrieben hatte. Bis heute hat das niemand anders getan.

So kam das Ende meiner Zeit in Barnard heran. Ich war verlobt und würde im Herbst heiraten. Ich hatte mich verpflichtet, meinen Magister in Psychologie zu machen und die Arbeit dafür im Sommer zu beenden. Ich hatte eine Assistentenstelle in Volkswirtschaft und Soziologie bei Ogburn für den nächsten Herbst angenommen, und außerdem wollte ich weiter Ethnologie studieren.

Beim Abschlußball tanzten Luther und ich die ganze Nacht hindurch, und in der feuchten Morgendämmerung, die alle Locken aus meinem kleinen Straußenfederfächer nahm, gingen wir den Riverside Drive entlang und sahen zu, wie der Himmel über dem Fluß heller wurde.

10

Studentenehe und Graduate School

Im September 1923 heirateten Luther und ich in der kleinen Episkopalkirche in Buckingham, wo ich auf meinen eigenen Wunsch hin mit selbstgewählten Taufpatinnen getauft worden war. Father Pomeroy, der Luthers liebster Professor am Seminar gewesen war, kam, um eine frühe Messe zu feiern. Die Zeremonie selbst wurde vom Reverend Hollah ausgeführt, weil meine Großmutter darauf bestand, man müsse dem Ortspfarrer treu bleiben, gleichgültig wie unsympathisch er einem in theologischer und liturgischer Hinsicht auch sei – sogar Mr. Hollah, der es ablehnte, einen Trauungstermin nach der Sommerzeit statt nach «Gotteszeit» anzusetzen. Per Zug und per Auto kamen alle zur Hochzeit und auf die Farm, die viele der Gäste noch nie gesehen hatten. Während des Empfangs schüttete mir Dr. Ostrolenk, einer der Mitarbeiter meines Vaters, Kaffee über das Kleid. Später konnte ich mich daran als an eine gute Geschichte erinnern und Mitleid für den Hochzeitsgast aufbringen, der Kaffee auf die Braut gegossen hatte.

Auf sehr moderne Art warteten wir, bis alles Konfetti geworfen war, und dann ließ ich eine Kleiderbürste holen, um es aus dem Auto herauszubürsten, bevor wir ganz ruhig und gelassen davonfuhren. Wir hatten das Auto von Luthers Bruder geliehen und fuhren durch die Pocono- und Berkshire-Berge, die im Herbstlaub leuchteten, zu einem kleinen Haus auf Cape Cod, das uns der Bruder meiner Mutter zur Verfügung gestellt hatte.

Es war angenehm, dort zu sitzen und sich beim Frühstück zu unterhalten mit einer Muße, die wir bisher noch nicht gekannt hatten und die wir nur selten wieder finden würden, da wir uns beide gerade in ein Leben stürzten, das aus Studium und harter Arbeit bestand. Unser Vergnügen an diesen langen, müßigen Stunden bedeutete aber nicht, daß nach einer Verlobungszeit von fünf Jahren nicht doch Augenblicke der Fremdheit und der Enttäuschung zu überwinden waren. Wir hatten vielleicht zu viele Bücher der Sex-Spezialisten der zwanziger Jahre gelesen, die glaubten, daß Sex eine Frage der richtigen Technik sei – daß Männer es lernen sollten, auf den Körpern von Frauen wie auf Musikinstrumenten zu spielen, wobei sie in ihre Überlegungen aber nicht den Gedanken einbezogen, daß Frauen sehr gute Musikinstrumente sein müssen, damit die Männer an ihnen Gefallen finden.

Ich hatte mich entschlossen, meinen eigenen Namen beizubehalten. Das schlug kleine Wogen in der Presse, besonders da meine Entscheidung eher auf einer Vorliebe als auf einem Prinzip beruhte. Die Idee stammte von einer ärgerlichen Cousine meiner Mutter; bei ihrer Beschreibung, was für eine unmöglich idealistische junge Frau meine Mutter gewesen war, hatte sie eingeflochten: «Wenn deine Mutter heute heiraten würde, würde sie sogar ihren eigenen Namen behalten!» Ich lehnte den Ton ab, mit dem sie meine Mutter heruntermachte, und sagte mir «Warum eigentlich nicht?» Daß ich meinen Namen beibehielt, womit Luther einverstanden war, führte mein ganzes Leben hindurch zu endlosen Erklärungen. Aber ich handelte nur nach der Überzeugung meiner Mutter, daß Frauen ihre eigene Identität bewahren und sich nicht unterdrükken lassen sollten; eine Überzeugung, die dazu führte, daß sie ihren Töchtern nur einen Vornamen gab, damit sie ihren Nachnamen nach der Verheiratung beibehalten konnten.

Die Wohnung, die Luther gefunden hatte, war klein genug für die wenigen Möbel, die wir besaßen: einen kräftigen runden Klapptisch, vier alte holländische Stühle, die meine Mutter bei einer Auktion für 25 Cent das Stück erstanden und die mein Bruder für mich renoviert hatte; Luthers Missionars-Schreibtisch und eine schöne spanische Wand aus Mahagoni aus seiner Junggesellenzeit im Seminar, welche die kleine Kochnische verbarg; ein Sofa, daß ich mit einem schönen Leinenstoff bezog, der zu den Vorhängen paßte; Bücherregale, die ich als letztes Tribut an die Zeit baute, als Mutter uns das Schreinern lernen ließ, ein Aktenschrank, der von der Verbraucher-Kooperative übriggeblieben war, die mein Vater zu gründen versucht hatte; der Schreibtisch aus meinem Zimmer auf der Farm – ein weiterer Fund meiner Mutter, sehr schön, aber ohne Griffe, so daß die Schubladen, die immer klemmten, mit einem gebogenen Draht geöffnet werden mußten; und schließlich zwei neue Betten mit handgewebten Überdecken und ein seltsamer, neugotischer Missionarsstuhl, der Marie Bloomfield gehört hatte und den ich heute noch besitze. Die Wohnung bestand nur aus zwei kleinen Räumen mit einem Vestibül dazwischen, von dem aus es ins Badezimmer ging und in die winzige Küche, wo zwei Kochplatten auf einem kleinen Eisschrank standen.

Dort gaben wir Abendessen für vier Personen, auch als ich in diesem ersten Winter teilweise auf Krücken gehen mußte. Ich belustigte und ärgerte Ruth, indem ich diese Abendessen als «formelle Dinnerparties» bezeichnete, denn sie deutete diesen Ausdruck als Anzeichen meiner mangelnden Weltläufigkeit. In Wirklichkeit konnten wir uns üblicherweise nur Hackfleisch leisten, das wir auf verschiedene Weise zubereiteten, denn es war die Zeit der Inflation 1923–1925 und die Preise für alles stiegen ins Unermeßliche. Trotzdem luden wir Lewis Mumford zum Essen ein und ein anderes Mal W. I. Thomas, weil Luther Vorsitzender des Graduate Sociology Clubs war.

Dagegen gingen wir selten zum Essen aus. Niemand lud uns ein, weil fast alle unsere Freunde in irgendwelchen widrigen Umständen oder in einem Studentenwohnheim lebten. Deshalb wurde unsere Wohnung zu einer Art von Zentrum, und es verstrich selten eine Woche, ohne daß jemand auf dem Sofa schlief. So konnte ich es genießen, eine konkurrenzlose, wenngleich etwas unerfahrene Gastgeberin zu sein. Tatsächlich lernte ich erst in den späten fünfziger Jahren, als ich alle Mitglieder der Section II der American Association for the Advancement of Science zu mir einlud, jene neugierigen, feindseligen Augen kennen, deren Blick so viele Frauen ertragen müssen, wenn sie die Geschäftsfreunde ihrer Ehemänner einzuladen haben. Wir luden nie jemand ein, den wir nicht gern in unserer Wohnung hatten, und empfanden, unbelastet von gesellschaftlichen Verpflichtungen, Gastfreundschaft nur als Vergnügen.

Luther hatte ein Promotionsstipendium und eine Teilzeitanstellung als Pastor an einer kleinen Kirche im Osten von New York, einer Kirche, in die ich nur selten kam, weil ich mit den Aufgaben belastet war, die ich übernommen hatte, damit wir unser Auskommen hatten. Als ich das Angebot meines Vaters ausgeschlagen hatte, mir das Geld für eine Weltreise zu geben, falls ich nicht heiratete, zog er seine Unterstützung für meine letzten Studienjahre zurück. Aber dann schickte mir Ruth Benedict im Frühling 1923 einen Zettel, auf dem stand: «Erster Preis – unbürokratisches Stipendium – 300 Dollar». Etwa zur gleichen Zeit machte mich Professor Ogburn zu seiner Assistentin am Barnard Department of Economics and Sociology und gleichzeitig zu seiner redaktionellen Mitarbeiterin am *«Journal of the American Statistical Association»*.

Ich erinnere mich daran, daß er mich fragte, wieviel ich zum Leben brauchte, und danach mein Gehalt berechnete.

Ich konnte keine Stenographie, aber ich konnte sehr schnell schreiben und lernte notgedrungen Korrekturlesen. Ogburn war ein derart schüchterner und rücksichtsvoller Vorgesetzter, daß er oft in Extreme verfiel, um meine Gefühle zu schonen. Als ich einmal ein Manuskript an uns selbst statt an die Rumford Press in Maine adressiert hatte, versteckte er den Umschlag unter einem Briefstoß, damit ich ihn fände ohne zu wissen, daß er ihn schon gesehen hatte. Und einmal saß ich da und schaute ihm zu, wie er auf und abging; ich quälte mich mit dem Gedanken, er wolle mich entlassen – bis er schließlich den Mut aufbrachte, mich zu fragen, ob ich an diesem Tag sein Kind aus der Schule abholen würde!

Ich war niemals entlassen worden – und wurde niemals entlassen –, und ich war nie in das Büro des Direktors gerufen worden. Trotzdem krampfte sich mein Magen vor Angst zusammen – Angst vor etwas, was nie passiert war, was aber, wie ich gelernt hatte, passieren konnte –, als ich viele Jahre später vom Mittagessen zurück ins Museum kam und das Telefonfräulein mir sagte, der stellvertretende Direktor wolle mich sofort sehen. Was hatte ich getan? Tatsächlich wollte mich der stellvertretende Direktor nur bitten, dem beratenden Komitee eines wissenschaftlichen Buchclubs beizutreten.

Meine einzige wirkliche Erfahrung, einer möglicherweise strafenden Autorität gegenübertreten zu müssen, machte ich, als ich ungefähr zwei Jahre alt war. Ich hatte in einem kleinen Park in Philadelphia ein Veilchen gepflückt, und Mutter verlangte von mir, quer durch den Park zu gehen und es einem Polizisten zu zeigen – der nur lächelte. Aber diese kleine Einübung in die Angst vergaß ich mein Leben lang nicht mehr. Ich bekomme sehr ungern Briefe vom Justizministerium, auch wenn ich darin nur gebeten werde, an einem Kongreß teilzunehmen, und meine bösen Vorahnungen schienen sich zu erfüllen, als ich 1947 ein Telegramm vom Innenministerium erhielt, das meine Tochter betraf und folgendermaßen lautete: «Mary Catherine Batesons Visum ungültig. Bitte Paß sofort zurückschicken.» Es war entdeckt worden, daß sie erst sieben Jahre alt und damit zu jung war für ein Seminar, das im damals noch besetzten Österreich stattfand. Es dauerte Wochen, bis ich ein neues Visum für sie bekam.

Ich glaube, wir vergessen oft, daß Kinder möglicherweise indirekt die Wirkung all der üblichen Schrecken ihrer Kultur zu spüren bekommen, obwohl sie vielleicht kaum persönliche Erfahrungen damit machen. Als meine Tochter zwei Jahre alt war, schlug sie jedesmal, wenn sie aus dem Park nach Hause zurückkam, ihre Puppe – zur großen Entrüstung ihrer Kinderfrau, die niemals die Hand gegen sie erhoben hatte. Aber sie hatte im Park Mütter und Kinderfrauen ihre Schützlinge verhauen sehen. Und es war eine für mich als Mutter sehr aufschlußreiche Erfahrung, als sich Cathy entschied, ihren Malunterricht aufzugeben und ich – allerdings erst nach einem intensiven Gespräch mit ihr – herausfand, daß sie diese Entscheidung deshalb getroffen hatte, weil sie Angst hatte, ihrem sehr geliebten Lehrer zu sagen, daß sie nicht gern in Öl malte!

Ein zweites nicht reales Trauma erlitt ich an dem Tag, an dem ich mein erstes Referat hielt, eine vergleichende Studie über polynesische Tätowierungen. Ich hatte sehr schöne vergrößerte Reproduktionen angefertigt, die ich ringsherum an die Wände des Seminarraums hängen wollte – es war mein erster großer Auftritt. Am Ende des Seminars sagte Ruth mit ihrem seltsamen, distanzierten Lächeln: «Ich habe eine Menge gelernt.» Aus irgendeinem Grund kam es mir so vor, als gebe sie damit ihrer Enttäuschung Ausdruck, und ich war ganz verzweifelt. Schließlich ging Luther zu Ruth und fragte sie, ob sie wirklich so enttäuscht gewesen sei, wie ich annahm – und es wurde natürlich klar, daß ich mir das Ganze nur eingebildet hatte.

Aber auch aus dieser Erfahrung lernte ich nicht wirklich etwas. Als ich drei Jahre später nach meiner Rückkehr aus Samoa Boas das Manuskript von *Coming of Age in Samoa* übergeben hatte, wandte er sich mir während eines Mittagessens der Abteilung zu und sagte: «Zu diesem Manuskript. Lassen Sie uns nächsten Dienstag zusammen zu Mittag essen.» Dann wandte er sich an Ruth und fügte hinzu: «Sie kommen vielleicht besser auch mit.» Ich empfand seinen Tonfall als vernichtend. «Was hat er vor?» fragte ich Ruth. «Er wird Sie veranlassen, es zu verschlimmbessern», antwortete sie.

An dem schicksalshaften Dienstagmorgen ging ich in meinem Büro auf und ab – das konnte man damals noch, weil es noch ziemlich leer war – und sagte zu mir selbst: «Ich habe ihn hintergangen, wie alle anderen auch.» Schließlich gingen wir zum Essen, und nach einem längeren ziellosen Gespräch wendete er sich mit seinen wild vorstehenden Augenbrauen an mich und sagte: «Sie haben den Unterschied zwischen leidenschaftlicher und romantischer Liebe nicht klar herausgearbeitet.» Das war die einzige kritische Bemerkung, die er jemals dazu machte.

Aber das Gefühl, man könne irgendwie eines Tages Menschen enttäuschen, die Vertrauen in einen gesetzt haben, verschwindet nie ganz – zum Glück, wie ich meine. Ich habe keinerlei Ängste, in der Öffentlichkeit zu sprechen, es sei denn, es ruht eine besondere Verantwortung auf mir; zum Beispiel wenn es gilt, eine neue Organisation ins Leben zu rufen oder wenn ich den Mitgliedern einer Gruppe das Gefühl vermitteln muß, daß ihre Arbeit sich gelohnt hat. Das passierte 1948 auf dem ersten Kongreß der World Federation of Mental Health, als Leute, die ein Jahr lang sehr hart gearbeitet hatten, nach London kamen, um etwas über die Resultate all ihrer Anstrengungen zu erfahren. Damals machte ich mir Sorgen. Ich probierte vor der Veranstaltung alle Plätze in der großen, scheunenartigen Halle aus, ich prüfte die Wirkung der Simultanübersetzungsanlage, und zur Probe hielt ich zunächst einen Vortrag aus meinem Fachgebiet. Und kürzlich machte ich mir nach den Diskussionen mit James Baldwin, aus denen das Buch *A Rap on Race* entstand, Sorgen, weil ich bis zu dem Tag, an dem wir im Fernsehen über das fertige Buch reden sollten, nichts von ihm hörte. Hatte ich mich in seinen Gedanken in ein Monstrum verwandelt? Wir kannten uns erst so kurz, und hier stand ich, für immer, in seinem Buch. Ein Blick in seine gütigen, klaren Augen genügte, um meine Bedenken zu zerstreuen, aber ich brachte meine Ängste vorsichtshalber zur Sprache.

In jenen ersten Jahren meines Graduierten-Studiums bereitete ich mich nicht nur auf meine Promotion in Ethnologie vor, sondern arbeitete auch noch an meiner Magisterarbeit in Psychologie. Es waren viele lästige Statistiken zusammenzustellen, da ich die Ergebnisse der Intelligenztests italienischer Kinder in Hammonton damit in Korrelation brachte, wieviel Italienisch bei ihnen zu Hause noch gesprochen wurde. Luther hatte mir einen wunderschönen Rechenschieber geschenkt, und ich stellte die letzten Statistiken am Ufer des Hudson sitzend zusammen – damals gab es den West Side Highway noch nicht – und schnupperte den Frühling. Das Problem, das ich bearbeitete, hatte Boas angeregt. Zu derselben Zeit war er daran interessiert, daß meine Mutter Messungen für ihn durchführte. Auf diese Weise traf sich seine erste Untersuchung, in der er die Änderung der Kopfform bei italienischen Einwandererkindern mit der Zeit in Beziehung setzte, die sie als Kinder in diesem Land zugebracht hatten – eine bahnbrechende Untersuchung über den Einfluß der Umwelt auf Merkmale, die bis dahin als unveränderlich galten –, durch mich mit den Untersuchungen, die meine Mutter über die kulturellen Veränderungen durchgeführt hatte, die sich bei den Italienern als Resultat ihrer Auswanderung von Süditalien in die Vereinigten Staaten ergeben hatten. Mit meiner Magisterarbeit *«Intelligenztest bei italienischen und amerikanischen Kindern»* trennte ich mich von dem Fach Psychologie.

Die Ehe von Luther und mir war eine ideale Studentenehe, unbeschwert durch die Angst vor Schwangerschaft. Der gesellschaftliche Druck, Kinder zu bekommen, war nicht so groß, daß Menschen, die sich ihres Kinderwunsches nicht sicher waren, leichtsinnig geworden wären, wie das in den fünfziger Jahren oft geschah. Uns beiden machte das Studium Spaß. Luther fühlte sich nicht in seiner Männlichkeit verletzt, wenn er die Hausarbeit mit mir teilte, und wir bestritten alle Ausgaben gemeinsam.

Er mochte meine Freunde und besonders die Unbekümmertheit, mit der sie an unserem Frühstückstisch saßen und über die Schwierigkeiten in ihren verwickelten Liebesaffären berichteten. Ich glaube, als Personen waren ihm Frauen lieber als Männer; vielleicht eine Reaktion auf seine Kindheit, die er mit fünf Brüdern und einer intensiven, begabten Mutter verbracht hatte. Er mißgönnte mir meine Freundschaften nicht und fragte auch nicht danach, wie ich meine Zeit verbrachte, obwohl er hin und wieder im Scherz sagte, er müsse sich mit mir verabreden, wenn er mich sehen wolle. Wir waren frei von dem Druck der Partnersuche, ein Druck, der unvermeidlich störend wirkt, ob er nun von innen kommt und in der Suche nach Liebe und Sex besteht, oder von außen als Suche nach einer Rolle und einem Status. All das war bei uns geregelt.

Unser Leben lief gut, und wir stellten uns immer noch vor, daß die Kirche im Mittelpunkt unseres Lebens stehen würde. Luther hatte sein Studium am Seminar ein Jahr bevor ich mit dem College fertig war, beendet. Danach studierte er Soziologie weiter, ein Gebiet, das ihn wegen seines Interesses an den Problemen menschlicher Beziehungen anzog. Wir wollten unser Studium zur gleichen Zeit abschließen. An die Kirche als möglichen Beruf dachten wir immer weniger, aber keinem von uns war das ganz klar. Wir stritten uns nie, und es gab auch keine Verstimmungen von der Art, wie sie unter Leuten, die zusammen wohnen, häufig sind – wegen des Lichts, das angeblieben war, oder wegen der Sauberkeit im Badezimmer. Es waren zwei ungeheuer friedliche Jahre, die nur durch Probleme anderer Menschen oder durch äußere Ereignisse gestört wurden, wie dadurch, daß ich überfahren wurde und zwei Monate lang auf Krücken gehen mußte. Ich hatte genau das, was zu wollen ich geglaubt hatte – eine Ehe, die sich klar von der meiner Mutter unterschied, eine Ehe, in der mich scheinbar nichts daran hinderte, ich selbst zu sein.

Trotzdem standen meine Kurzgeschichten und Gedichte in einem seltsamen Gegensatz zu meiner augenscheinlichen Zufriedenheit. Ein Gedicht fing so an: «Erstickt unter drohendem Unkraut lieg ich.» In einem anderen, in dem ich mich mit Quecksilber verglich, rief ich aus, «Du kannst meine Seele zerbrechen / doch festhalten nie». Ich hatte das Gefühl, ein zu einfaches Glück akzeptiert zu haben.

Der Frühling kam, der Frühling des Jahres 1924, und dann der Sommer. An einem Abend schauten wir uns an, und uns wurde klar, daß ausnahmsweise einmal keine unerledigte Aufgabe auf uns wartete. «Laß uns einen Spaziergang machen», schlug ich vor. Aber als wir hinuntergingen, fanden wir ein Telegramm vor, in dem ein Freund mit Liebeskummer sich für eine Stunde später ankündigte. Wir sollten ihm Trost spenden.

Den Sommer über war Ruth im Südwesten und arbeitete mit den Zuñi-Indianern. Am Ende des Sommers fuhr ich nach Toronto zur Tagung der British Association for the Advancement of Science. Wir waren nur wenige und lernten uns alle gründlich kennen. Edward Sapir und A. A. Goldenweiser stritten sich über Jungs kürzlich veröffentlichte psychologische Typologie. Erna Gunther, die eine avantgardistische «Vertragsehe» mit Leslie Spier eingegangen war, hatte ihren kleinen Sohn mit. Diamond Jenness erklärte seine Arbeit in der Arktik, mit der er gerade begann. T. F. McIlwraith sprach über seine Arbeit mit den Bella Bella, denen er hatte helfen müssen, ihre alten Zeremonien zu rekonstruieren, damit er sie studieren konnte. Jedermann dort hatte ein eigenes Feld, jeder hatte ein «Volk», auf das er sich während der Diskussionen bezog. Ich hatte mit Ethnologie in der Erwartung angefangen, daß ich mit Einwanderergruppen arbeiten und vielleicht amerikanische Indianerstämme untersuchen würde, zwischen denen zu unterscheiden ich noch nicht recht gelernt hatte. In Toronto lernte ich das Vergnügen kennen, mit intellektuell Gleichrangigen zu diskutieren. Auch ich wollte ein «Volk» haben, eine Basis für mein intellektuelles Leben.

Als ich aus Toronto zurück war, wußte ich, daß ich mit Feldforschung beginnen wollte, sobald ich promoviert hätte. Zum Glück waren die bibliographischen Vorarbeiten für meine Dissertation schon weit gediehen. Luther schlug eine Lösung vor, die es ihm ermöglichen würde, weiteren Studien nachzugehen, und mir, Feldforschung zu betreiben.

Er würde mit einem Stipendium im nächsten Jahr, 1925–26, Europa bereisen, und ich würde ein Stipendium bekommen, mit dem ich ins Feld gehen konnte. Daß wir uns damit im Grunde gegen die kirchliche Gemeindearbeit entschieden, blieb unausgesprochen. Wir sahen darin nur einen Weg, unsere Vorbereitung auf das Leben zu vertiefen.

Jenes zweite Jahr verstrich schnell, denn ich hatte ein festes Ziel vor Augen – Feldforschung. Für einen Teil des Jahres war Sapir in New York, genoß den Umgang mit Dichtern, die er kennenlernte, und entwickelte ein neues Interesse für Grundmuster, das aus unserem Interesse für Gestalt-Psychologie erwuchs. Ich las und lieh ihm Koffkas Buch *Growth of the Mind.* Wir schrieben alle noch Gedichte, fast genauso intensiv, wie wir uns mit Ethnologie beschäftigten.

Die Wahl eines Ortes für die Feldforschung und eines Volkes und einer Fragestellung, von der man ausgehen konnte – all das war sehr viel schwieriger. Ich wollte Veränderungen studieren: die Art, wie neue Gebräuche in einem neuen Land oder neue Lebensformen in einem angestammten Land mit älteren zusammenhingen. Diese Idee hatte sich direkt aus meiner Dissertation ergeben, in der ich die Frage untersucht hatte, ob technische Vorgänge – wie die Art, ein Kanu zu bauen, ein Dach mit Binsen zu decken oder die schwarze Tätowierfarbe herzustellen – stabiler, das heißt, bleibender waren als die religiösen und sozialen Bräuche, in die solche technischen Vorgänge eingebettet waren. Das war ein rein kulturelles Problem gewesen, basierend auf den Feststellungen anderer Ethnologen, welches die «ältesten» oder «unveränderlichsten» Züge seien – die Werkzeuge, die ein Volk benutzte und die Techniken, diese Werkzeuge herzustellen, oder die Familienformen und die Glaubensvorstellungen eines Volkes.

Ich hatte eine Art von Psychologie kennengelernt, die den «wissenschaftlichen» Standards der Physik nacheiferte, so daß Messungen sehr wichtig waren. Eine neue Technik zur Messung des Hautwiderstandes war kürzlich erfunden worden, und die Psychologen hofften, damit ein Verfahren zur Messung der emotionalen Reaktionen eines Individuums auf einen gegebenen Anlaß in der Hand zu haben. Ich hatte vorgehabt, dieses Verfahren in der Feldforschung einzusetzen, aber es stellte sich heraus, daß dieses Instrument beileibe keine feinen Differenzen, sondern lediglich drastische Veränderungen der emotionalen Lage anzeigte. Fünfzig Jahre später ist auch der sogenannte «Lügendetektor» immer noch weder empfindlich genug, noch technisch so konstruiert, daß er bei der Feldforschung eingesetzt werden kann.

Die Entscheidung, wo ich hingehen und an welchem Problem ich arbeiten würde, konnte ich nicht allein fällen. Die letzte Entscheidung lag bei Boas, und er wollte, daß ich über Adoleszenz arbeitete.

Er war an einem jener Scheidewege angelangt, die für das Leben von überragenden Wissenschaftlern charakteristisch sind, von deren Planung die künftige Entwicklung einer ganzen Fachrichtung abhängt. Er fand, es sei nun genügend Arbeit in den Nachweis investiert worden, daß Völker voneinander borgen, daß eine Gesellschaft sich niemals isoliert entwikkelt, sondern fortlaufend in ihrer Entwicklung von anderen Völkern, anderen Kulturen mit anderem technologischen Niveau beeinflußt wird. Er entschied, daß es an der Zeit sei, jene Fragen anzugehen, welche die Entwicklung der Individuen mit dem in Verbindung bringen, was kennzeichnend für die Kultur ist, in der sie aufwachsen. Als Ruth Bunzel im Sommer 1924 sagte, sie wolle nach Zuñi gehen, schlug er ihr vor, über die Rolle des einzelnen Künstlers zu arbeiten. Nun wollte er, daß ich über Adoleszenz arbeitete, über das heranwachsende Mädchen, und einerseits erforschte, in welchem Maße die Schwierigkeiten der Adoleszenz – das, was in Deutschland Sturm und Drang und Weltschmerz heißt – von den Einstellungen einer bestimmten Kultur abhingen, und andrerseits, in welchem Maße diese Schwierigkeiten ganz einfach zur Adoleszenz-Phase der psycho-biologischen Entwicklung mit all ihren Diskrepanzen, ihrem ungleichmäßigen Wachstum und Überangebot an neuen Impulsen gehörten.

Wissenschaftler, die eine neue Disziplin aufbauen, müssen stets die nötigen nächsten Schritte im Sinn behalten. In Boas' Fall gab es zwei zusätzliche Erwägungen: erstens verschwand das Material, von dem die neue Wissenschaft abhängig war, sehr schnell, und zwar für immer. Die letzten primitiven Völker wurden aufgesucht, missioniert, mit neuen Geräten und neuen Ideen überschüttet. Ihre primitiven Kulturen würden sich bald bis zur Unkenntlichkeit verändert haben. Bei vielen amerikanischen Indianerstämmen waren die letzten alten Frauen, die noch eine Sprache beherrschten, die sich über Tausende von Jahren entwickelt hatte, schon senil und plapperten nur noch vor sich hin; der letzte Mann, der noch an einer Büffeljagd teilgenommen hatte, würde bald sterben.

Die Arbeit mußte *jetzt* geleistet werden. Und zweitens gab es nur spärliche Geldquellen und sehr wenige Leute, die diese Arbeit tun konnten. 1924 studierten an der Columbia University vier Studenten im Hauptfach Ethnologie und nicht mehr als eine Handvoll an anderen Universitäten. Er mußte strategisch planen – ganz ähnlich wie ein General, der nur eine Handvoll Truppen zur Verfügung hat, um ein ganzes Land zu retten –, wohin er jeden Studenten schickte, damit jede Arbeit zählte, nichts umsonst war, und keine Arbeit noch einmal getan werden mußte.

Boas hatte einen guten Blick für die Fähigkeiten seiner Studenten, obwohl er sie damit verwirrte, daß er seine Zeit denjenigen opferte, von denen er sich am wenigsten versprach. Solang ein Student gut war, beachtete er ihn fast überhaupt nicht. Das war ein Nachteil. Für gute Studenten bedeutete das wenig persönlichen Kontakt mit Boas, und in ein paar Fällen führte das zu einer gefährlich falschen Selbsteinschätzung. Von gelegentlichen Seminaren abgesehen, die ein Außenseiter aus einem anderen Institut hielt, unterrichtete Boas alles selbst. Das hieß, daß ich ihn täglich im Unterricht sah. Aber ich führte nur ganz selten einmal ein Gespräch mit ihm: das erste Mal, als ich ihm sagte, ich wolle Ethnologie im Hauptfach studieren, und er mir riet, nach Harvard zu gehen. Das zweite Gespräch fand statt, als ich mein Dissertationsthema wählte und er mir vorschlug, verschiedene Kulturen eines geographischen Bereiches zu vergleichen: ich könne über Sibirien arbeiten (das würde bedeuten, daß ich Chinesisch und Russisch lernen müßte) oder über die Niederlande (dafür müßte ich mir Kenntnisse in Französisch, Holländisch, Deutsch und mittelalterlichem Latein erwerben) oder über Polynesien («wofür Ihnen Französisch und Deutsch genügen würde»). Ich entschied mich für Polynesien. Ich hielt ein Referat über einen Teil meiner Arbeit, und als ich meine Dissertation einreichte, wurde mir gesagt, ich solle die Einleitung um einen Absatz erweitern. Das war alles. Aber nun ging es um Feldforschung.

Boas war sehr menschlich in seiner Sorge um Studenten, die nicht genug Geld zum Leben hatten. Es war gar keine Frage, daß er alle, die gute Arbeit leisteten, durch Stipendien oder eine Anstellung belohnte. Für solche, die genügend Geld hatten, tat er nichts. Die wenigen Stellen, die er vergeben konnte, bekam, wer es am nötigsten hatte. Aber Forschung war etwas anderes. Er teilte Problemstellungen denen zu, die damit fertig werden konnten, allein oder mit seiner Hilfe. In gewisser Weise war es eine ideale Welt, wo

> . . . niemand für Geld arbeiten soll und niemand für Ruhm,
> aber jeder für die Freude an der Arbeit, und jeder auf seinem eigenen Stern
> abbilden soll das Ding, wie er es sieht, für den Gott der Dinge.

Es hieß, er sei während jener letzten Jahre, in denen er lehrte, weicher geworden. Wir hörten Geschichten darüber, wie er in früheren Jahren ein Thema vergeben habe, über das ein Student innerhalb weniger Wochen in einer Sprache referieren mußte, die er bisher nicht beherrschte. Die letzte Generation – Kroeber, Lowie, Goldenweiser, Radin, Sapir und andere – hatte es schwer mit ihm gehabt. Aber uns behandelte er eher wie Enkelkinder, und wir nannten ihn «Papa Franz». Dennoch wußte er ganz genau, was er verlangen konnte.

Ich wußte ebenso genau, was ich wollte. Ich wollte nach Polynesien, in das Gebiet, über das ich so viel gelesen hatte. Er fand das zu gefährlich und betete in einer Art Litanei die Namen der jungen Männer herunter, die gestorben oder getötet worden waren, während sie außerhalb der Vereinigten Staaten gearbeitet hatten. Er wollte, daß ich über die amerikanischen Indianer arbeitete. Ich wollte kulturellen Wandel studieren, ein Thema, das noch nicht auf seiner Liste stand, obwohl es bald darin aufgenommen werden sollte. Er wollte, daß ich die Adoleszenz erforschte.

Heutzutage würde ein Student gegen die Einschränkungen Sturm laufen, mit denen wir zu kämpfen hatten. Selbst damals lehnten sich manche meiner älteren Zeitgenossen auf, wenn Boas verlangte, daß sie an den Problemen arbeiten sollten, die für ihn als Nächstes an die Reihe kamen, statt sie ihren eigenen Interessen, dem eigenen Gefühl nachgehen zu lassen, wohin das auch immer führen mochte. Aber um überhaupt Feldforschung betreiben zu können, brauchte man seine Zustimmung, weil man unbedingt eines der neu geschaffenen Stipendien bekommen mußte.

Ich war fest entschlossen, nach Polynesien zu gehen, aber ich war bereit, einen Kompromiß zu schließen und heranwachsende Mädchen zu studieren, besonders weil die Technik, mit deren Hilfe ich Veränderungen hatte messen wollen, sich als enttäuschend unzureichend erwiesen hatte. Also verhielt ich mich so, wie ich es gelernt hatte, wenn ich mich mit meinem Vater einigen mußte. Ich wußte, es gab etwas, was Boas mehr bedeutete als die Richtung, welche die ethnologische Forschung einschlug. Das war das Bedürfnis, sich wie ein liberaler, demokratischer, moderner Mensch aufzuführen und nicht wie ein preußischer Autokrat. Es genügte bereits, ihn indirekt anzuklagen, er verhalte sich unangemessen autoritär, und schon steckte er zurück. Also wiederholte ich immer wieder, daß er mich, indem er beharrlich verlangte, ich solle mit amerikanischen Indianern arbeiten, daran hinderte, dorthin zu gehen, wo ich wirklich arbeiten wollte. Unfähig, den darin enthaltenen Vorwurf der Bevormundung zu ertragen, gab Boas nach. Aber er weigerte sich, mich zu den abgelegenen Tuamotu-Inseln fahren zu lassen; ich mußte eine Insel wählen, die regelmäßig von einem Schiff angefahren wurde – wenigstens alle drei Wochen. Das war eine Beschränkung, die ich akzeptieren konnte.

Von da an unterstützte mich Boas voll und ganz. Er befürwortete meinen Antrag auf das Stipendium des National Research Council, das ich für meine Feldforschung benötigte, und er wehrte Sapirs Einwand ab, ich sei nicht stark genug, um im Feld überleben zu können. Seine Anteilnahme und die Gründe, mit denen er seine einmal getroffene Entscheidung vertrat, kommen ganz deutlich in dem Brief heraus, den er Ruth Benedict ein paar Wochen vor meiner Abreise schrieb:

> Meine liebe Ruth,
> Sapir führte ein langes Gespräch mit mir über Margaret Mead. Sie wissen, daß ich selbst nicht sehr glücklich über ihre Idee bin, für längere Zeit in die Tropen zu gehen. Seit ich verhindert habe, daß sie auf die Tuamotu-Inseln fährt, scheint mir jedoch, daß es viel schlimmer wäre, ihr Steine in den Weg zu legen, die verhindern würden, daß sie die Arbeit tut, an der ihr Herz hängt, als sie ein gewisses Risiko auf sich nehmen zu lassen . . . Natürlich sehe ich, daß Margaret sehr intensiv und emotional ist, aber ich glaube auch, daß nichts sie tiefer deprimieren würde als die Unmöglichkeit, sich auf ihre körperlichen Voraussetzungen und ihre geistige Befähigung verlassen zu können. Meiner Meinung nach würde sich der Versuch verheerend auswirken, sie jetzt zu zwingen, die Reise aufzugeben – und genau das hat Sapir vor. Davon abgesehen widerstrebt es mir vollständig, sich auf so drastische Weise in die Zukunft einer Person einzumischen, und sei es auch zu ihrem oder seinem Besten, außer im Falle einer akuten Krankheit, die ärztliche Kontrollen notwendig macht. Natürlich vertritt Sapir diese Ansicht, aber wenn er recht hätte, wen sollte man dann nicht zurückhalten?

Als ich noch mit Boas verhandelte, erzählte ich meinem Vater, daß Boas mich zur Arbeit mit amerikanischen Indianern bewegen wolle, die schon viel Kontakt mit der Außenwelt hatten, statt mich dorthin gehen zu lassen, wo die Arbeit noch interessant war. Mein Vater fühlte sich als Rivale – wie es Männer häufig tun, wenn jemand anders über die Person Kontrolle auszuüben scheint, auf die sie ein Recht zu haben glauben, selbst wenn sie es ebenfalls nicht geschafft haben, sie unter Kontrolle zu halten – und unterstützte mich, indem er mir das Geld für eine Weltreise versprach. Die Reise, die er selbst immer hatte unternehmen wollen, bot er jetzt mir an, damit ich das tun konnte, was ich wollte. Letzten Endes reiste er, obwohl er mit dem Gedanken spielte, nach Florenz zu gehen, um dort die Finanzpolitik der Medici zu studieren, niemals auch nur nach Europa.

Wir hatten damals noch nicht damit begonnen, die Moral der Manipulation anderer Individuen, Gruppen oder ganzer Gesellschaften zu diskutieren, geschweige denn die Manipulation durch uns selbst. In jenem Frühling glaubte ich, den Selbstrespekt eines Mannes, der sich in mich verliebt hatte, am sichersten dadurch retten zu können, daß ich ihm einen Grund zuspielte, mich zurückzuweisen und mich in seiner Phantasie, die nur allzu bereit war, Enttäuschungen auf andere zu projizieren, als seiner Liebe unwürdig zu brandmarken. Dieser Plan, von dem ich hoffte, daß er ihm helfen würde, gab mir das Gefühl, äußerst tugendhaft zu sein. Ruth Benedict war nicht dagegen; sie meinte nur: «Ich kenne niemanden, dem das schwerer fallen würde», denn sie wußte, wie sehr ich es schätzte, verstanden zu werden.

Als ich später ernsthaft meine Aufmerksamkeit auf den ganzen Komplex der Manipulation richtete, begriff ich allmählich, daß man weder die Kraft noch die Schwäche eines Menschen gegen diesen verwenden sollte. Wie ich es heute beurteile, ist der einzige ethisch gerechtfertigte Weg ein Appell an die Stärke – nicht um einen Gegner mit Hilfe seiner eigenen Stärke zu schlagen, sondern weil Vertrauen in die eigene Stärke positive Wirkungen hervorbringt. Ruth hatte diese Art von Vertrauen nie. In vieler Hinsicht erwartete sie das Schlimmste von den Menschen und wappnete sich dagegen. In späteren Jahren kämpfte ich darum, das Beste, wozu ein Mensch meiner Ansicht nach imstande war, aus ihm herauszuholen, während sie sich stets auf das Schlimmste gefaßt machte.

Ich vertrete keine Philosophie des blinden und naiven Vertrauens. Manchmal ist abzusehen, daß ein Mensch, sobald er eine Machtposition innehat, etwas sehr Wertvolles blockieren oder zerstören wird, wo er nur kann. Unter solchen Umständen ist es notwendig, Politik zu betreiben; und das heißt im wesentlichen, die Stärken und Schwächen anderer Leute für eigene Zwecke auszunutzen. In gleicher Weise geht eine Nation in Kriegszeiten mit den Schwächen – und sogar den Stärken – des Feindes um. Aber immer ist später ein Preis dafür zu zahlen; die Fähigkeit zu vertrauen, wird beschädigt, und diese Schädigung bleibt nach dem Krieg zurück und erschwert die Wiedereinführung von funktionierenden Beziehungen sehr.

Aber 1925, als sowohl Boas wie auch mein Vater mich das machen ließen, was ich wollte, strahlte ich einfach vor Glück. In jenem Jahr schrieb ich «Solch großes Glück», ein Gedicht, in dem ich meinem Gefühl Ausdruck verlieh, unverletzlich zu sein, solange ich nur die richtige Richtung einschlug:

Als sie klein war hüpfte sie herum
Bis all ihre Kleider zerrissen waren
Aber Mutter las das Geschirr
Das sie kaputt warf, freundlich auf.

Ihr Hüpfseil verfing sich in Bäumen
Und riß ihre Blüten ab
Aber ihr Schritt war so fröhlich
Daß die Dryaden nicht böse sein konnten.

Und als sie schließlich einen Stern
Vom sternübersäten Himmel riß
Lächelte Gott nur über jemand,
Der sein Glücksseil so hochschleudern konnte.

Ich ging mit leichtem Schritt, dem leichten Schritt einer kleinen, entschlossenen Elfjährigen, die keine Last zu tragen hat, und Ruth sagte: «Daß Leute dich kritisieren, liegt unter anderm an deinem Gang.» Als Gregory Bateson Jahre später dieses Gedicht las, meinte er weise, es sei ein Fehler, seinen Ehemann mit Gott zu verwechseln. Aber das Gedicht handelte nicht von Ehemännern, obwohl vielleicht meine Überzeugung darin enthalten ist, daß ich, wenn ich nur immer weiter hüpfen könnte, auch fähig wäre, in einer Welt zu arbeiten, die nicht für eine arbeitende Frau gemacht ist. Ich begriff allmählich klar, daß das Entscheidende die Freiheit war, so arbeiten zu können, wie man wollte.

Es war ein hektischer Frühling. Luther mußte seine Dissertation abschließen, in der es um das Schwinden der Kirchen auf dem Lande ging. Schließlich diktierte ich die letzte Fassung meiner eigenen Dissertation, komplett mit zehn bis zwölf Fußnoten auf jeder Seite, einem jungen Mann, der sich seinen Lebensunterhalt mit Schreibmaschinenarbeiten verdiente, während er sich auf seine Tätigkeit als Seelsorger vorbereitete. Das war eine Tipparbeit, wie sie heute nur sehr wenige Leute zustande brächten. Zudem mußte das *Journal of the American Statistical Association* jedes Vierteljahr in Druck gehen. Aber am Ende des Semesters trat Ogburn seinen einjährigen Forschungsurlaub in Frankreich an, und wenn ich das Stipendium bekam, würde ich in die Südsee fahren – nach Samoa, weil dies die einzige unter den weniger erschlossenen polynesischen Inseln war, wo alle drei Wochen ein Dampfer anlegte.

Am Vorabend des 1. Mai wurde mir mitgeteilt, daß ich das Stipendium erhalten hatte. Die Ascheimer-Katzen feierten das inmitten der Vorbereitungen für ein anderes Ritual – wir planten, einen aus Weidenruten geflochtenen, mit wilden Blumen gefüllten Maikorb an den Türknopf von Edna St. Vincent Millays Haus in Greenwich Village zu hängen. Und das, obwohl wir zwischen 21 und 26 Jahren alt waren! Wir standen in der Nähe ihres Hauses herum und beobachteten, wie ihr Mann im Mondlicht auf dem Hof auf und ab ging, bis er schließlich im Haus verschwand. Edna Millay rief aus einem Fenster im oberen Stockwerk nach uns, also fühlten wir uns sicher und schlenderten in den Hof. Aber sie tauschte den

Platz am Fenster mit ihrer Schwester, rannte die steilen Treppen herunter, erwischte uns und fragte nach unseren Namen. «Léonie Adams kenne ich», sagte sie und streckte die Hand aus. Da warf Léonie ihren Handschuh über die Gartenmauer.

Der Sommer verging mit Vorbereitungen. Ich fuhr einmal nach New York, um auf Einladung von Pliny Earle Goddard über eine mögliche Anstellung am American Museum of Natural History zu sprechen. Während dieses Aufenthalts aß ich auch mit Eleanor Steele zu Mittag, der gerade mitgeteilt worden war, daß sie Tuberkulose hatte, und abends mit Edward Sapir. Die meiste Zeit verbrachte ich aber damit, mir Impfungen geben zu lassen und in Windeseile meine Ausrüstung zu vervollständigen – eine Ersatzbrille, Baumwollkleider, einen Fotoapparat, Stifte und Notizbücher zu verkaufen.

Heutzutage nehmen die Vorbereitungen für eine vergleichbare Reise mehrere Monate in Anspruch, und man beschafft nicht ungefähr zwanzig, sondern weit eher zweitausend Gegenstände, darunter sämtliche Ersatzteile für Tonbandgeräte und verschiedene Kameras, Material zur Reparatur von Schreibmaschinen, Behälter zum Schutz wertvoller Gegenstände vor Staub und Feuchtigkeit, andere Behälter zum Versand von Filmen, Farbtafeln und Testbögen. Aber damals kamen mir meine Vorbereitungen, die sich im Rückblick so einfach ausnehmen, als ziemlich anstrengend vor. Und trotz des Unterschieds zwischen der Beschaffung der einfachen Materialsammlung von damals und der umfangreichen Feldforschungsausrüstung, die heutzutage nötig ist, ist die Stimmung während der letzten paar Tage vor einer Ausreise ganz dieselbe geblieben.

Heute genauso wie damals muß man alle möglichen Schwierigkeiten überwinden – die Impfungen machen einen schwerfällig und fiebrig (1971 bekam ich an einem Tag fünf Impfungen, und anschließend quetschte ich mir den Finger in einer Tür ein und schlug mir beim Aussteigen aus einem Taxi das Knie an); die Brille kann zerbrechen; man kann sich verlieben, oder jemand verliebt sich in einen; es gibt Ärger mit den Pässen und den Geldern (1925 berief das Committee for the Biological Sciences of the National Research Council eine Sondersitzung ein, in der darüber entschieden wurde, ob ich einen Vorschuß von 450 Dollar von meinem Stipendium erhalten konnte, weil Samoa so weit abgelegen war); Kleider werden nicht fertig und bestellte Sachen kommen nicht rechtzeitig an. In jenen Tagen reiste alles auf demselben Schiff mit wie man selbst. Heute wird die Ausrüstung drei bis vier Monate früher abgeschickt, man wartet zu Hause bang auf die Nachricht, daß sie sicher angekommen ist, und fliegt erst dann an seinen Bestimmungsort.

Als gegen Ende des Sommers alle Probleme schließlich gelöst waren, nahmen Luther und ich noch einen letzten Urlaub zusammen. Wieder liehen wir uns das Auto seines Bruders, und meine Tante überließ uns für eine Woche ihr kleines Haus auf Rhode Island. Unterwegs blieben wir ein paar Tage am Winnepesaukee-See, wo wir Ruth und Stanley Benedict besuchten; das war das einzige Mal, daß ich längere Zeit mit ihm zusammen verbrachte.

Dann fuhr ich los nach Samoa, und Luther reiste nach Europa.

Zweiter Teil

11

Samoa: Das heranwachsende Mädchen

Als ich nach Samoa fuhr, wußte ich nur sehr ungenau, was es bedeutet, sich der Feldforschung zu widmen und darüber zu schreiben. Meine Entscheidung, Ethnologin zu werden, war teilweise in meiner Überzeugung begründet, daß ein Wissenschaftler, selbst einer, der keine große Spezialbegabung besitzt, wie sie für einen Künstler unabdingbar ist, etwas Nützliches zum Wissen der Welt beisteuern kann. Auch hatte ich auf das Gefühl von Dringlichkeit reagiert, das mir von Professor Boas und Ruth Benedict vermittelt worden war. Sogar in abgelegenen Teilen der Welt verschwanden beim Anrollen der modernen Zivilisation Lebensweisen, über die man noch nichts wußte. Die Arbeit, diese unbekannten Lebensweisen aufzuzeichnen, mußte jetzt getan werden, *jetzt*, oder sie waren für immer verloren. Anderes konnte warten, nicht aber diese dringlichste Aufgabe. All das spitzte sich für mich bei jener Tagung in Toronto zu, auf der ich der jüngste Teilnehmer war und jedermann sonst von «seinem Volk» sprach; nur ich hatte kein Volk, über das ich sprechen konnte. Von da an war ich entschlossen, auf Feldforschung zu gehen, nicht zu einem in aller Ruhe gewählten späteren Zeitpunkt, sondern sofort – sobald ich die notwendigen Voraussetzungen erfüllt hätte.

Aber ich wußte eigentlich nicht viel über Feldforschung. In der Vorlesung über Methodik, die Professor Boas hielt, ging es nicht um Feldforschung. Sie war theoretisch – wie Material gegliedert werden konnte, um theoretische Aussage zu stützen oder in Frage zu stellen. Ruth Benedict hatte einen Sommer bei kulturell bereits ziemlich beeinflußten Indianern in Kalifornien verbracht, und ihre Mutter machte gleichzeitig dort Ferien; außerdem hatte sie in Zuñi gearbeitet. Ich hatte bei Ruth gelesen, wie die Landschaft und die Zuñi selbst aussahen, wie angriffslustig das Ungeziefer war und wie schwer man mit der Nahrung zurechtkam, aber ich wußte nur wenig darüber, wie sie bei ihrer Arbeit tatsächlich vorging. Professor Boas nannte die Kwakiutl immer «meine lieben Freunde», aber daran schloß sich nichts an, was mir dabei geholfen hätte zu verstehen, wie man unter ihnen lebte.

Als ich mich bereiterklärte, das heranwachsende Mädchen zu studieren, und Professor Boas Samoa als Ort für dieses Forschungsprojekt akzeptiert hatte, erhielt ich eine halbstündige Unterweisung, während der mir Professor Boas sagte, ich müsse bereit sein, scheinbar Zeit zu vertun, indem ich nur herumsäße und zuhörte; ich solle aber keine

Zeit damit verlieren, mich ethnographisch zu betätigen, das heißt, die Kultur als Ganzes zu erforschen. Zum Glück seien schon viele Leute – Missionare, Juristen, Regierungsbeamte und Völkerkundler alten Schlags – in Samoa gewesen, so daß die Versuchung, mit Ethnographie «Zeit zu vertun», nicht so groß sei. Im Sommer schrieb er mir außerdem einen Brief, in dem er mich ermahnte, auf meine Gesundheit zu achten, und das Problem, das er mir gestellt hatte, noch einmal umriß.

Ich bin sicher, daß Sie die Fragestellung sehr genau durchdacht haben, aber ich habe noch ein paar Punkte im Kopf, auf die ich Ihre Aufmerksamkeit lenken möchte, selbst wenn Sie schon daran gedacht haben.

Eine Frage, die mich sehr interessiert, ist die, wie junge Mädchen auf Einschränkungen durch Bräuche reagieren. Bei uns finden wir häufig während der Adoleszenzperiode eine starke Tendenz zur Rebellion, die sich in Verdrossenheit oder in plötzlichen Ausbrüchen äußert. Bei anderen Individuen findet eine schwächliche Unterwerfung statt, jedoch von unterdrückter Rebellion begleitet, die in merkwürdigem Verhalten zum Ausdruck kommt, etwa im Wunsch nach Einsamkeit, der in Wirklichkeit der Wunsch nach Freiheit ist, oder durch eine forcierte Teilnahme am Sozialleben, mit der man den psychischen Problemen zu entkommen hofft. Mir ist ganz und gar nicht klar, inwieweit ähnliche Bedingungen in primitiven Gesellschaften auftreten und inwieweit der Drang nach Unabhängigkeit ganz einfach mit unseren modernen Bedingungen und mit einem stärker entwickelten Individualismus zusammenhängt.

Ein anderer Punkt, der mich interessiert, ist die extreme Schüchternheit von jungen Mädchen in primitiven Gesellschaften. Ich weiß nicht, ob Sie sie dort vorfinden werden. Sie ist für Indianermädchen fast aller Stämme charakteristisch, oft nicht nur in der Beziehung zu Fremden, sondern auch im engeren Kreis ihrer Familie. Sie haben oft Angst davor zu sprechen und sind älteren Leuten gegenüber zurückhaltend.

Ein weiteres interessantes Problem ist das von Krisen bei Mädchen. Bei den Älteren achten Sie bitte besonders auf das Auftreten von romantischer Liebe, die durchaus vorkommt, soweit ich das beobachten konnte, und die natürlich dort am stärksten auftritt, wo die Eltern oder die Gesellschaft auf Ehen bestehen, mit denen die Mädchen vielleicht nicht einverstanden sind . . .

. . . Halten Sie sich an das Individuelle und an das soziale Muster, an Probleme, wie Ruth Bunzel sie in ihrer Arbeit über Kunst in Pueblos und Haeberlin in der seinen über die Nordwestküste bearbeitet haben. Ich nehme an, Sie haben Malinowskis Artikel in der *Psyche* über das Verhalten von Individuen innerhalb der Familie in Neuguinea gelesen. Ich finde, er ist viel zu sehr von den Freudianern beeinflußt, aber das Problem, das er im Kopf hat, ist auch eines von denen, die mich beschäftigen.

Im übrigen gab es noch G. Stanley Hall, der ein dickes Buch über Adoleszenz geschrieben hatte, in dem er Wachstumsstufen mit den Entwicklungsstufen in einer Kultur gleichsetzt und seine Überzeugung darstellt, daß jedes heranwachsende Kind die Geschichte der Menschheit rekapituliert. Dann gab es noch die in Lehrbüchern erscheinenden Definitionen der Pubertät als einer Zeit des Sturms und Drangs, die sich hauptsächlich von deutschen Theorien herleiteten. Zur damaligen Zeit wurden Pubertät und Adoleszenz im allgemeinen Denken stur gleichgesetzt. Erst viel später begannen Leute, die die Entwicklung des Kindes untersuchten, darauf hinzuweisen, daß es vielleicht eine «erste Adoleszenz» um das sechste Lebensjahr herum gäbe, eine zweite Krise während der Pubertät, und daß die Adoleszenz sich bis über das zwanzigste Lebensjahr hinaus verlängern und in gewisser Hinsicht beim Erwachsenen nach vierzig wiederauftreten könnte.

Meine psychologische Ausbildung hatte mir eine Vorstellung davon vermittelt, wie man mit Stichproben, Tests und systematischen Bestandsaufnahmen von Verhaltensweisen umgeht. Zudem hatte ich auch ein wenig Erfahrung mit sozialen Fallstudien. Meine Tante Fanny arbeitete für die Juvenile Protective Association am Hull House in Chicago, und eines Sommers hatte ich mich auf den Fußboden gesetzt und ihre Fallberichte gelesen. Das gab mir eine Vorstellung davon, was der soziale Kontext individuellen Verhaltens bedeutet – wie man einen Haushalt zu betrachten und dann seinen Stellenwert im Rahmen der Gemeinschaft zu bestimmen hatte.

Mir war klar, daß ich die Sprache lernen mußte. Aber ich kannte niemanden, der die Umgangssprache des Volkes, das er studierte, ausreichend beherrschte, mit Ausnahme von Missionaren, oder Kindern von Missionaren, die Ethnologen geworden waren. Ich hatte nur einen Essay von Malinowski gelesen und wußte nicht, wie er mit der Trobriand-Sprache verfahren war. Ich selbst hatte nie eine Fremdsprache gelernt; ich hatte nur Latein, Französisch und Deutsch in der High School «studiert». Unsere linguistische Unterweisung hatte aus kurzen Darstellungen extrem exotischer Sprachen bestanden. In gewisser Weise war dies eine ausgezeichnete Lehrmethode. Sie bereitete uns darauf vor – wie es auch unsere Seminare über Verwandtschaftsformen und religiöse Vorstellungen taten –, auf fast alles gefaßt zu sein, wie fremd, unvorhersehbar und bizarr es uns auch erscheinen mochte. Das ist natürlich die erste Lektion, die ein Ethnologe lernen muß; daß er sehr wohl auf neue, unerhörte, bisher undenkbare Weisen, menschliches Verhalten zu regeln, stoßen kann.

Die Erwartung, daß wir jederzeit mit bisher noch nicht beschriebenen Verhaltensweisen konfrontiert werden können, ist der Punkt, wo Ethnologen oft mit den Psychologen aneinandergeraten, deren Theorien sich aus ihrem Streben nach «Wissenschaftlichkeit» und aus ihrer Skepsis gegenüber philosophischen Konstruktionen entwickelt haben. Es ist auch der Punkt, über den wir oft mit Volkswirten, Politologen und Soziologen in Streit geraten, insofern sie das Modell unserer eigenen Sozialstruktur in ihren Studien auf andere Gesellschaften übertragen.

Die harte Schule von Professor Boas rüttelte uns auf, bereitete uns auf das Unerwartete und, man kann schon sagen, das extrem Schwierige vor. Aber wir lernten nicht, wie man die Arbeit an einer seltsamen neuen Sprache so organisiert, daß man eine Grammatik herausarbeitet, mit deren Hilfe man lernen kann, die Sprache zu sprechen. Sapir bemerkt am Rande, es sei unmoralisch, Fremdsprachen zu erlernen; er sagte, man sei niemals ehrlich außer in seiner Muttersprache.

Ein *wie* kam in unserer Erziehung tatsächlich nicht vor. Wir lernten, nach *was* wir Ausschau halten sollten. Jahre später dachte Camilla Wedgwood während ihres ersten Aufenthalts auf Manam darüber nach, und fragte in ihrem ersten Brief: «Wie jemand überhaupt wissen kann wer jemandes Mutters Bruder ist, das wissen nur Gott und Malinowski.» Auch Lowie wies auf die überraschenden Unterschiede zwischen seinen und meinen Feldforschungsmethoden hin, als er fragte: «Wie kann man wissen, wer wessen Mutters Bruder ist, wenn es einem nicht jemand sagt?»

Unsere Ausbildung vermittelte uns Respekt für die Menschen, die wir studieren würden. Sie waren vollwertige menschliche Wesen mit einer Lebensweise, die sich mit der unseren und der Kultur jedes anderen Volks vergleichen ließ. Niemand nannte die Kwakiutl oder die Zuñi – oder irgendein anderes Volk – Wilde oder Barbaren. Sicherlich waren es primitive Völker; das hieß, ihre Kultur hatte sich ohne Schrift entwickelt und wurde ohne den Gebrauch von Schrift aufrechterhalten. Nichts anderes bedeutete der Ausdruck «primitiv» für uns. Uns wurde sehr nachdrücklich beigebracht, daß es keine regelmäßige Entwicklung von einfachen, «primitiven» Sprachen zu komplexen, zivilisierten Sprachen gab; daß tatsächlich viele primitive Sprachen weit komplexer als einige geschriebene waren. Während einige Kunstformen aus einfachen Mustern entwickelt worden waren, wurden andere von ursprünglich elaborierteren Formen auf einfachere hin reduziert.

Wir hatten selbstverständlich Vorträge über Evolution gehört. Wir wußten, daß es Millionen Jahre gedauert hatte, bis die ersten menschenähnlichen Kreaturen eine Sprache entwickelt hatten, es gelernt hatten, Werkzeuge herzustellen, und bestimmte Formen von sozialer Organisation herausgebildet hatten, die der nächsten Generation beigebracht werden konnten; denn all diese Dinge mußten, sobald sie existierten, gelehrt und gelernt werden. Aber wir betrieben Feldforschung nicht, um Frühformen menschlichen Lebens zu suchen, sondern wir suchten Formen, die von denjenigen, die wir kannten, verschieden waren – verschieden deshalb, weil verschiedene Gruppen von primitiven Völkern isoliert vom Hauptstrom der großen Zivilisationen gelebt hatten. Wir begingen nicht den Fehler, wie fälschlicherweise Freud, anzunehmen, daß primitive Völker, die auf entlegenen Atollen, in Wüsten, mitten im Dschungel oder in der nördlichen Arktik lebten, mit unseren Vorläufern gleichzusetzen seien. Sicher, wir konnten von ihnen lernen, wie lange es dauert, einen Baum mit einer Steinaxt umzuhauen, oder sogar wieviel zum Nahrungsmittelvorrat Frauen in Gesellschaften beitrugen, die von der Jagd der Männer lebten. Aber diese isolierten Völker gehörten nicht zu unseren Vorfahren. Offensichtlich hatten unsere Vorfahren an verschiedenen Wegkreuzungen gelebt, an denen sich Menschen begegneten und Gedanken und Handelsgüter austauschten. Sie hatten Berge überquert, sie hatten die Meere befahren und waren zurückgekommen. Sie hatten Dinge entlehnt und nachgemacht. Sie hatten die Entdeckungen und Erfindungen anderer Völker in einem Maße beeinflußt und waren selbst davon beeinflußt worden, wie es unter Völkern, die in weit größerer Isolation lebten, nicht möglich gewesen war.

Wir wußten, daß wir bei unserer Feldforschung erwarten konnten, auf Unterschiede zu stoßen – auf viel größere Unterschiede als jene, die wir zwischen den miteinander verwandten Kulturen der westlichen Welt oder den Lebensgeschichten von Menschen erwarteten, die zu verschiedenen Zeiten unserer eigenen Geschichte gelebt hatten. Die Aufzeichnung dessen, was wir über die Lebensweise der von uns erforschten primitiven Völker herausfanden, war unser hauptsächlicher Beitrag zu der wachsenden Sammlung von exaktem Wissen über die Welt.

Was die Ethnologie anging, war dies meine intellektuelle Ausrüstung. Ich hatte mir selbstverständlich eine gewisse Kenntnis der Techniken angeeignet, mit denen man zum Beispiel kategorisierte, wie ein Volk seine natürlichen Rohstoffe nutzt oder welche Formen sozialer Organisation es entwickelt hat. Und ich hatte auch etwas Übung darin, die Beobachtungen anderer Feldforscher zu analysieren.

Aber im Grunde fragte niemand danach, über welche Fertigkeiten ein junger Feldforscher verfügte, ob er zum Beispiel dazu fähig war, präzise zu beobachten und Aufzeichnungen zu machen, und ob er die intellektuelle Disziplin hatte, Tag für Tag an der Arbeit zu bleiben, wenn niemand da war, der einen überwachte, niemand, mit dem man Notizen vergleichen konnte, dem man Fehler eingestehen konnte oder vor dem man sich sogar an einem besonders erfolgreichen Tag selbst rühmen konnte. Sapirs Briefe an Ruth Benedict und Malinowskis privates Tagebuch sind voll von selbstquälerischen Bekenntnissen der Faulheit, die zu Zeiten niedergeschrieben wurden, in denen sie, wie wir ebenfalls wissen, ganz hervorragende Arbeit leisteten. Niemand erwog, ob wir die Einsamkeit aushalten könnten. Niemand fragte danach, wie wir mit den Kolonialbeamten, Militärs oder Indianerbeauftragten zurechtkommen würden, von deren Zustimmung unsere Arbeit abhing; und niemand gab uns auch nur die geringsten Ratschläge.

Der zu Beginn des Jahrhunderts entwickelte Stil, dem Studenten einen guten theoretischen Hintergrund zu geben und ihn dann hinauszuschikken, damit er bei einem primitiven Volk lebte, und von ihm zu erwarten, daß er alles schon alleine schaffen wird, hat sich bis auf den heutigen Tag erhalten. Als ich 1933 einer Studentin vor ihrer Abreise nach Afrika ein paar grundsätzliche Hinweise gab, wie man mit den Trinkgewohnheiten der britischen Beamten zurechtkommen könne, machten sich Ethnologen in London darüber lustig. Und als ich es 1952 für Theodore Schwartz einrichtete, daß er ein Jahr lang neue Techniken lernen konnte – einen Generator zu bedienen, Tonbandaufnahmen zu machen und mit Kameras umzugehen – eben alles, was wir bei unserm Forschungsaufenthalt benutzen wollten, hielten das seine Professoren an der University of Pennsylvania für lächerlich. Männer, die jetzt Professoren sind, unterrichten ihre Studenten so, wie ihre Professoren sie unterrichtet haben, und wenn junge Feldforscher nicht vor Verzweiflung aufgeben, verrückt werden, ihre Gesundheit ruinieren oder sterben, werden sie irgendwie Ethnologen.

Aber dies ist ein verlustreiches System, ein System, für das ich keine Zeit habe. Ich versuche dem entgegenzuwirken, indem ich Studenten die Möglichkeit gebe, meine eigenen Forschungsvorbereitungen und Notizen durchzuarbeiten; indem ich sie ermutige, gut fotografieren zu lernen, und indem ich sie in Feld-Situationen versetze, in denen sie ein reales Problem bearbeiten und sich den Schwierigkeiten einer aktuellen Situation mit unbekannten Elementen stellen müssen. Denn nur auf diese Art können sie herausfinden, welche Art von Aufzeichnungen sie gut machen – oder sehr schlecht –, oder wie sie reagieren, wenn sie entdecken, daß sie einen Anhaltspunkt übersehen oder vergessen haben, bei einem wichtigen Foto die Verschlußkappe von der Linse zu nehmen.

Aber ich erleide immer wieder Rückschläge. Ein einjähriges Training darin, wie man jeden Gegenstand so schützt, daß er die Feuchtigkeit oder sogar den Fall in einen Fluß oder ins Meer überdauert, verhindert nicht, daß ein junger Feldforscher mit dem einzigen Exemplar eines Manuskriptes, das er in Packpapier gewickelt hat, auftaucht, oder mit Paß und Geld im offenen Handtäschchen, oder ohne einen luftdichten Behälter für eine wertvolle und absolut notwendige Kamera. Studenten anderer Disziplinen hingegen lernen etwas. Chemiestudenten lernen Versuchsanordnungen im Labor, Psychologen lernen es, eine Stoppuhr zu benutzen und Protokolle zu schreiben.

Die Tatsache, daß Anthropologen darauf bestehen, alles noch einmal selbst zu lernen, oft sogar einschließlich der Theorie, die ihnen beigebracht wurde, ist, so glaube ich, eine Berufskrankheit, die möglicherweise überhaupt untrennbar von Feldforschung ist. Denn Feldforschung ist etwas äußerst Schwieriges. Um sie gut zu machen, muß man sich von jeder Vorannahme befreien, sogar von solchen über andere Kulturen im gleichen Teil der Welt, in dem man gerade arbeitet. Idealerweise sollte man sogar ein Haus als neuen, frischen Eindruck wahrnehmen können. In gewissem Sinn sollte es einem überraschend vorkommen, daß es überhaupt Häuser gibt und daß sie viereckig oder rund oder oval sind, daß sie Wände haben oder keine, daß sie die Sonne hereinlassen oder vor Wind und Regen schützen, daß Leute in einem Wohnhaus kochen und essen oder nicht. Während eines Forschungsaufenthalts kann man nichts als selbstverständlich hinnehmen. Denn sobald man das tut, kann man nichts, was man vor Augen hat, mehr frisch und klar sehen, und wenn man das Neue nur als Variation von etwas bereits Bekanntem behandelt, könnte einen das weit vom Weg abführen. Wenn man ein Haus als größer oder kleiner, großartiger oder bescheidener, wasserdichter oder weniger wasserdicht wahrnimmt als eine andere Art von Haus, das man kennt, dann verstellt einem das den Zugang dazu, was *dieses* Haus für diejenigen bedeutet, die darin leben. Später dann, wenn man die neue Kultur kennengelernt hat, muß alles neu eingeordnet werden in das, was bereits über andere Völker in diesem Gebiet bekannt ist, in das, was wir über primitive Völker im Besonderen, über alle menschlichen Wesen im Allgemeinen *bis jetzt* wissen. Der Zweck von Feldforschung ist es, das Wissen zu erweitern, und es ist nicht viel wert, wenn man nur neue Spielarten von schon Bekanntem beschreibt, während man etwas vollkommen Neues finden könnte. Aber seinen Geist von Voraussetzungen freizuhalten ist sehr schwer und ohne jahrelange Übung so gut wie unmöglich, wenn man innerhalb seiner eigenen Kultur arbeitet oder in einer anderen, die dieser sehr ähnlich ist.

Beim ersten Feldaufenthalt weiß man das alles nicht. Man weiß nur, daß eine riesige Arbeit vor einem liegt – daß es einen Kampf kosten wird, die Sprache gut genug zu lernen, um sie zu verstehen und zu sprechen, herauszufinden, wer jeder ist, Tausende von Handlungen, Worten, Blikken und Schweigen zu durchschauen, die in ein Muster eingebettet sind, das man bislang noch nicht herausarbeiten konnte, und schließlich die Struktur der ganzen Kultur «in den Griff zu kriegen».

Bevor ich nach Samoa fuhr, warnte man mich: die Art, in der andere über diese Kultur geschrieben hatten, sei alles andere als frisch und unverdorben. Die aufgezeichnete Grammatik war wegen der Übernahme von Kategorien indoeuropäischer Grammatiken wertlos, und in die Bezeichnungen für ortsansässige Häuptlinge waren europäische Vorstellungen von Rang und Status eingegangen. Ich wußte, daß ich meinen Weg durch diesen Irrgarten von partiellem Verständnis und partieller Verzerrung suchen mußte. Noch dazu hatte ich die Aufgabe, ein neues Problem zu studieren, eines, über das noch nicht gearbeitet worden war und für das ich keinen Leitfaden besaß.

Aber im Grunde gilt das für jede lohnende Feldforschung. Heute werden Studenten bisweilen losgeschickt, um ein kleines Problem zu lösen, das nicht viel mehr erfordert, als die Beobachtungen zu machen, die nötig sind, um einen vorgefertigten Fragebogen auszufüllen oder ein paar spezifische Tests zu machen. In Fällen, wo die Fragen nicht passen oder die Tests den unwilligen Testpersonen völlig unangemessen sind, mag das nicht leicht sein. Aber wenn die Kultur schon richtig studiert worden ist, richtet diese Art von Arbeit ebensowenig Schaden an, wie sie nützen kann. Wenn man jedoch die Aufgabe hat, die gesamte Struktur einer Kultur korrekt dazustellen, ist das etwas anderes.

Vor allem darf man nie vergessen, daß das Muster, das man erkennt, nur eines von vielen ist, die durch verschiedene Annäherungen an dieselbe menschliche Situation herausgearbeitet werden könnten. Die Grammatik, die man erstellt, ist nicht *die* Grammatik, sondern *eine* Grammatik dieser Sprache. Da es aber die einzige Grammatik sein kann, die jemand jemals aufschreibt, ist es sehr wichtig, daß man so genau und sorgfältig wie nur möglich hinhört, alles aufzeichnet und sich dabei, soweit es geht, nicht auf die Grammatik bezieht, die man gerade versuchsweise formuliert.

All dies ist wichtig, aber es gibt einem kein Gefühl davon, wie die tagtäglichen Aufgaben aussehen werden. Denn es läßt sich unmöglich voraussehen, wie die Menschen sein werden, oder auch nur, wie sie aussehen. Es mag Fotografien von ihnen geben, aber wenn man ankommt, kann sich ihr Aussehen geändert haben. In dem Sommer, als ich unter den Omaha-Indianern arbeitete, trugen die Mädchen ihre ersten Dauerwellen – etwas, was ich nicht hätte vorhersehen können. Man weiß nicht, wie die einzelnen Beamten, Plantagenbesitzer, Polizisten, Missionare oder Händler sein werden. Man weiß nicht, wo man wohnen wird, was es zu essen gibt, oder ob es gut wäre, Gummi- oder Moskitostiefel mitzunehmen, Sandalen, die die Füße kühl halten oder Wollsocken, die den Schweiß aufsaugen. Also besteht eine große Neigung – und als Feldforscher wenig Geld hatten, war sie noch größer –, so wenig wie möglich mitzunehmen und nur sehr wenige Pläne zu machen.

Als ich nach Samoa fuhr, hatte ich ein halbes Dutzend Baumwollkleider mit (zwei davon waren sehr schön), denn mir war gesagt worden, daß sich Seide in den Tropen nicht hält. Aber als ich ankam, sah ich, daß die Frauen der Marineangehörigen Seide trugen. Ich hatte eine kleine Geldkassette mit, in der ich Geld und Papiere aufbewahrte, eine kleine Kodak und eine Reiseschreibmaschine. Obwohl ich schon zwei Jahre lang verheiratet war, hatte ich noch nie allein in einem Hotel gewohnt und erst kurze Eisenbahnreisen in den Mittelwesten unternommen. Da ich in großen und kleinen Städten und auf dem Land in Pennsylvania gelebt hatte, kannte ich viele verschiedene Arten von Amerikanern, aber ich hatte keinerlei Vorstellung von den Männern, die in Friedenszeiten der amerikanischen Marine angehörten, noch wußte ich auch nur das geringste über die Etikette des Marinelebens auf einem Außenposten. Ich hatte noch keine Seereise gemacht.

Während einer Party in Berkeley, wo ich kurz Station machte, setzte sich Professor Kroeber neben mich auf den Boden und fragte mit mitfühlender Stimme: «Haben Sie eine gute Lampe?» Ich hatte überhaupt keine Lampe. Ich hatte sechs große, dicke Notizbücher, etwas Schreib- und Kohlepapier und eine Taschenlampe. Aber keine Lampe.

Als ich in Honolulu ankam, holte mich May Dillingham ab, eine Studienfreundin meiner Mutter aus Wellesley. Sie lebte mit ihrem Mann und ihrer Tochter in einem Haus oben in den Bergen, wo es kühler war, aber sie sagte, ich könne in ihrem wunderschönen, großen Haus in der Stadt wohnen. Die Tatsache, daß meine Mutter May Dillingham und ihre Schwägerin Constance Freer in Wellesley gekannt hatte, war für mein langjähriges Kommen und Gehen in Honolulu von entscheidender Bedeutung. May Dillingham stammte aus einer der ersten Missionarsfamilien, und ihr Mann Walter Freer war Gouverneur von Hawaii gewesen. Sie selbst paßte gar nicht richtig in ihre große, weitläufige, wohlhabende Familie; sie hatte eine zarte Seele und eine kindliche Einstellung zum Leben. Aber sie konnte an allen möglichen Drähten ziehen, und ihr Einfluß, der sogar bis Samoa reichte, glättete meinen Weg immer wieder auf tausenderlei Weise. Nach ihrer Anweisung wurde alles arrangiert. Das Bishop-Museum machte mich zum Ehren-Kustos; Montague Cook, der einer anderen alten Familie von Honolulu angehörte, fuhr mich jeden Tag ins Museum; und E. Craighill Handy opferte eine Woche seines Urlaubs, um mir täglich Unterricht im Marquesanischen zu geben, einer dem Samoanischen verwandten Sprache. Eine Freundin von «Mutter May», wie ich sie sofort nannte, schenkte mir hundert kleine Quadrate aus zerrissenem altem Musselin, «um den Kindern die Nase abzuwischen», und ein seidenes Kissen, denn einer der wenigen praktischen Ratschläge, die ich bekommen hatte, in diesem Fall von einem Biologen, lautete: «Nehmen Sie immer ein kleines Kissen mit, dann können Sie sich überall hinlegen». Jemand anders nahm mich mit, um zwei halbsamoanische Kinder in ihrer Schule zu besuchen; das bedeutete, daß ihre Familien mir in Samoa helfen würden.

Alles war äußerst angenehm. Ich sonnte mich in dem Prestige, das die Familien Freer und Dillingham genossen; der Anfang meiner Feldforschungsreise hätte nicht glücklicher sein können. Aber ich begriff das nur vage, weil ich die Wirkung des persönlichen Einflusses nicht von vollkommen routinemäßigen Höflichkeiten zu unterscheiden wußte. Aber manch ein junger Feldforscher ist in den ersten Wochen todunglücklich gewesen. Er wird dazu gebracht, sich dermaßen elend, unerwünscht und übel zu fühlen – vielleicht durch einen anderen Ethnologen, dem jeder hilft –, daß seine ganze Arbeit schon ruiniert ist, bevor sie erst richtig beginnt. Das sind unberechenbare Risiken, und man kann nur versuchen, seine Studenten davor zu schützen. Aber der Zufall spielt eine große Rolle. Mrs. Freer hätte verreist sein können, als ich in Honolulu ankam. Nur das.

Nach zwei Wochen fuhr ich weiter, mit Blütenkränzen überladen, die wir in jenen Tagen vom Schiffsdeck herunter ins Meer warfen. Heutzutage geben einem die Bewohner von Samoa Muschelketten, weil man in andere Häfen keine Blumen und Früchte mitbringen darf, und sie geben einem auch einen Plastikbeutel, in dem man die Kette mit nach Hause nehmen kann. Aber zu jener Zeit leuchtete das Kielwasser des Schiffes von schwimmenden Blüten.

Und so kam ich in Samoa an. In Erinnerung an Stevensons rhapsodische Schilderungen stand ich im Morgengrauen auf, um mit eigenen Augen zu sehen, wie diese meine erste Südseeinsel am Horizont auftauchte und in Sicht kam. In Pago Pago war niemand, um mich abzuholen. Ich war durch ein Einführungsschreiben vom Chefchirurgen der Marine, der ein Mitstudent von Luthers Vater gewesen war, angekündigt. Aber an jenem Tag waren alle zu beschäftigt, um sich um mich zu kümmern. Ich nahm ein Zimmer in dem baufälligen Hotel und ging eilig auf den Platz zurück, um die Tänze anzuschauen, die für die Besucher vom Schiff veranstaltet wurden. Überall waren schwarze Regenschirme zu sehen. Die meisten Leute von Samoa trugen Baumwollbekleidung – die Männer einen Einheitsstil und die Frauen schwere, unkleidsame Überblusen. Nur die Tanzgruppe war in einheimischer Tracht gekleidet. Der Kaplan, der wohl annahm, ich sei eine Touristin, bei der er sich Freiheiten herausnehmen könne, drehte meinen Phi Beta Kappa-Schlüssel herum, um nach meinem Namen zu schauen. Ich sagte: «Er gehört mir nicht.» Das führte noch Monate später zu Verwirrungen.

Dann kam die Zeit, die für junge Feldforscher selbst heute noch so außerordentlich anstrengend ist, ganz gleich wie intensiv wir versuchen, sie darauf vorzubereiten. Ich war in Samoa. Ich hatte ein Zimmer im Hotel – jenem Hotel, in dem Somerset Maughams Geschichte und Theaterstück *Rain* spielt, von dem ich eine Aufführung in New York gesehen hatte. Ich hatte Einführungsschreiben. Aber ich mußte mir erst eine Art Basis für meine Arbeit schaffen. Ich wandte mich an den Gouverneur, einen älteren, schlecht gelaunten Mann, dem es nicht gelungen war, in den Rang eines Generals aufzusteigen. Als er mir sagte, er habe die Sprache nicht gelernt und ich würde sie auch nicht lernen, sagte ich etwas unvorsichtig, daß es über Siebenundzwanzig schwerer sei, Sprachen zu lernen. Das war keine Bemerkung, die mir nützte. Ich weiß nicht, ob ich ohne den Brief des Chefchirurgen so hätte arbeiten können, wie ich es wollte. Aber dieser Brief öffnete mir die Türen zu der medizinischen Dienststelle. Die Oberschwester Miss Hodgeson beauftragte eine junge Schwester aus Samoa, G. F. Pepe, die in den Vereinigten Staaten gewesen war und ausgezeichnet Englisch sprach, täglich eine Stunde mit mir zu arbeiten.

Dann mußte ich meine Arbeit für den Rest den Tages einteilen. Es war mir sehr bewußt, daß ich ganz auf mich gestellt und trotzdem dem Stipendiumsausschuß gegenüber verantwortlich war, dessen Mitglieder es abgelehnt hatten, mir drei Monatsraten vorauszuzahlen. Da es keine andere Möglichkeit gab, zu beurteilen, wie hart ich arbeitete, entschied ich, daß ich wenigstens acht Stunden täglich arbeiten müsse. Eine Stunde hatte ich Unterricht bei Pepe. Die anderen sieben Stunden verbrachte ich damit, Vokabeln zu lernen und fand so zufälligerweise die beste Art, eine Sprache zu lernen, heraus – nämlich die, soviel und so schnell wie möglich zu lernen, so daß jeder Lernschritt den nächsten unterstützt.

Ich saß in dem alten Hotel, aß die entsetzlichen Mahlzeiten, die ein Mann namens Fa'alavelave – das heißt Unglück – zubereitete und die mich an das Essen von Samoa gewöhnen sollten. Gelegentlich wurde ich ins Krankenhaus gebeten oder in die Wohnung von einem der medizinischen Mitarbeiter. Der National Research Council hatte darauf bestanden, die Schecks per Post an mich zu schicken, und die Post kam mit dem nächsten Schiff. Das hieß, daß ich die nächsten sechs Wochen kein Geld besaß und auch nicht weiterfahren konnte, bis ich meine Hotelrechnung bezahlt hatte. Jeden Tag ging ich durch die Hafenstadt und probierte samoanische Sätze an den Kindern aus, aber es war keine Atmosphäre, in der ich Feldforschung betreiben konnte.

Endlich legte das Schiff wieder an. Und jetzt war es mir möglich, mit Hilfe der Mutter der halb-samoanischen Kinder, die ich in Honolulu kennengelernt hatte, in ein Dorf umzuziehen. Sie richtete es so ein, daß ich zehn Tage lang in Vaitogi verbringen und im Haushalt eines Häuptlings wohnen konnte, dem es Vergnügen machte, Besucher zu bewirten. Dort erhielt ich meinen ersten Unterricht in samoanischer Etikette. Seine Tochter Fa'amotu war meine ständige Begleiterin. Wir schliefen zusammen auf einem Stapel von Matten hinten im Schlafhaus. Ein Vorhang trennte uns von der übrigen Familie, aber natürlich stand das Haus den Blicken des ganzen Dorfes offen. Ich mußte lernen, zum Waschen ein Sarong-artiges Kleidungsstück zu tragen, das ich unter der Dorfdusche abstreifen und vor den Augen ganzer Kinderscharen und vorbeigehender Erwachsener durch ein trockenes austauschen konnte.

Ich lernte, samoanische Speisen zu essen und zu genießen und mich nicht verlegen zu fühlen, wenn mir als Gast zuerst serviert wurde und die ganze Familie ruhig dasaß und darauf wartete, daß ich fertig war, damit sie auch essen konnte. Ich erlernte die komplizierten Höflichkeitsformeln und wie man Kava weitergibt – aber ich tat es nie, weil sich das nur für unverheiratete Frauen schickt. In Vaitogi erzählte ich nicht, daß ich verheiratet war; ich wußte zu wenig über die Konsequenzen, die das für meine Rolle gehabt hätte. Tag für Tag konnte ich die Sprache besser verstehen, saß korrekter da und hatte weniger Schmerzen in meinen Füßen. Abends wurde getanzt und ich bekam meine ersten Tanzstunden. Es war ein sehr schönes Dorf mit einem gekehrten Platz und großen runden, strohgedeckten Gästehäusern, gegen deren Pfosten gelehnt die Häuptlinge bei offiziellen Gelegenheiten saßen. Ich lernte die Blätter und Pflanzen wiederzuerkennen, aus denen Matten gewebt und Tapa hergestellt wurden. Ich lernte es, wie ich mich anderen Leuten gegenüber entsprechend ihrem Rang verhalten mußte und wie ich entsprechend dem Rang, den sie mir zuwiesen, zu reagieren hatte.

Es gab nur einen schwierigen Augenblick, als der tonangebende Häuptling von Britisch-Samoa zu Besuch war und eine Unterhaltung über seine Erfahrungen mit dem freieren Sex-Leben im Hafen von Apia anfing. Immer noch mit der neuen Sprache kämpfend erklärte ich, daß sich eine Heirat wegen unseres unterschiedlichen Rangs nicht ziemen würde. Er akzeptierte diesen Satz, fügte aber bedauernd hinzu: «Weiße Frauen haben so schöne dicke Beine.»

Am Ende der zehn Tage, die so angenehm und befriedigend waren wie die vorhergehenden sechs Wochen arbeitsreich und frustrierend gewesen waren, kehrte ich nach Pago Pago zurück, um mich darauf vorzubereiten, auf die Insel Tau in der Manu'a-Gruppe zu fahren. Alle stimmten darin überein, daß die Manu'anischen Inseln sehr viel rückständiger seien und sich deshalb für meine Absichten viel besser eigneten. Es gab einen medizinischen Außenposten auf Tau, und Ruth Holt, die Frau von Edward R. Holt, der ein Helfer des Hauptapothekers war und die Außenstation verwaltete, wartete in Pago Pago auf die Geburt ihres Kindes. Der Leiter der medizinischen Abteilung ermöglichte es, daß ich im Außenposten wohnen konnte, und ich fuhr mit Mrs. Holt und dem neugeborenen Baby auf einem Minensuchboot hinüber, das zeitweise das Hauptschiff ersetzte. Während der gefährlichen Einfahrt durch das Riff kenterte ein Boot voller Schulkinder, und Mr. Holt war erleichtert, als er sein neues Baby, das Moana hieß, sicher an Land hatte.

Mir wurde ein Quartier in der Hinterveranda der Arzneiausgabestelle hergerichtet. Ein Gitter trennte mein Bett von dem Dienstteil der Veranda, und ich konnte über einen kleinen Hof ins Dorf schauen. Vor der Arzneiausgabestelle stand ein Haus im samoanischen Stil, wo ich mit den heranwachsenden Mädchen arbeiten konnte. Ein samoanischer Pfarrer aus dem nächsten Dorf stellte mir ein Mädchen vor, die meine ständige Begleiterin sein würde, da es sich für mich nicht schickte, jemals allein zu sein. Ich fing an, mit den Holts zu besprechen, wie wir zusammenleben würden. Sie hatten auch einen kleinen Sohn, Arthur, der noch nicht ganz zwei Jahre alt war und sowohl Samoanisch wie Englisch sprach.

Ich fand bald heraus, daß es sehr praktisch für mich war, in der Arzneiausgabestelle zu wohnen, denn in einem samoanischen Haushalt hätte ich nichts mit Kindern zu tun haben können. Dafür war ich zu wichtig. Die Leute wußten, daß ich auf dem Flaggschiff des Admirals zu Abend gegessen hatte, als die Flotte des Admirals nach Pago Pago kam; das hatte über meinen Rang entschieden. Umgekehrt bestand ich darauf, daß die Samoaner Mrs. Holt *faletua* nannten, damit außer Frage war, wo und mit wem ich aß.

Weil ich in der Arzneiausgabestelle lebte, konnte ich Dinge tun, die sonst vollkommen unschicklich gewesen wären. Die heranwachsenden Mädchen und, als ich später herausfand, daß ich auch sie studieren mußte, die kleineren Mädchen, kamen Tag für Tag und Nacht für Nacht zu mir in den Arbeitsraum. Später lieh ich mir ein Schulhaus aus und hielt dort «Prüfungen» ab, und unter dieser Bezeichnung war es mir möglich, ein paar einfache Tests durchzuführen und jedes Mädchen einzeln zu befragen. Wenn ich nicht in der Arzneiausgabestelle war, konnte ich mich frei im Dorf bewegen oder fischen gehen oder bei einem Haus stehenbleiben, wo eine Frau gerade webte. Schrittweise erfaßte ich das ganze Dorf und erarbeitete den Familienhintergrund von jedem Mädchen, das ich studierte. Nebenbei lernte ich natürlich viel Ethnologie, aber ich nahm politisch gesehen nie am Dorfleben teil.

Meine Feldforschungsarbeit wurde entsetzlich erschwert durch einen Hurrikan, der die vordere Veranda der Arzneiausgabestelle herunterriß, das Haus, in dem ich meinen Arbeitsraum hatte, umwarf, jedes Haus im Dorf zerstörte und die gesamte Ernte vernichtete. Während das Dorf wieder aufgebaut wurde, kamen die dörflichen Zeremonien fast völlig zum Stillstand, und nachdem ich mit großer Mühe gelernt hatte, die Speisen von Samoa zu essen, mußten wir alle von Reis und Lachs leben, den das Rote Kreuz herüberschickte. Der Marinepfarrer, der gekommen war, um die Nahrungsverteilung zu überwachen, trug noch zur Überfüllung unseres kleinen Hauses bei. Zudem war seine Gegenwart Mr. Holt ganz und gar nicht lieb. Er war nur Apothekenhelfer, weil er nicht aufs College hatte gehen wollen; jetzt litt er, wenn Rangfragen eine Rolle spielten.

In all diesen Monaten hatte ich fast nichts zu lesen, aber das machte nicht viel, weil ich so viele Stunden am Tag arbeitete, wie ich wach war. Briefeschreiben war meine einzige Erholung. In den Briefen an die Familie stellte ich Angenehmes und Unangenehmes als ziemlich ausgewogen dar, aber in meinen Briefen an Freunde betonte ich die Schwierigkeiten dermaßen, daß Ruth Benedict annahm, ich müsse eine schwere und enttäuschende Zeit durchmachen. Die Wahrheit war, daß ich keine

Ahnung hatte, ob ich die richtigen Methoden anwandte. Welches waren die richtigen Methoden? Es gab keine Vorbilder, auf die ich mich beziehen konnte. Kurz bevor ich Pago Pago verließ, schrieb ich Professor Boas und stellte ihm meine Pläne dar. Seine beruhigende Antwort kam an, als ich meine Arbeit auf Tau beendet hatte und schon zur Abfahrt bereit war!

Dennoch wird aus Briefen diese entfernte Zeit am ehesten wieder lebendig, und in einem schrieb ich:

> Die angenehmste Zeit des Tages ist hier, wenn die Sonne untergeht. Dann gehe ich, von ungefähr fünfzehn Mädchen und kleinen Kindern begleitet, durch das Dorf bis zum Ende von Siufaga, wo wir uns auf einen mit Eisen befestigten Vorsprung stellen und die Wellen beobachten, die uns ins Gesicht spritzen, während die Sonne im Meer und hinter den mit Kokospalmen bewachsenen Hügeln untergeht. Der größte Teil der erwachsenen Bevölkerung geht zum Baden ins Meer, in Lavalavas gekleidet, mit Wasserkübeln, die sie auf einer jochähnlichen Schulterstange tragen. Alle Familienoberhäupter sitzen im *faletele* (im Gästehaus des Dorfes) und bereiten Kava zu. An einer Stelle füllt eine Gruppe von Frauen ein kleines Boot mit einer Lösung der hiesigen Stärke, die aus der Pfeilwurzel hergestellt wird. Und vielleicht hält uns, gerade wenn wir zum Lagerhaus kommen, das Angelus–Abendläuten auf, eine hölzerne Glocke tönt voll durch das Dorf: die Kinder müssen alle schnell in Deckung gehen – wenn wir nah am Lagerhaus sind, dann unter der Treppe dort –, und sie müssen ganz still sitzen, bis die Glocke wieder ertönt. Das Gebet ist vorbei. Manchmal sind wir alle schon sicher zurück in meinem Zimmer, wenn die Glocke läutet, und dann muß das Vaterunser auf englisch gesprochen werden, alle Blumen werden aus den Haaren genommen und das Siva-Lied wird in der Mitte unterbrochen. Aber sowie die Glocke wieder ertönt, wird die Feierlichkeit, die nie eine sehr glaubwürdige Tiefe erreicht, abgeworfen, die Blumen werden wieder ins Haar gesteckt, das Siva-Lied ersetzt die Hymne, und sie fangen an zu tanzen, ganz und gar nicht puritanisch. Sie essen ungefähr um acht zu Abend, und manchmal habe ich eine Atempause, aber normalerweise stimmen die Essenszeiten dafür nicht gut genug überein. Sie tanzen sehr viel für mich; sie lieben es und es ist ein ganz ausgezeichneter Hinweis auf das Temperament des einzelnen, da der Tanz so individualistisch ist, und die Zuschauer halten es für ihre Aufgabe, unaufhörlich Kommentare von sich zu geben. Zwischen den Tänzen schauen sie meine Bilder an, und ich werde Dr. Boas viel höher an die Wand hängen müssen, sein Bild fasziniert sie . . .

Mit der größten Freude denke ich an die Expeditionen zurück, die wir in andere Dörfer machten, zu anderen Manu'anischen Inseln und dem anderen Dorf auf Tau, Fitiuta, wo ich wie eine junge Dorfprinzessin auf Besuch lebte. Ich konnte Informanten herbeirufen, die mich alles lehrten, was ich wissen wollte; um ihre Höflichkeit zu erwidern, tanzte ich jeden Abend. Diese Expeditionen fanden gegen Ende meines Forschungsaufenthaltes statt, als ich das Gefühl hatte, mein Projekt zu Ende geführt zu haben und Zeit damit «verschwenden» zu können, daß ich alle Einzelheiten, in denen sich Manu'a von den anderen Inseln unterschied, auf den neuesten Stand brachte.

Bei allen meinen späteren Forschungsreisen hatte ich, wenn ich über Kulturen arbeitete, von denen nichts bekannt war, die sehr viel befriedigendere Aufgabe, zuerst die Kultur kennenzulernen und erst dann an einem speziellen Problem zu arbeiten. In Samoa war das nicht nötig, und deshalb konnte ich meine Arbeit über das Leben des heranwachsenden Mädchens in neun Monaten durchführen.

Indem ich auch das präadoleszente Mädchen studierte, erfand ich eine Querschnittsmethode, die anwendbar ist, wenn man nicht jahrelang im Feld bleiben kann, aber ein dynamisches Bild davon geben will, wie sich menschliche Wesen entwickeln. In Samoa ging ich nur einen Schritt zurück. Später ging ich zurück bis zu den Kleinkindern und dann bis zum Säuglingsalter, da mir klarwurde, daß ich alle Wachstumsphasen mit einbeziehen mußte. Aber in Samoa befand ich mich noch unter dem Einfluß der Psychologie, die ich gelernt hatte, und ich benutzte Fallgeschichten und Tests, die ich selbst entwickelte, zum Beispiel einen Test, in dem Bilder zu benennen waren, die ich aus einem Zeitschriftenartikel über Flahertys *Moana of the South Seas* nahm, den mir jemand geschickt hatte; und einen Test, in dem Farben zu bezeichnen waren und für den ich die hundert kleinen Stoffquadrate anmalte.

Als ich *Coming of Age in Samoa* schrieb, veränderte ich sorgfältig alle Namen, manchmal sogar zweimal, so daß die wirklichen Menschen niemals gefunden werden konnten. In den Einleitungen, die ich für neue Ausgaben schrieb, kalkulierte ich die Mädchen, die ich studiert hatte, nicht als mögliche Leser ein; es war extrem unwahrscheinlich, daß auch nur eines von ihnen jemals lernen würde, einen englischen Text zu lesen. Heute jedoch besuchen die Kinder und Enkelkinder von solchen Mädchen wie die, die ich in Tau kannte, amerikanische Colleges – denn heutzutage lebt die Hälfte der samoanischen Bevölkerung in den Vereinigten Staaten. Und wenn ihre Mitschüler da etwas über die Samoaner vor fünfzig Jahren lesen, fragen sie sich, inwiefern das, was ich geschrieben habe, auf sie zutrifft.

12
Zurück von der Feldforschung

Im Juni 1926 fuhr ich nach Tutuila zurück und ging zwei Wochen später in Pago Pago an Bord eines kleinen Schiffes. Diese letzten Wochen in Samoa waren äußerst wehmütig. Ich ging zurück nach Vaitogi, in das Dorf, wo ich zuerst gelernt hatte, auf einem Stapel Matten zu schlafen, und wo Ufuti, der freundliche Häuptling, dem es Vergnügen machte, Amerikaner als seine Gäste zu betrachten, darüber gewacht hatte, daß ich es lernte, Kava in der richtigen Weise weiterzureichen und daß ich die überaus wichtigen Höflichkeits-Reden richtig betonte. Meine Adoptiv-Familie begrüßte mich, als sei ich viele Jahre lang fortgewesen, und ich hatte das Gefühl, nach einer langen Reise nach Hause zurückzukommen. Als ich wieder nach Vaitogi kam, bemerkte ich, wie heimwehkrank ich gewesen war und wie ausgehungert nach Zuneigung – ein Bedürfnis, das nur zum Teil dadurch befriedigt worden war, daß ich die Holt-Kinder in den Armen hielt oder mit den samoanischen Babies spielte. Es sind die Babies, die mich am Leben halten in Umgebungen, in denen mein Tastsinn ohne sie wenig zu tun findet. Wie Gregory Bateson es später ausdrückte, ist es nicht frustrierter Sex, sondern frustrierte Zärtlichkeit, was in langen, einsamen Monaten der Feldforschung so schwer zu ertragen ist. Manche Feldforscher schaffen sich einen Hund oder ein Kätzchen an; ich ziehe Babies bei weitem vor. Ich spürte jetzt, wie einsam ich gewesen war, wie gern ich dort war, wo jemand mich haben wollte, nur um meiner selbst willen.

Meine Adoptionsfamilie machte mir das Leben angenehm, und ich merkte, daß sie gerne bis zu meinem Lebensende für mich gesorgt hätten. Fa'amotu, meine «Schwester», hatte vor, sich zu verheiraten, und da ich in einem früheren, blumigen Gespräch angemerkt hatte, daß Samoa überragend in seiner Höflichkeit, Frankreich dagegen überragend in der Herstellung wunderbarer Kleider sei, wollte Fa'amotu ein Hochzeitskleid aus Paris. Ich kaufte es ihr in jenem Sommer in der Galerie Lafayette, aber als es ankam, mußte sie mir schreiben: «Makelita, mach dein Herz weich, sei nicht ärgerlich, aber etwas Häßliches ist passiert, mein Verlobter hat eine andere geheiratet.»

Nach einer Woche in Vaitogi war ein Teil meines Heimwehs gestillt. Ich war nach Hause zurückgekehrt, obgleich es ein Zuhause war, das ich vor einem Jahr noch nicht gekannt hatte. Das machte mir nur eine sehr viel stärkere Sehnsucht bewußt – die Sehnsucht nach Gesprächen und Kontakt mit Leuten, die so waren wie ich, die dieselben Bücher gelesen hatten und meine Anspielungen verstehen würden, nach Leuten, die meine Arbeit verstehen würden, mit denen ich über das diskutieren konnte, was ich getan hatte, und die mir sagen konnten, ob ich tatsächlich das getan hatte, wofür ich ausgeschickt worden war. Ich hatte jede

Methode, die ich anwendete, selbst erfunden, sogar die Tests, die ich ausprobiert hatte, und ich konnte nicht wissen, ob das, was ich getan hatte, gut war oder nicht.

Als ich Pago-Pago verließ, ging ich auf eine sechswöchige Schiffsreise nach Europa. Sobald ich dort ankäme, würde ich nicht mehr allein sein. Luther, der ein interessantes, aber etwas einsames Jahr mit Reisen und damit verbracht hatte, eine Welt zu verstehen, die ihm vollkommen neu war, würde mich erwarten. Ruth Benedict, die ihren Mann zu einem Kongreß nach Skandinavien begleitete, hatte vor, mich in Paris zu treffen. Louise Rosenblatt, meine Zimmergenossin vom College, hatte ein Jahr an der Universität von Grenoble studiert und kam ebenfalls nach Paris. Aber in der Zwischenzeit würde ich keine Briefe mehr bekommen, die sich während der letzten Monate wie ein periodischer Platzregen, manchmal siebzig oder achtzig auf einmal, über mich ergossen hatten. Es würde keine Korrespondenz mehr möglich sein; die Briefe der anderen würden genauso lange unterwegs sein wie meine. Deshalb fühlte ich mich ungeheuer allein.

Während der Reise von Pago Pago nach Sydney kamen wir in einen der schlimmsten Stürme, der den Süd-Pazifik seit vielen Jahrzehnten heimgesucht hatte. Elf Schiffe gingen verloren. Auf unserem Schiff schlugen die Wellen über das oberste Deck; die Passagiere fielen um wie Kegel und fühlten sich sterbenskrank. Es waren verschiedene interessante Menschen an Bord, zum Beispiel einer der Offiziere, der Schiffsoffizier auf der Titanic gewesen war und jetzt wie ein Mann ohne Land weit entfernt von seiner Heimat lebte. Aber es gab auch ein unglückliches, unterernährtes Missionars-Ehepaar aus West-Samoa, die ein zweijähriges Kind und ein winziges Baby dabei hatten. Wie fast alle anderen verschwanden die Eltern stumm nach unten, schwer seekrank. Eine Dame von zweifelhaftem Ruf mit grell gefärbtem Haar kümmerte sich zusammen mit ihren verschiedenen Freunden um das Baby. Ich übernahm die Verantwortung für das zweijährige Kind, das kein Englisch sprach und ganz sicher von dem Erlebnis traumatisiert worden wäre, daß niemand auch nur ein Wort von dem verstehen konnte, was es sagte. Ich hatte etwas Mitleid mit mir selbst, denn ich war wie durch ein Wunder nicht seekrank und darum zu etwas Vergnügen aufgelegt, und nun waren mir durch die Verantwortung für ein kleines Kind die Hände gebunden. Durch diese Erfahrung lernte ich, was es für ein kleines Kind bedeuten muß, plötzlich von allen getrennt zu sein, die verstehen können, was es gerade zu sagen gelernt hat, ob nun darum, weil andere Erwachsene nicht die gleiche Sprache sprechen oder weil das Kind am Anfang eine zu private Familiensprache gelernt hat. Wie groß die Verzweiflung von Kindern sein muß, die im Krieg ihre Eltern verlieren und dann am anderen Ende der Welt adoptiert werden, das ist für alle, die eine so totale Entfremdung nie erlebt haben, nur schwer vorstellbar. Fast fünzig Jahre später höre ich noch immer das bekümmerte, jämmerliche Stimmchen sagen: «*Ua pau le famau, Makelita, ua pau le famau*» – der Knopf ist ab.

Als wir schließlich in Sydney ankamen, wurde ich von den Vettern eines Freundes von Luther abgeholt, die riesige Sträuße von Blumen aus dem eigenen Garten trugen. Dies war meine erste Stadt nach neun Monaten Außenstationen. Sie nahmen mich mit zu Konzerten der Don-Kosaken und des Vatikan-Chors. Zwei Tage später ging ich an Bord des Luxusdampfers S. S. *Chitral*, der seine Jungfernfahrt nach England machte.

Natürlich werde ich nie erfahren, wie anders die ganze Reise – und damit mein Leben – sich entwickelt hätte, wenn die *Chitral* wie geplant nach Tasmanien gefahren wäre, um eine Fracht Äpfel zu laden. Es gab aber einen Dockstreik in England, also waren Äpfel eine unsichere Ladung. Statt also nach Tasmanien und dann direkt nach England weiterzufahren, lag die *Chitral* ein paar Tage lang im Hafen von Sydney, während derer die meisten Passagiere an Land blieben und der Speisesaal fast leer war. Aber ein paar Passagiere, Leute, die wie ich wenig Geld hatten und keinen Grund, sich in der Stadt aufzuhalten, gingen schon an Bord. Unter ihnen war ein junger Psychologe aus Neuseeland, Reo Fortune, der gerade als Preis für einen Essay, den er über Träume geschrieben hatte, ein zweijähriges Forschungsstipendium für Cambridge erhalten hatte. Der Chefsteward, der bemerkte, daß wir gern zusammen waren, erkundigte sich, ob wir nicht einen Tisch für uns allein haben wollten. Denn wir unterhielten uns so intensiv, daß die verschiedenen anderen Leute an einem größeren Tisch uns ganz einfach störten. Wir nahmen das Angebot dankbar an. Da ich aus einer Welt kam, in der intellektueller Austausch nicht automatisch eine Affäre einschloß, hatte ich keine Ahnung, wie dieser Tischwechsel von den australischen Passagieren angesehen wurde.

Sowohl Reo als auch ich waren in einem Zustand großer Anspannung. Er fuhr nach England, um Leute kennenzulernen, die verstehen würden, wovon er sprach, und ich, gerade von der Feldforschung zurück, hungerte und dürstete nach Kommunikation. Reo, der in vieler Hinsicht unschuldig und unerfahren war, glich niemandem, den ich jemals gekannt hatte. Er hatte nie die gute Aufführung eines Theaterstücks gesehen; er hatte noch nie ein Originalbild eines großen Malers gesehen oder ein Symphonieorchester spielen hören. Aber um die Isolation auszugleichen, in der die Neuseeländer in der Zeit vor den modernen Kommunikationsmitteln lebten, hatte er die gesamte englische Literatur genau und mit Vergnügen gelesen, und er hatte begierig alles aufgenommen, was er über Psychoanalyse gefunden hatte. Es war wie das Zusammentreffen mit einem Fremden von einem anderen Planeten, aber einem Fremden, mit dem ich eine Menge gemeinsam hatte.

Reo war ganz erfüllt von dem Werk des Cambridge-Professors W. H. R. Rivers, dessen Arbeiten in Physiologie, Psychoanalyse und Ethnologie auf der ganzen Welt begeistert aufgenommen worden waren. Ich hatte Rivers nie kennengelernt, und Reo natürlich auch nicht. Aber wir wußten beide, daß er der Mann war, bei dem wir gern studiert hätten – ein gemeinsamer, aber unerfüllbarer Tagtraum, denn er war bereits 1922 gestorben. Rivers hatte sich für Evolution und für das Unterbewußtsein interessiert und für dessen Entstehen bei den Vorläufern des Menschen. Freud hatte ihn fasziniert, aber er stand seinen Theorien kritisch gegenüber. Mit der Art von Einsicht, die so charakteristisch für ihn war, hatte Reo in seinem preisgekrönten Essay darauf hingewiesen, daß Rivers Freud, ohne seine Prämissen zu ändern, auf den Kopf gestellt habe, indem er die Angst anstelle der Libido zur treibenden Kraft im Menschen erhoben hatte.

Reo hatte ganz für sich allein den Schlaf erforscht, indem er im psychologischen Laboratorium schlief und sich aufweckte, um herauszufinden, ob die ersten Stunden einer Schlafspanne erholsamer seien als die letzten. Ihn beschäftigte die von Freud aufgeworfene Frage, ob wohl alle Träume einer Nacht das gleiche Thema behandelten. Schon bald während der Reise fing ich an zu träumen und schrieb meine Träume für ihn auf. Ich zählte bis zu acht Träume in einer Nacht mit einem Hauptthema und zwei Nebenthemen. Einer dieser Träume kommt nur leicht verändert in seinem Buch *The Mind in Sleep* vor.

Das Schiff fuhr langsam weiter und blieb in jedem Hafen tagelang liegen. In Melbourne gingen wir ins Theater. Während ich in Samoa war, hatte Ruth mir über Bronislaw Malinowskis Besuch in Amerika geschrieben, und ich erzählte Reo, was ich über ihn wußte. Ruths Kommentare waren nicht nur schmeichelhaft, da sich Malinowski in der Öffentlichkeit gern als Don Juan darstellte, und Klatsch hatte die Geschichten um ihn noch zahlreicher gemacht. Höchstwahrscheinlich war das meiste davon nur Pose, aber in Reos neuseeländischen Augen war sein Verhalten das eines schockierenden Wüstlings.

Malinowskis erstes großes Buch, *Argonauts of the Western Pacific*, erschien gegen Ende meines Studiums, aber ich hatte es damals noch nicht gelesen. Ein ziemlich unzulängliches Referat über das Buch war im ethnologischen Oberseminar gehalten worden, und unsere Diskussion hatte sich mehr auf das Funktionieren des *kula* konzentriert, einer Handelsform zwischen den Inseln, die im Buch analysiert wurde, als auf Malinowskis Theorien und Methoden der Feldforschung, die auf Boas' Studenten nicht so elektrisierend wirkten wie auf englische Studenten. Aber Ruths Briefe hatten mich neugierig gemacht, und in Adelaide gingen Reo und ich an Land, fanden die Universitätsbibliothek und lasen den Artikel über Anthropologie, den Malinowski für die letzte Ausgabe der *Encyclopaedia Britannica* verfaßt hatte. Ich hatte erwähnt, daß ich vorhatte, in diesem Sommer zur Tagung der British Association for the Advancement of Science zu fahren, bevor ich zum Amerikanisten-Kongreß in Rom ging. Reo war bereits fasziniert von Malinowski, aber er war auch eifersüchtig entschlossen, mich nicht zu der Tagung in England fahren zu lassen, wo Malinowski mich natürlich, davon war er fest überzeugt, verführen würde.

Die lange Saga seiner einseitigen inneren Debatte mit Malinowski hatte begonnen, eine Debatte, die stark ödipal eingefärbt war. Während seines ersten einsamen Forschungsaufenthalts auf Dobu, einer Nachbarinsel der Trobriand-Inseln und einer von denen, die in der Diskussion über *kula* eine Rolle spielten, brütete Reo später Nacht für Nacht über *Argonauts,* dem Buch, das ihm ein Modell für die Entwicklung von Feldforschungstechniken lieferte, einer Reihe von Theorien, über die man sich streiten konnte, und einer Möglichkeit, das Leben zu dramatisieren. 1963 griff er in einer neuen Einleitung zu der Taschenbuchausgabe von *Sorcerers of Dobu,* seines Erstlingswerks von bleibendem Wert, erneut in diese Diskussion ein, eine Diskussion, die durch die Emotionalität, mit der sie geführt wird, nicht eben an Klarheit gewinnt.

Als Reo das Manuskript von *Sorcerers of Dobu* abgeschlossen hatte, schrieb ich Malinowski und bedeutete ihm, daß es taktisch klug wäre, wenn er eine Einleitung zu dem Buch schreiben würde, weil sonst Kritiker gewisse Interpretationen der *kula,* die von seinen eigenen abwichen, zu wichtig nehmen würden. Malinowski stimmte zu, und seine lange, anerkennende Einführung sorgte sowohl dafür, daß das Buch bei Routledge in England angenommen wurde, und für das Interesse, das es sofort nach der Publikation erregte.

Aber ich traf Malinowski erst 1939, obwohl er noch einmal auf andere Weise in mein Leben getreten war. Während seines Besuches in Amerika legte es Malinowski darauf an, jedem zu erzählen, daß meine Forschungsreise nach Samoa zu nichts führen würde, daß neun Monate eine zu kurze Zeit seien, um irgendwelche ernsthaften Forschungen zu betreiben, und daß ich wahrscheinlich noch nicht einmal die Sprache erlernen würde. Als dann *Growing Up in New Guinea* 1930 publiziert wurde, bewog er einen seiner Studenten dazu, eine Besprechung zu schreiben, in der behauptet wurde, daß ich, selbstverständlich, das Verwandtschaftssystem nicht verstanden hätte, da es mir lediglich durch einen Dolmetscher im Schulalter vermittelt worden sei. Ich weiß nicht, ob es mich weniger geärgert hätte, wenn die Kritik von jemand anderem gekommen wäre, aber ich war dermaßen aufgebracht, daß ich unsere nächste Forschungsreise für drei Monate verschob und in dieser Zeit meine Monographie *Kinship in the Admiralty Islands* schrieb, um mein gesamtes Wissen über dieses Thema zu demonstrieren.

So trat Malinowski – der in England eine Rolle spielte, die ungefähr vergleichbar mit der war, die Ruth und ich in den Vereinigten Staaten innehatten, nämlich die, Ethnologie einem größeren Publikum zugänglich zu machen und diese Disziplin zugleich mit anderen in Verbindung zu bringen – per Zufall in unser Leben, als wir uns an Bord eines Schiffes trafen, das langsam die australische Küste entlangfuhr und rollte, weil sein Laderaum leer war.

Als wir in Adelaide ankamen, waren die meisten Passagiere schon an Bord. Durch das Manöver des Chef-Stewards waren Reo und ich aber fast völlig isoliert. Ein freundlicher englischer Schiffskapitän und seine Schwester sprachen manchmal mit mir, aber die meiste Zeit wurden wir geschnitten.

Dann kam der große Kostümball. Da keiner von uns ein Kostüm hatte, nahmen wir gern das Angebot des Chef-Stewards an, uns Anzüge der ostindischen Matrosen zu leihen, die für diese Gelegenheit extra gewaschen und gebügelt worden waren. Als zusätzliche Maskierung, die unsere Verkleidung glaubwürdiger machen sollte, schwärzten wir unsere Gesichter. Als wir in diesem Aufzug zum Maskenball erschienen, bot uns der Chef-Steward fröhlich an – und wir konnten nicht wissen, daß auch das reine Boshaftigkeit war –, uns an den Tisch des Kapitäns zu setzen.

Der freundliche englische Schiffsoffizier und seine Schwester wurden ebenfalls dorthin gesetzt, und er murmelte: «Wir wissen, wer Sie sind!» Ansonsten wurden wir frostig ignoriert.

Nach dem Essen erklärte uns der Schiffsoffizier, wir müßten uns beim Kapitän entschuldigen. Es sei eine unerträgliche Beleidigung, so sagte er, sich als dreckige, schwarze Matrosen an seinen Tisch zu setzen, die an Bord die schmutzigste Arbeit verrichten. Er hatte auch mit dem Kapitän gesprochen, der offensichtlich nicht gemerkt hatte, daß er beleidigt worden war. Da wir uns nur auf die Plätze gesetzt hatten, die der Chef-Steward uns angewiesen hatte, brauste Reo auf und war gegen eine Entschuldigung, aber ich litt, als sei ich beschuldigt worden – wie in einer von Mutters Geschichten –, Erbsen mit dem Messer gegessen zu haben. Ich bestand darauf, daß man sich selbstverständlich für eine unabsichtlich begangene Unhöflichkeit entschuldigt. Also schickten wir unsere Visitenkarten zum Kapitän hoch. Als Reo, der sehr gut aussah, mit unbewegter Miene eine steife Entschuldigung von sich gab, fing der Kapitän, unsicher und defensiv wie er war, zu poltern an. Wir befanden uns ganz klar in einer ausweglosen Situation, aber als ich erklärte, der «Mohr» sei in den Vereinigten Staaten ein übliches Maskenkostüm, beruhigte er sich wieder. Als wir in die Lounge zurückkehrten, machte uns der Schiffsoffizier ein Kompliment dafür, daß wir uns entschuldigt hatten. Dies machte mich nun wirklich wütend, und ich sagte es ihm. Danach sprach er nie wieder mit uns.

Jetzt waren wir auf dem großen Schiff vollkommen isoliert, wir aßen drei Mahlzeiten zusammen und waren so in unsere Gespräche vertieft, daß wir von den ungeduldigen Kellnern vom Tisch verscheucht werden mußten. Die Abende verbrachten wir ganz vorne am Bug des Schiffes, wo die Gischt hinwehte und das Meer manchmal aussah, als würde es brennen. Ganz bestimmt dachte jeder an Bord, wir hätten eine Affäre miteinander. Dem war nicht so, aber wir verliebten uns ineinander, und die Möglichkeit einer Beziehung zeichnete sich ab, gegen die meinem Gefühl nach so gut wie alles sprach. Reo war so jung, so unerfahren, so ungeheuer ehrgeizig, so auf den Besitz eines Menschen aus, daß er auf jeden flüchtigen Blick, mit dem ich jemand anderen streifte, eifersüchtig reagierte.

Reo erzählte mir Geschichten über seinen irischen Großvater, von dem es hieß, er habe seine Frau in der Küche mit einem Hengst eingeschlossen und zu ihr gesagt: «Ich hoffe, er stampft dich verdammt noch mal zu Tode!» Das klang romantisch, vielleicht war es nicht wahr, jedenfalls war es beängstigend; es paßte ganz bestimmt nicht zu dem, was mein Leben geprägt hatte. Reo war stolz auf seinen Vater, der ein paar Jahre vor seiner Pensionierung als anglikanischer Geistlicher zu seinem Bischof gegangen war, gesagt hatte: «Ehrwürden, ich habe meinen Glauben verloren», und aus der Kirche ausgetreten war, um Farmer in der Wildnis zu werden. Er beschrieb mir auch, wie sein Vater eine leidenschaftliche Zuneigung zu der jüngeren Schwester seiner Frau faßte, wie diese junge Tante Reo tröstete, als sein jüngerer Bruder geboren wurde und wie schrecklich er gelitten hatte, als sie fortging und er das Gefühl hatte, sie verloren zu haben.

Er erzählte mir auch von Eileen, dem Mädchen, das er liebte und für die er lange Gedichtzyklen geschrieben hatte. Sie hatte ihn zurückgewiesen, und er litt unter der unerwiderten Liebe so sehr wie unter seinem leidenschaftlichen Ehrgeiz. Er erzählte mir, er habe daran gedacht, irgendwohin zu fahren und Blake zu lesen, nichts als Blake, bis er sich in den Geisteszustand versetzt hätte, in dem Blake eine neue Mythologie erschaffen hatte.

Ich sprach von der Ethnologie und von den Problemen, deren Untersuchung gerade anstand. Ich sagte ihm, daß ich hoffte, auf der Basis dessen, was ich bei Boas gelernt hatte, vielleicht in zehn Jahren der ethnologischen Theorie etwas Neues hinzufügen zu können. Reo antwortete, er habe vor, ihr sofort etwas Neues hinzuzufügen.

Die Wochen vergingen. In Ceylon gingen wir für einen Tag an Land. Wir kamen nach Aden. Wir sahen die Küste von Sizilien. Und schließlich näherten wir uns Marseille. Reo fuhr weiter nach England, wo er bei einer Tante wohnen und sich auf Cambridge vorbereiten wollte. Aber mich würde Luther abholen, und ich verließ das Schiff. Als es anlegte, waren wir noch in ein Gespräch vertieft und bemerkten es nicht. Schließlich spürten wir, daß das Schiff sich nicht mehr bewegte, wir gingen auf die andere Seite des Decks und sahen Luther am Dock stehen und sich wundern, was mit mir passiert sei. Das ist einer der Augenblicke, die ich, wäre das möglich, gerne zurücknähme, um sie anders zu leben. Es gibt nicht viele solche Augenblicke, aber dieser war einer davon.

Und so kam ich zum erstenmal nach Europa, nicht über den stürmischen Atlantik, sondern auf dem längsten Weg und nach neun Monaten in Samoa. Luther wollte mir die Dinge zeigen, die er entdeckt hatte. Er nahm mich mit in die Provence – nach Nimes, wo Louise Rosenblatt zu uns stieß, und nach Les Baux – und dann nach Carcassonne. Sowohl Luther als auch Louise waren ganz erfüllt von ihrem Jahr in Frankreich. Ich war noch mit meiner Forschungsreise beschäftigt und fand es schwierig, davon mit derselben Intensität zu berichten wie in den Gesprächen auf dem Schiff, zumal meine Begleiter andere Gedanken beschäftigten. Trotzdem werde ich diese Tage nie vergessen. Schließlich entschied ich mich in Carcassonne wieder für Luther.

Von Südfrankreich aus fuhren wir nach Paris, wohin Ruth von Schweden aus kam und viele andere Freunde ihre Ferien verbrachten. Aber Luther konnte nicht bei uns in Paris bleiben. Er hatte nun sein geistliches Amt endgültig aufgegeben, und ihm war eine Dozentenstelle am City College angeboten worden, wo er schon früher unterrichtet hatte. Jetzt mußte er nach Hause zurückfahren, um sich auf seine Lehrtätigkeit vorzubereiten. Und mitten in unseren Gesprächen, als wir noch Neuigkeiten austauschten, uns gegenseitig in Cafés suchten und im Theater *The Captative* und *The Dybbuk* sahen, kam Reo aus England an, entschlossen, mich umzustimmen.

Schließlich fuhr ich nach Rom, wo ich mich erneut mit Ruth traf. Sie hatte einen unglücklichen Sommer hinter sich. Einen Teil davon war sie allein gewesen, und sie fühlte sich tief deprimiert. Aber sie hatte ihr Haar schneiden lassen und kam mir mit einem Silberhelm aus weißem Haar entgegen – ihre frühere Schönheit war wiederhergestellt. Wir verbrachten eine Woche zusammen in Rom. Als wir an Keats Grab saßen, wurden wir im protestantischen Friedhof eingeschlossen und mußten eine Glocke läuten, die speziell für solche Besucher angebracht war, die nach Sonnenuntergang noch weiter im Friedhof herumgingen. Beim Amerikanisten-Kongreß ertönte eine Fanfare für Mussolini, und die versammelten Wissenschaftler wurden eher nüchtern und zurückhaltend begrüßt.

Ich sollte Reo in Paris wiedertreffen, aber ein Eisenbahntunnel war gesperrt, und als wir am Morgen aufwachten, war unser Zug immer noch in Italien. Aber Reo kam, um sich am Schiff von mir zu verabschieden. Zehn Tage auf diesem langsamen Schiff, und wir waren in New York. Alle meine Collegefreunde waren zum Empfang am Kai erschienen, und ich wurde mit Neuigkeiten überschüttet. Léonie war sehr unglücklich gewesen, Pelham hatte sich verliebt, Luther hatte eine neue Wohnung gefunden. Ohne Übergang stürzte ich mich in meine erste Stelle als Assistenz-Konservator in der ethnologischen Abteilung des American Museum of Natural History.

Aber es hatte sich vieles geändert. Meine Reise war etwas Exotisches und alle Leute wollten darüber hören, während Luther in Europa gewesen war –

wie jedermann. «Glaubst du, ich werde so ein Fall wie der Ehemann von Mrs. Browning?» fragte er gutmütig, als wir von einer Party nach Hause kamen, die Mrs. Ogburn für mich gegeben hatte und auf der sie mich gefragt hatte: «Aber haben sie denn Tischmanieren?» und ich geantwortet hatte: «Sie haben Fingerschalen, Mrs. Ogburn.»

Es war ein seltsamer Winter. Luther lehrte Ethnologie, und das hieß, daß er mich beim Frühstück ausfragte. Aber wir hatten in der Erwartung geheiratet, gemeinsam im Rahmen der Kirche mit Menschen tätig zu sein. Das war nun vorbei und damit auch viel von dem Gefühl, das ein gemeinsames Ziel vermittelt. Mein neuer Job ließ mir Zeit zum Schreiben, und ich beendete *Coming of Age in Samoa* bis auf die beiden letzten Kapitel, in denen ich das, was ich herausgefunden hatte, mit dem Leben in Amerika in Verbindung brachte. Mit der Hilfe des Neuseeland-Spezialisten H. D. Skinner, der gerade in New York zu Besuch war, begann ich außerdem, die Maori-Sammlung neu zu ordnen.

Reo studierte in Cambridge offiziell Psychologie, aber es fiel ihm schwer, zu den Männern, unter denen er arbeitete, F. C. Bartlett und John T. McCurdy, ein Verhältnis zu finden. In Cambridge lernte er auch den Professor für Ethnologie, A. C. Haddon, kennen und dachte daran, zur Ethnologie überzuwechseln und in Neuguinea zu arbeiten. Er schrieb mir: «Haddon ist sehr freundlich zu mir, aber er hat Gregory Bateson sein Moskitonetz geschenkt» – und da hörte ich Gregorys Namen zum erstenmal. Schließlich bekam Reo von den Verwaltern seines neuseeländischen Stipendiums die Erlaubnis, den Rest des bewilligten Geldes für die Publikation seiner kürzlich abgeschlossenen Studie über Träume, *The Mind in Sleep*, zu verwenden, auf die keinerlei Echo aus wissenschaftlichen Kreisen kam, da sie subventioniert worden war und damit als kommerzielle Publikation galt. Er hatte sich entschlossen, aus Cambridge wegzugehen, und hoffte, durch A. R. Radcliffe-Brown eine Studienbeihilfe für Ethnologie zu bekommen, der gerade ein sehr lebendiges Forschungszentrum an der University of Sydney in Australien aufbaute. Das alles stand in seinen Briefen, und unsere Korrespondenz war durchsetzt von Gedichten, die wir uns schrieben.

Auch das Bild, das ich mir von meiner eigenen Zukunft gemacht hatte, änderte sich. Luther und ich hatten immer geplant, eine Menge Kinder zu bekommen – ich dachte an sechs. Wir hatten vorgehabt, ein sehr einfaches Leben in einem Pfarrhaus auf dem Land zu führen, mit einer Gemeinde, die uns brauchte, und einem Haus voll eigener Kinder. Ich war sicher, er würde ein guter Vater sein. Aber in jenem Herbst sagte mir ein Gynäkologe, daß ich niemals Kinder bekommen könnte. Ich hatte einen geknickten Uterus, und das konnte man nicht korrigieren; mir wurde gesagt, wenn ich versuchen würde, ein Kind zu bekommen, würde ich immer sehr bald eine Fehlgeburt haben. Das veränderte das ganze Bild, das ich mir von der Zukunft gemacht hatte. Ich hatte immer angenommen, daß ich mein Berufsleben einmal dem Leben als Frau und Mutter anpassen würde. Aber wenn ich keine Kinder haben konnte, schien es sinnvoller, eine berufliche Partnerschaft in der Feldforschung mit Reo einzugehen, der sehr aktiv an den Problemen interessiert war, über die ich mir Gedanken machte, als Luther in seiner Karriere als Soziologiedozent zu unterstützen. (Tatsächlich wurde er später ein erstklassiger Archäologe, weil er auf diesem Gebiet all seine körperlichen Fähigkeiten wie auch seine Sensibilität einsetzen konnte. Aber das war später.) Einer der Hauptgründe, warum ich Reo nicht heiraten wollte, war mein Gefühl, er würde nicht die Art von Vater sein, die ich mir für meine Kinder wünschte. Aber wenn es keine Kinder gab . . .

Im Frühling schrieb mir Reo, er habe ein Stipendium des Australian National Research Council bekommen, um Feldforschung zu betreiben, und gehe nach Sydney. Ich willigte ein, ihn in Deutschland zu treffen, wo ich die ozeanischen Sammlungen studieren wollte. Unser Treffen im Sommer verlief stürmisch, aber Reo war voll aufregender Ideen, und als wir uns trennten, hatte ich eingewilligt, ihn zu heiraten.

Ich fuhr zurück nach New York, um mich von Luther zu verabschieden. Wir verbrachten eine ruhige Woche zusammen, unbeeinträchtigt von Vorwürfen oder Schuldgefühlen. Am Ende dieser Woche fuhr er nach England, um das Mädchen zu besuchen, das er später heiratete und das die Mutter seiner Tochter wurde.

Ich zog mit drei College-Freundinnen zusammen. Wir verbrachten einen herzlichen, aber schwierigen Winter zusammen, in dem sich alle drei mit verschiedenen Formen von Liebeskummer herumquälten. Ich war weiterhin an Träumen interessiert, und Léonie erzählte uns ihre Träume, aus denen später Gedichte wurden. In diesem Winter bewarb sie sich für ein Guggenheim-Stipendium, und ich bestand darauf, daß sie in ihrem Antrag die Tatsache erwähnte, daß sie sämtliche Seminare ihres Studiums mit der besten Note abgeschlossen hatte. Als sie zum Interview mit Henry Allen Moe ging, der die Guggenheimstiftung für viele Jahre leitete, sagte er doch tatsächlich: «Ich war so beeindruckt –» in einem Tonfall, daß sie erwartete, er würde fortfahren: «von Ihrem wunderbaren Gedicht ‹Homecoming›», denn das war das Gedicht, das am ehesten zu einem solchen Tonfall verleiten konnte, aber er seufzte: «von Ihren herrlichen akademischen Leistungen!» Ich hatte das Gefühl, ich begänne diese Kultur allmählich richtig zu verstehen.

Coming of Age wurde zur Veröffentlichung angenommen. Ich hatte zwei Kapitel hinzugefügt, die auf Vorträgen basierten, die ich in einem Club berufstätiger junger Frauen gehalten hatte, wo sich mir die Möglichkeit bot, meine Gedanken vor einem gemischten Publikum zu testen. Im selben Winter schrieb ich *Social Organization of Manu'a,* eine ethnographische Monographie, die für ein Fachpublikum bestimmt war. Im Museum wurden für das Turmzimmer neue Schaukästen angefertigt, in denen ich die Maori-Sammlung unterbrachte, und ich schrieb einen kleinen Führer dazu. Das gab mir das Gefühl, einen ganz ordentlichen Anfang als Museumskonservator gemacht zu haben.

Die schwierigste Aufgabe für mich war, Geld aufzutreiben, damit ich nach unserer Heirat nach Neuguinea fahren konnte, um dort mit Reo zu arbeiten. Solche ethnologischen Rendezvous sind so schwer zu arrangieren wie die Begegnungen getrennter Liebender in den Sagen. Jeder muß separat Gelder aus andern Quellen organisieren und sein Leben so einrichten, daß er zur selben Zeit im selben Teil der Welt mit wissenschaftlichen Aufträgen auftaucht, die es vernünftig erscheinen lassen, zusammen am selben Ort zu arbeiten. Es gehört schon eine Menge Taktik dazu. Reo hatte schon auf Grund seiner Berichte aus Dobu ein zweites Forschungsjahr zugesagt bekommen. Jetzt lag es an mir.

Beim Lesen von Freud, Lévy-Bruhl und Piaget, die alle annahmen, daß Primitive und Kinder sehr vieles gemeinsam hätten – und Freud fügte hinzu, sowohl Kinder wie Primitive glichen Neurotikern –, hatte ich angefangen, mich für das Problem zu interessieren, wie wohl primitive *Kinder* wären, wenn primitive *Erwachsene* in ihrem Denken unseren Kindern ähnelten. Das war eine naheliegende Frage, aber noch niemand hatte sie aufgeworfen. Während ich mich mit dem Problem herumschlug, wie man Freudsche Hypothesen auf das Verhalten der Primitiven anwenden könne, schrieb ich zwei Artikel, «An Ethnologist's Footnote to Totem and Taboo» und «A Lapse of Animism among a Primitive People», ein Aufsatz, in dem ich die Tatsache diskutierte, daß die Art von prälogischem Denken, von dem Lévy-Bruhl und Freud sprachen, bei den Samoanern, die ich studiert hatte, nicht vorkam. Das war ein Thema, dem ich im Feld nachgehen wollte, und ich beantragte ein Forschungsstipendium, um «das Denken des Vorschulkindes» auf den Admiralitätsinseln zu studieren, die Radcliffe-Brown als Ort für unsere Feldforschung vorgeschlagen hatte. Der Ausdruck «Vorschulkind» klang sehr seltsam, wenn er auf Kinder einer primitiven Volksgruppe ohne Schulen angewendet wurde, aber das war die modische Art, sich auf Kinder unter fünf zu beziehen.

Um Reo heiraten zu können, mußte ich mich scheiden lassen, ein Stipendium bekommen und außerdem die Erlaubnis von Goddard erhalten, mich ein Jahr lang vom Museum beurlauben zu lassen. Als ich ihm anvertraute, daß da auch eine Liebesgeschichte mitspiele, unterstützte er meine Pläne sehr entgegenkommend. Zusätzlich mußte ich mich für die Reise vorbereiten. Unter anderem bedeutete das, eine Testbatterie und Spielsachen für meine Arbeit mit Kindern zusammenzustellen, was ich von Grund auf neu konzipieren mußte, da es keine Vorbilder gab, auf die ich mich beziehen konnte.

Auch in anderer Hinsicht war es ein schwieriger Winter. Meine ganzen Freunde wußten, daß ich vorhatte, Reo zu heiraten, aber Luther wollte nicht, daß auch nur irgend jemand erfuhr, daß auch er sich wieder verheiratete. Ich sah ihn regelmäßig und sprach mit ihm über seine Pläne. Das schockierte meinen Vater, der die in früheren Generationen so übliche Meinung vertrat, es sei abstoßend – fast wie Inzest –, wenn ein Ehepaar, das sich scheiden lassen wollte, Zeit zusammen verbrachte. Es schockierte auch meine Freunde. Sie hatten das Gefühl, ich würde Luther ausnützen und mit seinen Gefühlen spielen, und es fiel mir sehr schwer, eine Situation durchzustehen, die so völlig falsch verstanden wurde. Das einzige, was mir dabei half, war das Bewußtsein, daß am Ende jeder die Wahrheit wissen würde.

Trotzdem fand ich es schwer auszuhalten, daß die meisten meiner Freunde mich der Herzlosigkeit bezichtigten, wenn ihr eigenes kompliziertes Leben ihnen Zeit dazu ließ. Deshalb war ich erleichtert, als unser gemeinsamer Haushalt, der am Ende aus fünf Personen bestand, im Juni aufgelöst wurde. Ruth hielt in jenem Jahr Sommerkurse ab und zog zu mir. Am Ende des Sommers trat sie einen Forschungsaufenthalt an, und ich begann meine lange Reise nach Manus. Als ich wegfuhr, hatte ich nur einen Blindband meines ersten Buches gesehen, und es dauerte Monate, bevor ich erfuhr, daß daraus ein Bestseller geworden war.

13
Manus: Die Gedanken von Kindern in einer primitiven Gesellschaft

Wir hatten vorgehabt, in Sydney zu heiraten. Aber während ich auf dem Weg war, wurde Reo in Reaktion auf Radcliffe-Brown, der ständig seinem Zweifel an meinen Heiratsabsichten Ausdruck gab, unruhig und änderte seinen Plan. Als mein Schiff in Auckland, Neuseeland, anlegte, erschien er an Bord und verkündete, wir würden noch am gleichen Tag heiraten. Es war kein Ehering zu bekommen, der eng genug war, und wir bekamen gerade noch rechtzeitig einen geändert, bevor das Standesamt schloß, und im letzten Moment erreichten wir noch das Schiff. Also kamen wir in Sydney an und stellten Radcliffe-Brown vor eine vollendete Tatsache.

Es war entschieden worden, daß wir auf den Admiralitäts-Inseln bei dem Volk der Manus arbeiten sollten, weil in diesem Gebiet noch kein moderner Ethnograph geforscht hatte. Was mich anging, so wollte ich einfach mit einem melanesischen Volk arbeiten, um mehr Erfahrungen für die Museumsarbeit zu sammeln, und erforschen, inwiefern sich primitive Erwachsene, die angeblich wie zivilisierte Kinder dachten, von primitiven Kindern unterschieden. Reo hatte mit einem Mann gesprochen, der Regierungsbeamter in Manus gewesen war und Reo geraten hatte, mit dem Seefahrervolk vor der Südküste von Manus zu arbeiten, da das Leben dort so viel angenehmer sei. Wir fanden ein paar alte Manus-Texte, die ein deutscher Missionar gesammelt hatte, und eine kurze Beschreibung des Volkes aus der Feder des deutschen Forschungsreisenden Richard Parkinson. Das war alles, was wir wußten.

Als wir in Rabaul ankamen, damals die Hauptstadt des Mandatsgebiets von Neuguinea, wurden wir vom Ethnologen der Regierung, E. P. W. Chinnery, abgeholt, der anbot, uns einen Schuljungen aus Manus auszuleihen, der uns mit der Sprache helfen konnte. Bonyalo war ganz und gar nicht glücklich darüber, daß er nach Manus zurückgeschickt wurde, aber er hatte keine andere Wahl. Von Rabaul fuhren wir nach Manus, Bonyalo im Schlepptau, und waren zehn Tage lang Gäste des Bezirksbeamten, während Vorbereitungen getroffen wurden, daß wir in einem Dorf wohnen konnten. Zufälligerweise hörten wir, daß Manuwai, ein anderer Junge aus Bonyalos Dorf, gerade seine Arbeitszeit beendete. Reo suchte ihn auf und stellte ihn an. Jetzt hatten wir zwei Jungen aus demselben Dorf, aus Peri, und wir entschlossen uns, dort zu arbeiten. Vierzig Jahre später erzählte Manuwai immer noch gern, wie erstaunt er gewesen sei, als der fremde junge weiße Mann auftauchte und ihn in seiner Heimatsprache ansprach.

Es war vereinbart, daß der ranghöchste Mann der Südküste uns und unser Gepäck in einem großen Kanu nach Peri bringen würde. Die Seereise, die am frühen Morgen begann, dauerte bis Mitternacht, und wir trafen sehr hungrig – denn Reo hatte darauf bestanden, kein Essen mitzunehmen, weil das die Manus kränken würde – in dem stillen, vom Mond beschienenen Dorf ein. Die kuppelförmigen Häuser standen hoch auf Pfählen in der seichten Lagune zwischen winzigen, mit Palmen bewachsenen Inseln. Die Hauptinsel – Manus – war ein dunkler Schatten in der Ferne.

Mein erster Vierteljahresbericht für New York war fällig, und deshalb arbeiteten wir an diesem ersten Tag sehr schnell und fotografierten die Leute – die Männer mit ihren zu Knoten aufgesteckten Haaren, ihre mit perlenverzierten Bändern aus Paraminium-Gummi geschmückten Arme und Beine, und die Frauen mit ihren rasierten Köpfen und ihren verlängerten Ohrläppchen, die um Hals und Arme das Haar und die Knochen der Toten trugen. Die Lagune in der Mitte war voll von Kanus, in denen Leute mit frischen und geräucherten Fischen unterwegs waren, um sie auf dem Markt gegen Taro, Betelnüsse, Bananen und Pfefferblätter einzuhandeln. Wir fanden heraus, daß die Manus ein Handelsvolk waren, dessen ganzes Leben sich um Tauschgeschäfte drehte – Tauschgeschäfte auf Märkten mit den Völkern entfernter Inseln, wobei es um große Objekte wie Baumstämme und Schildkröten ging, und Tauschgeschäfte untereinander, die vor allem bei Eheschließungen nötig wurden, wobei unzerstörbare Werte – Hundezähne, Muschelgeld und in letzter Zeit auch Perlen – gegen Essen und Kleidung getauscht wurden.

So begann der beste Forschungsaufenthalt, den wir jemals erlebten. Reos Dobuaner waren eine finstere Horde von Zauberern gewesen; jeder Mann erhob dort die Hand gegen seinen engsten Nachbarn, und jeder, der verheiratet war, lebte jedes zweite Jahr mit Verwandten zusammen, die feindlich und gefährlich waren. Deshalb war Reo sehr froh über unser neues Volk, das so viel offener und gar nicht mißtrauisch war. Aber er brauchte lange, bis er glauben konnte, daß sie uns keine furchterregenden Geheimnisse vorenthielten. Einmal arbeiteten wir an entgegengesetzten Enden eines Hauses – ich mit den Frauen, die sich um einen Toten versammelt hatten, und Reo mit den Männern. Stoßweise kamen Kanu-Ladungen mit Trauernden an, rannten das Haus entlang und warfen sich auf den Toten. Der Boden des Pfahlhauses bebte gefährlich und die Frauen flehten mich an zu gehen; sie fürchteten, daß der Hausboden jeden Augenblick einbrechen könnte und wir alle ins Meer fallen würden. Ich schickte Reo einen Zettel und schrieb ihm darauf, was sie vorschlugen. Er schrieb zurück: «Bleib, wo du bist. Sie haben vielleicht etwas vor, was du nicht sehen sollst.» Also weigerte ich mich, zu gehen. Schließlich verlegten die Leute, die an meine Sicherheit und an sonst nichts gedacht hatten, das Trauerritual in ein anderes Haus, wo ich in Sicherheit sein würde.

Jeder von uns hatte bereits eine ozeanische Sprache gelernt, und jetzt erarbeiteten wir uns zusammen die Manus-Sprache. Unser erster Informant war Bonyalo, der Schuljunge, der uns von der Regierung in Rabaul ausgeliehen worden war und der etwas – sehr wenig – Englisch sprach. Keiner von uns beiden sprach Pidgin-Englisch, die Verkehrssprache in diesem Gebiet, und so mußten wir zugleich Pidgin-Englisch lernen, während wir Manus lernten, eine umständliche Sache. Als Bonyalo, der unglaublich schwer von Begriff war, nicht erklären konnte, was *mwelmwel* bedeutet – es war tatsächlich ein gesamter, teurer Brautschmuck aus Muschelgeld und Hundezähnen –, trug Reo ihm auf, wegzugehen und eins davon zu holen, was immer es war. Ich höre immer noch, wie Bonyalo aufs äußerste überrascht fragte: «Kis em along whosat?», so wie einer von uns antworten würde, wenn ihm aufgetragen worden wäre, eine ganze Schlafzimmereinrichtung herbeizubringen, um eine grammatikalische Wendung zu erklären.

Mich überraschte es, in wievieler Hinsicht die Manus weniger angenehm waren als die Samoaner; Reo dagegen war überrascht, daß sie so sehr viel angenehmer waren als die Dobuaner. Und keiner von uns identifizierte sich mit ihnen. Sie waren ein puritanisches, materialistisches, ehrgeiziges Volk. Erbarmungslos wurden sie von Geister-Ratgebern verfolgt, die sie für das kleinste sexuelle Fehlverhalten bestraften, wie zum Beispiel dafür, daß man aus Versehen an einen Vertreter des anderen Geschlechts stieß, wenn ein Hausboden zusammenbrach, oder für Geschwätzigkeit, wenn etwa zwei Frauen über ihre Männer redeten. Die Geister straften die Menschen, wenn sie ihren zahllosen ökonomischen Pflichten nicht nachkamen; und wenn sie ihnen nachkamen, dafür, daß sie sich keine neuen auferlegten. Das Leben glich bei den Manus dem Versuch, eine abwärts fahrende Rolltreppe hinauflaufen zu wollen. Die Männer starben früh; sie lebten nicht lang genug, um die Geburt der Kinder ihrer Söhne mitzuerleben. Sie tolerierten uns, solange wir etwas besaßen, was sie wollten, und zeigten sogar hin und wieder eine gewisse Sorge um unser Wohlergehen. Aber das ging nicht so weit, daß sie uns Fisch verkauft hätten, als uns der Tabak zum Handeln ausgegangen war. Die Beziehung zwischen ihnen und uns war tatsächlich sehr utilitaristisch. Die Kinder waren reizend, aber ich hatte stets die Art von Erwachsenen vor Augen, die sie bald sein würden.

In Manus verfingen wir uns nicht in jener Art von Parteinahme, die aus dem guten oder schlechten Zusammenwirken unterschiedlicher Temperamente entsteht und die bei unserer späteren Feldforschungsarbeit eine so wichtige Rolle spielte. Wir konkurrierten ziemlich fair miteinander. Reos Hauptinformant war Pokanau, ein menschenfeindlicher Intellektueller, der mich, als ich fünfundzwanzig Jahre später zurückkam, anknurrte, «was willst du hier? Warum kommst du statt Moeyap?» Mir stand Lalinge zur Verfügung, Pokanaus größter Rivale. Die gefährdete Situation einer Frau im Dorf, die sich an niemand als an ihren Mann wenden konnte, entsetzte ihn, und er stellte sich mir als Bruder zur Verfügung, damit ich jemanden hätte, zu dem ich laufen könnte, wenn Reo mich verhauen würde. Als wir Artefakte kauften – Reo für das Museum von Sydney und ich für das American Museum for Natural History – genoß jeder die Rivalität, die aufkam, wenn wir ausmachten, welches Stück auf welchen Stapel käme. Aber die Manus sind kein bösartiges Volk, und der in Neuguinea übliche Stil, daß Diener den Hausherrn und die Hausfrau gegeneinander ausspielten, war weniger deutlich als auf anderen, späteren Reisen. Vielleicht nur deswegen, weil alle unsere Mitarbeiter unter vierzehn Jahren waren. Ältere Jungen um uns zu haben, fand ich zu kompliziert, und deshalb hatten wir eine Art Kindergarten-Kochhaus, das hin und wieder von Kämpfen belebt wurde, in deren Verlauf unser Abendessen ins Meer flog.

Es war ein hartes, arbeitsames Leben, fast ohne Vergnügungen. Reo hielt es für Zeitverschwendung, Brot zu backen, also hatten wir kein Brot. Unsere Hauptnahrung bestand aus geräuchertem Fisch und Taro. Einmal brachte uns jemand ein Huhn, das ich briet und in die Speisekammer stellte, aber ein Hund brach ein und stahl es. Und einmal öffnete ich unsere einzige kostbare Büchse mit Vorspeisen, weil sich der Kapitän eines Handelsschiffes zum Abendessen angesagt hatte, aber dann kam die Flut und er fuhr davon. Beide hatten wir Anfälle von Malaria. Um die ständigen lästigen Bitten der Kinder um Zigaretten zu verhindern, sagte ich, daß ich nicht rauchte – Reo rauchte Pfeife –, und nur spät abends, wenn das Dorf schlief, rauchte ich manchmal eine Zigarette und fühlte mich dabei wie ein unartiges Schulmädchen. Als unsere Feldbetten zusammenbrachen, mußten wir sie durch «Neuguinea-Betten» ersetzen – Rollen von schwerem Stoff, durch die Stäbe liefen, die an beiden Enden an querstehenden Stöcken befestigt waren. Unweigerlich sacken diese Betten in der Mitte durch, bis man sich fühlt, als schliefe man in einem engen Schlafsack.

Aber unsere Arbeit machte uns Spaß, und Reo baute das aus, was ich später als Ereignis-Analyse (event analysis) bezeichnete – eine Methode, bei der man seine Beobachtungen nach den wichtigsten Ereignissen im Dorf ordnet. Ein freundlicher Wettbewerb zwischen uns in bezug auf die Gebiete, auf denen wir arbeiteten, und die Arbeitsmethoden, die wir benutzten, belebte die sonst ausgesprochene dürre Arbeitsatmosphäre. Obwohl die Lagunen heutige Besucher wegen ihrer tropischen Schönheit begeistern, teilten wir die lokalen Ansichten darüber. Das Riff stellte eine ständige Bedrohung dar. Die entfernten Berge auf der Hauptinsel sahen düster und feindlich aus, entweder wegen der Geister und Gespenster, an die die Leute glaubten, oder wegen der unwirschen Menschen, die dort wohnten. Nachts war das Dorf weder ein Ort, an dem getanzt und gesungen wurde wie in Samoa, noch ein Ort, wo Hexerei umging, wie in Dobu. Es war ein Ort, an dem moralistische und rachsüchtige Geister Übeltäter niederschlugen und ein Haushalt sich am anderen rächte. Mädchen wurden strikt im Haus gehalten, und Kanus voller Jungen und junger Männer, die noch nicht heiraten konnten, weil die wirtschaftlichen Forderungen ihrer Heiratsverträge noch nicht erfüllt waren, paddelten ziellos im Dorf herum, schlugen Gongs oder planten wegzulaufen, um für den weißen Mann zu arbeiten.

Reo konzentrierte sich auf Texte, als er Pokanau erst einmal darauf trainiert hatte, ihm eine Zusammenfassung des Treffens der vergangenen Nacht zu diktieren. Er schrieb alles mit der Hand, und fünfundzwanzig Jahre später lobte Pokanau begeistert, daß ich es gelernt hatte, Pidgin-Englisch auf der Schreibmaschine zu schreiben. «Viel besser, als auf Moeyaps Feder zu warten», kommentierte er. «Jetzt kann ich alles sagen.» Dieses «alles» bedeutete nichts als eine unglaubliche Anzahl von Wiederholungen, die bestimmt sogar Reos unbezähmbaren Fleiß hätten zusammenbrechen lassen, wenn er das alles mit der Hand hätte mitschreiben müssen.

Da wir keine Möglichkeit hatten zu überprüfen, ob es mit der Darstellung auch nur kurz zurückliegender historischer Ereignisse seine Richtigkeit hatte, gingen wir nicht weit in die Vergangenheit zurück. Als ich 1953 wieder hinkam, überprüfte ich alles – die Stellung der Häuser und die Grenzen ökonomischer Territorien, so wie sie 1928 bestanden hatten

– und fand heraus, daß die Erinnerungen der Manus dermaßen genau waren, daß es möglich schien, weitere fünfundzwanzig Jahre zurückzugehen und noch mehr Geschichte einzubeziehen. Aber wenn man nicht viel Zeit hat, gibt es keine Möglichkeit, die Genauigkeit der Geschichten nachzuprüfen, die ein Volk erzählt, das keine schriftlichen Zeugnisse besitzt.

1953 frischten die Manus und ich gemeinsam die Erinnerungen an unseren ersten Aufenthalt im Dorf auf: wie Moeyap einen großen Riß in Ngaleaps Knie genäht hatte; wie wir Master Kramers kleines Boot gechartert und die Inseln Lou und Balowan besucht hatten; wie die Einwohner auf Lou uns in einem schäbigen, undichten Haus schlafen lassen wollten; und wie unsere kleinen Jungen zurückgekommen waren und mit anzüglicher Freude balowanische Obszönitäten sangen. Dieses beharrliche Aufgreifen von Augenblickssituationen, die sie sofort in ein Lied einbetten, ist ganz bezeichnend für die Kinder in Neuguinea. 1953 sangen die ganz kleinen Jungen, wenn sie mich trafen: «Aua nat e jo um e jo lau we?» – Meine kleinen Jungen, wo ist mein Haus? Das war ein Satz, den ich ihnen gegenüber einmal vielleicht mit besonderem Nachdruck benutzt hatte.

Unsere Forschungsarbeit ging stetig voran. Im Juni 1929, nach einem halben Jahr in Manus, waren wir ziemlich zufrieden mit dem Material, das wir gesammelt hatten. Die Manus waren – und sind immer noch – ein Fischervolk. Ihr Leben bewegt sich in monatlichen Zyklen. Zunächst warten sie darauf, daß die Fische über das Riff kommen; dann folgt eine Periode intensiver Arbeit, in der sie fischen und den Fang einbringen. Ihr Lebensrhythmus ist sehr verschieden von dem eines Bauernvolkes, für das es wesentlich ist, den ganzen Jahreszyklus von der Saatzeit über die Ernte bis zur «hungrigen Zeit» zu beobachten, in der die Leute manchmal versucht sind, ihr gespeichertes Saatgut zu essen.

Wir hatten den Tod beobachtet, und ohne einen Todesfall miterlebt zu haben, kann man nicht behaupten, daß man viel über ein Volk weiß. Manuwai, unser sehr eitler, gutaussehender Koch, hatte seine Ohren in einem großen feierlichen Ritual durchstechen lassen. Kiteni, ein junges Mädchen, war in die Pubertät gekommen, und ich hatte teilgenommen an dem einen Monat dauernden Festessen, das dieses große Ereignis kennzeichnete. Als Andenken behielt sie – ganz ähnlich wie junge Mädchen Fotos von ihrem Debütantinnenball aufheben – ein hübsches Bündel von Fischskeletten, von all den Fischen, die gefangen worden waren, um sie und ihre Freundinnen zu verköstigen. Wir hatten unzählige Transaktionen von Hundezähnen und Muschelgeld gezählt und beschrieben, und die Leute sagten: «Jetzt brauchen wir uns nicht mehr zu streiten, der Piyap kann alles aufschreiben.» Hauptsächlich aus diesem Grund wollten sie, nachdem sie noch ein paar große Feste gefeiert hatten, die katholische Mission bei sich zulassen, denn dann konnten sie selbst lernen, schriftlich Buch zu führen.

Ich hatte eine große Menge von Material gesammelt; das wichtigste davon waren 35 000 Kinderzeichnungen. Denn als ich entgegen allen Erwartungen herausfand, daß diese «primitiven Kinder» keine Spur des verspielten Animismus unserer eigenen Kinder zeigten, die den Mann im Mond zeichnen und Häuser mit Gesichtern, wurde es notwendig, sehr viel Material zu sammeln. Das ist eines der Probleme der Feldforschung. Solange man nach etwas Bestimmtem sucht – kennen die Leute zum Beispiel eine Zeremonie, die die Pubertät eines Mädchens markiert? –, ist es nur notwendig, hinzuschauen und über eine solche Zeremonie in allen Einzelheiten zu schreiben, um bestätigen zu können, daß sie so eine Zeremonie besitzen, und berichten zu können, was während der Zeremonie geschieht. Es werden sich natürlich viele Variationen finden, die von tausenderlei Dingen abhängen – ob der Vater des Mädchens wohlhabend ist oder arm, ob sie Schwestern hat, ob sie die Älteste ist, und in Manus auch davon, wie viele Tanten sie hat, denn die müssen in einer bestimmten Zeremonie dargestellt werden, während der das Mädchen kurz ins Meer getaucht wird. Aber wenn man erst einmal eine solche Zeremonie beschrieben hat, können sehr viele Einzelheiten von der Kenntnis anderer Teile der Kultur her ergänzt werden.

Ein vergleichbares Beispiel wäre ein genauer Bericht über die Studienabschlußfeiern in den Vereinigten Staaten, vielleicht im Jahr 1970, als es unsicher und nervös auf den Universitätsgeländen zuging. Wenn das allgemeine Verhaltensmuster bekannt war – die Kappen und Talare, die prozessionsartige Musik, die öffentlichen Auszeichnungen und der ganz besondere Eröffnungsredner, die lange Reihe der Studenten, die langsam nach vorne kamen, um ihre Diplome abzuholen, und die Verwandten, die aus dem Publikum heraustraten, um ihre Söhne und Töchter zu fotografieren – dann konnten alle speziellen Abwandlungen, die für die Feiern in diesem Jahr bezeichnend waren, in das bekannte Verhaltensmuster eingefügt werden. Ob die Studenten sich geweigert hatten, Kappen und Talare zu tragen, oder die Fakultätsmitglieder sich geweigert hatten, der Feier beizuwohnen, weil sich die Studenten geweigert hatten, Kappen und Talare zu tragen, oder die Studenten schlechtgelaunt eingewilligt hatten, Kappen und Talare zu tragen, oder das Gerücht umging, alle Kandidaten würden unter ihren Talaren nackt sein – all das konnte als signifikante Abwandlung eines Brauches behandelt werden. Ob die College-Hymne gesungen wurde, oder nicht gesungen wurde, oder ironisch gesungen wurde, so war doch die übliche Einbeziehung der Hymne Teil des Ganzen. Deshalb sind relativ leicht solche Verhaltensmuster zu studieren, die aktiv und positiv sind und Vorgänge beinhalten, die fotografiert und auf Tonband aufgenommen werden können – die sogar ohne die Anwesenheit eines auswählenden Ethnologen fotografiert und auf Tonband aufgenommen werden können.

Sehr viel schwieriger ist es in der ethnologischen Forschung, mit einem negativen Fall umzugehen – zum Beispiel zu studieren, was bei einem Volk vorgeht, das dem Eintritt eines Mädchens in die Pubertät keinerlei formelle Beachtung schenkt. Denn unklare Verhaltensmuster, die den Platz von klaren Zeremonien und Ritualen einnehmen, lassen sich sehr viel schwerer beobachten.

Genauso ist es selten nötig, mehr als etwa hundert Zeichnungen zu sammeln, um aufzuzeigen, daß Kinder menschliche Wesen im gleichen Stil wie ihre Eltern zeichnen. Aber wenn ihre Eltern überhaupt keine menschlichen Wesen zeichnen, braucht man Tausende von Zeichnungen, um zu zeigen, was die Kinder, die keinerlei positive Schulung erhalten haben, machen, wenn sie gebeten werden, ein menschliches Wesen zu zeichnen. Von den Arapesh, den Iatmul und den Balinesen habe ich kleine, aber ausreichende Sammlungen von Kinderzeichnungen. In jedem Fall war der Stil der Kinderzeichnungen und der der Erwachsenenzeichnungen derselbe – Strichfiguren bei den Arapesh, stilisierte Zeichnungen bei den Iatmul und bei den Balinesen lebhafte Kopien der Schattenspielpuppen, die die Jungen machten, und menschliche Figuren aus einer Art Zuckerwerk, die die Mädchen herstellten. Aber als ich herausfand, daß die Kinder in Manus die Welt viel weniger mit Leben erfüllt als ihre Eltern sahen und nur die allervorsichtigsten Darstellungen von realen Dingen zeichneten, mußte ich immer weiter sammeln, bis ich schließlich entschied, 35 000 Beispiele seien genug. Und fünfundzwanzig Jahre später, als ich erwachsene Männer um Zeichnungen bat – die Männer, die als kleine Jungen für mich Tag für Tag mit offensichtlichem Vergnügen Zeichnungen angefertigt hatten, aber nach meinem Weggang nie wieder –, kopierten sie ihre früheren individuellen Versionen des Gruppenstils dermaßen getreu, daß ich jede davon aus dem Gedächtnis heraus hätte einordnen können.

Nach Beendigung unserer Feldforschung in Manus wollten wir in die Vereinigten Staaten fahren, wo Reo ein Stipendium für ein Promotionsstudium an der Columbia University erhalten hatte. Die Alternative wäre gewesen, nach Neuseeland zu gehen, wo ich, wie Reo meinte, meine Notizen von der Feldforschung ausarbeiten könne und er als ungelernter Arbeiter arbeiten würde. Ich war vernünftig genug, diese Art von umgekehrter Romantik nicht mitzumachen, obwohl ich, nachdem ich endlich gehört hatte, wie gut sich mein erstes Buch verkaufte, ahnte, wie ungemütlich für Reo das Leben in einem Land sein würde, in dem ich zu Hause und bereits bekannt war, er aber ein Fremder, der in England ein kleines, sehr spezialisiertes Buch veröffentlicht hatte, das niemand in Amerika gelesen hatte. Seine Arbeit über Dobu – die natürlich noch nicht veröffentlicht war, würde sein erstes ethnologisches Buch sein, und es klaffte eine furchtbare Lücke in seinem Material. Sein Fotoapparat war kaputtgegangen und war nicht so rechtzeitig repariert worden, daß er ihn benutzen konnte. Er hatte keine Fotografien, und ein ethnologisches Buch ohne Fotografien war fast undenkbar. Was tun?

Als wir in Rabaul ankamen und bei dem gastfreundlichen Richter Phillips, der viele Jahre lang unser zuverlässigster Stützpunkt in Neuguinea blieb, zu Mittag aßen, überlegten wir noch immer, ob es für uns möglich wäre, in Samarai vom Schiff zu gehen, wo ich im Hotel bleiben würde, während Reo diesmal mit einem funktionierenden Fotoapparat auf die winzige Insel Tewara fahren würde, um Fotos zu machen. Irgendwie kam das beim Mittagessen zur Sprache, und innerhalb weniger Minuten hatte Monty Phillips eine Lösung gefunden. Er suchte jemanden, der die Lebensgeschichte von Mrs. Parkinson, einer berühmten Pionierin, aufschreiben könnte. Sie war einem amerikanischen Abenteurer zum Opfer gefallen, der versprochen hatte, ihre Lebensgeschichte niederzuschreiben, und seine Familie monatelang bei ihr einquartiert hatte, dann aber verschwunden war, ohne auch nur ein Wort zu schreiben. Das war überhaupt die Gelegenheit. Ich konnte nach Sumsum fahren, auf Mrs. Parkinsons Plantage, und Reo konnte ohne viel Gepäck nach Dobu fahren. Wir hatten noch genau zwei Stunden, um zum Hafen zu gehen, die Kisten aus dem Laderaum des Schiffes zu holen und unser Gepäck umzusortieren. Zum Glück schafften wir es gerade. Obwohl die Sonne nur drei Tage lang schien während der sechs Wochen, die Reo in Dobu war, machte er genügend Fotos, um sein Buch zu illustrieren.

In der Zwischenzeit hörte ich mir die Geschichte von Phebe Parkinson an, einer der bedeutendsten Frauen ihrer Zeit. Ihr Vater war der Neffe eines Bischofs; er hatte in eine samoanische Familie hineingeheiratet und wurde amerikanischer Konsul in West-Samoa. 1881 war Phebe als junge Frau eines deutschen Ingenieurs und Forschers auf einem Segelschiff nach Neuguinea gekommen. Richard Parkinson war zusammen mit den kleinen Prinzen von Luxemburg erzogen worden und war immer sehr bedacht darauf, daß seine Kragen gesteift wurden und seine Suppe sehr heiß war. Was die kleine Phebe über die Welt wußte, hatte sie von den Nonnen gelernt, die sie erzogen hatten; ihre samoanischen Altersgenossen lachten darüber, daß sie einen Mann heiratete, der zwanzig Jahre älter war als sie und seine Zähne bei einem Reitunfall in Afrika verloren hatte.

Die Parkinsons waren eine der ersten Familien, die sich in New Britain niederließen, wo sie zusammen mit anderen samoanischen Verwandten, die sie herbrachten, Plantagen gründeten und große Ananasfelder für die deutsche Marine anlegten. Mrs. Parkinson und ihre großartige Schwester, «Königin» Emma, der eine Flotte von Dampfschiffen gehört hatte, die zwischen Neuguinea und San Franzisko hin und her gefahren waren, prägten den frühen Stil des Gesellschaftslebens im Territorium. Während Richard Parkinson den Besitz von Königin Emma verwaltete, fotografierte und sammelte er alles im Territorium; sein Buch *Dreißig Jahre in der Südsee*, das 1907 veröffentlicht wurde, gehört immer noch zu den Klassikern.

Nach Mrs. Parkinsons lebendigen Erzählungen konnte ich das frühe Gesellschaftsleben Stück für Stück rekonstruieren, was nur jemand machen konnte, der sowohl Samoa als auch Neuguinea kannte. Sie erklärte mir auch, wie die harte Strafe – in früheren Zeiten sogar die Todesstrafe – für ein adeliges samoanisches Mädchen, das bei der Verheiratung den Jungfräulichkeitstest nicht bestand, in die nachgiebige und anpassungsfähige samoanische Kultur gepaßt hatte. Ich hatte dieser Zeremonie nie beigewohnt, und immer hatte mich etwas daran gestört. Mrs. Parkinson sagte mir, daß nur die Mädchen getötet wurden, die unvorsichtig genug waren, den alten Frauen nicht vorher zu sagen, daß sie keine Jungfrauen mehr waren, damit die alten Frauen, die Wächterinnen der adeligen Ehre, Hühnerblut bereithalten konnten.

Sie beschrieb mir, wie sich das Leben im Territorium vor dem Ersten Weltkrieg unter wachsenden Spannungen geändert hatte, als die deutsche Kolonialgesellschaft kultivierter wurde und es nicht mehr ganz der Mode entsprach, Mischlingsfrauen zu umwerben. Dann brach der Krieg aus. Die australischen Soldaten kamen in ihren schweren, ungeeigneten Uniformen an und lungerten, erschlagen von der Hitze, in unmilitärischer Haltung herum. Mrs. Parkinson fuhr nur einmal nach Kokopo, schaute sich die Besatzungstruppen an, fragte: «Ist das der Krieg? Ist das eine Armee?» und fuhr wieder nach Hause. Aber es war eine schwere Zeit für sie, besonders als nach dem Krieg die typisch rassistische Einstellung der englisch sprechenden Völker die gemischte Herkunft der Gruppe von mutigen Frauen, die das frühe Neuguinea mit aufgebaut hatten, in den Vordergrund rückte. Im Alter mußte sie, um ihren Lebensunterhalt zu verdienen, Arbeitskräfte für die Plantagen vermitteln.

Es waren herrliche sechs Wochen, und durch das Leben in Sumsum bekam ich auch einen Eindruck davon, wie eine Plantage bewirtschaftet wurde. Ich interessierte mich sogar so sehr dafür, daß Mrs. Parkinson glaubte, mir warnend sagen zu müssen, ich sei nicht für diese Art Leben gemacht. Hier hörte ich erneut von dem «armen Mr. Bateson», der, als er mit dem Baining-Stamm hinter Sumsum gearbeitet hatte, «nicht richtig aß und diese furchtbaren tropischen Magengeschwüre bekam». Als ich wegfuhr, war ich klüger als vorher und besaß eine große Sammlung alter Fotografien sowie einen einmaligen Bericht über das Leben während der Übergangszeit zwischen der Erforschung Neuguineas und der Institutionalisierung des Kontakts mit westlichen Nationen. Später schrieb ich ein langes Kapitel über Mrs. Parkinson für *In the Company of Man*, ein Buch, in dem eine Gruppe von Ethnologen wichtige Informanten schilderte.

Reo kam in Samarai an Bord des Schiffs, und wir traten die lange Reise nach Hause an – über Hawaii, wo Reo sich über Mrs. Freer, die College-

Freundin meiner Mutter und Frau des ehemaligen Gouverneurs wunderte, weil sie uns für die Nacht nur ein Glas Wasser anbot, und dann weiter nach San Franzisko. Dort wohnten wir bei Dr. Jarvis, einem Arzt, der früher meine Mutter behandelt hatte und hinsichtlich seiner Diagnosen von fixen Ideen besessen war. In diesem Jahr nahm er an, daß die Stirnhöhlen für sämtliche Krankheiten verantwortlich seien, und behauptete steif und fest, meine ständigen Muskelschmerzen heilen zu können, die verschiedentlich schon mit Zahngeschichten, emotionalen Konflikten und Überarbeitung in Verbindung gebracht worden waren. Er operierte mich und erlaubte Reo, als interessierter Zuschauer dabeizusein, was sich als unklug herausstellte, da etwas schiefging und ich fast starb. Der letzte Teil der Reise quer durch die Vereinigten Staaten mit sechzehn Gepäckstücken – im Neuguinea-Stil gepackt, jedes Stück, Gewehr, Fotoapparat, Schreibmaschinen und Medizinkoffer extra – war ein Alptraum. Aber schließlich kamen wir in New York an und wurden von der Aufregung meiner Freunde gepackt, die mich davon informierten, daß ich als ethnologische Autorin bereits berühmt war, was ich vage geahnt, aber noch nicht ganz verstanden hatte.

14
Die Jahre zwischen Forschungsreisen

Mein Vater amüsierte sich immer über seine exotischen Schwiegersöhne, obwohl er sich manchmal etwas für sie genierte. Reo, der ohne Hut herumlief, mit einem leuchtenden Emmanuel-Schal um den Hals, einen Pullover unter der Jacke anstelle eines Mantels, trug stets einen schönen schwarzen, geschnitzten Spazierstock von den Trobriand-Inseln mit sich herum und war bei einem Sonntagsspaziergang in Philadelphia ein auffälliger Begleiter.

Von Anfang an gestaltete sich unser Leben in New York nicht einfach. Eine Wohnung war für uns gefunden worden – das vierte Stockwerk eines alten Backsteinhauses westlich vom Broadway in der 102. Straße, in einer Umgebung, die kurz vor dem Verfall stand. Die Schwester einer der Ascheimer-Katzen wohnte einen Stock tiefer; obwohl wir uns nie zu Parties einluden, liehen wir uns Stühle und Geschirr. Weiter unten spielte der Besitzer des Hauses Tag für Tag immer dieselben falschen Töne auf dem Klavier. Unsere Wohnung bestand aus vier Zimmern an einem schmalen Flur, der an das offene Treppenhaus grenzte – ein großes vorderes Zimmer mit einem Sofa, auf dem unsere häufigen Besucher schliefen, Küche und Bad und ein großes Schlafzimmer mit Fenstern auf den dunklen Hof hinaus. Ganz hinten im Flur war noch ein kleineres, angenehm helles Zimmer. Ich schlug vor, daraus Reos Arbeitszimmer zu machen, denn sein Rang an der Universität war noch nicht hoch genug, daß er den Teil eines Büros in der Columbia University hätte beanspruchen können. Und das ganze Jahr über beschwerte sich Reo bitter darüber, ich hätte ihn aus dem Wohnzimmer verwiesen und in ein schreckliches Hinterzimmer verbannt.

Wir hatten nicht viel Geld in diesem Jahr, und die einzige Hilfe, die ich hatte, war eine Putzfrau. Das hieß, daß ich die Wohnung aufräumen mußte, bevor ich zur Arbeit ging, damit ich sie ertragen konnte, wenn ich, den Arm voll Lebensmittel, nach Hause kam, um das Abendessen zu machen. Das Wohnzimmer, in dem wir auch aßen, über und über mit Papier besät zu finden, ohne eine Stelle, auf der ich den Blick ruhen lassen konnte – das wäre eine Strafe zuviel dafür gewesen, daß ich eine Frau war.

Hinzu kam, daß Reo mich nicht gern den Haushalt machen sah und auch nicht gedachte, mir dabei zu helfen; aber er faßte es als Vorwurf auf, daß ich es überhaupt tun mußte. In Reaktion darauf wurde ich ein Experte darin, am Sonntagmorgen aufzuräumen und scheinbar dem, was er sagte, volle Aufmerksamkeit zu schenken. Ich wartete auf eine Pause in der Unterhaltung, um hinauszulaufen und ein Laken zu glätten oder eine Tasse abzuwaschen und dann wieder zu erscheinen. Auf diese Weise erledigte ich die nötigen Dinge so unauffällig, daß Gregory Bateson später, als er unser Lager am Sopik besuchte, sagte, er habe mich noch nie bei der Erledigung von Hausarbeit gesehen.

Das ist die Strafe für Ehen von Partnern aus verschiedenen Ländern, selbst wenn man die Komplikationen, die durch die veränderten Rollen von Männern und Frauen entstanden sind, außer acht läßt. In England erzogene Männer wollen Entscheidungen treffen, die in Amerika die Frauen fällen – wie das Haus eingerichtet werden soll, wo die Rosen auf der Terrasse angepflanzt werden sollen und wohin die Ferienreise geht. Es war komisch, während des Zweiten Weltkriegs die beiden Arten von Ehen zu beobachten. Wenn die Frau Amerikanerin war und der Mann Engländer, fand ein ständiges Seilziehen um die Frage statt, wer was entscheiden sollte; aber wenn die Frau Engländerin war und der Mann Amerikaner, war die Ehe oft festgefahren, weil niemand es für seine Aufgabe hielt zu entscheiden, wer zum Abendessen eingeladen werden sollte oder ob man abends ins Kino gehen sollte.

Als wir im September 1929 kurz vor den Bankzusammenbrüchen, die zur großen Depression in den Vereinigten Staaten führten, in New York ankamen, waren alle tief in den Aktienmarkt verstrickt. Ich hatte 5000 Dollar auf der Bank, das gesamte Einkommen aus meinem Buch, das immer noch ein Bestseller war. Stanley und Ruth Benedict spekulierten fröhlich mit, und Ruth versuchte mich zu überreden, meine Tantiemen an der Börse anzulegen. Ich weigerte mich, und alle hielten mich für etwas verrückt, vielleicht, weil ich so lange in den Tropen gelebt hatte. Mein eigenes Konto war immer noch in der kleinen Bank in Doylestown. In jenen Jahren erwies es sich, daß viele kleinstädtische Banken sicherer waren als einige der größeren, und 1932, als ich wieder in Neuguinea war, telegrafierte mir mein Vater, ich solle unser Konto zurück auf die Bank in Doylestown verlegen. Aber Reo eröffnete ein Konto bei der Bank of the United States, von der es eine Zweigniederlassung bei uns in der Nähe gab, und das war eine der ersten Banken, die Bankrott machten. Reo war völlig erstaunt. In Neuseeland gingen Banken nicht bankrott. Der Zusammenbruch kam, und ruinierte Makler stürzten sich von hohen Gebäuden herunter, weil sie ihren Familien nichts als ihre Versicherung hinterlassen konnten. Die Preise brachen zusammen. Das Museum rief seine Mitarbeiter zusammen und setzte unsere Gehälter herab – meines betrug sowieso nur 2500 Dollar im Jahr –, und jahrelang blieben die Gehälter so niedrig.

Trotzdem bedeutete die Depression am Anfang sehr wenig für mich. Ich hatte kein Verständnis für das wahnsinnige Spekulieren an der Börse gehabt, besonders von Akademikern, die sowieso viel zu wenig Geld hatten, um Verluste riskieren zu können. Meine Großmutter hatte mir zweimal täglich beim Frisieren eingetrommelt: «Lebe nie über deine Einkommensverhältnisse.» Ich bin kein Spieler, und vielleicht hat mir der Leitsatz Eindruck gemacht, den ich als Kind hörte: «Glück in den Karten, Unglück in der Liebe.» Als der Zusammenbruch dann kam, war ich einfach froh, daß ich meine Tantiemen nicht riskiert hatte, die als Grundstein für zukünftige Feldforschung dienen mußten. Ich wußte, daß es im Geschäftsleben bestimmte Kreisläufe gab, und der Bankrott der Banken ängstigte mich nicht besonders, weil ich wußte, daß es Paniken und Bankzusammenbrüche auch schon in der Vergangenheit gegeben hatte. Und offensichtlich war mein Vater nicht ernsthaft besorgt; aber als er die Goldpreise beobachtete, an denen man seit dem sechzehnten Jahrhundert die großen Kriege hatte vorhersagen können, meinte er: «Schwester, du hast noch zehn Jahre bis zum nächsten Krieg.» Ich antwortete: «Dann müssen wir unsere Notizen so schnell wie möglich ausarbeiten, damit wir wieder auf Forschungsreise gehen und so viele Kulturen wie möglich beschreiben können, bevor ein Krieg kommt, der sie vielleicht alle zusammen auslöscht.»

Seit meiner Studentenzeit hatte mich der furchtbare Verlust an Forschungsarbeit beeindruckt, der dadurch zustande kam, daß Ethnologen handschriftliche Notizen anhäuften, die zu ihren Lebzeiten nicht abgeschrieben wurden und die nach ihrem Tode niemand mehr entziffern oder durcharbeiten konnte. In Neuseeland hatten Reo und ich Elsdon Best besucht, diesen unermüdlichen Chronisten der Maori, und wir hatten seine Schränke voller Notizen gesehen. Und jeden Sommer unternahm Pliny Earle Goddard eine andere herrliche Forschungsreise in den

Südwesten und häufte immer mehr Notizen an, die er niemals durcharbeitete. Sogar Boas mit seiner großen Zahl von Veröffentlichungen brachte es nie fertig, einen zusammenfassenden Band über die Kwakiutl-Indianer zu schreiben. Er hatte es vor, aber auf der dritten Seite eines neuen Manuskripts blieb er bei der Beschreibung irgendeiner komplizierten Technik stecken, über die er Notizen hatte, die abzuschreiben er aber nie die Zeit gefunden hatte. Ich schwor, daß ich das niemals so machen würde, daß ich jede Forschungsreise vollständig auswerten würde, bevor ich auf die nächste ginge.

Es lastete ein doppelter Druck auf uns, denn was das Schreiben betraf, bestimmte ich das Tempo für uns beide. Während der zwei Jahre, die wir in New York lebten, schrieben wir zusätzlich zu der Auswertung unseres kurzen Forschungsaufenthalts bei amerikanischen Indianern jeder drei Hauptwerke. Als wir das erledigt hatten, konnten wir mit recht gutem Gewissen zurück in den Pazifik fahren. Im ersten Winter schrieb Reo die Endfassung von *Sorcerers of Dobu,* und ich schrieb *Growing Up in New Guinea.* Am Abend las jeder, was der andere während des Tages geschrieben hatte, oder wir lasen es uns laut vor.

Reo hatte einen ersten Entwurf des Dobu-Manuskripts geschrieben, als er von der Forschungsreise zurückgekommen war und bevor ich kam, um ihn zu heiraten. Radcliffe-Browns Reaktion darauf war gewesen: «Ich kann es nicht glauben!» Er hatte nur Erfahrungen mit wunderbar ausgewogenen, die väterliche Erblinie betonenden Gesellschaften, und er fand es schwer, eine so zwiespältige Gesellschaft wie Dobu zu akzeptieren, besonders, da die Leidenschaft, mit der Reo seinen Zauberer-Informanten beschrieb, irgendwie gut zu seiner eigenen Leidenschaft dem Leben gegenüber paßte. Es gibt auch noch andere, die glauben, daß sein Bericht über Dobu übertrieben ist, aber Feldforscher wie Géza Róheim, Ian Hogbin und Ann Chowning, die die Möglichkeit hatten, die Genauigkeit seiner Arbeit aus erster Hand zu überprüfen, glauben das nicht. In New York war es ihm möglich, sein Originalmanuskript im Licht der Manus-Erfahrungen umzuschreiben und zu erweitern, und wenn Manus Radcliffe-Brown glaubhaft erschienen, würde er auch Dobu akzeptieren müssen. Aber auch damit hatte Reo kein Glück, weil das, was der größeren Tiefe seiner eigener ethnologischen Wahrnehmung hätte zugeschrieben werden müssen, von Radcliffe-Brown – und auch anderen – ganz fälschlicherweise meinem Einfluß zugeschrieben wurde.

Dergleichen ist ziemlich oft in meinem Leben passiert. Aber die Leute übersehen dabei, was wirklich mir zugeschrieben werden müßte, nämlich meine Fähigkeit, die Arbeit anderer Menschen auf eine Weise zu genießen und anzuerkennen, die ihnen die zusätzliche Kraft schenkt, die sie brauchen, um einen Forschungsbericht zu vervollständigen oder ein Buch abzuschließen. Aber es ist eine Tatsache, daß sie nur so lange unter meinem sogenannten Einfluß glücklich sind, wie sie sich auf der Höhe ihrer eigenen Möglichkeiten befinden. Wenn ihr eigener Schwung soweit nachläßt, daß sie nicht mehr von meiner Energie zehren können, empfinden sie diese als Vorwurf oder unwillkommene Anstachelung und weisen sie zurück. Mein Einfluß auf *Sorcerers of Dobu* war nur der eines begeisterten, aufmerksamen, und sehr gut informierten Zuhörers. Als Reo sich später immer mehr mit dem persönlichen Symbolwert des Themas beschäftigte, an dem er gerade arbeitete, und seine Aufmerksamkeit vom Studium religiösen Verhaltens, dem Gebiet, auf dem er seinen größten Beitrag leistete, abzog und auf Probleme der Sexualität und der Aggression lenkte, Themen, die er offenbar in seiner eigenen Erinnerung weniger gut bearbeitet hatte, wurde er sehr viel weniger produktiv. Nachdem wir uns getrennt hatten, schrieb er nur noch eine weitere Monographie, die Arapesh-Texte und die Arapesh-Grammatik – und die blieb unvollständig.

Aber während dieser zwei Jahre ergänzten wir einander in unserer Begeisterung und unserer Energie. Wir arbeiteten den ganzen Tag über hart und belohnten uns, indem wir uns am Abend zuhörten und über unsere Arbeit diskutierten. Wir gingen ins Theater und luden Freunde zum Abendessen ein, und wir fanden Platz in unserer Wohnung für verschiedene meiner Freunde, denen es schwerfiel, ihre Doktorarbeit bei sich zu Hause zu schreiben, oder die Schwierigkeiten mit ihren Ehemännern oder ihren Liebhabern hatten. Wir führten einen stabilen, allerdings ziemlich stürmischen Haushalt, wohin jene, die größere Schwierigkeiten hatten, sich zurückziehen konnten.

Zu den Freundinnen, die große Schwierigkeiten hatten, zählte Eleanor Steele, eine schöne und liebenswerte, aber auch verletzliche, weil den Wünschen anderer Leute gegenüber so nachgiebige Frau. Gleich nach dem College hatte sie sich in Howard Scott verliebt, den faszinierenden Begründer der Technocracy-Bewegung. Howard war verheiratet, oder so glaubten wir wenigstens. Später erfuhren wir, wie leicht es Leuten fiel, Geschichten über Howard zu erfinden. Jedenfalls glaubten wir, daß Howard eine Frau habe, und er hatte eine Geliebte, eine Schauspielerin, die wir in einer phantastischen Aufführung von King Lear sahen, und dann gab es noch Eleanor. Wie es dem Stil unserer Gruppe entsprach, schloß sie keinen Handel ab und bat um nichts. Aber zwei Jahre zuvor, als Luther und ich ihr für einen Abend unsere Wohnung zur Verfügung gestellt hatten und ich in Ogburns Büro arbeitete, rief sie mich einmal an und meinte trocken: «Wann ist eine Verabredung keine Verabredung? Wenn die Geliebte deines Liebhabers ihm verbietet, sie einzuhalten. Komm nach Hause, er kommt nicht.»

Als Reo und ich nach New York kamen, hatte Eleanor Howard verlassen und einen völlig konventionellen jungen Mann geheiratet, der für die Telefongesellschaft arbeitete und sich mit ihr in einer möblierten Wohnung in der Nähe des Museums niedergelassen hatte. Also hing Howard, der die Technocracy-Bewegung gerade erst aufbaute, etwas in der Luft und verbrachte viel Zeit bei uns. Ich verdanke diesen langen Gesprächen so etwas wie eine Impfung gegen die Ideen des Marxismus, die vor der Automatisierung entstanden waren. Von Howard erfuhr ich etwas über Automatisierung, noch bevor dieses Wort überhaupt in unserem Wortschatz auftauchte.

Ihm schwebte eine Gesellschaft vor, in der die Menschen zwanzig Jahre lang nur ungefähr fünfzehn Stunden pro Woche arbeiten würden, eine Gesellschaft, in der das Geld die Form eines den persönlichen Bedürfnissen angepaßten Kredits annehmen würde. Er stellte sich ein Haus vor, in dem die Stühle in einer Wand verborgen wären; wenn ein Besucher käme, würde er die Nummer seines konstitutionellen Typs angeben und der passende Stuhl würde herausspringen. Zu einer Zeit, als die Menschen immer noch – wie sie es auch heute noch tun – von begrenzten, politisch gebundenen Nationalstaaten ausgingen, ging er von ganzen Kontinenten und ihrem gemeinsamen Potential aus.

Er war ein außergewöhnlicher Mensch, gut ein Meter achtzig groß, hager und sehnig, irischer Herkunft und irgendwie ein Mann der Grenze, endlos erfinderisch und prophetisch. Und sehr ehrlich. Im schrecklichen Winter 1933, als die Banken schlossen und das ganze Land sich in Panik befand, wurde er eingeladen, während eines sehr wichtigen Dinners eine Rede zu halten, die im ganzen Land über das Radio gesendet werden sollte. Ruth Benedict schrieb mir, was passierte. Seit Tagen hatten Geschichten über ihn in der Presse gestanden und sein Name war in aller Munde. Es schien, als könne er alles erreichen, wofür er sich einsetzte – und er versuchte es noch nicht einmal. Statt dessen hielt er eine sehr schlechte Rede, in der er sagte, die Zeit sei noch nicht gekommen. Später erklärte Howard mir, er wisse, daß die Gesellschaft, für die er sich einsetzte, noch nicht entstehen könne. Es müßten noch Experimente der Linken und Experimente der Rechten stattfinden, bevor die Menschen eine Volkswirtschaft aufgeben würden, die sich am Mangel orientierte, und erkennen würden, daß man mit modernen Produktionstechniken den Konsum organisieren müsse. Seine Schätzung, daß jeder Mensch im Land über eine Kaufkraft – für Leistungen und Produkte – verfügen solle, die etwa 20000 Dollar pro Jahr entsprach, war eine Vorstellung, die meinen Vater interessierte, und er gab ihm die Gelegenheit, vor den Mitgliedern des republikanischen Klubs zu sprechen. Aber wieder hob Howard die Schwierigkeiten hervor und versäumte es zu erklären, wie das zu bewerkstelligen sei. Diese Frage, wie es zu schaffen ist, erregt kenntnisreiche Bankiers und Geschäftsleute immer noch, wenn sie auch weiterhin nach althergebrachter Weise überlegen, wo das Geld denn herkommen soll, und nicht, wie oft das Geld für Leistungen den Besitzer wechselt.

Im Dezember 1933, während Howard auf einer Organisationsreise war, wurde Eleanor ernsthaft krank. Ich nahm sie zu mir, aber selbst mit Hilfe von Krankenschwestern konnte ich nicht für die Art von Pflege sorgen, die sie benötigte, und ihr Arzt wollte sie nicht in ein Krankenhaus einweisen. Schließlich flehte ich einen Freund, der Professor an einem Lehrkrankenhaus war, um Hilfe an, aber er sagte, wenn ihr eigener Arzt nicht die Entscheidung träfe, könne man nichts tun, es sei denn . . . Ich gewann den Eindruck, wenn ich sagen würde, dann setze ich sie eben auf die Straße, wäre man vielleicht bereit, auf die Feinheiten der medizinischen Ethik zu verzichten. Wir bekamen sie ins Krankenhaus und dort starb sie eine Woche später an Tuberkulose, bis zum Schluß schön und um andere besorgt. Sie war die erste von unserer College-Gruppe, die starb.

Im Krankenhaus wurde sie für eine äußerst rätselhafte Patientin gehalten, denn ihr früherer Mann erschien und befreundete sich mit ihrem derzeitigen Liebhaber, und wir alle hielten den Atem an, weil Howard in Chicago bei einer Massenveranstaltung eine Rede hielt. Sie wurde von einem seit langer Zeit kranken Onkel begraben, und ihr früherer Mann fuhr mich zum Begräbnis nach New Jersey. Als Howard einen Tag nach dem Begräbnis zurückkam, gingen wir den ganzen Nachmittag lang spazieren und ich ließ ihn sprechen. Über Eleanor sagte er hochtrabend: «Sie war die Jeanne d'Arc der Technocracy-Bewegung.»

Zwei andere Leute waren zugegen, als Eleanor starb, ihre Freundin Sara Bachrach und der Maler Allen Ullman, mit dem Sara sich gerade verlobt hatte. Sara und Allen gewannen an diesem Nachmittag meine Zuneigung für immer, denn Allen tat etwas, was ich niemals zu schätzen aufgehört habe. Er war als Fremder dazugekommen und unterstützte Sara auf eine Weise, daß keiner von uns das Gefühl hatte, seine Anwesenheit sei nicht ganz passend. Er hatte die Begabung, voll anwesend zu sein, und er war einer der wenigen Männer, die ich kennengelernt habe, die mit drei Frauen gleichzeitig so ausgehen können, daß sich jede zufrieden, geehrt und gut unterhalten fühlt.

Während der zwei Jahre, die Reo und ich in New York lebten, sah ich Howard Scott ziemlich oft, aber später nur noch ein einziges Mal. Im Herbst 1941, als Charles Lindbergh die Aufmerksamkeit vieler Amerikaner mit seiner Prophezeiung erregte, der Faschismus sei die Bewegung der Zukunft, bekam die Technocracy-Bewegung plötzlich Auftrieb. Es erschienen Anzeigen, auf denen große Autos und strammstehende Männer in Uniform zu sehen waren. Vielen Leuten kam es so vor, als würde sich die Technocracy-Bewegung in eine Form von Faschismus verwandeln, und ich wurde gebeten, darüber herauszufinden, was ich nur konnte. Ich lud Howard zum Abendessen in eine Parterrewohnung ein, ließ die Jalousien oben und wünschte mir, es gäbe jemanden, dem ich erzählen könnte, was ich da tat. Howard sprach ganz offen. Es stand kein dunkler Millionär hinter der Bewegung, und seine Ziele waren noch dieselben. Die Mitglieder der Organisation hatten ihre gesamten Ersparnisse für diese eine große Werbekampagne hergegeben in der Hoffnung, eine größere Anhängerschaft zu gewinnen. Aber es reagierten nur sehr wenige Leute darauf.

Kürzlich schrieb ich etwas, was die Aufmerksamkeit des kleinen Technocracy-Zentrums in Seattle erregte – denn die Bewegung zieht immer noch eine kleine Gruppe von Leuten im Nordwesten der Vereinigten Staaten und in Kanada an – und sie schickten mir ein kleines Bündel von Werbeschriften, die vor zwanzig Jahren erschienen waren.

Auf der Höhe seines Ruhms wurde Howard als ein Hochstapler angegriffen, der alle möglichen falschen Behauptungen über seine Aktivitäten und seine Ausbildung aufstelle. Tatsächlich war er nur bis zur neunten Klasse gekommen, aber seine Vorhersage der elektronischen Revolution war etwas ganz Außergewöhnliches. Seine mangelnde Fähigkeit, die nötigen Zwischenschritte auszuführen, war sein größtes Handicap, und vielleicht auch seine Gabe, sehr lebendig Leute zu schildern, die er nie getroffen, Orte, die er nie gesehen und Projekte, die er nie durchgeführt hatte. Ereignisse, die es nur in seiner Phantasie gab, wurden für andere real, und später warfen ihm die, die ihn zerstören wollten, Lügenhaftigkeit vor. Aber als Person wurde er nicht zerstört, denn er erreichte ein hohes Alter und wurde von ein paar ihm treu ergebenen Menschen unterstützt. Ich habe mich oft gefragt, ob er eine große Wirkung im Land erzielt hätte, wenn seine Ausbildung seiner Phantasie entsprochen hätte, oder ob er ein Vorläufer war, ein Mann, der vor seiner Zeit geboren wurde?

In jenen frühen Jahren aber war er nicht nur wichtig für mein Denken, sondern auch für unsere Ehe. Obwohl es nur wenige Leute gab, die in Reo nicht ein Echo seiner gefühlsbeladenen Vergangenheit auslösten, war das bei Howard nie der Fall. Er war immer willkommen, wenn er nach einem schweren Tag des Planens oder Kalkulierens vorbeikam und den Abend mit uns verbrachte.

Im großen und ganzen aber waren die gesellschaftlichen Beziehungen schwierig, und nach einer Party war die Stimmung angespannt. Auf einem großen Fest der Society of Woman Geographers, auf dem jeder mich kannte und niemand Reo, fragte er Fannie Hurst, ob sie die Tochter von William Randolph Hearst sei, und er wurde wütend, weil sie sich sichtlich beleidigt fühlte. Er war kein guter Redner, und die paar Vorträge, die er hielt, wurden Fiaskos. Meine Ratschläge dazu waren zwar recht brauchbar, wurden aber nicht im geringsten gewürdigt.

Ich war immer bereit, so zu tun, als ob ich nie etwas im Haushalt täte, und ich versuchte, meine gute Laune nicht zu verlieren, wenn ich, nachdem ich eingekauft und die Tüten vier Blocks weit und dann drei Treppen hochgeschleppt hatte, mit dem Vorschlag begrüßt wurde: «Komm, wir gehen zum Abendessen aus» – was wir uns nicht leisten konnten. Aber wenn es um intellektuelle Dinge ging, war ich nicht bereit, weibliche Tricks anzuwenden. Mir war es völlig klar, daß es wichtig war, die Empfindlichkeit von Männern zu berücksichtigen, die in anderen sozialen Umfeldern und in anderen Kulturen aufgezogen worden waren, und daß es ihr Männlichkeitsgefühl beeinträchtigen konnte, wenn man sie aufforderte, sich auf eine Art zu benehmen, die sie als weiblich anzusehen gelernt hatten. Ich hatte auch großen Respekt vor persönlichen Eigenarten, und ich hatte mich damit abgefunden, daß meine Freunde verschiedene Arten von neurotischem Verhalten an den Tag legten, zumal ich fand, daß dies durch ihre ungewöhnlichen Begabungen wettgemacht wurde.

Aber ich glaube auch heute noch, wenn wir eine Welt haben wollen, in der Frauen an der Seite von Männern arbeiten, eine Welt, zu der Männer und Frauen ihr Bestes beitragen können, dann müssen die Frauen es aufgeben, männliche Empfindlichkeiten zu unterstützen, was sie so erfolgreich taten, als es die Hauptrolle der Frau war, als Ehefrau die Familie intakt zu halten oder, als Geliebte, ihren Liebhaber zu erfreuen. Wegen ihrer Jahrtausende währenden Einübung in menschliche Beziehungen – denn das ist es, was weibliche Intuition wirklich ausmacht – haben Frauen bei jeder Gruppenunternehmung einen besonderen Beitrag zu leisten, und ich habe das Gefühl, daß es ihre Aufgabe ist, jene Art von sensibler Wahrnehmung beizusteuern, die nur recht wenige Männer – zum Beispiel Kinderanalytiker oder Männer, die ausschließlich von Frauen großgezogen wurden – sich durch ihre Erziehung angeeignet haben. Und so war ich, wenn Reo gut dachte, sprach oder schrieb, vielleicht sein bester Zuhörer, aber ich lobte ihn nicht, wenn ich glaubte, Lob sei nicht angebracht. Ich kritisierte ihn, wenn ich annahm, daß Verbesserungen möglich seien, und ich schwieg, wenn ich glaubte, daß nichts zu ändern sei. Und natürlich kam Reo weit mit seinem Charme und seinem Witz.

Im Frühling 1930 fragte mich Dr. Wissler, der Vorsitzende der ethnologischen Abteilung des Museums, ob ich für eine Studie über Indianerfrauen eine kurze Feldforschungsreise unternehmen würde, für die er von Mrs. Leonard Elmhirsts Komitee Geld bewilligt bekommen hatte. Ich war nicht sehr daran interessiert, aber Ruth erwähnte, daß sie, wenn wir zu den Omaha gehen würden, Forschungsgelder für Reo auftreiben könne, so daß er an ein Problem herangehen könne, das sie seit einiger Zeit beschäftigte. Die Sagen der meisten Indianerstämme enthalten viele Berichte über Visionen, und das Anhören dieser Geschichten ist einer der Wege, über die Jugendliche geschickt im Inhalt und Stil der Visionen geschult werden, nach denen sie später trachten. Aber in der gesamten bekannten Mythologie der Omaha war von Visionen nicht die Rede. Ruth wollte wissen, warum das so war. Deshalb gingen wir ins Omaha Reservat in Nebraska, da es Dr. Wissler egal war, wie ich das kleine

Stipendium von 750 Dollar verbrauchen würde, mit dem er sonst nichts anzufangen wußte.

Es wurde für uns beide ein verheerendes Erlebnis. Wir kauften einen Ford, den Reo mit nobler Verachtung für Vorsicht fuhr, so daß wir manchmal in einem Feld neben der staubigen Lehmstraße landeten. Die übergroße trockene Hitze des Sommers in Nebraska, die Landschaft, in der Entfernungen mit Hilfe der kleinen Hügel abgeschätzt werden, die Atmosphäre bei der Indianer-Behörde, die Lebensqualität im Reservat – all diese Dinge waren neu für uns und sehr deprimierend. Wir hatten beide in lebendigen Kulturen gearbeitet, wo die Kleidung und die Häuser und der äußere Lebensstil der Menschen mit den Teilen ihrer Kultur – ihrem Verwandtschaftssystem, ihrer Mythologie und ihrem religiösen Glauben – übereinstimmten, die herauszuarbeiten unsere Aufgabe war. Aber diese Kultur war verglichen mit früher, wo die Omaha büffeljagende Prärie-Indianer gewesen waren, dermaßen geschrumpft, daß nur noch sehr wenig an Erkennbarem aus der Vergangenheit übriggeblieben war und es in der Gegenwart noch weniger gab, was ästhetisch befriedigend gewesen wäre. Die Frauen trugen lange Baumwollkleider, charakteristische natürlich, aber modern; beim Tanzen legten sie sich Decken um die Schultern. Sie lebten in den kleinen, jetzt schon baufälligen Häusern, die für sie in der Zeit gebaut worden waren, wo jeder Mann 160 Morgen Land zum Bebauen bekommen hatte. Aber nur wenige Männer bebauten das Land. Statt dessen lebten sie von ihrer Rente, fuhren mit eingedellten alten Autos herum und zogen soviel Vergnügen, wie sie nur konnten, aus Geschicklichkeitsspielen. Aber die Einsätze, die früher aus Pferden oder Buffalogewändern bestanden hatten, waren jetzt auf Kleingeld reduziert.

Wir waren daran gewöhnt, die Menschen, die wir studierten, verschieden zu entgelten – durch medizinische Versorgung, durch Aufmerksamkeit und hauptsächlich auch dadurch, daß wir den Intellektuellen unter ihnen, die begeistert eine Möglichkeit wahrnahmen, weit über die Grenzen ihrer eigenen Kultur hinauszudenken, geistige Nahrung verschafften. Aber diesen Resevats-Indianern hatten wir nichts zu bieten. Sie hatten schon medizinische Versorgung, nahmen sie aber oft gar nicht in Anspruch, und sie hatten schon Ethnologen kennengelernt, die sie hauptsächlich als Einnahmequelle ansahen. Ein alter Mann drückte es so aus: «Wir erzählen niemals einer Person alles. Wir halten etwas zurück, um es dem nächsten zu erzählen.» Die Männer weigerten sich, als Informanten zu dienen, bevor sie eine Vorauszahlung von 10 bis 15 Dollar erhalten hatten, und selbst dann noch war es sehr gut möglich, daß sie sich weigerten.

Selbstverständlich versuchten wir gar nicht erst die Sprache zu lernen, da uns nur Geld für drei Monate Arbeit zur Verfügung stand; und da niemand von uns bisher mit Dolmetschern gearbeitet hatte, machte uns das Experiment sowohl wütend als auch deprimiert. Aber Reo war hauptsächlich deshalb verzweifelt, weil er nicht glaubte, daß er eine Chance hätte, das Rätsel zu lösen, für das er dorthin geschickt worden war. Er war davon überzeugt, daß er hingeschickt worden war, um eine Niederlage zu erleiden, daß amerikanische Ethnologen niemals etwas anderes als Dinge über Indianer lasen und daß sein Ruf in den Vereinigten Staaten einzig von einer Forschungsreise abhängen würde, bei der er nichts herausgefunden hatte. Wie konnte er auch nur irgend etwas in einer Kultur herausfinden, in der alle wirklichen Zeremonien tot waren und die Menschen nicht aus Interesse, sondern nur für Geld redeten?

Die Haltung der Indianer, eine Haltung, die sie in Generationen währenden Kontakten mit der Zivilisation entwickelt hatten, war uns sehr fremd. Wir waren an die ozeanischen Völker gewöhnt, die, so finster und mürrisch sie auch waren, doch auf verständlichere Weise finster und mürrisch waren. Außerdem hatten wir den bedrückenden Eindruck, daß die Menschen sich zurückentwickelten. Wir lernten zwei wunderbare alte Leute kennen, die Dolmetscher des Volksstammes gewesen waren; sie waren in östlichen Quäker-Häusern erzogen worden und sprachen präzise und flüssig Englisch. Aber die nächste Generation war auf Schulen für Indianer geschickt worden, wo Kinder aus vielen verschiedenen linguistischen Gruppen zusammengepfercht und von staatlichen Angestellten unterrichtet wurden, die nur wenig über ihre Schüler und die Kulturen, aus denen sie kamen, wußten, und sich noch weniger dafür interessierten. Schließlich kamen Schüler in die Reservate zurück, die weit weniger Englisch als ihre Eltern konnten und der traditionellen Kultur sehr viel entfremdeter waren. Die Trunksucht war weit verbreitet. Zerbrochene Familien, vernachlässigte Kinder und allgemeine soziale Desorganisation waren überall zu beobachten.

Meine Aufgabe war es, die Frauen zu beobachten, und ich hatte die undankbare Aufgabe, die lange Geschichte von Fehlentscheidungen amerikanischer Politik den Indianern gegenüber zu untersuchen und ihnen für die Zukunft ein noch furchtbareres Schicksal zu prophezeien. Obwohl uns klar war, daß der Kontakt mit der Zivilisation in Neuguinea ganz unvermeidlich große Veränderungen mit sich bringen würde, viele davon Verschlechterungen, ist es etwas anderes, um das zukünftige Geschick eines Volkes zu bangen, als dem Unheil jeden Tag ins Gesicht zu schauen.

Selbst als ich meine Forschungsergebnisse mit Reos zusammenlegte, war es sehr schwer für ihn, an die Informationen zu kommen, die er für seine Arbeit brauchte, und er bekam, als ob seine pessimistischsten Ängste erfüllt würden, niemals die angemessene Anerkennung für seine erfolgreiche Lösung des Problems, warum es keine Berichte von Visionen in den öffentlich erzählten Mythen der Omaha gibt.

Er fand heraus, daß die Mitgliedschaft in einer der religiösen Vereinigungen von einem ererbten Recht auf geheimes Wissen abhing, obwohl die Omaha offensichtlich ebenso wie ihre Nachbarn in der Ebene die Übereinkunft hatten, daß jeder Mann eine Vision haben und sich auf ihre Kraft berufen kann. Wenn die, die kein ererbtes Recht auf eine Vision besaßen, fasteten und Forderungen stellten, wurde ihnen gesagt, ihre Vision sei keine echte.

Diese Situation war, wie Ruth es schon gespürt hatte, so ungewöhnlich, daß Reos Analyse keine Aufmerksamkeit erregte. Die Amerikanisten würdigten die detektivischen Fähigkeiten nicht, die Reo in seiner Arbeit mit den melanesischen Zauberern entwickelt und mit deren Hilfe er ein völlig unvertrautes Geflecht aufgelöst hatte. Er bekam viel Anerkennung für *Sorcerers of Dobu*, sein bekanntestes Buch, und für *Manus Religion*, aber nur sehr wenig für *Omaha Secret Societies*, das Buch, in dem er die Arbeit publizierte, die ihm am allerschwersten gefallen war.

Es war ein harter, mühsamer Sommer. Im oberen Geschoß unseres kleinen Holzhauses war es so heiß, daß wir es nicht einmal versuchten, vor zwei Uhr nachts schlafen zu gehen. Manchmal fuhren wir in die nahegelegene Stadt, wenn eine Band ein Konzert gab. Samstag abends wurde ein Huhn vom Dach geworfen und die wartende Menge stürzte sich darauf. Oder wir fuhren sogar bis Sioux City, um einen Film anzuschauen. Aber Reo meinte, und ich hatte dasselbe Gefühl, daß Feldforschung dort viel leichter fällt, wo die Außenwelt weit weg ist und es unmöglich ist, irgendwohin zu gehen, selbst wenn man hierhin und dahin gehen kann. In Omaha war es zu einfach, ins Auto zu steigen und wegzufahren.

Am Ende des Sommers fuhren wir nach Hause und schworen, daß jede Werkstatt etwas kaputtmachte, damit die nächste etwas zu reparieren hätte. Wir hielten in Cincinnati, und immer wenn ich durch diese Stadt fahre, selbst heute noch, kommt mir der Alptraum jener ersten Fahrt durch den Stadtverkehr wieder hoch. Aber irgendwie überlebten wir es und kamen heil, wenn auch sehr müde, in New York an.

In diesem Winter bekam Reo ein halbes Büro in der Columbia University, und er fühlte sich weniger eingesperrt als vorher, wo er zu Hause arbeitete. Wir hatten auch etwas mehr Geld, so daß ich das große hintere Schlafzimmer in ein Eßzimmer und Reos Arbeitszimmer in ein Schlafzimmer umwandeln konnte, was es uns möglich machte, die Einladungen für unsere Gäste angenehmer zu gestalten. Ich arbeitete das Material dieses Sommers durch, und Reo tat dasselbe. Im Frühling promovierte er, wobei er *Manus Religion* als seine Dissertationsarbeit benutzte. Es war Zeit, wieder auf Forschungsreise zu gehen.

Ich war teilweise durch unsere Arbeit in Manus, wo wir uns ziemlich gut ergänzt hatten und ziemlich konkurrenzfrei gewesen waren, der Meinung, Feldforschung sei die beste Arbeitssituation für uns. Wir sagten Boas, daß wir, da ich keine Kinder haben könne, beide für jede Art von Feldforschung, die getan werden müsse, zur Verfügung ständen. Wir erklärten ihm auch, daß wir gern bei den Navaho arbeiten würden, einem Indianerstamm, dessen Kultur noch lebendig und intakt und nicht wie die Kultur der Omaha mit dem Verschwinden der Büffel und dem Ende des kriegerischen Lebens zerstört worden war. Aber das war zu der Zeit, wo jeder Forscher, der eine Kultur beschrieben hatte, ziemlich besitzergreifend auf sein «Feld» Anspruch erhob, eine Situation, die aus dem Mangel an Feldforschern und der Notwendigkeit, sie weit voneinander entfernt einzusetzen, zu erklären war. Deshalb waren wir zwar enttäuscht, aber nicht allzu überrascht, als Boas uns sagte, daß die Navaho Gladys Reichard «gehörten».

Also planten wir, nach Neuguinea zurückzugehen. Wir nahmen das Geld, das ich von den Tantiemen von *Coming of Age in Samoa* gespart hatte, und das restliche Geld bekamen wir vom Columbia University Social Science Research Council und durch das Museum vom Voss Fund der ethnologischen Abteilung, einem speziellen Fonds, der für ethnologische Forschung zur Verfügung gestellt worden war. Wir hatten vor, im Frühling 1931 abzureisen.

Aber gerade zu dieser Zeit erschien eine Besprechung von einem der Studenten Malinowskis, in der behauptet wurde, daß ich das Verwandtschaftssystem von Manus nicht verstände, und ich entschloß mich sofort, nicht loszufahren, bevor ich nicht eine Fach-Monographie zu diesem Thema, *Kinship in the Admiralty Islands,* verfaßt hatte.

Das bedeutete, daß wir den Sommer über in New York bleiben mußten. Radcliffe-Brown kam an die Columbia University, um Sommerkurse abzuhalten. Er war immer arbeitsscheu und gut im Improvisieren, und er hatte nicht vorgehabt, schwer zu arbeiten. Aber Reo und ich gingen ins Seminar, setzen uns vorne in die erste Reihe und bekamen das Beste, weil wir es erwarteten. Abends zog ich meine schönsten Kleider an und bereitete die Art von Mahlzeiten, die Radcliffe-Brown mochte. Am Ende des Sommers hatte ich meine Monographie abgeschlossen, Radcliffe-Brown fuhr nach Chicago, und wir übergaben unsere Wohnung Louise Rosenblatt, die gerade Sidney Ratner geheiratet hatte. Endlich waren wir auf dem Weg nach Neuguinea.

15

Arapesh und Mundugumor: kulturell bedingte Geschlechtsrollen

Im Dezember 1931 kamen wir nach Arapesh und begannen mit der Feldforschung, die mir eine völlig neue Einsicht in die kulturelle Bedingtheit von Geschlechtsrollen vermittelte sowie in die Art und Weise, wie angeborene Temperamentsunterschiede und Kultur miteinander zusammenhängen. Diese neuen Einsichten kamen durch eine so außergewöhnliche Verkettung von Umständen zustande, die sich als «glücklicher Zufall» nicht erklären läßt.

Als Reo und ich nach Neuguinea zurückfuhren, hatten wir uns entschlossen, das Volk zu studieren, das in der Ebene jenseits der Torricelli-Berge, des nördlichen Küstengebirgszugs, lebte. Es war ein Volk, das riesige dreieckige Männerhäuser baute, und hatte dem Vernehmen nach ein reiches Zeremonienleben. Wir dachten daran, anschließend einen anderen Stamm zu studieren, aber wir wußten noch nicht so genau, wo.

Der lange Aufstieg in die Berge auf schlüpfrigen Pfaden, die manchmal fast senkrecht die Felsen hinauf- und manchmal durch Flußbetten führten, ging langsam und schwierig vor sich, zumal ich getragen werden mußte, aber es gab keinen anderen Weg ins Innere des Landes. Als wir halbwegs dort waren, erwies sich Reos erfolgreiche Anheuerung von Trägern aus dem entfernten Inland als Fehler. Unsere Träger verließen uns, und da saßen wir mit unserer ganzen Ausrüstung in einem Dorf hoch oben im Gebirge und hatten niemanden, der unsere Verpflegung für sechs Monate in irgendeine Richtung tragen würde – weiter ins Innere des Landes oder zur Küste zurück. So hatten wir keine Möglichkeit, das Volk zu erreichen, das wir hatten studieren wollen, und keine andere Wahl, als uns niederzulassen, ein Haus zu bauen und mit den einfachen, armen Berg-Arapesh, unter denen wir uns befanden, zu arbeiten, die über nur wenige Rituale verfügten und über noch weniger Kunst. Als Reo seine kurze Reise ins Innere unternommen hatte, um Träger zu organisieren, hatte er zuvor herausgefunden, daß «diese Leute keine nennenswerte Kultur haben – Schwägerinnen sind dort befreundet!» Nun, wo wir in dem Bergdorf Alitoa festsaßen, entschloß er sich, die Sprache zu studieren, die schwierig zu sein schien.

Wie schon in Manus waren unsere persönlichen Reaktionen auf die neue Kultur stark von unseren früheren Erfahrungen beeinflußt – von den Samoanern, die ich gern gehabt hatte, von den Dobuanern, deren Kultur Reo leidenschaftlich abgelehnt hatte, und von den Manus, auf die keiner von uns beiden stark reagiert hatte und bei denen wir ohne ernsthafte Zusammenstöße mit dem Temperament oder der Persönlichkeit der Leute imstande gewesen waren, gute Arbeit zu leisten. Wir beide schätzten die Rolle der Kultur für die Entwicklung der Art, wie Kinder einer bestimmten Gesellschaft zu denken, fühlen und handeln lernen, als äußerst wichtig ein. Als Ruth Benedict uns ein paar Monate später ihren ersten Entwurf von *Patterns of Culture* schickte, meinte Reo, es genüge nicht zu sagen, daß Kulturen verschieden sind; das wichtigste sei, zum Ausdruck zu bringen, daß sie «ganz unglaublich verschieden» sind. Uns war noch nicht aufgegangen, daß die Unterschiede unserer Erfahrungen – die von Reo mit Dobu und meine mit Samoa – beinahe ebensoviel mit uns als Individuen zu tun hatten wie mit der Art der von uns studierten Kulturen.

Ich hatte natürlich Ruth Benedicts frühere Entdeckung der verschiedenen Weisen mitverfolgt, in denen verschiedene Kulturen selektiv gewisse potentielle menschliche Fähigkeiten fördern und andere ablehnen. Sie hatte mit dem Gefühl einer Offenbarung die fundamentalen Unterschiede zwischen den Indianerkulturen beobachtet, die die Ekstase fördern (für die sie Nietzsches Begriff Dionysisch benutzte) und denen, die Ruhe und Ausgeglichenheit betonen (für die sie Nietzsches Begriff Apollinisch benutzte). Dies hatte während ihrer Forschungsreise im Sommer 1927 stattgefunden – dem Sommer, in dem ich Reo in Deutschland getroffen hatte, bevor er nach Dobu fuhr. Im darauffolgenden Winter arbeitete sie an dem Aufsatz Psychological Types in the Cultures of the Southwest, in dem sie diese großartige Einsicht zum erstenmal entwickelte. Zur gleichen Zeit schrieb ich *Social Organization of Manu'a,* und wir sprachen ausführlich über die Art von Persönlichkeit, die sich in der samoanischen Kultur institutionalisiert hatte.

Schon früher hatte sie behauptet, daß Individuen, deren angeborene Eigenschaften zu verschieden von der Norm ihrer Kultur sind, ihre Kultur als zutiefst unsympathisch empfinden. 1925 schrieb sie mir vom Cochiti-Pueblo: «Ich möchte ein wirklich wichtiges noch unentdecktes Land finden», und sie überlegte sich oft, ob sie glücklicher gewesen wäre, wenn sie zu einer anderen Zeit oder an einem anderen Ort gelebt hätte, vielleicht im alten Ägypten. In unseren Diskussionen benutzten wir das Wort «abweichend» für das Individuum, das nicht in die Kultur paßt, und in *Coming of Age in Samoa* schrieb ich ein Kapitel über «Abweichler», in dem ich Mädchen beschrieb, deren Temperament – definiert als besondere Intensität der Reaktionen – im Verbund mit ihrer Lebenssituation und ihren Erfahrungen sie zu Abweichlern von der in Samoa erwarteten Persönlichkeit machte.

Aber die Vorstellung von angeborenen Veranlagungen – oder konstitutionell bedingten psychologischen Grundtypen – war noch nicht recht in mein Denken eingegliedert. Ich hatte C. G. Seligmans bedeutenden Aufsatz «Anthropology and Psychology: A Study of Some Points of Contact» gelesen, und 1924 hatte Sapir in die atemberaubende Spannung der Tagung der British Association in Toronto hinein von der Art gesprochen, wie bestimmte Kulturen bestimmte Verhaltensstile unterstützen, Körperhaltungen und Gebärden eingeschlossen. Ich hatte mir hin und wieder überlegt, was der Grund für meine offensichtliche Abweichung vom akzeptierten Verhalten der Karrierefrauen war, die ich kennengelernt hatte; es war mir klar, daß ich insofern ein Abweichler war, als ich ein sehr viel größeres Interesse für die Dinge hatte, an denen die meisten Frauen interessiert waren, die *keine* Karriere machten. Ich hatte auch über das, was mir als Unterschiede in den Veranlagungen meines Bruders und meiner Schwestern vorkam, gerätselt und über ihre sehr verschiedenen Reaktionen auf gemeinsam gemachte Erfahrungen. Und ich zerbrach mir den Kopf über die Gegensätze zwischen Ruth und mir, besonders wenn sie, wie es mir vorkam, widersprüchliche Bemerkungen machte, wie zum Beispiel, daß es völlig unmöglich sei, sich mich als einen Mann vorzustellen, und «du wärst ein besserer Vater als eine Mutter».

Als ich das Problem, von dem ich dieses Mal bei meinem Forschungsaufenthalt ausgehen wollte, als den Versuch definierte, die Art und Weise zu studieren, wie die Kultur die Rollen von Männern und Frauen stilisiert, war es meine erklärte Absicht, einen neuen Zugang zur Grundfrage nach den biologischen Unterschieden zu finden, die geschlechtsabhängig sind.

Denn bevor man nicht das Problem der Wirkungen kultureller Stilisierungen auf weibliche und männliche Persönlichkeiten aus dem Weg geräumt hatte, schien es nutzlos zu sein, die Frage nach biologisch vorgegebenen Geschlechtsunterschieden zu stellen.

1931 bestand mein Problem, das ich zum zentralen Problem meiner Forschungsarbeit erklärt hatte, in dem Versuch, die verschiedenen Arten zu studieren, in der Kulturen das erwartete Verhalten von Männern und Frauen bestimmen. Es war nicht nötig gewesen, das Problem ganz genau zu formulieren, da diese Forschungsreise nicht vom Stipendium eines Komitees abhing, welches auf der Vorlage einer gut ausgearbeiteten Hypothese bestanden hätte. Statt dessen kamen die Forschungsmittel von Museumsfonds, und am Museum genügte es, wenn man sagte, man wolle in sein ausgewähltes Gebiet fahren und dort forschen.

Ich hatte natürlich das Problem der Geschlechtsunterschiede im Kopf, und als wir anfingen, mit den Berg-Arapesh zu arbeiten, war dies ein Thema, dem ich sehr viel Aufmerksamkeit schenkte. Die Ergebnisse erschienen jedoch eher enttäuschend.

Bei den Arapesh wurde sowohl von den Männern als auch von den Frauen erwartet, daß sie hilfreich und anhänglich waren und sich gleichermaßen an der Aufzucht der Kinder beteiligten. Jungen halfen, ihre kleinen, ihnen angetrauten Frauen zu füttern und aufzuziehen, und Männer und Frauen beachteten gemeinsam die Tabus, die ihre neugeborenen Kinder schützten. Das ganze Abenteuer des Lebens kreiste darum, Dinge wachsen zu lassen – Pflanzen, Schweine und vor allem Kinder. Die Rolle des Vaters bei der Befruchtung war eigentlich eine Art Fütterungsrolle, da man glaubte, daß viele Geschlechtsakte nötig seien, um das Baby zu entwickeln, das aus dem Samen des Vaters und dem Blut der Mutter zusammengesetzt war.

Aggressives Verhalten – ein Verhalten, das die Rechte der anderen und auch die Regeln mißachtete, die es einem Mann verboten, seine eigenen Schweine, das Wild, das er erlegte oder die süßen Kartoffeln, die er selbst anbaute, zu essen – wurde sehr stark abgelehnt. Aber nicht der Aggressor wurde getadelt und bestraft, sondern jeder, der eine andere Person zu Ärger und Gewalt provozierte.

Die Arapesh akzeptierten verwundert und resigniert die Dinge, die in der Welt falsch liefen. Manche Mädchen wuchsen zu schnell und wurden zu Frauen, noch bevor ihre ihnen angetrauten Ehemänner, von denen erwartet wurde, daß sie zuerst reiften, erwachsen wurden. Und bei manchen Leuten, Männern und Frauen, stellte es sich heraus, daß sie gewalttätige, unkontrollierbare Personen waren; das beste Rezept in solchen Fällen war, sie nicht zu provozieren. Aber es herrschte die Erwartung, daß Männer und Frauen gleichermaßen anhängliche, freundliche Menschen waren, die ängstlich auf die Bedürfnisse anderer reagierten.

Reo und ich reagierten sehr verschieden auf die Arapesh. Auch ich fand diese Kultur, in der es so wenige Zeremonien und wenig Verfeinerung gab, sehr dürftig, und es nahm alle meine inzwischen gut entwickelten Feldforschungsfähigkeiten in Anspruch, irgend etwas daraus zu machen. Für einen ersten Forschungsaufenthalt wäre es vielleicht eine fürchterliche Erfahrung gewesen, Tag für Tag mit einer knappen Handvoll von Leuten zu arbeiten, die sich im Dorf von der schweren Arbeit ausruhten und ihre Zeit ziellos vertrödelten. Trotzdem waren mir die Leute angenehm, obwohl sie mich intellektuell ärgerten. Es gab Individuen, die fähig waren, gut und klar zu denken, und ein paar kleine Jungen schnitten gut ab beim «ball and field test» des Intelligenztests von Stanford-Binet. Das waren aber abweichende Individuen, die Schwierigkeiten hatten, mit den sanften, unklaren Umrissen der Kultur umzugehen, wo niemand spezialisierte Arbeit verrichtete, niemand ein gerufenes Zeichen genau erklären konnte, und jeder jeden mit einem Verwandtschaftsnamen ansprach, der genau der allgegenwärtigen Hilfsbereitschaft entsprach. So konnte ein Mann einen von zwei Brüdern «Mutters Bruder» nennen und den anderen «Schwager», je nachdem, wem er gerade half, seiner Mutter oder seiner Schwester.

Reo, der damit kämpfte, unwillig diktierten Texten eine Grammatik abzuringen, fand das Ganze – die Menschen und die Kultur – formlos, unattraktiv und durch und durch unangenehm. Als er sich sehr über einen der Jungen, die uns den Haushalt führten, ärgerte, war er nahe daran, ihn körperlich zu bedrohen. Als Reaktion darauf warf ich mich schnell zwischen den Jungen und Reos erhobene Hand. Reo kam aus einer Kultur, in der Jungen körperlich gezüchtigt wurden und Männer Frauen schlugen, während ich aus einer Familientradition kam, wo möglicherweise schon seit mehreren Generationen kein Mann mehr seine Hand gegen eine Frau oder ein Kind erhoben hatte. Und als ich mich mit den unglücklichen Arapesh zu identifizieren schien, verwirrte das Reo noch mehr. Ich fing an, die Arapesh und die Samoaner als eine Kategorie von Menschen zu betrachten, die in gewisser Hinsicht den Manus und ganz bestimmt den Dobuanern entgegengesetzt waren, jenen harten Kämpfern und finsteren, gefährlichen Zauberern.

In Arapesh hatte ich zuviel Zeit, um nachzudenken. Ich konnte das Dorf nicht verlassen, weil die Pfade zu steil und zu gefährlich für meinen kranken Knöchel waren. Aber oft waren überhaupt keine Leute im Dorf. Selbst bei der geschicktesten Handhabung der Informationen, die ich bereits hatte – so daß jeder, den ich erwischen konnte, um mit ihm zu sprechen, mir etwas Nützliches mitteilte –, gab es zuviel ungenützte Zeit. Ich befragte einzelne Leute über jedes Mitglied ihres Volks. Sie konnten auf einen Stammbaum mit einer klaren Verwandtschaftsbezeichnung antworten. Aber es stellte sich heraus, daß dies überhaupt nicht ihre Art war, das Verwandtschaftssystem zu benutzen. Ich verbrachte auch viele Stunden damit, mit Hilfe von Wasserfarbenminiaturen ihre Methode, auf Rindenstücke zu malen, zu kopieren. In einer betriebsameren Gesellschaft hätte ich vielleicht nie Zeit für derlei gefunden.

Und ich machte zwei ganz wesentliche Erfahrungen. Eine davon war angenehm, denn ich entwickelte das Gefühl, daß ich jetzt mit meiner Forschungsarbeit all das, was die Welt in meine Ausbildung gesteckt hatte, zurückgezahlt hatte – daß ich nach amerikanischen Vorstellungen ein Erfolg war. Das gab mir das Gefühl, ich sei von jetzt an frei – frei von Verpflichtungen und frei, das zu tun, was ich tun wollte.

Die zweite Erfahrung gehörte woanders hin. Ich hatte das Gefühl, daß wir uns festgefahren hatten – daß wir keine theoretischen Fortschritte mehr machten. Und unser persönliches Verhältnis war auch nicht einfach. Als das sehr schön in England hergestellte Buch *Sorcerers of Dobu* uns endlich erreichte, schaute Reo es ganz traurig an und sagte: «Das ist das letzte Buch, das ich jemals allein geschrieben habe. Du wirst in allen weiteren mit drinsein.» Ich lernte Arapesh, aber der Reiz der großen Schwierigkeit war verflogen, der mir, als ich in Manus und Samoa acht Stunden pro Tag Vokabeln lernte, immer wieder Auftrieb gegeben hatte. Ich war irgendwie an einem Endpunkt angekommen.

Ich hatte eine neue Art von Feldforschungsarbeit erfunden. Ich wußte jetzt, wie man Kinder studierte und ihre Aufzucht in die gesamte Kultur einordnete und auf diese Weise ein dynamisches Element in ein sonst ziemlich flaches Bild des Lebens einer anderen Gesellschaft bringen konnte. Wir hatten die Methode der Ereignis-Analyse erfunden und hatten gelernt, wie man kleine Vorfälle in größere Zusammenhänge einordnet. Aber für das Problem, das ich mit auf die Forschungsreise genommen hatte, die Frage, wie kulturell bedingte Verschiedenartigkeiten im männlichen und weiblichen Verhalten sich auf die unterschiedliche Charakterstruktur auswirkten, schien dies sehr wenig ergeben zu haben. Bei den Arapesh gab es nur so wenige Unterschiede in dem Charakter der kulturgemäß von Männern und Frauen erwartet wurde, daß ich das Gefühl hatte, nichts Neues entdeckt zu haben. Mir wurde klar, daß die Arapesh ebenso entscheiden, wie die Manus anales Verhalten förderten, orales Verhalten förderten, und daß diese Betonung des Oralen und der Nahrung in das frühe Werk von Freud und Abrahams paßte. Aber auch dieser Erkenntnis mangelte es an Gesichertheit und an theoretischem Bezug.

Während Reo kurze Reisen in Nachbardörfer und längere Expeditionen in Richtung Meer oder in das Landesinnere unternahm, saß ich in Alitoa herum und hatte das Gefühl, mein intellektuelles Leben sei irgendwie beendet. Es kam mir so vor, als würde ich in Zukunft immer weitere Kulturen auf dieselbe Weise studieren, als läge wenig intellektuell Aufregendes vor mir. Vielleicht war die abstumpfende Wirkung von Reos ständiger Beschäftigung mit Malinowski daran schuld, die so verschieden war von dem Anreiz, den die Studenten erfahren hatten, die tatsächlich mit Malinowski zusammenarbeiteten. Vielleicht war es meine Reaktion auf die Schwierigkeiten, die sich zu Hause entwickelt hatten.

Ruth schrieb mir, daß eine Stiftung angeboten hatte, eine Million Dollar für ethnologische Forschungen zur Verfügung zu stellen. Aber es gab eine Schwierigkeit: Radcliffe-Brown sollte das Projekt leiten. Als ich die Neuigkeit erfuhr, machte ich einen herrlichen Plan. Wenn wir das Geld bekämen, würde es in meinen Augen das Nützlichste sein, den begabtesten Studenten aus allen Sozialwissenschaften Stipendien anzubieten. Das würde bedeuten, daß eine große Anzahl lebendiger Kulturen aus dem Blickwinkel der Volkswirtschaft, der politischen Wissenschaften und der Psychologie studiert werden würde und daß eine ganze Gruppe von Spezialisten in den aufkommenden Sozialwissenschaften eine Kultur aus erster Hand kennen würde. Wäre das gelungen, würde die Welt anders aussehen.

Aber bald wurde klar, daß Halsstarrigkeit auf beiden Seiten jeden Plan verhinderte, das Geld sinnvoll zu verwenden. Radcliffe-Brown war trotz all seiner Brillanz arrogant, dogmatisch und diktatorisch. Und Boas und andere führende amerikanische Ethnologen entschieden, es sei besser, kein Geld zu bekommen, als es mit Radcliffe-Brown zu tun zu haben, der verantwortlich war für die Planung und Verteilung. Bis wieder Geld zur Verfügung stand, in den späten vierziger Jahren, war jede der Sozialwissenschaften ihren eigenen Weg gegangen, und die Sozialwissenschaftler – Ethnologen und Kulturanthropologen, Sozialpsychologen und Soziologen – arbeiteten wie auf einer verrückten Art von Tandem, bei dem die Kette fehlt. Wo sie dieselben Probleme angingen, arbeitete jeder mit verschiedenen Einheiten und in verschiedenen Begriffssystemen.

Ich glaube, ich spürte, daß der große Plan mißlingen würde und daß dies einen Teil meiner Depression ausmachte. Im Vergleich zu anderen Depressionen war ich ein leichter Fall. Ich glaube, sie war der Depression vergleichbar, die viele Männer um die Mitte ihres Lebens herum durchmachen, wenn ihnen klar wird, daß sie höchstwahrscheinlich in ihrem Beruf kaum noch vorankommen. Ich war dreißig. Seit damals habe ich mich nie mehr länger als ein paar Tage deprimiert gefühlt. Aber als ich auf diesem Berg festsaß, wo der Dunst die Sicht verschleierte und die großen Blätter der Pawpaw-Bäume das einzige waren, was ich in der uns einhüllenden Wolke sehen konnte, kam mir die Zukunft blaß und uneinladend vor.

Als wir schließlich Arapesh im August 1932 verließen, war keiner von uns mit den theoretischen Implikationen dessen, was wir herausgefunden hatten, zufrieden. Es war nicht zu verhindern gewesen, daß die Arbeit an der Sprache langweiliger wurde, sobald uns die wichtigsten Strukturen klar waren und wir sie nur noch mit Details aufzufüllen hatten. Reo hatte seine Expeditionen in das Innere des Landes genossen, besonders weil es ihm geglückt war, sein Wissen über die bedrohlichen Zauberer zu vergrößern, die in der Ebene lebten und unser mildes Bergvolk erpreßten, indem sie versprachen, ihre Verwandten zeitweise nicht zu verzaubern – vorausgesetzt, daß sie mit Nahrungsmitteln und einem angemessenen Vorrat an Handelswaren versorgt würden. Aber in vieler Hinsicht war es eine Erfahrung, die jeglichen Höhepunkts entbehrte. Wir hatten keine große Zeremonie und keine Initiation gesehen; wir hatten nicht einmal Konfrontationen mit Stil oder dramatischer Qualität gesehen.

Natürlich machte es mir die Tatsache, daß die Kultur so arm war, später möglich, sie sehr genau zu beschreiben. Theodore Schwartz – der seine Forschungsarbeit in Manus 1953 anfing – und ich schätzten im Vergleich dazu, daß es ganze dreißig Jahre ständiger Beobachtungen bedürfe, um das gesamte Repertoire von Manus dokumentieren zu können, und Manus ist noch nicht einmal eine sehr komplexe Kultur. Für die Iatmul, das Volk am Sepik-Fluß, über das Gregory Bateson zum erstenmal arbeitete, würden meiner Ansicht nach vielleicht nicht einmal viele Jahre Arbeit von verschiedenen Leuten mit all unseren modernen Aufzeichnungstechniken ausreichen.

Nachdem wir aus den Bergen zurück waren, verbrachten wir sechs Wochen auf Karawob, der gastfreundlichen Plantage an der Küste, wo ich während der Zeit geblieben war, als Reo im Inneren Träger organisiert hatte. Wir ruhten uns aus, behielten für die abwesenden Besitzer die Plantage im Auge, ordneten unsere Angelegenheiten, füllten unsere Vorräte auf, und fuhren dann den Sepik-Fluß hoch, um einen neuen Ort für unsere Forschungsarbeit zu finden.

Während wir noch in Arapesh waren, hatten wir die Nummern von *Oceania* erhalten, in denen Gregory Batesons kurzer Bericht über die Iatmul veröffentlicht war, und keiner von uns fand ihn sehr gut. Reo hatte immer noch wie früher das Gefühl, Gregory sei ihm einfach deshalb vorgezogen worden, weil er aus der Cambridge-Tradition kam. Und jetzt fing er an, über die Gespräche nachzudenken, die er mit Gregory in Sydney zu der Zeit geführt hatte, als er mit Material für eine vollständige, gut organisierte Monographie aus Dobu zurückgekommen war und Gregory über nichts zu berichten hatte als über die Frustration bei seinen Versuchen, die Baining zu studieren. (Heute, ganze fünfundvierzig Jahre später, brechen die Baining Feldforschern, die ihre erste Arbeit dort leisten, immer noch das Herz.) Wir wußten, daß Gregory erneut am Sepik war – und warum, fragte Reo, sollten wir ihm diese wunderbare Kultur überlassen?

Zu jener Zeit war die Moral der Feldforschung sehr streng. Boas hatte es abgelehnt, uns unter den Navaho arbeiten zu lassen, weil sie Gladys Reichard «gehörten» – und dies, obwohl es eine Tatsache war, daß wir eine Arbeit gemacht hätten, die sie niemals leisten würde. Ich hatte Gregory Bateson nie getroffen und hatte keinen Grund, ihn zu verteidigen. Während wir in Manus waren, hatte ich ihm geschrieben und ihn gebeten, einiges für das Museum zu sammeln; er hatte das abgelehnt und sein völliges Desinteresse erklärt. Aber er hatte uns ein paar Notizen geschickt, die er in Bipi gemacht hatte, einem abgelegenen Dorf auf den Admiralitäts-Inseln, wo er kurz Aufenthalt hatte, als er 1929 per Schiff zur Erkundung den Sepik-Fluß hinauf fuhr. Aber ob Gregory, seinen zu erwartenden Erlebnissen nach, ein größeres Recht auf die Iatmul-Kultur hatte oder nicht – er hatte sie sich ausgesucht, er war dort, und diese Kultur gehörte ihm. Tatsächlich hatte aber, wenn wir es zu dieser Zeit auch noch nicht wußten, Professor Haddons Vorschlag, er solle den Sepik-Fluß hinauf fahren und dort forschen, den Ausschlag für Gregorys Entscheidung gegeben, von Biologie zu Ethnologie zu wechseln. Auf seiner ersten Forschungsreise 1927 hatte ihm E. P. W. Chinnery, der Regierungsethnologe, nicht gestattet, am Sepik zu arbeiten und hatte darauf bestanden, daß er zu den Baining ging. Aber jetzt war er auf seiner dritten Reise zu den Iatmul.

Als wir uns entschlossen, zum Sepik zu fahren, beharrte ich darauf, daß wir Gregorys Territorium nicht verletzten. Ich bestand darauf, daß Reo und ich dorthin gehen würden, wo sonst noch niemand gearbeitet hatte. Das schloß auch den Keram-Fluß aus, einen unteren Nebenfluß des Sepik, wo der deutsche Ethnograph Richard Thurnwald zu Beginn des Ersten Weltkriegs gearbeitet hatte. Zu jener Zeit bekamen die Australier einen Bericht über einen «deutschen Expeditionstrupp» am Keram, aber als die Gruppe von Soldaten, die hingeschickt wurde, um den Trupp zu überwältigen, am Fluß ankam, fand sie nur Thurnwald vor, der friedlich ein Eingeborenendorf studierte. Wofür wir uns schließlich entschieden, war, den Sepik bis zum ersten Nebenfluß oberhalb des Keram hochzufahren und den ersten Volksstamm an diesem Fluß zu studieren. Es war eine vollkommen willkürliche Entscheidung, aber wenigstens eine, die uns ein gutes Stück von dem Gebiet des mittleren Sepik-Flusses entfernt hielt.

So kamen wir an den Yuat-Fluß (der in dieser Gegend auch als Biwat bekannt ist) und zu dem Volk der Mundugumor, das seit etwa drei Jahren unter fester Regierungskontrolle war. Im Büro der Regierung für diesen Distrikt, das von einem neuen Beamten geleitet wurde, war fast nichts bekannt außer den Namen der Dörfer und dem ungefähren Verlauf der Grenze, an der ihre Sprache begann. Leute, die in der Rekrutierungstelle arbeiteten, konnten uns nur sagen, daß die Mundugumor Knöpfe liebten. Aber es stellte sich heraus, daß wir auch mit den Mundugumor eine enttäuschende Wahl getroffen hatten.

Sie waren eine wilde Gruppe von Kannibalen, die das beste Land oberhalb des Ufers besetzt hielten. Sie beuteten ihre armseligen, im Moor wohnenden Nachbarn aus und verschleppten deren Frauen, um den Haushalt ihrer führenden Männer anzufüllen. Die Mundugumor erzählten uns, daß zu der Zeit, als die Deutschen dort waren, die Regierung hin und wieder Strafexpeditionen ausgesandt hatte, um ein Dorf niederzubrennen und jeden zu töten, den sie in der Umgebung fanden. Das störte sie nicht weiter und schreckte sie nicht ab. Als die australische Verwaltung die Macht übernahm, wandte sie eine ganz andere Methode an, um den Krieg zu beenden. Statt Dörfer zu zerstören, wurden die Anführer der Dörfer ins Gefängnis gesteckt. So waren die beiden großen Männer von Kenakatem, wo wir uns niederließen, ein Jahr lang im Gefängnis gewesen, wo sie herumsaßen und überlegten, wer wohl ihre vielen Frauen verführt hätte.

Als die Anführer zurückkamen, verkündeten sie, der Krieg sei vorbei. Das bedeutete auch, daß das gesamte Zeremonienleben ein jähes Ende nahm. Frauen waren schon zu den Initiationsfeiern zugelassen, und damit war der zentrale Punkt des Rituals – die Trennung der Männer von den Frauen und Kindern – schon verlorengegangen, und die Zeremonie würde vielleicht fallengelassen werden. Darüber hinaus mußten alle jungen Männer das Dorf verlassen, um zu arbeiten. Die völlige Bejahung des Bruchs mit der Vergangenheit, die für Sepik-Kulturen sehr charakteristisch ist, führte zu einer Art kultureller Lähmung.

Wir arbeiteten natürlich. Reo entschied, daß diesmal er die Kultur und ich die Sprache, die Kinder und die Technik bearbeiten würde. Da es nur einen sehr guten Informanten gab, arbeiteten wir abwechselnd mit ihm. Reo sammelte endlose Berichte über Kämpfe um Frauen; ich arbeitete die Details ihrer Technik aus. Die Moskitos waren entsetzlich, und wir fanden heraus, daß die Leute selbst in ihre Erzählungen Anspielungen auf die Moskitos einbezogen und überlegten, ob sie nun bissen oder nicht. Es war eine außerordentlich schwere und ganz und gar nicht lohnende Arbeit, so viel wie möglich über eine Kultur aufzuzeichnen, von der die Leute selbst annahmen, daß sie nicht mehr existierte.

In der Mitte unseres Aufenthalts entdeckte ich, daß Reo, der darauf bestanden hatte, allein das Verwandtschaftssystem zu erarbeiten, einen wichtigen Anhaltspunkt außer acht gelassen hatte. Der Anhaltspunkt ergab sich aus der Sprache der Kinder, an der ich arbeitete. Ich hatte das Gefühl, daß wir das Material sehr viel schneller zusammengebracht hätten, wenn er nicht eine so strenge Trennungslinie zwischen seiner und meiner Arbeit gezogen hätte. Dadurch hätten wir diesen Anhaltspunkt beinahe übersehen, und das ging mir gegen den Strich. Es stand in klarem Widerspruch zu guter wissenschaftlicher Praxis. Ich hatte nichts gegen eine Arbeitsteilung, die darauf beruhte, daß Reo tat, was er wollte, und mir das überließ, was er am wenigsten interessant fand, solange die Arbeit nur getan wurde. Was mich ängstigte, war die Gefahr, daß sie ungetan blieb.

Zudem hatte ich das Gefühl, bei meiner Erforschung der Geschlechts-Stile nicht weiter zu kommen. Die Mundugumor unterschieden sich in jeder nur denkbaren Weise von den Arapesh. Wilde, besitzergreifende Männer und Frauen entsprachen dem bevorzugten Typ; warmherzige, liebevolle Männer und Frauen wurden von der Kultur abgelehnt. Eine Frau, die so großzügig war, das Baby einer anderen Frau zu stillen, fand einfach keinen anderen Mann, wenn sie verwitwet war. Sowohl von Männern als auch von Frauen wurde erwartet, daß sie ausgesprochen auf Sexualität aus und aggressiv waren. Üblicherweise lehnten beide Geschlechter Kinder ab, und was die Kinder anging, die überleben durften, so zogen erwachsene Männer und Frauen stark die Kinder des anderen Geschlechts vor. In Arapesh wurden die Frauen zu ihrem eigenen Schutz aus den Gärten ferngehalten, weil die süßen Kartoffeln nichts mit Frauen zu tun haben wollten. In Mundugumor kopulierten die Menschen in Gärten, die jemand anderem gehörten, nur um ihre süßen Kartoffeln zu zerstören. Hier in Mundugumor fand ich wieder eine sehr starke kulturelle Prägung der Persönlichkeit, aber wie in Arapesh wurde von den Männern und Frauen erwartet, daß sie einem einzigen Typ entsprachen: die Vorstellung von Verhaltensunterschieden, durch die sich Männer und Frauen voneinander absetzten, war hier ganz unbekannt. Was meine zentrale Fragestellung anging, so befand ich mich in einer Sackgasse. Es war natürlich eine Menge neues Material da, aber nicht zu dem Thema, über das ich speziell hatte arbeiten wollen. Auf meinen zwei vorangegangenen Forschungsreisen hatte ich ungeheuer viel Glück mit den Kulturen gehabt, obwohl sie ebenso willkürlich ausgewählt worden waren wie die Arapesh und die Mundugumor. Aber es schien, als hätte ich diesmal kein Glück.

Hinzu kam, daß ich die Mundugumor-Kultur mit ihren endlosen aggressiven Rivalitäten, ihrer Ausbeutung und ihrer Zurückweisung der Kinder verabscheute. Die Mundugumor hatten eine Variation des regionalen Verwandtschaftssystems entwickelt, die weder die väterliche noch die mütterliche Linie betonte. Die Menschen gehörten einem «Strang» an – eine Frau gehörte zu dem Strang ihres Vaters, zu dem auch seine Mutter gehörte, und ein Mann gehörte zum Strang seiner Mutter, zu dem auch ihr Vater gehörte. Das hieß, daß ein Mann zu derselben Gruppe wie der Vater seiner Mutter gehörte, aber nicht mit seinem Vater noch mit den Brüdern seines Vaters oder den Brüdern seiner Mutter verbunden war. Und natürlich gehörte er zu einem anderen Strang als seine Schwestern. Mit diesem System gingen Rivalität, brutaler innergeschlechtlicher Wettbewerb und eine erbarmungslose Ausbeutung der Gefühle kleiner Kinder einher. Von kleinen Jungen von sieben bis acht Jahren wurde erwartet, daß sie sich gegen ihren Vater stellten, der sich für eine Tochter eine Extra-Frau einhandeln wollte, während korrekterweise die Schwester des Jungen hätte behalten werden sollen, um später im Austausch für die Frau des Bruders hergegeben zu werden. Und kleine Jungen wurden zu zeitweiligen Verbündeten geschickt, um dort monatelang als Geiseln zu leben; bevor sie losgingen, wurde ihnen aufgetragen, sich die Buschwege sorgfältig einzuprägen, damit sie später ein Überfallkommando in das Dorf führen konnten. Beim Beischlaf kratzten und bissen sich die Menschen, und sie begingen Selbstmord, indem sie sich bei einem Wutanfall im Kanu den Fluß hinuntertreiben ließen, um dann vom nächsten Stamm gefangen und aufgefressen zu werden.

Überhaupt am schwierigsten auszuhalten war für mich die Einstellung der Mundugumor Kindern gegenüber. Frauen wollten Söhne haben und Männer Töchter, und Babies, die das falsche Geschlecht hatten, wurden lebend, in Rindenstoff gewickelt, in den Fluß geworfen. Die Leute waren imstande, das Bündel aus dem Wasser zu ziehen, nach dem Geschlecht des Babys zu schauen und es wieder wegzuwerfen. Ich reagierte so stark auf dieses Element der Kultur, daß ich mich hier entschloß, ein Kind zu bekommen, egal wie viele Fehlgeburten das mit sich bringen würde. Es schien mir auf der Hand zu liegen, daß eine Kultur, die Kinder so sehr ablehnte, keine gute Kultur sein könne, und der Zusammenhang zwischen der harten, von der Kultur vorgeschriebenen Lebensweise und dem Verhalten der Individuen war nur allzu auffallend.

Reo war von den Mundugumor sowohl abgestoßen als auch fasziniert. Sie brachten etwas in ihm zum Klingen, das mir vollkommen fremd war, und die Arbeit mit ihnen hob Aspekte seiner Persönlichkeit hervor, in die ich mich nicht einfühlen konnte. Wenn er krank wurde, ging er hinaus und stieg, egal wie hoch das Fieber auch war, auf einen Berg, um die Krankheit aus seinem Körper zu vertreiben. Am Anfang unserer Ehe hatte er mich während meines ersten Malaria-Anfalls sehr lieb versorgt – man bekommt dabei Angst, weil einem so kalt wird, daß es einem schwerfällt zu glauben, man könne jemals wieder warm werden und aufhören, zu zittern. Aber als ich später mehr zu seiner Ehefrau – und damit zu einem Teil von ihm – wurde, bekam ich dieselbe Härte zu spüren, mit der er auch sein eigenes Fieber behandelte. Als ich einen infizierten Finger hatte, der einen heißen Umschlag brauchte, wurde mir gesagt, ich solle ihn mir selber machen. Und als ich einmal in New York krank war, weigerte er sich, ein Thermometer zu kaufen; als ich schließlich einen Nachbarn herbeirief, stellte sich heraus, daß ich 40° Fieber hatte. Ich erwartete kaum mehr Mitgefühl. In Mundugumor hatte ich ziemlich oft Fieber, und deshalb waren die drei Monate dort, bei Reos unnachgiebiger Einstellung Krankheiten gegenüber, der Moskitosplage und der allgemeinen Frustration über die Menschen, eine sehr unangenehme Zeit.

Kurz vor Weihnachten brachen wir unser Lager ab und fuhren zur Mündung des Yuat, wo er sich mit dem braunen, schnell fließenden Wasser des Sepik vermengte. Die Nacht, die wir dort verbrachten, während wir auf das Regierungsboot warteten, war die schlimmste in all den Monaten bei den Mundugumor. Denn die Leute hatten die Latrinentür aus einer bestimmten Art von Palmwedeln hergestellt, die von winzigen Dornen bedeckt sind, und als ich versuchte, die Tür zu öffnen, jagte ich mir Hunderte von Dornen in die Hände.

Schließlich kam am nächsten Morgen das Regierungsboot an, und wir machten uns auf die lange Reise stromaufwärts und verbrachten Weihnachten in Ambunti, dem Hauptstützpunkt der Regierung am Fluß, volle 250 gewundene Meilen oberhalb der Flußmündung. An diesem Teil des Sepik breitet sich Sumpfland weit hinter beiden Ufern aus, und nur hin und wieder stechen, wo der Boden sich etwas erhebt, große Bäume als dunkelgrüne Flecke vom Himmel ab. Wir fuhren an Tambunam vorbei, das tief im Schatten lag, dem eindruckvollsten Dorf am Sepik und eines der schönsten Dörfer von ganz Neuguinea, mit seinen großen Wohnhäusern, in deren Giebel aus Bambus geflochtene Gesichter hängen, und seinem großen, zweigiebeligen Männerhaus, das auf einem bepflanzten Platz steht. Wieder reagierten Reo und ich mit einem Anfall von Neid. Das war eine Kultur, die wir gern studiert hätten.

16

Tchambuli: Geschlecht und Temperament

Spät am Nachmittag legte das Boot in Kankanamum an, dem Iatmul-Dorf, wo Gregory Bateson arbeitete. Wir gingen zu seinem verrückten Arbeitszimmer hinauf, durch dessen Dach ein Baum wuchs, so daß seine Katze – und natürlich auch die Moskitos – kommen und gehen konnten, wie sie wollten. Die langen Stunden in der brennenden Sonne auf dem Fluß waren sehr anstrengend gewesen. Als wir nach der ersten Begrüßung eintraten, schaute mich Gregory an, sagte «Sie sind müde», und zog einen Stuhl herbei. Ich sank darauf und hatte das Gefühl, dies seien die ersten mitfühlenden Worte, die ich von irgend jemandem während all der Monate in Mundugumor zu hören bekam.

Auf sehr ungewöhnliche Weise stellte dieses erste Treffen in mir den psychischen Zustand wieder her, in dem ich Samoa verlassen hatte. Aber die Situation war sehr viel komplizierter. Diesmal waren wir zu dritt, und Gregory war, wenn möglich, noch ausgehungerter nach Gesprächen als Reo und ich. Er hatte allein gearbeitet und war deprimiert und entmutigt; er kam mit seiner Arbeit nicht voran. Er und Reo saßen die ganze Nacht über zusammen und redeten, während ich mich mit dem jungen Beamten unterhielt, der uns begleitete, damit die anderen ungestört reden konnten.

Aber weniger als eine Stunde nach unserer Ankunft kam Gregory mit einer Kopie von *Growing Up in New Guinea* an und stellte meine Behauptung in Frage, daß die Männer von Manus nicht wüßten, daß Mädchen zwischen der Pubertät und der Eheschließung menstruieren. Ich erklärte ihm, es sei nur deshalb ein Geheimnis, weil niemand wußte, daß es die Männer nicht wußten – genau wie in unserer Gesellschaft viele Mädchen, denen «die Tatsachen des Lebens» erklärt worden sind, dennoch heranwachsen, ohne auch nur die elementarsten Tatsachen über die menschliche Fortpflanzung zu kennen. Es wird einfach angenommen, daß sie Bescheid wissen, aber dem ist nicht so. Das war Gregorys Eröffnungsmanöver. Später sagte er einmal, Ethnologen, die meine Arbeiten gelesen hatten, mich aber nicht kannten, neigten deshalb dazu, an meinen Schlußfolgerungen zu zweifeln, weil sie nicht an die Schnelligkeit glauben könnten, mit der ich arbeitete.

Als am nächsten Tag das Schiff langsam auf dem breiten, schnell fließenden Fluß stromaufwärts fuhr, unterhielten wir uns weiter, ganz erfüllt von der Erregung, jemanden getroffen zu haben, der eine so andere Ausbildung hinter sich hatte als wir. Denn während Reo und ich von den Sozialwissenschaften herkamen, hatte Gregory Biologie studiert, und in Diskussionen wechselte er leicht von einem Fach zum anderen über und wählte Analogien einmal aus der Physik und einmal aus der Geologie.

Boas beherrschte die wissenschaftlichen Methoden so sicher, daß er sie fast nie mit seinen Studenten diskutierte. Er belastete uns nie mit Gesprächen über wissenschaftliche Formalien; wir hörten nichts über Hypothesen oder Paradigmata und wir besprachen die formale Epistemologie nicht.

In seinem Unterricht präsentierte Boas das Material so, daß seine Studenten ganz einfach die richtigen Verfahrensweisen aufsogen. Im Endergebnis waren wir nicht im geringsten an jene Art von gesteigertem wissenschaftlichem Bewußtsein gewöhnt, welche die Männer aus der englischen Tradition jener Zeit charakterisierte – Männer wie C. H.

Waddington, Evelyn Hutchinson, Joseph Needham, «Sage» Burnell und natürlich auch Gregory.

Aber Gregory hatte noch keinen Kontakt mit der Art von Ethnologie gehabt, in der wir ausgebildet worden waren. Weder die Methode von A. C. Haddon und J. H. Hutton in Cambridge noch die davon etwas differierenden funktionalen Methoden von Bronislaw Malinowski und A. R. Radcliffe-Brown ermöglichten das Studium von Individuen durch ununterbrochene, systematische Beobachtung von Einzelheiten des Verhaltens.

Gregory war methodisch unsicher; wir waren ausgehungert nach theoretischer Relevanz. Und ein Jahr lang hatte keiner von uns jemanden getroffen, mit dem er über das, was er tat, sprechen konnte. Außerdem fühlte ich mich wie durch ein Wunder aus dem Gefängnis befreit – aus dem Gefängnis dieser Bergspitze der Arapesh, wo es mir siebeneinhalb Monate lang nicht möglich gewesen war, auch nur einen Schritt aus dem Dorf heraus zu tun und aus dem alptraumartigen Gefängnis des sich auflösenden, feindseligen, moskitogeplagten Mundugumor-Dorfes.

Wir sprachen den ganzen Tag lang miteinander und die meiste Zeit während der Tage in Ambunti, inmitten der ganz phantastischen neuguineanischen Weihnachtsfeierlichkeiten. Unsere Gruppe bestand aus siebzehn Männern allerverschiedenster Herkunft und einer anderen Frau, die gerade aus dem Gefängnis kam, weil sie ihren Säugling getötet hatte, und die es irgendwie geschafft hatte, den Sepik heraufzukommen. Den ganzen Tag lang wurde getrunken, und unsere unerfahrenen kleinen Arapeshjungen, die wir mit uns den Fluß hinaufgebracht hatten, beobachteten ganz erstaunt, wie Geschirr zertrümmert und Mobiliar aus der Tür eines der Häuser unten im Tal geworfen wurde. Um zehn Uhr abends pflegte unser jovialer, sehr beliebter Gastgeber «Sepik Robbie», der Akoholiker war, zu sagen: «Wir haben schon zu Abend gegessen, nicht wahr?» Ich lernte, Robbies Koch große Stücke Brot und Butter abzuschmeicheln, um mich während der langen Trinkgelage ohne Abendessen zu stärken. Es war ein Mann mit von der Partie, der Arbeiter rekrutierte und der bekannt dafür war, wie schlecht er seine Leute behandelte. Für Reo war er so etwas wie ein rotes Tuch, und er drohte immer, ihn zu verprügeln. Am Weihnachtsabend ging der erste Toast der schon stark angetrunkenen Versammlung «Auf die Frauen»! Aber als dann jemand sagte: «Auf den König, Gott schütze ihn», drang Gregorys Cambridge-Stimme mit unmißverständlicher englischer Autorität durch den Festtrubel. «Das können Sie nicht machen!» Betrunken oder nüchtern, der Toast auf den König kam zuerst – oder überhaupt nicht. Am Weihnachtsmorgen gab es kein Bier mehr, und die Männer brachen eine Kiste Champagner auf, die von ein paar Goldsuchern für die Feier versteckt worden war, wenn sie Gold finden würden. Als sie anfingen, den

Champagner vor dem Frühstück zu trinken, murmelten die Australier, sie wünschten, es wäre Bier.

Zwei Tage nach Weihnachten nahm uns Gregory mit, um die Washkuk kennenzulernen, eines der Völker, die uns für unsere nächste Forschungsarbeit empfohlen worden waren. Sein großes Kanu mit Außenbordmotor – ein Motor, an den sich die Stämme am Sepik noch wehmütig erinnern – war hinter dem großen Schiff hergezogen worden, und nun fuhren wir drei los. Die erste Nacht schliefen wir im Gästehaus eines Dorfes, das vor Aufregung und Anspannung brodelte. Die Leute behaupteten – und wir erfuhren nie, ob es stimmte oder nicht –, sie würden jeden Augenblick einen Überfall erwarten und für ihre und unsere Sicherheit fürchten. Obwohl sie eine am oberen Sepik übliche Version des Iatmul sprachen, konnten sie Gregory verstehen, und er saß draußen auf dem Platz und sprach mit ihnen, während Reo vom Inneren des Gästehauses aus die Szene mit einem Revolver überwachte. In dieser Nacht ließen wir die Lampe brennen und wachten abwechselnd, während wir auf dem Boden unseres improvisierten Raums lagen. Es fand kein Überfall statt, aber einmal wachte Reo auf und hörte, wie Gregory und ich uns unterhielten. Es spricht viel für die Vermutung, daß nicht die Urszene die wahre ödipale Situation darstellt, sondern jene, in der sich Eltern miteinander in Worten unterhalten, die das Kind nicht verstehen kann. Und damals hatten Gregory und ich schon eine Art von Kommunikation eingeführt, an der Reo nicht teilnehmen konnte.

Die Situation wurde noch schwieriger, als wir am nächsten Tag begannen, auf den Washkuk-Berg hinaufzusteigen. Ich ging barfuß, weil ich nur so die Berge von Neuguinea besteigen kann. Unterwegs schlug Gregory vor, schwimmen zu gehen, und setzte gemäß den bohemienartigen Vorstellungen seiner Universitätszeit voraus, daß wir alle nackt schwimmen würden – eine Vorstellung, die Reo geradezu entsetzte. Gregory kam aus einer Welt, in der vielfältige und verwickelte Liebesaffären an der Tagesordnung waren; Reo kam aus einer Welt, in der die strengsten viktorianischen Werte noch galten. Es war ihm schwer genug gefallen, mit der Tatsache zurechtzukommen, daß ich immerhin schon einmal verheiratet gewesen war und daß er, als er mich heiratete, seiner Auffassung nach einem anderen Mann die Frau nahm. Und es fiel ihm immer schwer, mit Rivalität, ganz gleich auf welcher Ebene, umzugehen. Die Tatsache, daß er Gregorys Gesellschaft genauso genoß wie ich, half da nicht im mindesten.

Wir verbrachten ein paar unruhige Tage in Washkuk, in deren Verlauf mir klarwurde, daß das nicht der Ort war, wo wir arbeiten wollten. Alles war sehr ähnlich wie Arapesh, nur schlimmer. Die Häuser lagen weit verstreut an steil abfallenden Straßen. Von einem Haus mußte man vielleicht eine Meile gehen, um das nächste Haus mit einem Mann, einer Frau, einem Kind und zwei Hunden zu finden. Wir suchten ein Dorf mit vielen Einwohnern und jenem reichen Zeremonienleben, das wir in der Ebene jenseits Arapesh zu finden gehofft hatten. Also stiegen wir den Berg wieder hinunter und kehrten nach Kankanamum zurück.

Gregory versprach, uns von da aus zu einer anderen guten Möglichkeit zu bringen, einer Volksgruppe, die am Tchambuli-See (jetzt wird das Chambri geschrieben) lebte, dem angeblich herrlichsten See von ganz Neuguinea. Auf seiner schwarzen, glänzenden Oberfläche schwimmen Tausende von rosa und weißen Lotusblumen und blauen Wasserlilien, und am frühen Morgen stehen weiße und blaue Reiher im seichten Wasser. Es war fast nichts bekannt über das Tchambulivolk, außer dem Umstand, daß es kunstvolle Männerhäuser und eine große Bevölkerung besaß, und es herrschte die unklare Vorstellung, daß sie irgendwie den Iatmul ähnelten.

Wir blieben eine Woche lang in Kankanamum und bekamen ein Gefühl für die Iatmul-Kultur. Gregory nahm Reo ins große Männerhaus mit – das einzige traditionelle Männerhaus dieser Art, das es noch heute am Sepik gibt –, und ich ging im Dorf umher. Dieser Besuch vermittelte uns einen emotionalen Eindruck von der Kultur, der es uns später möglich machte, mit Gregory zu diskutieren, als wir schwierige Vergleiche zwischen den Tchambuli und den Iatmul anstellten. Bevor wir abreisten, sagte ich zu meinem kleinen Arapeshjungen Saharu, das einzige Nachahmenswerte in Gregorys Lager sei seine sehr elegante Latrine, in die man durch eine doppelte Irrgartenwand kam. Saharu antwortete: «Ich habe es beobachtet.» Gregory und ich hatten schon mit einem spielerischen Wettbewerb in bezug auf Arbeitstechniken begonnen, denn obwohl Reo und ich sehr viel besser entwickelte verbale Forschungstechniken hatten, besaß Gregory ein ganz sicheres Gefühl für Forschungstechnologie, das schließlich bei unserer kniffligen Arbeit in Bali fruchtbar wurde.

Früh am Morgen fuhren wir wieder in dem großen, tiefen Kanu los und suchten unseren Weg durch die engen, künstlich angelegten Kanäle, die in das hohe Gras eingeschnitten waren, das sich meilenweit zwischen dem Hauptfluß und dem Chambri-See erstreckt. Es war sehr heiß und still; das schwarze Wasser der Kanäle – schwarz von verwesenden Pflanzenteilen – hatte einen starken Geruch, der sich seltsam mit dem Geschmack der Büchsen-Anchovis vermischte, die wir zu Mittag aßen. Der See, der glatt wie Glas dalag, war so wunderbar, wie er uns beschrieben worden war, und die Tchambulidörfer sahen reich und vielversprechend für die Arbeit aus, die wir leisten wollten. Gregory konnte natürlich mit den Leuten reden, da sie Iatmul als Handelssprache benutzten, weil ihre eigene Sprache so schwierig war, daß die Nachbarvölker sich weigerten, sie zu lernen. Es hieß sogar, daß junge Männer, wenn sie nach ein paar Jahren Arbeit zurückkamen, behaupteten, sie hätten ihre eigene Sprache vergessen, und auf Iatmul mit ihren Vätern sprachen.

Zu diesem Zeitpunkt gab es schwierige Umschwünge in unserem Verhältnis. Zeitweise empfanden Reo und ich Gregory um Jahre jünger. Tatsächlich waren Reo und er nur ein Jahr auseinander und hatten ungefähr zur gleichen Zeit mit ihrer Forschungsarbeit angefangen. Aber Gregory war sehr dünn und hatte noch die Figur eines Heranwachsenden, und dann gab es so vieles, was wir ihm als Ethnologen beibringen konnten. Zu anderen Zeiten jedoch schien Gregory älter zu sein als wir. Er verfügte über die ganze Sicherheit seiner englischen Herkunft und über die intellektuelle Sicherheit seiner naturwissenschaftlichen Ausbildung in Cambridge. Hinzu kam, daß Tchambuli eine ziemlich kleine, besondere Version der Iatmul-Kultur vom mittleren Sepik zu sein schien. Das hieß, daß Gregory schon einen großen Teil der Tchambuli-Kultur verstand, während wir noch alles lernen mußten, sowohl die Kultur als auch die Sprache – eine schwierige, vielgeschlechtige Sprache, die gerade anfing, zu einem zweigeschlechtigen System – für Lebendes und Unbelebtes – überzugehen. Es gab drei Volksteile der Tchambuli, die früher, was Zeremonien und Soziales betraf, getrennt gewesen waren. In der Vergangenheit hatten sie ihre Kriminellen und Verbrecher ausgetauscht, damit die Jungen der anderen Volksteile an ihnen ihre erste Tötung vornehmen konnten. Ungefähr vor zwanzig Jahren hatten die Iatmul die Tchambuli verjagt und ihr Land in Besitz genommen; jeder der Volksteile war zu anderen Handelsfreunden geflüchtet. Erst ein paar Jahre zuvor war es ihnen unter dem Schutz der Regierung möglich gewesen zurückzukehren, ihr Land wieder in Besitz zu nehmen und ihre Dörfer neu aufzubauen. Als sie zurückkamen, hatten sie viel Metallwerkzeug und bauten, ganz berauscht von ihrem Erfolg, eine Kette von wunderbaren neuen Männerhäusern das ganze Seeufer entlang.

Selbst jetzt noch rivalisierten die drei Volksteile sehr stark miteinander. Wir suchten uns einen Platz für ein Haus neben dem Gästehaus aus, weil das die angenehmste Stelle war. Aber es stellte sich heraus, daß wir zwei Häuser bauen und versprechen mußten, in dem besseren zu wohnen, und die Baugruppen schickten Spione aus, um den Fortgang der Arbeit der andern zu beobachten. Natürlich wählten wir das näherliegende Haus aus, um darin zu leben, weil wir dort die Arbeit gut überwachen konnten. Aber das zweite Haus gab uns eine Basis am weit entfernten Ende des Dorfes. Das war bequem, denn obwohl die Wohnhäuser ziemlich nahe beisammen an einem steilen Hügel lagen und die Männerhäuser unten am Rand des Sees, waren die Entfernungen doch ziemlich groß, wenn man versuchte, zwei oder drei Ereignisse zu beobachten, die gleichzeitig stattfanden. Und die Tchambuli schäumten über vor Aktivität.

Wir hatten das, war wir uns wünschten – einen Ort, an dem viel los war. Aber ich fing an, mich erschöpft zu fühlen von der Anstrengung des Lernens von drei neuen Sprachen in so kurzer Zeit. Ich träumte davon, daß ich vor einem Haus stand und höflich fragte, ob ich eintreten dürfe – und niemand antwortete mir. Dann erwachte ich und bemerkte, daß nur die Substantive und die Verben Tchambuli gewesen waren; ich hatte samoanische Partikel eingefügt.

Nach kurzer Zeit beschloß Gregory, in Aibom zu arbeiten, dem Dorf einer anderen Volksgruppe, die Töpfereispezialisten waren und ebenfalls am Chambri-See lebten; und er ließ sich dort ein Haus bauen. Er kam ziemlich häufig herüber, und wir unterhielten einen Botendienst zwischen den beiden Lagern, mit dessen Hilfe wir manchmal lange, theoretische Erörterungen führten. Durch diesen stimulierenden Gedankenaustausch und unsere gelegentlichen Unterhaltungen nahm Gregorys Analyse der Iatmulkultur langsam ihre endgültige Form an, und ein Muster bildete sich heraus, das in vieler Hinsicht das, was wir in Tchambuli vorfanden, ergänzte.

Und nun endlich lieferte mir Tchambuli, nachdem ich in zwei Kulturen gearbeitet und gedacht hatte, daß ich nichts wirklich Relevantes zu dem Problem, an dem ich forschen wollte, gefunden hätte, eine Art Muster – genauer, das fehlende Bindeglied –, das eine neue Interpretation dessen, was wir bereits wußten, möglich machte. Sehr oft enthüllt ein solcher Vergleich verschiedener Kulturen, wie ein Problem wirklich gelagert ist, und ermöglicht es einem so, das Problem neu zu formulieren. Kontrast, durch Vergleich gewonnen, ist nötig zur Abrundung eines Bildes.

Unter den Tchambuli waren die erwarteten Beziehungen zwischen Männern und Frauen denen entgegengesetzt, die für unsere eigene Kultur charakteristisch sind. Denn bei den Tchambuli waren die Frauen die lebhaften und kräftigen, erledigten die geschäftliche Seite des Lebens und arbeiteten gern in großen Gruppen zusammen. Jede Frau hatte einen Herd aus Ton, der die Form eines großen Topfes mit abgestuften Ornamenten auf einer Seite hatte und in einem geflochtenen Schilfring stand. Die Frauen trugen diese offenen Herde mit sich in den großen, geräumigen Häusern, die mehrere Familien beherbergten, herum, und stellten sie überall dort auf, wo etwas zu tun war.

Die kleinen Mädchen waren so klug und tüchtig wie ihre Mütter. Tchambuli ist die einzige Kultur, in der ich gearbeitet habe, in der die kleinen Jungen nicht die aufstrebendsten Mitglieder der Gemeinschaft waren und nicht die größte Neugier zeigten und am freiesten ihre Intelligenz bewiesen. In Tchambuli waren die Mädchen klug und frei, während die kleinen Jungen schon in das rivalitätsreiche, kleinliche und von individuellem Wettbewerb geprägte Leben der Männer verwickelt waren.

Der Krieg hatte vor langer Zeit aufgehört, Tchambuli-Männer zu interessieren, und Kopfjägerehren, die für die nominelle Mannbarkeit nötig waren, wurden – seit das Kopfjägertum durch Regierungsdekret verboten worden war – durch Tauschgeschäfte erlangt. Der Bruder der

Mutter hielt den hilflosen Gefangenen fest, während sein Neffe den Speer warf. Das war die letzte Stufe in einem System der Kopfjägerei, in dem einen Kopf zu erjagen – irgendein Kopf, sogar der einer alten Frau oder eines Kindes genügte – für einen Mann sehr viel wichtiger war als die Zurschaustellung von Mut. In dieser Hinsicht standen die Volksstämme am Sepik in extremem Gegensatz zu den amerikanischen Prärie-Indianern, die einem Krieger größere Ehre zukommen ließen, wenn er ein Pferd stahl oder einen lebenden Feind berührte, als wenn er einen Skalp erjagte. Aber in Tchambuli war sogar die gedankliche Verknüpfung von Krieg und Kopfjagd verlorengegangen.

Formell standen die Männer dem Haushalt vor, aber in Wirklichkeit verwalteten die Frauen die Wertgegenstände, kleideten die Männer und Kinder und gingen ihrer Arbeit ungeschmückt, geschäftsmäßig und kompetent nach. In der Zwischenzeit schnitzten, malten und schwätzten die Männer unten am See in ihren Zeremonienhäusern, bekamen Wutanfälle und wickelten ihre Rivalitäten ab.

In Tchambuli hatte Reo, während er das Verwandtschaftssystem erarbeitete, einen jener Geistesblitze, die alle wissenschaftliche Arbeit lohnend erscheinen lassen, indem er herausfand, daß zwei Arten von Verwandtschaftssystemen, die bis dahin als in sich ganz verschieden beschrieben worden waren, sich tatsächlich spiegelbildlich zueinander verhielten. Am Nachmittag, an dem Reo das herausfand, kam Gregory herüber und staunte über unsere Freude. Reo veröffentlichte seinen Fund in *Oceania*, in einem Artikel mit der schlichten Überschrift «A Note on Cross-Cousin Marriage». Seiner Analyse wurde nur wenig Beachtung geschenkt, obwohl sie zwanzig Jahre später eine Arbeit gewesen wäre, mit der jemand seine Karriere hätte begründen können. Aber an jenem Nachmittag in Tchambuli war es ein Triumph.

Als wir mit Gregory über die Tchambuli sprachen, wurde das zentrale Moment der Iatmulkultur ganz deutlich. Gregory war an dem interessiert, was er später Ethos nannte, dem emotionalen Stil einer Gesellschaft, den er zum erstenmal beim Lesen von Doughtys *Arabia Deserta* ungefähr erfaßt hatte. Er meinte, daß er nun ein Gefühl für das Ethos der Iatmul-Kultur entwickelt hätte. In Kankanamum und Palimbai, den Ortschaften, in denen er arbeitete, waren die Frauen bescheiden, einfach gekleidet und unauffällig, während die Männer herumstolzierten und mit großer Ruppigkeit und männlichem Gehabe protzten.

Aber es gab eine Iatmul-Zeremonie, in der Männer und Frauen ihre gewohnten Rollen austauschten. Diese Zeremonie, «*naven*», fand unter anderem statt, um die erste Ausführung einer bestimmten Tat eines Kindes zu ehren: wie zum Beispiel ein Tier oder einen Vogel zu töten, zu trommeln oder Flöte zu spielen, in ein anderes Dorf und zurück zu fahren, oder (für ein Mädchen) einen Fisch zu fangen oder Sago-Pfannkuchen herzustellen. Bei solchen Gelegenheiten ahmten die Brüder der

Mutter, in alte, schmutzige, abgetragene Grasröcke gekleidet, ein grotesk weibliches Verhalten nach, während die Schwestern des Vaters, mit der besten männlichen Kleidung herausgeputzt, stolz herumstreiften und die gezackten Limonenholzstäbe ihrer Männer laut in ihren Flaschenkürbissen hin- und herschoben und damit ein Geräusch erzeugten, das männlichen Stolz und Selbstsicherheit ausdrückte. Diese zeremoniellen Umkehrungen, die mit großer Begeisterung ausagiert wurden, hatten die Wirkung, den tatsächlichen Kontrast zwischen den Geschlechtern zu unterstreichen – eine Form von männlich-weiblicher Verschiedenheit, die in Amerika und Europa sehr geläufig war.

Während wir Woche für Woche über Gregorys und unser Material sprachen, zeichnete sich langsam eine neue Formulierung des Zusammenhangs zwischen Geschlecht und Temperament ab. Wir fragten uns: Was wäre, wenn es andere Arten von angeborenen Unterschieden gäbe – ebenso wichtig wie die Geschlechtsunterschiede, die aber die Grenze des Geschlechts überschritten? Was wäre, wenn man zeigen könnte, daß von Geburt an verschiedene menschliche Wesen zu systematisch definierten Temperamentstypen passen würden, und was wäre, wenn es männliche und weibliche Versionen von jedem dieser Temperamentstypen gäbe? Und was wäre, wenn eine Gesellschaft – durch die Art, in der Kinder erzogen wurden, durch die Verhaltensweisen, die belohnt oder bestraft wurden, und durch die traditionelle Schilderung von Helden und Heldinnen, Bösewichtern, Hexen, Zauberern und übernatürlichen Kräften – ihr Hauptgewicht auf einen Typ von Temperament legen würde, wie bei den Arapesh und den Mundugumor, oder statt dessen eine bestimmte Art von gegenseitiger Ergänzung der Geschlechter betonen würde, wie bei den Iatmul und den Tchambuli? Und was wäre, wenn die Vorstellungen von den männlich-weiblichen Unterschieden, die für europäische und amerikanische Kulturen so charakteristisch sind, umgekehrt werden könnten, wie es bei den Tchambuli der Fall zu sein schien, wo die Frauen lebhaft und kräftig waren, während die Männer hauptsächlich reagierten, von den Frauen ausgewählt wurden und sich durch Eigenschaften wie Falschheit, Eifersucht und Launenhaftigkeit auszeichneten, von denen Feministinnen behaupten, daß sie das Resultat der hilfsbereiten, untergeordneten, abhängigen Rolle der Frau sei.

Während wir, eingeschlossen in unserem drei mal drei Meter großen Raum, über dieses Problem diskutierten, bewegten wir uns hin und her zwischen der Analyse der eigenen Person und der Analyse der beiden andern, sowie der Analyse der Kulturen, die wir kannten und studierten – als Ethnologen. Da wir von der Annahme ausgingen, daß es verschiedene Gruppierungen von angeborenen Eigenschaften gäbe, von denen jede charakteristisch für einen besonderen Typ von Temperament sei, wurde uns deutlich, daß Gregory und ich uns dem Temperament nach nahestanden – sogar die männliche und weibliche Version eines Temperamentstyps darstellten, der in starkem Gegensatz zu dem von Reo repräsentierten Typus stand. Es wurde auch klar, daß es unsinnig wäre, die Züge, die bei Gregory und mir auftraten, als «weiblich» zu bezeichnen, und ebenso unsinnig, das Verhalten des Arapesh-Mannes als «mütterlich» zu bezeichnen, in dieser Kultur, in der Männer und Frauen vorherrschend das Verhalten von Ernährern und Eltern aufwiesen. Ebenso konnte man sagen, daß Männer und Frauen der Mundugumor, die stark geschlechtsbetont, stolz und individualistisch waren, unter ein und denselben, allerdings sehr andersartigen Temperamentstyp fielen. Indem wir über verschiedene Gesellschaften nachdachten, suchten wir nach einem Weg, die verschiedenen Temperamentstypen, die bestimmte Kulturen zur Norm machten, systematisch darzustellen.

Die Intensität unserer Diskussionen wurde durch die Dreieckssituation noch verstärkt. Gregory und ich begannen, uns ineinander zu verlieben, aber das blieb fest unter Kontrolle, während wir alle drei versuchten, unsere intensiven Gefühle in bessere und scharfsichtigere Forschungsarbeit umzusetzen. Als wir die kulturellen Unterschiede zwischen Arapesh, Mundugumor, Tchambuli und Iatmul behandelten, sprachen wir auch über die Temperamentstypen in den drei englisch sprechenden Kulturen – Amerika, Neuseeland und England –, die wir repräsentierten, und über das akademische Ethos, das Gregory und ich teilten. Nichts davon war belanglos für unseren Kampf, zu einer neuen Darstellung der Relation zwischen Geschlecht, Temperament und kulturell erwartetem Verhalten zu kommen.

Bei unserem Denken half uns Ruth Benedicts Formulierung vom großen Bogen des Persönlichkeitspotentials, aus dem jede Kultur sich nur einzelne menschliche Züge auswähle und hervorhebe. Während der Fahrt auf dem Sepik lasen wir das Manuskript zu *Patterns of Culture*, das sie uns im Entwurf geschickt hatte. Aber Ruth Benedict benutzte den Ausdruck «Bogen» nur rhetorisch, und sie dachte dabei nicht an verschiedene kulturell geprägte Persönlichkeitstypen, die einander systematisch zugeordnet waren. In meinem eigenen Denken bezog ich mich auf die Arbeit von Jung, besonders auf sein vierteiliges Schema, menschliche Wesen in psychologische Typen einzuordnen, von denen jeder die anderen ergänzte. Gregory, der dazu neigte, seine Analogien der Biologie zu entnehmen, berief sich auf die formalen Muster der Mendelschen Vererbungslehre.

Im weiteren Verlauf unserer Arbeit versuchten wir, Muster innerhalb eines vierteiligen Schemas herauszuarbeiten und die Kulturen, die wir am besten kannten, nach dem Temperamentstypus oder den Temperamentstypen einzuordnen, die von jeder Kultur insgesamt hervorgehoben wurden. Indem wir das taten, kamen wir zu der Folgerung, es müsse einen Typ von Kultur geben, für den wir noch kein gutes Beispiel hatten. Ich vermutete, daß Bali den fehlenden Typ repräsentieren würde. Als wir schließlich nach Bali fuhren, stellte sich heraus, daß meine Vermutung richtig gewesen war.

In dem vierteiligen System, das wir entwickelten, ordneten wir die Kulturen, die für unsere Diskussionen die Basis lieferten, nach den von der jeweiligen Kultur definierten Temperamentserwartungen für Männer und Frauen ein. Die an entgegengesetzten Punkten des Kompaßkreuzes plazierten Kulturen ergänzten sich:

Mundugumor, Männer und Frauen

N

Iatmul-Männer (fehlt: keine Kultur, wo Männer und Frauen hierher gehören) Tschambuli-Männer	W — O	Tschambuli-Frauen Manus, Männer und Frauen Iatmul-Frauen

S

Arapesh, Männer und Frauen

Wir überdachten auch das, was wir über polynesische Gesellschaften wußten, in denen die Sprache im Prinzip die gleiche war und deren einzelne Gruppen alle gleicher Abstammung waren. Hier lag unser Hauptinteresse nicht auf den Unterschieden zwischen den Geschlechtern, sondern auf der Gleichheit des Temperaments in den kulturellen Erwartungen für beide Geschlechter. Wir vermuteten, dort würde sich das folgende finden lassen:

Maori, Männer und Frauen

N

Tahitische Männer und Frauen	W — O	Hawaiische Männer und Frauen

S

Samoanische Männer und Frauen

Davon ausgehend fuhren wir fort, die Möglichkeiten genau zu durchdenken, die in den Formulierungen, die wir ausgearbeitet hatten, anscheinend enthalten waren, daß es nämlich eine begrenzte Anzahl von Temperamentstypen gäbe, von denen jeder durch eine identifizierbare

Gruppe von angeborenen Persönlichkeitsmerkmalen gekennzeichnet ist, und daß diese verschiedenen Typen systematisch aufeinander bezogen sind. Und wenn das so war, dann schien es auf der Hand zu liegen, daß ein Individuum, dessen Temperament unvereinbar mit dem Typ (oder den Typen) war, der von der Kultur unterstützt wurde, in die er geboren und in der er erzogen worden war, im Nachteil sein würde – in einem für diese Kultur mit Hilfe des Systems vorhersagbaren Nachteil.

Darüber hinaus schien es uns, daß man bestimmte Vorhersagen über eine Gesellschaft machen konnte, in der das Verhalten der beiden Geschlechter – oder, zum Beispiel, verschiedener Altersgruppen, Statusgruppen oder Rassengruppen innerhalb der Gesellschaft – in Übereinstimmung mit gegensätzlichen Temperamentsmodellen kulturell geprägt worden war. In einer Gesellschaft, in der von Jungen erwartet wurde, daß sie frech und mutig waren und aktiv Dinge in Gang brachten, und von Mädchen, daß sie zurückhaltend, sensibel und passiv waren, würden einige Männer und Frauen den Erwartungen nicht entsprechen können. Und zwar nicht, weil die Männer, die versagt hatten, weniger maskulin oder die Frauen weniger feminin wären, sondern weil das angeborene Temperament dieser Individuen verschieden war von dem für ihr Geschlecht innerhalb dieser Gesellschaft standardisierten Temperament.

Wir sprachen auch darüber, welche Folgen für persönliche Beziehungen sich daraus ergaben. Was bedeutete es zum Beispiel für eine Ehe, wenn die Partner im Grunde genommen von gleichem Temperament waren? Oder wenn das Temperament der Ehepartner sich stark voneinander unterschied? Oder sich etwas unterschied, aber nicht stark gegensätzlich war? Damals schien es uns, daß es einer Ehe zwischen zwei Personen gleichen Temperaments wie dem Verhältnis zwischen Bruder und Schwester an Intensität und Kontrast fehlen würde.

Vierzig Jahre später nun scheint mir, daß Gleichheit des Temperaments am besten von zwei Menschen geschätzt werden kann, die dem gleichen Geschlecht angehören und in der gleichen Kultur erzogen wurden. Und der Kontrast zwischen Männlichkeit und Weiblichkeit kann am besten in einer Beziehung von Mann und Frau geschätzt werden, die ein sehr ähnliches Temperament haben und in der gleichen Kultur erzogen wurden.

Unsere fortwährenden Diskussionen warfen natürlich auch ein Licht auf jeden von uns als Mensch. Sowohl Gregory als auch ich hatten das Gefühl, daß wir uns bis zu einem gewissen Grade innerhalb unserer eigenen Kultur abweichend verhielten. Viele Formen des aggressiv männlichen Verhaltens, das in der englischen Kultur Standard war, gefielen ihm nicht. Mein eigenes Interesse an Kindern paßte nicht ins Stereotyp der amerikanischen Karrierefrau oder ins Stereotyp der besitzergreifenden, alles verwaltenden amerikanischen Frau und Mutter. Es war aufregend, die Schichten des von der Kultur erwarteten Verhaltens abzustreifen und zu spüren, daß man endlich wußte, wer man war. Aber Reo hatte kein so großes Gefühl der Offenbarung über sich selbst. Vom Temperament her erfüllte er die Erwartungen seiner Kultur, obwohl die neuseeländischen Erwartungen hinsichtlich männlichen Verhaltens milder und friedlicher waren und ihn mehr die Gefahren ungezügelter Impulse beschäftigten.

An dieser Stelle hatten wir das Gefühl, eine ungeheure Entdeckung gemacht zu haben. Reo und ich telegrafierten Boas, wir kämen mit unendlich wichtigem neuem theoretischen Material nach Hause. Aber uns war auch klar, daß in unserer Theorie Gefahren lagen, die mit der menschlichen Tendenz im Zusammenhang standen, bestimmte Züge mit dem Geschlecht, dem Alter oder der Rasse in Verbindung zu bringen, mit dem Aussehen oder der Hautfarbe, oder der Zugehörigkeit zu der einen oder der anderen Gesellschaft, und dann ungerechte Vergleiche zu ziehen, die auf solch willkürlichen Assoziationen beruhten. Wir wußten, wie sehr Diskussionen über angeborene Unterschiede politisch befrachtet werden konnten; wir wußten, daß die Russen ihr Experiment, eineiige Zwillinge großzuziehen, aufgegeben hatten, als man entdeckte, daß sie, selbst wenn sie unter sehr verschiedenen Bedingungen großgezogen wurden, doch überraschende Ähnlichkeiten behielten. Noch war uns der ganze Terror des Nationalsozialismus nicht bekannt, mit seiner Betonung von «Blut» und «Rasse». Die sehr lückenhaften Nachrichten, die uns erreichten, gaben uns kein wirkliches Gefühl für Hitlers politisches Potential.

Damals wußten wir sehr wenig über vorliegende Versuche, Temperament und Körpertypen miteinander in Beziehung zu setzen. Obwohl vage Ansätze, Rückschlüsse aus dem Körperbau zu ziehen, in diesen ersten Thesen angelegt waren, wußten wir kaum, auf welcher Basis dies zu tun sei. Als wir wieder in Reichweite von Bibliotheken waren, sahen wir uns zuerst Kretschmers Werk an, in dem er Typen von Geisteskranken spezifischen konstitutionellen Typen zuordnete. Aber das war noch ein ungeklärtes Feld. Die Theorien über solche Zuordnungen waren an konstant ortsansässigen Populationen in Europa entwickelt worden und hatten sich dann als unzureichend erwiesen, als sie auf die ungeheuer vielfältige Bevölkerung der Vereinigten Staaten angewendet wurden. Unsere eigenen Formulierungen waren bereits differenzierter. Denn uns war klar, daß Personen mit dem gleichen Temperament in verschiedenen Gesellschaften auch einen verschiedenen Körperbau haben würden und daß zudem die Körperhaltung von der Kultur geformt wird, in der das Individuum aufwächst.

Als wir zurückkamen, sahen wir die Welt noch mit Augen an, die für jede kleinste Handlung und Geste frisch aufnahmebereit waren; alle unsere Freunde kamen uns verständlicher vor. Aber wir waren uns auch völlig im klaren über die möglichen Gefahren der Betonung angeborener Unterschiede zwischen Menschen, und das hielt uns davon ab, unsere Hypothesen damals zu veröffentlichen.

Nachdem wir im Frühling 1933 vom Sepik nach Australien zurückkehrten, gingen Reo, Gregory und ich getrennte Wege. Ich reiste nach Amerika zurück, um meine Arbeit am Museum fortzuführen und Reos und meine Wohnung wieder zu übernehmen. Reo machte auf dem Weg nach England in Neuseeland Station, wo er Eileen wieder traf, das Mädchen, in das er ursprünglich verliebt gewesen war. Gregory fuhr auf einem Frachter nach Cambridge nach Hause, und es dauerte viele Wochen, bis ich etwas von ihm hörte.

Die Entwicklungen, die unseren ersten theoretischen Formulierungen über das Temperament folgten, nahmen verschiedene Formen an. Beginnend mit dem Kontrast zwischen erwartetem männlichem und weiblichem Verhalten und der Art, wie dieser Kontrast bei den Iatmul institutionalisiert und auch dramatisch dargestellt wurde, schrieb Gregory einen ersten Vortrag über das Ethos der *naven*-Zeremonie in Iatmul für einen internationalen Kongreß in London.

Ich nahm im Sommer einen Monat lang an einem multidisziplinären Seminar teil, das Lawrence K. Frank organisiert hatte und das in Dartmouth stattfand. Im Verlauf dieses Seminars lernte ich von John Dollard ein sehr viel sichereres Verfahren, den kulturell geprägten Charakter zu beschreiben. Danach begann ich an *Sex and Temperament* zu arbeiten, einem Buch, in dem ich nur die verschiedene Weise berücksichtigte, womit das Verhalten der beiden Geschlechter bei den Arapesh, Mundugumor und Tchambuli stilisiert wurde. Obwohl ich das ganze Problem des Temperaments als eine alles durchdringende Form der Differenzierung im Kopf hatte, behandelte ich das in diesem Buch nicht. Im Sommer 1934 trafen Gregory, C. H. Waddington, Justin Blanco-White und ich uns kurz in Irland. Auch hier diskutierten wir wieder das Problem der Temperamentstypen und versuchten, die ursprünglichen Formulierungen weiter zu klären. In jenem Sommer schloß ich *Sex and Temperament* ab, und das Buch erschien im Frühling 1935.

Wie schwer es Amerikanern fiel, Vorstellungen von angeborenen Eigenschaften und kulturell erworbenem Verhalten auseinanderzuhalten, zeigten die gegensätzlichen Reaktionen auf das Buch. Feministinnen jubelten darüber, weil es demonstrierte, daß Frauen nicht «von Natur aus» Kinder mögen, und rieten, kleinen Mädchen keine Puppen zum Spielen zu geben. Kritiker beschuldigten mich, ich würde die Existenz von Geschlechtsunterschieden grundsätzlich verneinen. Als ich vierzehn Jahre später *Male and Female* schrieb, ein Buch, in dem ich vorsichtig die durch Kultur und Temperament bedingten Unterschiede behandelte, wie sie sich im Leben von Männern und Frauen spiegeln, und dann die Eigenschaften diskutierte, die mit primären Geschlechtsunterschieden zwischen Männern und Frauen in Zusammenhang zu stehen schienen, wurde mir von Frauen Anti-Feminismus vorgeworfen, von Männern zügelloser Feminismus, und von Individuen beiderlei Geschlechts vollständige Leugnung der schönen Erfahrung, eine Frau zu sein.

Im folgenden Winter 1934 – 1935 arbeitete ich an einer Studie über Zusammenarbeit und Wettbewerb bei primitiven Völkern. Das war ein erster Versuch von Gemeinschaftsarbeit – der Begriff «interdisziplinäre Forschung» war noch nicht erfunden –, bei dem ich Studenten der letzten Semester und junge Feldforscher einbezog. Zusammen suchten wir, gestützt auf die Forschungsarbeit in dreizehn primitiven Kulturen, Einsichten zu gewinnen, die sich womöglich bei der Arbeit in unserer eigenen Kultur anwenden ließen. Im Mittelpunkt stand die Frage nach der Beziehung zwischen Formen sozialer Organisation und Typen von Charakterstruktur. Durch diese Studie war es uns möglich, die Interdependenz zwischen bestimmten Lebensstilen und gewissen, ihnen zugeordneten Charakterzügen darzustellen.

Im Frühling 1935 kam Gregory in die Vereinigten Staaten. In Zusammenarbeit mit Radcliffe-Brown unternahmen wir einen weiteren Versuch, die Begriffe Gesellschaft, Kultur und kulturell geprägter Charakter zu definieren. Inzwischen war uns klargeworden, daß das weitere Studium angeborener Unterschiede auf weniger schwierige Zeiten verschoben werden mußte. Auf dem Rückweg nach England beendigte Gregory das Manuskript von *Naven*, seine hervorragende Studie der Iatmul-Kultur.

In London hatte Reo jegliche psychologischen Formulierungen abgelehnt. Wir waren jetzt geschieden, und von England war er nach China gegangen, um zu unterrichten. Gregory bekam in Cambridge ein neues Stipendium, und er und ich konnten uns endlich in Java treffen und mit der Forschungsarbeit in Bali beginnen.

17
Bali und Iatmul: Ein quantitativer Sprung

Wir kamen in Bali im März 1936 an, am balinesischen Neujahrstag, Njepi, wo den ganzen Tag lang absolute Stille über der Insel liegt. Niemand ist auf den Straßen zu sehen, kein Gong ertönt, keine Stimme erhebt sich, kein Feuer wird angezündet, Kinder unterdrücken ihr Geschrei, und kein Hund bellt. Wir bekamen eine spezielle Sondererlaubnis, durch Bali zu unserem Reiseziel Oeboed zu fahren, ganz allein auf den normalerweise verstopften Straßen, und wir sahen die Insel so, wie wir sie niemals wieder sehen sollten – als stille Szenerie ohne einen menschlichen Darsteller in all der herrlichen Vielfalt wechselnder Muster des Pflanzens und Erntens, denn in jedem kleinen Teil der Insel herrscht ein anderer landwirtschaftlicher Rhythmus. Das Auto tuckerte die steile Straße in das kühle Gebirge hoch, wo wir später lebten, und fuhr dann wieder hinunter in die fruchtbaren Felder von Süd-Bali, wo an diesem Tag keine Enten in ernster Prozession durch die Reisfelder liefen.

Um Mittag hielt das Auto vor dem Haus von Walter Spies. Wir gingen die gewundenen Steinstufen hinunter, die zwischen Unmassen von tropischen Pflanzen hindurchführten, so daß der Eindruck eines malerischen Dschungels entstand. Der blonde, anmutige Walter Spies schaute auf von seinem Gespräch mit Beryl de Zoete, mit der er an einem Buch über das balinesische Drama schrieb, und sagte: «Wir hatten euch aufgegeben.» Wir waren pünktlich zum Mittagessen da, aber allerdings später, als wir versprochen hatten.

Wir hatten herausgefunden, daß es unmöglich war, in Java zu heiraten, und deshalb hatten wir nach Singapur fliegen müssen. Dort beschlossen wir, mit dem Schiff nach Bali zu fahren, einem Schiff, das langsam zwischen den Inseln hindurch und um Macassar herum fuhr. Auf dem Schiff las Gregory die Korrekturfahnen von *Naven* und fertigte ein Register für das Buch an. Er hatte die Fertigstellung dieses Buches zur Vorbedingung für unsere Heirat gemacht – als Beweis, daß er imstande sein würde, die Art von Arbeit zu leisten, die er wollte, wenn wir zusammen arbeiteten.

Naven vereinigte das Material seiner drei Forschungsreisen zum Sepik und der plötzlichen Erleuchtungen in Tchambuli, wo Gregorys lange Jahre geduldiger, aber unbefriedigende Forschungsarbeit geleistet hatte. Im Zusammenspiel mit Reos und meinen energievollen und fruchtbaren Forschungsjahren entwickelte er neue Einsichten in die Weise, wie sich Kulturen entfalten und den grundsätzlichen Plan für die Arbeit, die wir zusammen leisten konnten. Nun hofften wir, daß wir aus der Verknüpfung von Gregorys biologischer Ausbildung und seiner Begeisterung für die Feinheiten des kulturellen Ethos mit meinen jahrelangen Erfahrungen eine neue Methodik entwickeln könnten, um den Weg zu verfolgen, auf dem sich Säuglinge, die, wie wir glaubten, mit der gleichen Spanne von Möglichkeiten geboren wurden, zu Erwachsenen entwickelten, die sich so auffallend voneinander unterschieden wie die Baining und die Iatmul, die er studiert hatte, und wie die Völker, die Reo und ich studiert hatten – die Samoaner, Dobuaner, Manus, Omaha, Arapesh, Mundugumor und Tchambuli.

Wir hatten Bali mit Wissen und Vorbedacht als die Kultur ausgewählt, die wir als nächste studieren wollten, um Material über eine Temperamentausprägung zu erhalten, von der wir nur vermuteten, daß sie existieren müsse. Wir hatten genug Film- und Fotomaterial gesehen, hatten genug von der Musik gehört, die Colin McPhee studiert hatte, und hatten genug in Jane Belos sorgfältigen Aufzeichnungen der Zeremonien gelesen, mit denen die Balinesen das fürchterliche Unglück der Geburt von Zwillingen begrüßen, um sicher zu sein, daß dies die Kultur war, über die wir arbeiten wollten.

Ich war vierunddreißig und Gregory einunddreißig. Ich hatte ein ganzes Lebenswerk an abgeschlossener Arbeit hinter mir; Gregory hatte sein Lebenswerk noch vor sich. Wir sahen ungefähr gleich alt aus – etwas jünger als wir waren. Aber in vieler Hinsicht bestand ein ungeheurer Altersunterschied zwischen uns. Ich war mit elf erwachsen geworden und also schon über zwanzig Jahre erwachsen; Gregory behielt seine schlanke, asthenische Figur und seine jünglingshafte Silhouette noch fast zehn Jahre bei, bis zum Kriegsende. Darüber hinaus war die Intensität, die jeder von uns in die Forschungsarbeit einbrachte, ganz unterschiedlich. Aber Bali bot uns genau das, was wir beide brauchten – für mich die perfekte intellektuelle und emotionale Arbeitspartnerschaft, in der es kein Gezerre gab, wie es sich aus konkurrierenden, temperamentbedingten Betrachtungsweisen der Welt ergeben konnte; Gregory bot Bali Material, das er bereits verstand, während er damit arbeitete, so daß er nicht warten mußte, bis seine Notizbücher voll waren, um zu merken, in welche Richtung sein Denken ihn führte.

Wir hatten beide Forschungsarbeit in Neuguinea hinter uns – die Düsterkeit des Busches in Neuguinea, die nur hin und wieder von einem bunten Vogel oder einer bunten Blume gemildert wurde, und Erfahrung mit Völkern, die Furcht und Feindseligkeit die von einander fern hielt, die ihre eigenen Wege gingen und nur, wenn es ihnen paßte, ein Kanu bemannten oder Europäer, die das Land besuchten, Lasten über die Berge trugen. Die Europäer, die wir in Neuguinea getroffen hatten, zum größten Teil Erkundungsreisende aus Australien, Abenteurer und Beamte, waren oft freundliche Leute und manchmal recht malerisch anzusehen, aber es waren keine Leute, mit denen man über das sprechen konnte, was man lernte und dachte. Für die meisten von ihnen waren die Völker von Neuguinea sehr fremd und seltsam – Seelen, die gerettet werden mußten, obwohl sie in seltsamen Körpern wohnten; Körper, die man zum Arbeiten brachte, unter völliger Mißachtung des Geistes oder der Seele; widerspenstige und unbelehrbare Menschen – so beurteilten sie sie –, die trotzdem kontrolliert, regiert und mit ein wenig Zivilisation beschenkt werden mußten. Die Forschungsarbeit dort war sehr hart, besonders am Sepik, wo wir uns getroffen hatten. Die Moskitos und die Hitze sorgten für ständige Störungen durch Bisse, Schnitte, Juckreiz und kleine lästige Infektionen, die zu Tropengeschwüren werden konnten. Es gab keine gelernten Hilfskräfte, keine Möglichkeit, etwas erledigt zu bekommen, wenn man es nicht selbst in die Wege leitete und die Verantwortung dafür übernahm.

Und ganz gleich wie lang man es schaffte, dort zu bleiben, Speisen aus lokalen Nahrungsmitteln und den wenigen Büchsen zusammenzustellen, Hitze und Müdigkeit auszuhalten (und am Sepik auch die Unannehmlichkeiten von Hochwasser, von Wildbächen während der Regenzeit) und periodische Anfälle von Malaria zu überstehen, so gab es doch nie eine Garantie dafür, daß man schließlich die Zeremonie zu sehen bekäme, die einen Schlüssel zum Verständnis der Kultur darstellen würde. Vielleicht würde man auf der ganzen Forschungsreise keine große Zeremonie sehen, kein wichtiger Mann würde sterben, es gäbe keinen dramatischen Zusammenstoß, der plötzlich den Lebensplan eines Volkes erleuchten würde. Feldforscher haben monatelang auf ein Fest gewartet, daß von Woche zu Woche verschoben wurde, um dann zu hören, daß es schließlich zwei Wochen, nachdem sie abreisen mußten, gefeiert wurde.

In Neuguinea waren Feldforscher ganz real der Situation in dem Dorf ausgeliefert, in dem sie sich schließlich niederlassen konnten, und den Talenten und Fähigkeiten, die zu der Zeit in dem Dorf verfügbar waren – vielleicht war nur ein fähiger und interessierter Informant da, vielleicht überhaupt keiner. Zudem mußten sie mit der Unsicherheit des Wetters, den Launen der Schiffseigentümer und Bezirksbeamten fertig werden und mit der so gut wie sicheren Erschöpfung durch Malaria, gegen die es damals noch kein wirksames Mittel gab.

Während seines ersten Forschungsaufenthalts bei den Baining hatte Gregory geduldig bei einem alten Mann gesessen, der Masken herstellte und mit Hilfe eines scharfen Dorns unter der Zunge Blut auf den weißen Rindenstoff spuckte. Gregory nahm an, er bereite irgendeine Zeremonie vor. Und dann wachte Gregory eines Morgens auf und merkte, daß das Lager leer war; alle Leute waren weggezogen. In Arapesh hatten die Träger Reo und mich auf der Spitze eines Berges in einem Dorf abgesetzt, in dem wir nicht geplant hatten zu arbeiten, einem Dorf, aus dem ich siebeneinhalb Monate nicht mehr heraus kam. Die einzige Zeremonie, die wir in Alitoa sahen, fand statt, als wir erst seit ein paar Wochen dort waren. Während der übrigen Zeit mußte ich die Kultur mühsam aus den Männern und Frauen herausfragen, von denen die meisten Kopfschmerzen bekamen, wenn sie gebeten wurden, mehr als zehn Minuten am Stück nachzudenken. Ich mußte viel von dem, was ich erfuhr, aus Namenslisten und Blattproben entnehmen. Und manchmal passierte tagelang überhaupt nichts.

Gregory war zum Biologen erzogen worden. Als er geboren wurde, öffnete sein Vater, der Genetiker William Bateson, Eier, um die Geschlechterverteilung zu messen; das Haus, in dem er wohnte, war von Feldern umgeben, die angepflanzt worden waren, um Mendelsche Informationen zu liefern. Er hatte das Training des Naturwissenschaftlers, der sich mit der fortschreitenden Realität beschäftigt, statt die Natur im Laboratorium zu zwingen, auf beschränkte Fragen beschränkte Antworten zu geben. Seine erste Veröffentlichung war der Bericht über ein Tier gewesen, das in England noch nicht beschrieben worden war. Als Ethnologe wollte er seine Beobachtungen systematisieren können – wollte genug davon haben, um sie ordnungsgemäß auswerten zu können. *Naven* war buchstäblich aus Teilen und Stücken zusammengesetzt worden, aus Fragmenten von Mythen und Zeremonien, die er aufzeichnete, während sie stattfanden oder wenn ein Informant geruhte, sie zu erwähnen, und manche der bezeichnendsten waren nur ganz am Rande erwähnt worden, so daß sie leicht hätten übersehen werden können.

Zu all diesen Schwierigkeiten bot Bali einen erstaunlichen Kontrast. Bali war wunderbar, mit seinen sorgfältig in Terrassen bepflanzten Hügeln und seinen Straßen, die immer voller Leute waren, die auf Köpfen oder Schultern Lasten trugen, unter denen sie leicht und unermüdlich dahingingen. Die Dörfer waren kompakt gebaut und lagen nahe beieinander. Verglichen mit den paar hundert – oder höchstens ein paar tausend – Leuten in unseren Kulturen in Neuguinea gab es hier über eine Million Leute, die die gleiche Sprache sprachen. Die Balinesen konnten seit Jahrhunderten zum Teil lesen und schreiben, und die Holländer hatten einigen von ihnen die moderne Schrift beigebracht, so daß wir von Anfang an eine Sekretärin hatten, die die Sprache, die wir lernten, sowohl schreiben als auch sprechen konnte und die ermüdendsten, zeitraubenden und wiederholungsreichen Teile von Zeremonien aufzeichnen konnte. Bali strotzte vor ausdrucksvollen Ritualen. Nach der Stille des ersten Tages waren wir nie mehr ohne Musik, und wenn es nur das Geläute der Glöckchen war, die Frauen an ihren Messern befestigt hatten, oder die Flöte, die ein einsamer Bauer spielte, der auf einem weit entfernten Feld auf seine Ernte aufpaßte. Wenn man die gepflegten Straßen entlangfuhr – denn die Holländer glaubten an die Wichtigkeit guter Straßen – kam man von einem Tempelfest zum andern und traf Leute, die in leuchtenden Farben gekleidet waren und Opfergaben trugen, oder ein ganzes Orchester auf dem Weg zu einem Auftritt in einem anderen Dorf, oder Tänzer in Trance, oder eine Braut, die in einer Sänfte getragen wurde.

Viele Europäer, die wir dort kennenlernten, waren Maler oder Tänzer oder Musiker, Menschen, die für Monate, manchmal für Jahre nach Bali gekommen waren, um zu malen oder um zu schreiben oder sich einfach an der Malerei und dem Tanz der Balinesen zu erfreuen. Statt uns, wie so oft in Neuguinea, hilflos zu fühlen, wenn wir dort Europäern die schlichte Tatsache begreiflich machen wollten, daß die Eingeborenen, unter denen wir arbeiteten, ebenso wirklich waren wie die Kolonialbeamten selbst und einen Verstand hatten, der genau so viel leistete wie der ihre und Gefühle, die genau so stark wie ihre eigenen waren, trafen wir in Bali fortwährend auf aktives, freudiges Interesse. Es war kein großer Unterschied, ob wir mit Besuchern wie Beryl de Zoete sprachen oder mit denen, die sich wie Walter Spies oder Jane Belo oder Colin McPhee in Bali niedergelassen hatten. In ihre Häuser brachten sie Schnitzereien aus einem Dorf, Wandmalerei aus einem anderen und Musiker aus einem dritten. Und als Bali sich änderte, als neue Materialien benutzt wurden und neue Themen in den Bildern und den Tänzen auftauchten, genossen dies die dort lebenden Künstler und nahmen anleitend, kritisierend und helfend daran teil, so daß der Standard der neuen Form hoch war.

Walter Spies fand ein Haus für uns, in angenehmer Nähe seines eigenen, ein kleines, modern gebautes Haus, und er besorgte uns Hausangestellte. Das Essen, es war nach der traditionellen Art zubereitet, die mehrere Jahrhunderte holländischen Geschmacks modifiziert hatten, war köstlich. Es bestand aus Reis und Zutaten, zusammen mit scharfen, stark duftenden Gewürzen. Jedes Essen war verschieden, und jedes kleine Huhn oder jede Ente wurde auf drei oder vier verschiedene Weisen aufgeschnitten und zubereitet. In Neuguinea verlor ich regelmäßig zwischen fünfundzwanzig und vierzig Pfund auf jeder Forschungsreise; in Bali nahm ich überhaupt nie ab. Ein Medium, zu dem mich ein Freund in New York mitgenommen hatte, sagte über Gregory: «Füttern Sie diesen Mann, füttern Sie ihn mit Huhn, denn er ist gut durch und durch.» In Bali war das ganz einfach.

Zu gegebener Zeit wollten wir uns ein Dorf aussuchen und ein Haus bauen; wir mußten nur entscheiden wo, und dann die geeigneten Arbeiter finden. Nur jemand, der in Gesellschaften gearbeitet hat, wo Geld keine Überredungskraft besitzt, wenn Menschen im Augenblick keine Lust haben, etwas zu tun, kann verstehen, was für ein Paradies Bali für uns war. Zeremonien gab es jeden Tag – wenn nicht in diesem Dorf, dann in einem anderen in der Nähe. Informanten, Schreiber, Sekretärinnen, die man ausbilden konnte, standen bereit. Es gab auch Hausangestellte, und wenn wir um Mitternacht nach Hause kamen, wartete das Abendessen auf uns, heiß und köstlich. Und jede Gruppe – die Menschen, die auf den Straßen gingen oder hinter kleinen Ständen am Straßenrand saßen, in denen Erfrischungen verkauft wurden, oder eng nebeneinander dastanden und Musik hörten – alle waren lohnende Objekte für den Fotografen, ihre ganze Gestalt stellte sich dem Auge klar und enthüllend dar.

Und wir hatten für unsere Arbeit zwei Jahre Zeit.

Also lernten wir zwei Monate lang die Sprache mit Hilfe von Made Kaler, unserer unglaublichen balinesischen Sekretärin, die fünf Sprachen beherrschte und über ein englisches Vokabular von rund 18000 Wörtern verfügte, obwohl sie noch nie zuvor jemanden kennengelernt hatte, dessen Muttersprache Englisch war. Wir entschlossen uns, lieber Balinesisch als Malay zu lernen, obwohl es schwieriger war, und Gregory bedauerte diese Entscheidung immer. Malay, das als Verkehrssprache diente, war sehr viel einfacher und umging all die Einschränkungen und endlosen kleinen Konventionen, von denen die Sprache von Leuten unterschiedlichen Ranges und aus verschiedenen Kasten im Balinesischen beherrscht wurde. Wir mußten lernen, mit siebzehn verschiedenen Wortschatzebenen umzugehen; niemals wurde uns mit dem gleichen Vokabular geantwortet, mit dem wir eine andere Person ansprachen. Und die Wörter hatten außerordentlich spezifische Bedeutungen. Wenn man einem Balinesen einen Laib Brot zeigte und ihn bat, ihn aufzuschneiden, aber ein anderes Wort benutzte als dasjenige, das bedeutete, es in gleiche Scheiben aufzuschneiden, deren Dicke geringer war als ihre Länge und Breite, schaute er einen mit völlig ausdruckslosem Gesicht an. Gregory meinte, diese Art von Exaktheit erinnere zu lebhaft an die Forderungen der englischen Kultur. Aber ich hatte meine früheren Erfahrungen mit formellen Höflichkeiten in Samoa genossen, und ich genoß auch die Kompliziertheit der balinesischen. Und ich zog Vorteile aus meinem Geschlecht. Balinesische Frauen lernten die alte vom Sanskrit herkommende Schrift nicht, und so verzichtete auch ich auf das alte, theologische Balinesisch.

Während der zwei Monate, die wir in Oeboed lebten, schrieb Beryl an ihrem Buch, und das bedeutete, daß fast täglich Exkursionen unternommen wurden, um mit dem Kalender im Zusammenhang stehenden Zeremonien beizuwohnen oder solchen, die eigens bestellt worden waren. Denn in Bali, wo jede Theateraufführung auch eine Opfergabe für die Götter ist, kann, wer eine Dank-Opfergabe oder eine Sühne-Opfergabe darbringen will, die Vorführung eines Schattenspiels oder eines Trance-Tanzes bestellen – der reinste Himmel für einen Ethnologen. Einer unserer erfolgreichsten Filme entstand, als wir eine Gruppe baten, etwas, was normalerweise nur spät nachts aufgeführt wird, bei Tag zu spielen. Wir hatten keine Filmlampen und wollten die verschiedenen Weisen filmen, in denen Männer und Frauen mit ihren rasiermesserscharfen Kris in den Trance-Tänzen umgingen, während derer sie den Kris in gespielter Selbstzerstörung gegen sich selbst kehrten. Der Mann, der das arrangierte, beschloß, die welken alten Frauen, die nachts spielten, durch junge, schöne Frauen zu ersetzen, und wir konnten aufzeichnen, wie Frauen, die nie vorher in Trance gewesen waren, fehlerlos das gebräuchliche Verhalten nachahmten, das sie ihr Leben lang beobachtet hatten.

Stück für Stück entwickelten wir einen Aufzeichnungsstil, in dem ich den Hauptereignissen nachging, während Gregory sowohl filmte als auch fotografierte – wir hatten keine Möglichkeit, Tonaufnahmen zu machen und mußten uns auf die musikalischen Aufzeichnungen anderer verlassen –, und unsere junge balinesische Sekretärin Made Kaler schrieb auf balinesisch mit, was uns das Vokabular lieferte, und gab mir so die Möglichkeit, meine Beobachtungen zu überprüfen. Wir merkten bald, daß Notizen mit Zeitangaben das einzige Hilfsmittel darstellte, durch das sich die Arbeit von drei Leuten koordinieren ließen und das es uns später ermöglichen würde, die Fotografien von einem Ereignis mit den Notizen zu verbinden. Für besondere Ereignisse wie Trance benutzten wir Stoppuhren. Das brachte uns in einen gewissen Konflikt mit unseren Künstler-Gastgebern, der sich zuspitzte, als Jane Belo zu uns kam und gegen das, was sie «kalte, analytische Prozeduren» nannte, rebellierte. Beryl, die eine spitze Zunge hatte und eine Begabung für destruktive Kritik, machte diesen Konflikt zwischen Wissenschaft und Kunst zur Satire, und ich identifizierte sie mit der Hexe, einer einflußreichen balinesischen Figur. Hin und wieder versah ich die Beschreibung in besonderen Glücksmomenten, in meinem Tagebuch mit der Anmerkung r. p., was für *ranga padem* stand – die Hexe ist tot – und mein Gefühl zum Ausdruck brachte, daß der Einfluß von Beryl und die bösen Einflüsse der balinesischen Kultur, die namenlose Angst als Strafe herausstellte zeitweise außer Kraft waren.

Während wir Tag für Tag in Schätzen schwelgten und jeden neuen Tempel, jede Theatervorstellung und jedes Schattenspiel herrlicher und verständlicher fanden, suchten wir nach einem Dorf. Wir hatten eine Entscheidung getroffen, die der üblichen Annäherung der Europäer an die Hochkulturen des Ostens widersprach. Bali war eine Hochkultur mit hinduistischer Religion, und die Sanskrit-Texte, die Malerei, die Musik und die Rituale stammten über Java aus Indien. Von holländischen Juristen und gelegentlichen Kunstsammlern abgesehen, die es in die abgelegenen Bergdörfer verschlug, konzentrierten sich alle, die Bali studierten, auf die Hochkultur der Höfe der Rajahs und auf die von Brahmanen zelebrierten Zeremonien – die großen Verbrennungen oder die Gottwerdung des Vaters eines Rajah. Wir entschlossen uns, dies nicht zu tun. Wir würden uns der balinesischen Kultur so nähern, wie wir es gewöhnt waren, uns primitiven Kulturen zu nähern: indem wir unsere Augen und Ohren gebrauchten. Wir wollten uns nicht in alte Texte oder Wörterbücher vertiefen, in denen der Ursprung der Wörter genau von holländischen Gelehrten erforscht worden war, oder uns auf tiefsinnige Vergleiche verlassen, die den Dorfbewohnern selbst nicht bekannt waren.

Wir entschlossen uns, unsere Arbeit in dem einfachsten Dorf zu beginnen, das wir finden konnten; die balinesische Kultur so zu studieren, wie sie sich im Leben der Dorfbewohner ausdrückte, und die Gebete des Dorfpriesters aufzuzeichnen, nicht die verstümmelten Versionen buddhistischer oder hinduistischer Rituale, derer sich die Priester im Flachland bedienten. Mehrere Dinge ergaben sich aus dieser Entscheidung: wenn wir in den Bergen wohnten, mußten wir mit schlechten Straßen, längeren Wegen und Schlepperei rechnen. Die Bergbewohner hüllten sich in eintönige, importierte Stoffe und trugen nur selten die teuren handgewebten, wunderbar gefärbten balinesischen Stoffe, und sie stopften sich oft unästhetisch Klumpen von Schnitt-Tabak in den Mund.

Sie waren düstere Leute, und Fremden gegenüber mißtrauisch; ihnen fehlte die unproblematische Offenheit, welche die Leute im Flachland kennzeichnete, die warmherziger und gebildeter waren und an das Leben an den Höfen und in priesterlichen Palästen gewöhnt, an goldene und silberne Bettelbüchsen, an nasse Reisfelder und reichliche Nahrung.

Daß unsere Wahl auf das Dorf Bajoeng Gede fiel, das zwei Jahre lang unser Hauptstützpunkt blieb, war einer jener glücklichen Zufälle, die sich durch mein ganzes Leben ziehen. Es war ein Dorf, in dem die meisten Hofeinfassungen aus Bambuszäunen statt aus den Lehmmauern bestanden, die in anderen Dörfern jeden Hof den Blicken verbargen. Ich hatte schon gelernt, wieviel Zeit jedesmal mit Höflichkeiten und dem Reichen von Erfrischungen verging, wenn man einen Hof betrat, und ich bemerkte, daß man in Bajoeng Gede eine Vorstellung von dem gewinnen konnte, was in einem Hof gerade geschah, wenn man die Straße entlangging, ohne das Anwesen zu betreten. Aber ich wußte noch nichts über die Verunreinigungen, die verhindert werden mußten; zum Beispiel konnte niemand, der ein Haus betreten hatte, in dem es ein neugeborenes Baby gab, am selben Tag ein Haus betreten, in dem sich ein Gott befand. Später achteten wir darauf, daß einer von uns, Gregory oder Made Kaler oder ich, bis zum Sonnenuntergang «rein» blieb, so daß wenigstens einer von uns die heiligen Häuser betreten konnte. Als wir Bajoeng Gede erst einmal ausgewählt hatten, fanden wir auch heraus, daß alles dort in einer Art von vereinfachter Zeitlupe ablief. Eine Opfergabe, die anderswo aus hundert Teilen bestand, bestand in Bajoeng Gede nur aus zehn. Die gesamte Bevölkerung litt an Schilddrüsenunterfunktion, und etwa fünfzehn Prozent der Leute hatten einen auffälligen Kropf. Diese Krankheit bewirkte, daß alles langsamer vor sich ging, so daß die Menschen alles vereinfachten, ohne dabei aber das Grundmuster aufzugeben.

Hätten wir versucht, die balinesische Kultur im komplexen und hochentwickelten Flachland – oder auch in einem Bergdorf, in dem es keine Schilddrüsenunterfunktion gab – zu studieren, dann hätten wir wohl kaum das leisten können, was wir in der Zeit, die uns zur Verfügung stand, leisteten. Aber so waren wir nach einem Jahr, in dem wir den relativ vereinfachten Formen in Bajoeng Gede die intensivste Aufmerksamkeit geschenkt hatten, fähig, der verwickelten Zeremonie zu folgen, in der der Rajah von Karangaam seinen Vater zum Gott machte. Zur Vorbereitung arbeiteten Hunderte von Frauen monatelang an den Opfergaben, die zu himmelhohen Türmen aufeinandergehäuft wurden.

Also ließen wir unser Haus in Bajoeng Gede bauen – eine Gruppe von Pavillons, mit Bambusschindeln gedeckt, mit polierten Zementböden und überdachten Wegen, die von einem zum anderen führten. Unsere Möbel wurden von chinesischen Schreinern und balinesischen Arbeitern hergestellt – am Ende hatten wir siebzehn Tische –, und wir beleuchteten die Pavillons nachts mit vielen kleinen Glaslampen mit hohen, schmalen Zylindern.

Als wir unseren Forschungsaufenthalt planten, entschlossen wir uns, viele Filme und Fotos zu machen. Gregory hatte fünfundsiebzig Rollen Leicafilm für die zwei Jahre mitgebracht. Dann bemerkten wir eines Nachmittags, als wir Eltern mit ihren Kindern bloße fünfundvierzig Minuten lang beobachtet hatten, daß Gregory drei ganze Filme verbraucht hatte. Wir sahen uns an, wir schauten die Notizen an, und wir schauten die Fotos an, die Gregory bis dahin gemacht hatte, die ein Chinese in der Stadt entwickelt und abgezogen hatte und die sorgfältig auf große Stücke von Pappe aufgezogen und numeriert waren. Wir waren ganz klar an einer Schwelle angelangt – sie zu überschreiten, würde viel Geld kosten, von dem wir nicht viel hatten, und auch viel Arbeit. Aber wir entschieden uns dafür. Gregory schrieb nach Hause, damit ihm der kürzlich erfundene Schnellspanner geschickt wurde, der es ermöglichte, Fotos in sehr schneller Folge zu schießen. Er bestellte auch Film in großen Mengen, den er selbst schneiden und in Kassetten füllen mußte, denn wir konnten es uns auf keinen Fall leisten, die Menge von Filmmaterial, die wir jetzt verwenden wollten, im Handel einzukaufen. Als weitere Sparmaßnahme kauften wir eine Entwicklungsdose, die zehn Filmrollen auf einmal faßte, und schließlich konnten wir 1600 Bilder an einem Abend entwickeln.

Unsere Entscheidung klingt für heutige Verhältnisse nicht sehr wichtig. Seit Jahren sind Filme zu haben, die man bei Tageslicht einlegen kann, Amateurfotografen arbeiten seit langem mit der Serienfotografie, und die Forschungsbudgets für Arbeiten mit Fotos sind enorm angestiegen. Aber damals war es eine wichtige Entscheidung. Während wir geplant hatten, 2000 Fotos zu machen, machten wir 25 000. Das bedeutete, daß die Notizen, die ich machte, ebenfalls gut verzehnfacht wurden, und wenn man Mades Notizen noch hinzurechnete, änderte sich das Volumen unserer Arbeit sehr signifikant.

Es bedeutete auch, daß wir fast fünfundzwanzig Jahre lang warten mußten, bis unsere Arbeit die ethnologische Forschungsarbeit entscheidend beeinflußte. Und es gibt immer noch keine Dokumentationen menschlicher Interaktion, die sich mit denen vergleichen lassen, die Gregory in Bali und dann in Iatmul machte. Als 1971 die American Anthropological Association ein Symposium über die neuesten Methoden abhielt, Film und Tonband zu verwenden und dieses Material zu analysieren, wurden Gregorys Fotos von Eltern und Kindern bei den Iatmul und auf Bali immer noch als Beispiele dafür vorgezeigt, was sich mit Fotografie machen läßt.

Als wir in die Vereinigten Staaten zurückkehrten, nahmen wir uns vor, in einer Publikation die neuen Aufzeichnungstechniken, die wir entwickelt hatten, darzustellen, obwohl wir bereits mit Kriegsarbeit beschäftigt waren. Für *Balinese Character*, unser einziges gemeinsames Buch über Bali, mußten wir nach und nach einen großen Teil der 25 000 Aufnahmen durchschauen und die wichtigsten Bilder heraussuchen, die Gregory vergrößerte und von denen wir 759 für das Buch auswählten. In diesem Buch entwickelten wir eine Methode, Details aus verschiedenen Szenen, die thematisch zusammengehörten – einen schlafenden Mann, eine Mutter, die ihr schlafendes Kind trug, und Diebe, die während ihrer Verhandlung einschliefen – zu präsentieren, ohne den Zusammenhang und die Vollständigkeit jedes einzelnen Ereignisses zu verletzen. Das war eine Herausforderung, die niemand annahm.

Nicht nur im Fotografischen nahm unsere Forschungsarbeit neue Dimensionen an. Gregory entwickelte außerdem neue Methoden der sprachlichen Aufzeichnung, die es möglich machten, einer ganzen Reihe von Hauptereignissen und kleineren Vorfällen zu folgen, anzumerken, wann eine neue Einsicht auftauchte, und dem Bericht später Querverweise und weitere theoretische Erwägungen beizufügen. Die Stellen, zu denen es noch Fotos und Filmsequenzen gab, wurden ebenfalls markiert. Mit dieser Art von Aufzeichnungen kann ich noch dreißig Jahre später jeden Augenblick einordnen oder Bilderklärungen schreiben, bei denen es auf die Identifizierung eines Kinderfußes in der Ecke eines Bildes ankommt.

Wegen der Dichte der Bevölkerung und dem Reichtum des zeremoniellen Lebens war es uns möglich, viele neue Arten von Probestücken zusammenzutragen. Wir erlebten nicht ein Geburtsfest, sondern zwanzig; fünfzehnmal beschrieben wir sorgfältig, wie dieselben kleinen Mädchen in Trance fielen; wir besaßen sechshundert kleine geschnitzte Küchengötter aus einem Dorf, die wir mit fünfhundert aus einem anderen Dorf vergleichen konnten; und wir hatten vierzig Bilder, die ein Mann von seinen Träumen gemalt hatte, um sie in den Zusammenhang der Bilder von hundert anderen Malern einzuordnen.

Die Möglichkeiten, an diese Art von Material heranzukommen, waren schwindelerregend. Wir reagierten darauf mit fieberhafter Arbeit, da jeder von uns den anderen ständig dazu anregte, noch eine weitere Dimension der Kultur zu erforschen oder die Methoden noch weiter zu verfeinern. Als Gregory in Iatmul arbeitete, erfand er den Terminus Schizmogenese, der später positives Feed-Back genannt wurde, ein Teufelskreis, in dem sich der Gegensatz zwischen zwei Personen – oder zwei Gruppen – bis ins Unerträgliche verstärkt. In Bali fügte er das Konzept der Zygogenese hinzu, in der die Steigerung nicht zum Bruch, sondern zu einem harmonischen Gleichgewicht führt. Während wir zusammen bis spät in der Nacht arbeiteten – und ins Bett gingen, nachdem wir unsere Gesichter in dem wenigen verbliebenen Wasser gewaschen und die letzten Filme entwickelt, die letzte Filmrolle beschriftet oder einen neuen theoretischen Punkt herausgearbeitet hatten –, arbeiteten wir unserem Gefühl nach zumeist harmonisch zusammen. Unsere Arbeit verlangsamte sich nur in Anfällen von Müdigkeit und wurde nur dann unterbrochen, wenn wir unsere Freunde in ihren luxuriösen Häusern im Flachland besuchten, wo wir jedoch auch hart arbeiteten.

Wir hatten unser Arbeitsteam erweitert und Jane Belo und ihre Sekretärin, die von Made Kaler ausgebildet wurde, dazugenommen, sowie Katherine Mershon, eine ehemalige Tänzerin, die mit ihrem Mann im Küstenort Sanoer wohnte, einem Dorf, wo sogar kleine Kinder in Trance fielen, wo es Hexen in Hülle und Fülle und einen weisen alten Priester gab, der bereit war, selbständig zu denken, und den wir um Rat fragen konnten. Als Sekretär für Katherine Mershon lernten wir außerdem einen intelligenten Jungen an, der sich die Mershons als Adoptiveltern ausgesucht hatte. Wenn wir die Mershons besuchten, arbeiteten wir gemeinsam an großen Zeremonien, und wenn wir Jane Belo und Colin McPhee besuchten, arbeiteten wir über das Dorf Sajan oder über das Verhalten im Trancezustand, das Jane Belo studierte. Die Arbeit erschien uns nicht sehr hart. Es gab so viel Material, und das Gefühl, methodische und theoretische Fortschritte zu machen, regte uns sehr an.

Als wir am Ende der zwei Jahre planten, unsere Arbeit abzuschließen und nach Hause zu fahren, schauten wir uns wieder an. Sicher hatten wir eine noch nie dagewesene Menge an Material angesammelt. Aber der Kern anthropologischer Arbeit ist das Vergleichen. Es gab nirgendwo etwas, womit wir vergleichen konnten, was wir hatten. Der Krieg kam näher. Selbst aus den zwei Monate alten Zeitungen ging hervor, daß der Ausbruch des Krieges nicht lange auf sich warten lassen würde. Aber obwohl der Krieg bevorstand, hatten wir noch eine große interdisziplinäre Expedition vor, mit Endokrinologen und Psychiatern, die nach Bali kommen und ihr Hauptquartier im Bangli-Palast haben sollten – wo wir hinfuhren, um die führende Kaste zu studieren, und wo wir während unserer intensiven Arbeit von königlichen Privilegien geschützt wurden. Jeder ankommende Wissenschaftler sollte zuerst durch Texte und Filme über Bali informiert werden und sollte dann eine ausgebildete Sekretärin, die auch dolmetschen konnte, und ein Dorf ganz für sich allein zur Verfügung gestellt bekommen. Wir pachteten den Palast sogar für drei Jahre, obwohl wir wußten, daß der Plan vielleicht nichts als ein Traum war. Wir hatten Nolan Lewis Bitte ernst genommen, ich solle eine Expedition vorbereiten, um die Schizophrenie in einer anderen Kultur zu untersuchen, und da zur Verwirklichung des Plans im Augenblick keine Mittel zur Verfügung standen, hatten wir einen großen Teil der Arbeit selbst geleistet, indem wir Jane Belo und Katherine Mershon einbezogen und uns um die Mitarbeit holländischer Spezialisten bemühten. Und der größere Plan war immer noch möglich.

Aber was sollten wir in der Zwischenzeit mit unserem unvergleichlichen Material anfangen? Wir hatten davon geträumt, über Angkor Wat nach Hause zu fahren, den Ort auf der Welt, den ich am liebsten sehen wollte – und der jetzt als Nebenprodukt des Vietnamkrieges schwer beschädigt worden ist. Aber unser geschärftes ethnologisches Gewissen überwog. Wir entschlossen uns, statt dessen zurück an den Sepik zu fahren und mit den Iatmul zu arbeiten. Gregory kannte die Kultur gut, und es war ein Gebiet, in dem ich mich gut auskannte und die Verkehrssprache beherrschte. Wir hofften, dort in sehr viel kürzerer Zeit Filme, Fotoserien und jene detaillierten Aufzeichnungen machen zu können, die wir in Bali entwickelt hatten.

Wir fuhren auf einem holländischen Schiff bis Port Moresby. Während der Fahrt besetzte Hitler Österreich, und der österreichische Botschafter, der auf seinem Weg nach Neuseeland war, war plötzlich ein Mann ohne Land. Wir schlugen unser Lager in Tambunan auf, einem großen, vielschichtigen Iatmul-Dorf, in dem Gregory noch nicht gearbeitet hatte, und versuchten, die Arbeit zu wiederholen, die wir in Bali geleistet hatten. Aber da war keine Made Kaler, die Teile der Aufzeichnungen machen konnte; die Namen am Sepik waren vier und fünf Silben lang und ließen sich nicht abkürzen, und Gregory war fast ein Drittel der Zeit über krank. Hinzu kam, daß es ein ungewöhnlich trockenes Jahr war und die Leute fast ihr gesamtes Zeremonienleben aufgaben, um sich begeistert der Krokodiljagd hinzugeben, und oft kamen sie nur ins Dorf zurück, um sich über die Aufteilung des geräucherten Krokodilfleisches zu streiten. Was von Bali aus wie ein womöglich leicht fieberhafter Traum ausgesehen hatte, entpuppte sich am Sepikfluß als Alptraum.

Aber nach einem halben Jahr hatten wir das nötige Material zusammen. Wir konnten das ganze Verhaltensrepertoire der balinesischen Mutter dem der Iatmulmutter gegenüberstellen – zum Beispiel, wie sich die balinesische Mutter ein anderes Baby auslieh, um ihr eigenes Kind in rasende Eifersucht zu versetzen, und wie die Iatmulmutter im Gegensatz dazu ihr Kind selbst dann vor Eifersucht bewahrte, wenn sie ihre Brust für ein neugeborenes Kind bereit hielt, das sie zum erstenmal säugte. Wir konnten herausarbeiten, wie die Balinesen Drama und Aktion ins Theater verbannten, sich im Alltagsleben dagegen gelassen und gleichmäßig verhielten und den Kindern nicht einmal erlaubten, um ein Spielzeug zu kämpfen, während die Iatmul, die im wirklichen Leben kämpften und schrien und sich herumstritten, ihre künstlerischen Vorführungen dazu benutzten, Augenblicke bewegungsloser Schönheit in ihr eher gewalttätiges Leben zu bringen.

Wir hatten die Gegensätze, die wir gesucht hatten, und waren bereit, zu Hause an neuen theoretischen Schritten zu arbeiten – an der Entwicklung der Kybernetik und Gruppen-Entscheidungstheorie teilzunehmen und unter Berücksichtigung von Erik Eriksons erhellenden modalen Körperzonen-Theorien eine neue, stichhaltigere Systematisierung von Temperamentstypen zu erstellen.

Aber die Zeit unserer gemeinsamen Feldforschung war vorüber. Während der nächsten zwei Jahre – in denen wir Bali noch einmal einen kurzen, sechswöchigen Besuch abstatteten, um kleine Ergänzungen vorzunehmen und die Kinder in Bajoeng Gede nach einem weiteren Jahr der Entwicklung zu beobachten – arbeiteten wir genauso hart. Wir analysierten und katalogisierten unser Material, arbeiteten mit Leuten aus anderen Disziplinen an den theoretischen Implikationen dessen, was wir herausgefunden hatten, schnitten ein paar Filme und schrieben *Balinese Character* vor. Aber als dann der Krieg uns in Anspruch nahm, wandte sich Gregory anderen Interessen zu und ist nie mehr auf diese Art von Feldforschungsarbeit zurückgekommen. Statt dessen hat er es vorgezogen, sich auf kleine Beobachtungsausschnitte zu beschränken, die auf Tonbandaufnahmen und Filmen von Interviews mit Schizophrenen und auf Beobachtungen von Polypen in einer Wanne, Ottern im Zoo oder Delphinen in der Gefangenschaft beruhten, und er machte Aufzeichnungen, die nicht in sich wertvoll oder zeitlos gültig sind, sondern beiseite gelegt werden können, wenn die Denkarbeit, der sie Belege liefern sollen, getan ist.

Ich habe versucht, die balinesische Erfahrung auf viele verschiedene, und, im ganzen gesehen, unbefriedigende Weisen zu wiederholen. Ich habe Fotografien analysiert, darunter viele unserer balinesischen Bilderfolgen. Ich bin mit Fotografen in Kulturen gefahren, die ich kannte, und in solche, die ich nicht kannte. Ich habe zweimal versucht, mit einem Ehepaar in Manus zusammenzuarbeiten.

Und die Arbeit in Bali und Iatmul ging weiter. 1957 nahm ich Ken Heyman nach Bali mit, wo er Fotoserien von Dingen machte, die ich gesehen hatte und die in dieser Weise noch niemals fotografiert worden waren, und 1968 fuhr er allein nach Bali zurück und machte eine Fotostudie über eine einzelne balinesische Familie in Bajoeng Gede, wo alle Lehrer und die Schulkinder der letzten Klasse bei den politischen Massakern ermordet worden waren. Rhoda Métraux ist nach Iatmul zurückgegangen, um durch Musik- und Tonaufnahmen und ihre eigenen Beobachtungen Gregorys und meine Arbeit zu ergänzen. Kollegen und Studenten haben kleine Teile des balinesischen Materials für ausgezeichnete theoretische Analysen benutzt. Nach Jahren stellte Colin McPhee sein großes Werk über balinesische Musik fertig. Jane Belos Bücher und Monographien wurden ebenfalls beendet, und direkt vor ihrem Tod gab sie eine Sammlung der Aufsätze heraus, die wir alle geschrieben haben, während wir zusammenarbeiteten. Im vorigen Jahr veröffentlichte Katherine Mershon endlich einen Bericht über ihre Arbeit in Sanoer. Kürzlich haben Clifford und Hilred Geertz von einer ganz anderen Ausgangsbasis aus eine herrliche Arbeit über Bali geschrieben, in der die mittlere Entfernung genauer berücksichtigt wird, die in unserer eigenen Arbeit fehlte, da Gregory von den Gesichtern und den Händen der

Hahnenkämpfer so eingenommen war, daß wir manchmal überhaupt keine Bilder vom Hahnenkampf selbst hatten.

Im neuen Saal Völker des Pazifik im American Museum of Natural History gibt es eine Ausstellung, die auf der Sammlung von 1300 balinesischen Schnitzereien basiert, die Claire Holt auf Karten mit Hilfe einer Methode analysiert hatte, in der sie die Computer-Analyse vorwegnahm. Aber das Material bleibt unaufgearbeitet, da sie es liegenließ, um ihr großes Werk über indonesische Kunst zu schreiben.

Wir haben andere Versuche unternommen, einige Bedingungen der balinesischen Forschungsarbeit zu reproduzieren. Einer davon war das große Forschungsprojekt der Columbia University über zeitgenössische Kulturen, das sehr bald nach dem Krieg unter der Leitung von Ruth Benedict gestartet wurde. Bei diesem Projekt arbeiteten wir in kleinen, sich überschneidenden Gruppen, deren Mitglieder einen sehr verschiedenen Ausbildungs- und Erfahrungshintergrund hatten – Wissenschaftler, Künstler und Kunsthistoriker darunter. Für jede der neun Kulturen, die wir aus der Ferne studierten, arbeiteten wir mit Informanten und benutzten Filme, Romane, Autobiographien, Kunstwerke, Kongreßberichte, Handbücher über Kinderpflege und sonstige didaktische Literatur, sowie viele andere Arten von Material, das in komplexen modernen Gesellschaften zur Verfügung steht. Geoffrey Gorer leistete die Hauptarbeit. Er war selbst in Bali gewesen, und seine Briefe an uns aus Sikkim, wo er die Lepchas studierte, während wir in Bali waren und ich ihm Berichte unserer dortigen Arbeit schickte, waren ein Teil des balinesischen Erlebnisses. Auch Jane Belo arbeitete mit uns am Forschungsprojekt über zeitgenössische Kulturen. Aber Interviews über die Kindheit in einem entfernten Land, Filme, die weit weg in der Sowjetunion oder in Frankreich gemacht worden waren, Tagungsberichte, Bilder und Skulpturen von Künstlern, die man nie bei der Arbeit gesehen hatte – all das ist farblos, verglichen mit der Arbeit in der Mitte einer Kultur, wo man Tag für Tag Menschen beobachtet und seine Theorien an der nächsten Geste oder der nächsten Trance-Vorführung überprüft.

Als ich 1957 nach Bali zurückkehrte, wußten die Balinesen, daß keine unserer Ehen überlebt hatte – damals in Bali so lebendige, glückliche Partnerschaften. Sie wußten, daß Jane Belo sehr krank gewesen war, und als ich ihnen sagte, daß ihre Erinnerung an Bali ungetrübt sei, meinten sie ernsthaft: «Wissen Sie, sie hat ihre Seele in Bali gelassen, sie hat es versäumt, die Götter um Erlaubnis zu fragen, ob sie abreisen dürfe.» Walter Spies starb auf einem Schiff, auf dem Gefangene kurz vor der japanischen Besetzung evakuiert wurden. Bei meiner Tochter hängt eines seiner seltenen, herrlichen Bilder. Colin McPhee starb zwei Wochen, nachdem die Fahnen seines Buches korrigiert waren, Jane Belo, bevor ihr Buch *Traditional Balinese Culture* erschien, und Claire Holt, während sie ein neues Projekt in Indonesien leitete.

Während ich dies schreibe, unterrichtet Gregory und reist mit einer ausgesuchten Gruppe von Studenten, die sechs Wochen in Bali verbringen wollen, das er nach einer Abwesenheit von dreiunddreißig Jahren wiedersehen wird.

Ich glaube, es ist gut, wenigstens einmal solch ein Modell dafür gehabt zu haben, wie ethnologische Forschungsarbeit sein kann, selbst wenn das Modell von jener Intensität abhängt, die ein ganzes Leben auf wenige kurze Jahre zusammendrängt.

Dritter Teil

18
Was es heißt, ein Baby zu bekommen

Ich war immer froh, daß ich ein Mädchen war. Ich kann mich nicht erinnern, je gewünscht zu haben, ein Junge zu sein. Ich glaube, das kam durch die Art, wie meine Eltern mich behandelten. Ich war ein Wunschkind, und als ich geboren wurde, war ich das Kind, das meine Eltern haben wollten. Das Gefühl, seine eigenen Eltern zufriedenzustellen, hat wohl viel mit der eigenen Fähigkeit zu tun, sich selbst als Person anzunehmen. Als junges Mädchen wußte ich, daß ich eines Tages Kinder haben würde. Meine nächsten Vorbilder, meine Mutter und meine Großmutter, hatten beide Kinder gehabt, hatten ihren Verstand gebraucht und Karrieren im öffentlichen Leben gemacht. So hatte ich keine Zweifel daran, daß ich, für welche Karriere ich mich auch entschloß, ebenfalls Kinder haben würde.

Meine ganze Kindheit hindurch sorgte ich gern für kleinere Kinder. Bei Familienfesten sammelte ich die kleineren Kinder um mich, spielte mit ihnen oder erzählte ihnen Geschichten und ich genoß es, ein Baby im Arm zu halten, bis es einschlief. Ich hatte Puppen, aber ich kümmerte mich nie viel um sie; ich bevorzugte echte Babies. Und ich hatte nie viel für Tiere übrig, Katzen oder Hunde, weil Babies interessanter waren. Und es gab immer welche, unsere eigenen oder die anderer Leute, die ich halten durfte, auf die ich aufpaßte, mit denen ich spielte und die ich beobachtete. Ich erinnere mich daran, daß Ruth Benedict einmal sagte, das Baby einer ihrer Bekannten sei «gräßlich». Das überraschte mich. Ich hatte gräßliche Kinder und gräßliche Erwachsene kennengelernt, aber in meiner Vorstellung waren Babies davon ausgenommen, bis sie laufen und sprechen konnten. Erst später, als ich bei Geburten im Feld dabei war, lernte ich, daß neugeborenes Baby bereits irgendwie die Persönlichkeit verkörpert, die es später haben wird, und daß es, wenn es bald nach der Geburt stirbt, bereits in sich die Person zusammenfaßt, die aus ihm geworden wäre. Aber als Ruth diese Bemerkung machte, hatte ich erst ein neugeborenes Baby gesehen, meine Schwester Priscilla, die von Geburt an schön war.

Als Luther und ich uns verlobten, hatte ich das Gefühl, das verpflichte uns, ein Kind zu bekommen, und da er vorhatte, Geistlicher zu werden, entwarf ich das Bild eines Pfarrhauses – nach Charlotte M. Yonges Geschichten über englische Pfarrhäuser – mit sechs Kindern. Charlotte M. Yonge schrieb auch aufregende Abenteuergeschichten. Sie lieferten mir Stoff für abenteuerliche Tagträume, aber letzten Endes waren es ihre Familien-Geschichten, in denen sie das Leben von Kindern in ihren Kinderzimmern bei Tag und bei Nacht darstellte, die meine Phantasie anregten. Mit siebzehn gab ich für meine Schwestern eine große Fastnachts-Party und buk für fünfzehn Kinder Pfannkuchen. Großmutter sagte: «Wenn du so ruhig bleiben kannst wie jetzt, mit einem Kind auf dem Arm und einem an deinem Rock, dann machst du es einmal ganz gut.» Und ich zweifelte nie daran, daß ich eines Tages ein Kind auf dem Arm und eines am Rockzipfel haben würde. In den zwanziger Jahren glaubten wir daran, daß Kinder gewollt und geplant sein sollten. Wir wußten genau Bescheid über die neuen Möglichkeiten der Geburtenkontrolle und der sicheren Geburt, was bedeutete, daß man auch später im Leben ein Kind haben konnte. Luther und ich wollten unser Studium abschließen, bevor wir ein Kind bekämen, und dann wurde es durch meine Forschungsreise und Luthers Reisestipendium für Europa noch einmal verschoben. Aber ich war so sicher, daß wir Kinder haben würden, daß mir Edward Sapirs Rat, ich solle lieber zu Hause bleiben und ein Kind bekommen, als nach Samoa fahren, um heranwachsende Mädchen zu studieren, seltsam vorkam. Schließlich wurde Männern auch nicht gesagt, sie sollten ihre Forschungsarbeit aufgeben, um Kinder zu bekommen! Und ich fühlte mehr, als daß ich es wußte, daß ein Aufschub – selbst ein lebenslänglicher Aufschub – nicht unbedingt schädlich ist. Eine Nonne, die Kinder liebt, die sich aber ihr Leben lang aufopfernd um die vielen Kinder Gottes kümmert, wird dadurch nicht geschädigt, wenn es sie auch manchmal wehmütig stimmen mag.

Und als mir 1926 dann gesagt wurde, ich würde niemals Kinder haben können, nahm ich das als eine Art von Omen für mein zukünftiges Leben hin. Ich hatte Luther in der Hoffnung geheiratet, eine Schar von Kindern in einer ländlichen Pfarrgemeinde aufzuziehen. Aber jetzt gab er den geistlichen Dienst auf, und mir wurde gesagt, ich könne kein Kind haben. Ich glaubte, daß er ein herrlicher Vater sein würde, aber das war nun nicht mehr möglich – für uns.

Auf der anderen Seite glaubte ich nicht, daß Reo, der mich heiraten wollte, ein idealer Vater sein würde. Er war zu fordernd und zu eifersüchtig auf meine Aufmerksamkeit bedacht. Er war sogar neidisch auf die Aufmerksamkeit, die ich einem Stopfstrumpf schenkte. Ich hatte immer das Gefühl gehabt, daß mein Vater zuviel von meiner Mutter verlangt hatte und sie uns entzog, damit sie seine eigenen plötzlichen kapriziösen Bitten erfülle, etwas für ihn zu tun oder zu suchen. Ich wollte keine Ehe eingehen, die nach dem gleichen Muster funktionierte. Aber ohne Kinder sah die Zukunft ganz anders aus, und ich wählte ein Leben der gemeinsamen Forschungsarbeit und der intellektuellen Anstrengung. Ich erinnere mich nicht, sehr enttäuscht gewesen zu sein. Es hatte für mich immer die Alternative eines anderen Lebens gegeben. Aber Ruth war nicht zufrieden. Obwohl weder sie noch sonst jemand die Aussage des Arztes in Zweifel zog, hatte sie das Gefühl, ich würde irgendwie eine asketische Wahl treffen, eine Entscheidung gegen die Fülle des Lebens.

Ich heiratete also Reo. Und da ich damit eine Verpflichtung zu arbeiten eingegangen war, schrieb ich Professor Boas, er könne uns überall dorthin schicken, wo er einen Mann hinschicken würde, da ich keines besonderen Schutzes mehr bedurfte. Ich hatte die Notwendigkeit akzeptiert, Frauen, die noch Kinder bekommen konnten, auf Forschungsreisen größeren Schutz als Männern zu gewähren. Ich akzeptiere das immer noch, denn die Krankheit oder der Tod einer Frau während einer Forschungsreise bringt für alle viel mehr Schwierigkeiten mit sich – für die Leute, mit denen man zusammenarbeitet, und für die Beamten, die mit der Situation fertigwerden müssen. Aber diese Einschränkung galt nun für mich nicht mehr.

Als wir jedoch zu den Mundugumor kamen, sah ich zum erstenmal, was die aktive Verweigerung, Kinder zu haben, in einer Gesellschaft bewirken konnte. Ich hatte viele kinderlose Paare gekannt – einige, die keine Kinder wollten, und andere, die wie die Könige und Königinnen im Märchen alles hatten, was sie wollten, außer einem Kind. Mutter hatte oft über die «Selbstsucht» kinderloser Ehepaare gesprochen, die «es vorzogen, jeden Sommer nach Europa zu fahren», und sie meinte selbstgerecht, «*unsere* Extravaganzen sind unsere Kinder». Aber als Ethnologin lerne ich am besten, wenn ich sehe, was passiert, wenn eine ganze Gesellschaft einen bestimmten Zug verkörpert – und bei den Mundugumor konnten ganz offensichtlich weder Männer noch Frauen Kinder leiden. Sie sind das einzige primitive Volk, das ich kenne, bei dem einem Säugling nicht die Brust gereicht wurde, wenn er schrie. Statt dessen wurde das Kind auf die Schulter der Mutter gelegt. Schlafende Babies wurden in rauhen Körben an einem dunklen Platz an die Wand gehängt, und wenn ein Baby schrie, kratzte jemand an der Außenseite des Korbes.

Die Mundugumor bildeten einen scharfen Kontrast zu den Arapesh, die ihr ganzes karges, arbeitsames Leben der Aufzucht ihrer Kinder widmeten. Reo empfand eine seltsame Faszination für sie, aber ich fühlte mich einfach abgestoßen. Hinzu kam, daß wir in ständiger Spannung lebten. Die Mundugumor waren erst so kurz unter Kontrolle gebracht worden, daß es nicht sicher war, mehr als zwei oder drei Personen gleichzeitig in unser Haus einzulassen, denn ein Kopf, der so leicht zu haben war, mochte sich als allzu verführerisch erweisen. Im Dorf bewegte ich mich ziemlich frei unter ihnen, aber ich behielt immer die Initiative. Vielleicht verstärkte das meine Abneigung. Aber worauf es ankam, war die Einstellung der Mundugumor Kindern gegenüber. Ich empfand ganz stark, daß eine Kultur, die Kinder zurückwies, eine schlechte Kultur war. Und so fing ich an zu hoffen – nicht sehr logisch, aber mit einer gewissen emotionalen Folgerichtigkeit – daß ich vielleicht doch noch ein

Kind haben könne, daß ich es vielleicht schaffen könne.

Ich wies Reo darauf hin, daß ein Kind uns bei unserer Arbeit nicht sehr stören würde. Ein einziges Kind konnte man immer in einer Büroschublade schlafen legen. Erst zwei Kinder änderten das Leben wirklich. Reo hatte in keiner Weise Kinderlosigkeit zu einer Bedingung unserer Ehe gemacht, aber ich hatte das Gefühl, daß unsere Ehe ein Pakt war, der uns zur Forschungsarbeit als einer Lebensweise verpflichtete – und zu dieser Zeit waren wir sehr stark in der Forschung engagiert. Und trotz aller Schwierigkeiten war es ein friedlicheres Leben als unser Leben in einer akademischen Umgebung, wo Reo fast unerträglich von seinen ständigen Rivalitätsgefühlen geplagt wurde. Etwas später hatte ich eine Fehlgeburt – während wir in Tchambuli waren, aber das schwächte meinen neuen Glauben nicht, daß ich irgendwie ein Kind haben würde.

Als später Gregory und ich verheiratet waren und in Bali zusammen arbeiteten, hoffte ich weiterhin auf ein Kind, aber wieder hatte ich mehrere frühe Fehlgeburten. Als wir dann 1938 zum Sepik gingen, schien es, als ob ich verfrüht in die Wechseljahre käme – wieder die Theorie eines Arztes. Ich war traurig, aber es war jene Traurigkeit, die mit einer noch lebendigen Hoffnung einhergeht. Ich wollte ein Kind, aber hatte nicht wie Ruth das Gefühl, daß es keine mögliche Entschädigung dafür gäbe, kein Kind zu haben. Wenn ich jetzt einen Lebensabschnitt erreichte, in dem ich mit Sicherheit nie ein Kind würde haben können, dann konnte ich das ohne Reue und Schuldgefühle ertragen und würde es nur bedauern.

Manchmal geschieht etwas ganz Eigenartiges mit Frauen, wenn sie wissen, daß sie kein Kind – oder keine Kinder mehr – bekommen können. Das kann Frauen zustoßen, die nie verheiratet waren, wenn sie die Menopause erreichen. Es kann Witwen mit Kindern zustoßen, die das Gefühl haben, daß kein neuer Mensch jemals den Platz des geliebten Mannes einnehmen kann. Es kann jungen Frauen zustoßen, die erfahren, daß sie nie ein Kind bekommen können. Plötzlich entfaltet sich ihre ganze Kreativität – sie malen oder schreiben wie niemals zuvor oder sie fangen begeistert an, akademisch zu arbeiten, was sie vorher nur mit halbem Herzen getan hatten. Ich glaube, daß ich, wenn ich sechs Kinder gehabt hätte, auch noch Energie für andere Dinge gehabt hätte, besonders, wenn die Kinder älter geworden wären, aber sie hätten für mich an erster Stelle gestanden. Und sechs Kinder nehmen auch in diesem Fall die meiste Zeit und Energie, über die man verfügt, in Anspruch, und, vorausgesetzt, daß sie wirklich erwünscht sind, auf eine sehr befriedigende Weise.

Ich erinnere mich an die plötzliche Einsicht, die ich 1940 hatte, als ich mit einer kleinen Delegation redete, die gekommen war, um mich zu bitten, bei einem Frauenkongreß zu sprechen. Ich hatte mein Baby auf dem Schoß, und während wir sprachen, erinnerte ich mich an die Erklärung meines Psychologieprofessors, warum Frauen weniger produktiv als Männer seien. Er hatte sich auf einen Brief von Harriet Beecher Stowe bezogen, in dem sie erzählte, sie habe vor, einen Roman über die Sklaverei zu schreiben, aber das Baby schreie zu viel. Es kam mir plötzlich vor, als wäre es sehr viel plausibler gewesen, wenn sie gesagt hätte: «– aber das Baby lacht so viel.» Es ist nicht so, daß Frauen weniger Anreiz als Männer haben, kreativ und produktiv zu sein. Aber in allen Zeiten war es für Frauen, die Kinder haben wollten, dermaßen befriedigend, Kinder zu haben, daß es schon besonderer Umstände bedurfte – Ehelosigkeit, Kinderlosigkeit oder Witwenschaft –, damit es Frauen möglich wurde, sich ganz auf eine andere Arbeit zu konzentrieren.

Als wir 1939 kurz nach Bali zurückkehrten, stellte sich heraus, daß ich schwanger war. Deshalb wurde ich die schlammige, abschüssige Strecke zwischen der Hauptstraße und Bajoeng Gede hinauf und hinunter getragen. Die Dorfbewohner hatten aus einem unserer alten Bambusstühle eine Art von Sänfte gebaut. Aber der Bambus war ausgetrocknet, und mitten auf dem Weg brach der Stuhl plötzlich zusammen und klemmte mich ein. In der folgenden Nacht hatte ich in dem Gasthaus, in dem wir in Kintamani wohnten, eine ziemlich schlimme Fehlgeburt, und der holländische Arzt wurde gerufen. In jener Zeit waren holländische Ärzte – alle Holländer – sehr dafür, Kinder zu haben. In jedem Hotelzimmer auf den indonesischen Inseln stand wenigstens ein Kinderbettchen, manchmal mehrere. Statt mir zu raten, es so bald nicht wieder zu versuchen, sagte der holländische Arzt: «Sie möchten ein Kind, nicht wahr?» und gab mir gute Ratschläge.

Als wir auf dem Weg zurück nach New York in Chicago ankamen, glaubte ich wieder, schwanger zu sein. Ein Problem auf Forschungsreisen ist die Schwierigkeit, sicher festzustellen, ob man schwanger ist oder nicht. Aber jetzt war es möglich, das herauszufinden und Vorsichtsmaßnahmen zu ergreifen. Aber wir besuchten Freunde an der University of Chicago und hatten nur wenig Zeit für uns; statt einen Arzt aufzusuchen, bat ich deshalb die Sekretärin des anthropologischen Instituts, einen Test für mich zu arrangieren. Das Resultat war negativ. Ich war sehr traurig. Eine verschobene Hoffnung war etwas ganz anderes als die Resignation über etwas, was sich nicht ändern ließ.

Trotzdem verliefen die ersten Wochen in New York auf unerklärliche Weise seltsam. Ohne guten Grund war ich gereizt, empfindlich und streitsüchtig. Ich hatte sogar einen plötzlichen Anfall von morgendlicher Übelkeit – den einzigen, den ich jemals hatte. Aber ich wußte ja, daß ich nicht schwanger war. Schließlich gingen wir, weil ich mich so seltsam fühlte, zu einem Arzt, der mir sagte, ich sei entweder sehr wohl schwanger oder habe einen Tumor und müsse sofort operiert werden. Was für eine Gefahr es ist, zu wenig zu wissen! Niemand hatte mich davor gewarnt, vor einem Schwangerschaftstest Alkohol anzurühren – und in

Chicago waren wir am Abend vorher auf einer großen vergnügten Party bei den Ogburns gewesen.

Von dem Augenblick an, als feststand, daß ich schwanger war, ergriff ich extreme Vorsichtsmaßnahmen. Ich ließ mich vom Museum beurlauben und fuhr nicht mehr in Straßenbahnen, Zügen oder Bussen. Ich bekam Vitamin E, und ich behielt das Baby.

Wir hatten vorgehabt, nur kurz in den Vereinigten Staaten zu bleiben und dann nach England zu gehen. Dort wollten wir in Cambridge leben, wo Gregory eine Forschungsstelle am Trinity College hatte. Jetzt schien es so zu sein, daß ich das Baby in Amerika bekommen würde und mit all den ermüdenden Regeln von Krankenhäusern und Ärzten würde fertig werden müssen, die das Stillen schwierig machten und es verhinderten, daß eine Mutter das Baby bei sich im Zimmer haben konnte.

Aber vielleicht gab es einen Ausweg. Ich entschloß mich, mit der Ankunft des Babys anzufangen und mich dann rückwärts vorzutasten. Also suchte ich zuerst einen Kinderarzt und sprach mit Ben Spock, einem jungen Kinderarzt, der eine Psychoanalyse hinter sich hatte und mir von Freunden, die sich für die Entwicklung von Kindern interessierten, empfohlen worden war. Ich erklärte Ben, ich wolle ihn bei der Geburt dabei haben, damit er sich sofort um das Baby kümmern könne; daß ich einen Film über die Geburt haben wolle, so daß man sich später mit einiger Genauigkeit darauf beziehen konnte; daß ich eine Amme haben wollte für den Fall, daß meine Milch zunächst nicht ausreichte, und daß ich die Erlaubnis haben wollte, die Fütterungszeiten nach dem Säugling und nicht nach der Uhr auszurichten.

Ben antwortete liebenswürdig – denn schließlich hatte er es mit jemanden zu tun, der ungefähr gleich alt war wie er selbst und sich auf seinem Gebiet bereits einen Namen gemacht hatte –, daß er zur Geburt kommen würde und daß ich das Baby so oft stillen könne, wie ich wollte. Er kannte auch einen guten Geburtshelfer, Claude Heaton, der ein paar unkonventionelle Vorstellungen hatte und vielleicht auf mich hören würde.

Es stellte sich heraus, daß Dr. Heaton sich stark für die Heilkunde der Indianer interessierte und meine Vorstellungen sehr gern berücksichtigte – auch daß ich keine Betäubung haben wollte, außer wenn es absolut notwendig würde. Mit Vergnügen plante er mit mir zusammen, wie man die Säuglingsschwestern im French Hospital überreden könnte, meinem Wunsch zu entsprechen, das Baby nach seinen eigenen Bedürfnissen zu stillen. Als Teil seiner Anstrengungen in dieser Richtung, führte er ihnen einen unserer Filme aus Neuguinea vor, der eine Szene direkt nach der Geburt darstellt.

Während all dieser Vorbereitungen hofften wir immer noch, daß ich vor der Geburt des Babys nach England fahren könnte. Im August wurde mir erlaubt zu reisen. Als ersten Versuch unternahmen wir die lange, gemächliche Zugfahrt nach New Hampshire, um Larry und Mary Frank zu besuchen, deren Haus in den kommenden Jahren zu einer zweiten Heimat für uns alle werden sollte. Als wir noch in Cloverly waren, im Sommerhaus der Frankschen Familie, kam nach ein paar Tagen, in denen wir faszinierende Unterhaltungen mit dem Philosophen und Biologen J. H. Woodger geführt hatten, völlig überraschend die Nachricht über das sowjetisch-deutsche Neutralitätsabkommen. Als wir wieder in New York waren, besetzte die deutsche Armee Polen.

Es war klar, daß Gregory sofort nach England fahren mußte, es sei denn, die englische Regierung hätte eine Verwendung für ihn in den Vereinigten Staaten. Er suchte den britischen Konsul auf, der ihm folgendes sagte: «Wenn Sie neunundvierzig wären und ein schlechtes Herz hätten, würde ich sagen, bleiben Sie hier. Aber so rate ich Ihnen, nach England zu fahren.» Vier Tage später, als Geoffrey Gorer aus Yucatan nach New York zurückkam, gab es neue Anordnungen und ihm wurde empfohlen, in Amerika zu bleiben. Aber Gregory mußte fahren. Er telegrafierte seiner Mutter das Datum, an dem das Schiff ankommen sollte, und fügte hinzu: «Informiere die Wehrdienstbehörde.» Er nahm an, daß er sofort als Sozialwissenschaftler gebraucht werden würde. Obwohl hochspezialisierte Wissenschaftler vom aktiven Militärdienst befreit wurden, setzten die Engländer ihre Intellektuellen erst etwas später für besondere Aufgaben ein.

Und so kam es, daß ich mit achtunddreißig, nachdem ich jahrelang die Entwicklung von Kindern studiert hatte und bei Geburten in abgelegenen Ortschaften dabeigewesen war – der Geburt von Kindern an steilen, feuchten Berghängen beigewohnt hatte, wo alte Frauen Steine nach den neugierigen Kindern warfen, die herbeikamen, um die gebärende Frau anzustarren –, die Kriegserfahrung aller jungen Frauen in der ganzen Welt teilen mußte. Mein Mann war fort, um seine Pflicht im Krieg zu erfüllen, und ich konnte nicht wissen, ob ich ihn jemals wiedersehen würde. Wir hatten kürzlich etwas Geld von Gregorys Tante Margaret geerbt; deshalb würde ich nicht arbeiten müssen, bis das Baby geboren war. Aber das war auch alles. Ursprünglich hatten wir gedacht, daß ich zu Gregory nach England fahren könne, aber meine Schwiegermutter schrieb, daß ganze Busse voll schwangerer Frauen evakuiert wurden. Offensichtlich war es besser, in Amerika zu bleiben, als England zur Last zu fallen, das sich zum Krieg rüstete.

Als Übergangslösung richtete meine Freundin Marie Eichelberger ihre Parterre-Wohnung so her, daß ich die letzten drei Monate vor der Geburt bei ihr wohnen konnte. Sie organisierte sogar einen großen Ohrensessel, der Gregory aushalten konnte, falls er nach New York würde zurückkommen können. Sie versorgte mich mit kaloriearmem Gemüse, und rationierte meine kaloriereiche Kost. Ich bekam auch Calzium und etwas Thyroid. Mehr war über die Ernährung einer schwangeren Frau nicht bekannt.

Zu jener Zeit waren die Ärzte von der Idee besessen, daß schwangere Frauen nicht zunehmen sollten – in fast völliger Mißachtung des Wohlergehens ihrer ungeborenen Kinder. Heute hat die himmelschreiende Mißachtung der Sicherheit des Babys eine andere Form angenommen, indem schwangere Frauen, fest entschlossen, nicht sentimental zu werden, gefährliche Sportarten betreiben, ganztags arbeiten, nicht dafür sorgen, daß ein verantwortungsvoller Mensch in den letzten Wochen der Schwangerschaft in der Nähe ist, und es guter Dinge riskieren, daß ihre Kinder in Taxis, Polizeiautos oder Büros zur Welt kommen. Mütter riskieren es sogar, bei der Geburt des neuen Babys allein zu bleiben und dabei mit den Schwierigkeiten fertig werden zu müssen, die ihnen die verängstigten älteren Kinder bereiten. Und vollkommen unerfahrene junge Väter möchten Hebamme spielen. Diese extreme Zurückweisung unseres heutigen sozialen Systems stehen in völligem Gegensatz zur «natürlichen Geburt» – der umfassenden und sich günstig auswirkenden Vorbereitung auf die Geburt, die von Männern erfunden und ausgedacht wurde, um Frauen dahingehend zu indoktrinieren (es ist ein männlicher Ausdruck), daß die Geburt ein natürlicher Vorgang sei!

Ich war von rosiger Gesundheit und glücklich. Ich erlebte nicht die Trübung geistiger Aktivität, unter der manche Frauen leiden – ich vermute, besonders solche Frauen, die ihre Schwangerschaft sehr genießen. Während des ganzen Sommers hatten Gregory und ich hart an der Katalogisierung unserer balinesischen Filme und der 25 000 Fotografien gearbeitet. Die Fotos waren auf langen Filmrollen, die Gregory gegen das Licht hielt, während ich meine Notizen durchlas, um die Szenen und handelnden Personen zu identifizieren. Wir luden regelmäßig Kollegen dazu ein, die Filme anzuschauen und uns ausgehend von diesen ersten vergleichenden Filmen über menschliches Verhalten beim Aufstellen von Hypothesen zu helfen. Ich schrieb auch einiges, und im Herbst lehrte ich in Vassar am Child Development Department. Während meiner Vorlesungen saß Mary Fisher (Mary Fisher Langmuir Essex) auf den Stufen des kleinen Podiums, um sicherzustellen, daß ich nicht hinunterfiel.

Während dieser Monate hatte ich sämtliche bekannten Befürchtungen, wie das Baby wohl werden würde. Es gab Taubheit in meiner Familie, und es hatte ein mongoloides Kind und ein Kind mit einer schweren Form von zerebraler Lähmung gegeben. Es gab auch Familienmitglieder, die ich weder anziehend noch liebenswert fand, und ich wußte, daß mein Kind ihnen nachschlagen konnte. Berühmte Vorfahren boten keinerlei Garantie für Normalität. Ich glaube aber, was ich am meisten befürchtete, war Langweiligkeit. Gegen Ängste dieser Art konnte ich jedoch angehen, indem ich mich dazu erzog, nicht zu erwarten, daß das Kind in irgendeiner Weise etwas Besonderes sein würde – nach meinen Vorstellungen. Ich war zutiefst davon überzeugt – und bin es heute noch –, daß dies der entscheidende Punkt ist, wenn man ein Kind zur Welt bringen möchte, das seine eigene, einmalige und klare Identität hat.

So erzog ich mich dazu, weder auf einen Jungen noch auf ein Mädchen zu hoffen, sondern offen zu bleiben. Ich erzog mich dazu, mir kein Bild davon zu machen, wie das Kind aussehen würde, und mir keine Erwartungen hinsichtlich der Begabungen zu machen, die er oder sie haben oder nicht haben würde. Das war typisch für mich, denn ich hatte gelernt, sorgsam die Macht einzukalkulieren, die meine Phantasie über die Gedanken und Träume anderer Leute ausüben konnte. Zu mir kamen Menschen mit einem vagen Funken von Ehrgeiz, ein paar vagen Vorstellungen von einer möglichen Zukunft, und wenn ich nicht aufpaßte, entwarf ich eine ganze Zukunft für sie und auch den Weg, sie zu verwirklichen. Wenn Studenten oder Freunde darüber sprachen, was sie werden oder tun wollten, entstand ein Panorama vor meinen Augen, und ich sah, wie sie bei einer bestimmten Kombination von Talent und Erfahrung möglicherweise einen einmaligen Beitrag würden leisten können. Ich hatte gelernt, daß es besser war, zuzuhören und nur gelegentlich auf Alternativen oder auf Komplikationen hinzuweisen, die auf dem Weg, den die andere Person eingeschlagen hatte, auftreten konnten. In derselben Weise entschloß ich mich, das Kind, das geboren werden sollte, nicht in seinen Möglichkeiten einzuschränken – nicht zu hoffen, daß es schön oder intellektuell begabt oder mit einem glücklichen Temperament ausgestattet sein würde.

Es gab noch ein anderes Problem, über das ich mir ziemlich im klaren war. Ich war ein «Kinderwagen-Gucker» gewesen, wie Dr. David Levy ein Kind mit einem besonders stark entwickelten Interesse für Babies nannte, und er hielt das für eine der Eigenschaften, die einen dazu bestimmten, eine überfürsorgliche Mutter zu werden. Als ich ihm in einer Unterhaltung am Telefon sagte, daß ich ein Kind erwartete, fragte er mich mit dieser wunderbar therapeutischen Stimme, die sogar durch die Leitung wirksam blieb: «Werden Sie eine überfürsorgliche Mutter sein?» Ich antwortete: «Ich will versuchen, es nicht zu sein.» Aber mir war klar, daß meine Prädisposition in dieser Richtung, gleichgültig wie stark sie sein mochte, durch die so oft enttäuschte Hoffnung bestimmt verstärkt worden war, und ich wußte, daß ich schwer daran würde arbeiten müssen, mein Kind nicht zu sehr zu beschützen, sondern es vielmehr in seinem Recht darauf zu fördern, selbst im Leben Fuß zu fassen und eine eigene Person zu werden.

Ich mußte natürlich nicht mit jener Ambivalenz kämpfen, wie sie frischverheiratete Paare plagt, die Angst davor haben, ihre gerade erst gewonnene Intimität mit einem Neuankömmling teilen zu müssen, noch machte ich mir Sorgen darüber, was die Tatsache, daß ich ein Kind hatte, meiner Karriere antun würde. Ich hatte schon einen Ruf, auf dem ich mich ein paar Jahre lang ausruhen konnte, und unsere Forschungsreise nach Bali und Iatmul hatte für Material gesorgt, an dem ich für den Rest meines Lebens arbeiten konnte. Bevor der Krieg die Pläne, in England zu leben, zunichte machte, hatte ich vorgehabt, in Cambridge zu Hause zu bleiben, mich um das Baby zu kümmern und unsere Notizen durchzuarbeiten. Ich hatte mich nie darum bemüht, irgendeinen besonderen beruflichen Rang zu erreichen; und im Cambridge jener Zeit hatte eine ehrgeizige Frau sowieso keine Chance. Die Männer aßen mehrmals pro Woche im College und ließen ihre Frauen zu Hause. Ich hatte vor, mich um das Baby zu kümmern, und es gab mehr als genug Arbeit.

Am Tag bevor das Baby geboren wurde, kam, während ich mit Colin McPhee an balinesischen Filmen arbeitete, ein Telegramm von Gregory, in dem er mir mitteilte, daß er beantragt habe, nach Amerika kommen zu dürfen. Nichts schien dadurch gewonnen, daß er sich in England aufhielt. Er war sogar zurechtgewiesen worden, weil er nicht weiter die Analyse seines Forschungsmaterials betrieben hatte, wofür die Stelle am Trinity College schließlich da war.

Am folgenden Abend kam mein Vater aus Philadelphia und führte mich zum Abendessen aus. Kurz nachdem er mich nach Hause gebracht hatte, platzte die Fruchtblase. Es ist erstaunlich, wie selten solche Dinge, die offensichtlich innerlich bestimmt sind, am falschen Ort oder zur falschen Zeit passieren. Sechs Wochen vorher hatte ich zur Feier des fünfundsiebzigjährigen Bestehens des Barnard College eine Rede gehalten. Als meine ehemalige Professorin, Miss Howard, angerufen hatte, um zu fragen, ob ich dazu bereit wäre, hatte ich gesagt: «Aber ich erwarte um die Zeit herum ein Kind.» Sie antwortete trocken: «Aber Sie werden es bestimmt nicht beim Dinner bekommen, oder?» Und als ich mich fertigmachte, um in die Klinik zu fahren, rief mich Dr. Beatrice Hinkle an, um mich zu fragen, ob ich ein Stipendium annehmen würde, und sie verstand überhaupt nicht, warum die bevorstehende Geburt des Babys mich davon abhalten sollte, mit ihr zu reden.

Im Krankenhaus sollte ich meine Wehen mit einer normalen Uhr stoppen, und ich erinnere mich an meinen Ärger darüber, daß ich keine Stoppuhr hatte. Sie waren davon überzeugt, daß ich als Erstgebärende noch nicht bereit zur Geburt sein könne, und ich bekam ein wehenstillendes Mittel. Schließlich mußte die Geburt des Babys noch einmal zehn Minuten hinausgezögert werden, während Myrtle McGraw, die die Geburt filmte, jemand losschickte, um eine Blitzlichtbirne zu holen, die in ihrem Auto liegengeblieben war. Die ganze Nacht über hatte ich das Gefühl, als bekäme ich einen Anfall von Malaria, aber ich wußte nicht – das ist eines der Dinge, die man nicht wissen kann –, ob das Erlebnis, ein Baby zu bekommen, nicht wie Malaria wäre. Und ich war davon fasziniert, daß es weder «zehnmal schlimmer war» als die schlimmsten Schmerzen, die ihr jemals gehabt habt» (wie uns unsere kinderlose

Ärztin im College erzählte) noch «schlimmer als die schlimmsten Krämpfe, die du jemals gehabt hast, aber wenigstens springt etwas dabei heraus» (wie meine Mutter gesagt hatte); die Schmerzen bei der Geburt waren ganz verschieden von den absorbierenden Schmerzen anderer Art. Diese Schmerzen konnte man mit dem Verstand verfolgen; sie waren wie eine feine elektrische Nadel, die einem die Form des Beckens klarmachte.

Heutzutage gibt die Vorbereitung auf die natürliche Geburt Frauen die Möglichkeit, die Aufgabe, die ihnen während der Wehen zufällt, zu erlernen und darüber nachzudenken, statt einfach Angst davor zu haben, ob sie die Schmerzen aushalten werden. Die männliche Erfindung der natürlichen Geburt hat tatsächlich einen wunderbar emanzipatorischen Effekt auf Frauen, die über Generationen von männlichen Mythen gelähmt waren, statt sich Kenntnisse über einen sorgfältig beobachteten Vorgang anzueignen. Ich habe noch nie Frauen einer primitiven Gesellschaft die Geburtsschmerzen beschreiben hören. Aber in Gesellschaften, in denen es den Männern verboten war, der Geburt beizuwohnen, habe ich Männer sich am Boden wälzen und so ihre Vorstellung von Geburtsschmerzen darstellen sehen. In einer solchen Gesellschaft hatte sich die Frau selbst still an einen steilen Abhang gehockt und selbst die Nabelschnur durchgeschnitten, wobei sie nicht den Anweisungen einer ausgebildeten Hebamme folgte, sondern denen einer Frau, die vor kurzem ebenfalls ein Kind bekommen hatte.

Mary Catherine Bateson wurde am 8. Dezember 1939 geboren und sah ganz so aus, wie sie war.

Aber ich hatte Malaria, und am Tag nach der Geburt schoß mein Fieber in die Höhe. Jetzt zahlte sich meine ursprüngliche Entscheidung für einen Geburtshelfer, der mich in dem, was ich für das Baby wollte, unterstützen würde, auf geheimnisvolle Weise aus; wie überhaupt oft eine richtige Wahl schon über den glücklichen Ausgang entscheidet. Denn Dr. Heaton, der aufgeschlossener war als die meisten Männer seiner Zeit, glaubte mir, als ich ihm sagte, dies sei ein einfacher Anfall von Tertian-Malaria, deren Verlauf ich kannte. Er sagte sehr vernünftig: «Sie hat es schon gehabt, und niemand von uns weiß auch nur das geringste von dieser Krankheit.» Er fand ein altes Buch, in dem Chinin nach der Geburt verschrieben wurde, und er ließ mich die Dosis davon einnehmen, an die ich gewöhnt war. Jemand anders hätte die Malaria möglicherweise als Kindbettfieber diagnostiziert. Dann wäre ich aus der Geburtsabteilung des Krankenhauses verlegt worden, und mein Kind hätte in der Säuglingsabteilung die faulen Angewohnheiten der Flaschenkinder angenommen und es vielleicht nie mehr gelernt, an der Brust zu trinken.

Selbst wenn man alle Einflußmöglichkeiten besitzt – ich hatte genug Geld, ich wußte Bescheid, ich hatte einen Ruf und Prestige, ich hatte sogar einen Film über ein neugeborenes Baby in Neuguinea, den ich den

Krankenschwestern zeigen konnte –, gibt es doch Grenzen dessen, was man innerhalb einer Kultur erreichen kann. Der Druck einer Wirtschaft, die sich für den Krieg rüstete, war schon im Krankenhaus zu spüren. Es gab nicht genug Krankenschwestern. Das Baby bei sich im selben Krankenhauszimmer zu haben, war gesetzlich verboten. Vierstündiges Stillen war vorgeschrieben für Babies, die über sieben Pfund wogen, und mein Baby wog etwas über sieben Pfund.

Das Beste, was sich machen ließ, die größte Annäherung an Rooming-in und Self-Demand-Ernährung, wie diese Verfahren später genannt wurden –, war, daß mir das Baby alle drei Stunden gebracht wurde, als wiege es unter sieben Pfund, und mir erlaubt wurde, auch nachts zu stillen. Den Zielen des Krankenhauses nach, damals wie heute, soll ein Baby, wenn es nach Hause kommt, fähig sein, die Nacht durchzuschlafen – es soll sich, erst ein paar Tage alt, schon mit einer Welt abfinden, deren aufgesetzte Rhythmen ihm seltsam und unangenehm vorkommen. Obwohl Dr. Heatons Versuch, das Interesse der Krankenschwestern zu gewinnen, erfolgreich gewesen war, waren sie zu beschäftigt, um weitere Abweichungen von der üblichen Routine zu ermöglichen. An dem Abend, an dem ich angekommen war, hatte mir die Oberschwester gesagt: «Ich habe es so verstanden, daß wir Sie alles machen lassen sollen, was Sie wollen.» Ein erstaunlicher Satz, aber wie wohlwollend sie auch war, so gab es doch Grenzen, über die sie nicht hinaus konnte.

Vor Gregorys Abreise nach England hatten wir über den Namen des Babys gesprochen. Wir hatten bereits beschlossen, wenn es ein Junge wäre, würden wir in England leben, weil die Engländer Jungen besser aufzogen; wenn es aber ein Mädchen wäre, wollten wir in den Vereinigten Staaten leben, wo es den Mädchen besser ging. Aber in jedem Fall würde der Nachname des Kindes Bateson sein, und wir überlegten uns Batesonsche Vornamen. Wir entschieden, daß wir ein Mädchen Mary nennen wollten, nach der bedeutendsten von Gregorys Tanten väterlicherseits, einer der ersten Historikerinnen, die jung gestorben war, sehr geliebt und tief betrauert. Wenn man ein Kind nach jemandem benennt, der jung gestorben ist, ist es, wie ich glaube, in gewisser Hinsicht ein Versprechen, daß ein unterbrochenes Muster dennoch vervollständigt wird.

Aber als ich vorschlug, einen Jungen William zu nennen, war Gregory nicht damit einverstanden. «Zu schwer für Bibliothekare», meinte er. Der Genetiker William Bateson war sein Vater, und sein Großvater, der Theologe und Professor am St. Johns College gewesen war, war William H. Bateson gewesen. Offensichtlich erwartete Gregory schon, daß das Kind eines Tages Bücher schreiben würde. Und in diesem Fall wäre noch ein William einfach zu verwirrend.

Nach einiger Zeit bemerkte ich, daß mir der Name Mary nicht ganz behagte. Ich wollte unser Kind nach meiner verstorbenen kleinen Schwester Katherine nennen, der ich diesen Namen gegeben hatte. Ich schlug vor, den Namen mit C zu schreiben, damit er zu den Initialen ihrer Batesonschen Großmutter paßte, C. B. Ich hatte Gregory das geschrieben, und er war einverstanden gewesen. Wir hatten auch über die Beschneidung gesprochen, gegen die Gregory war, aber die Frage stand noch offen. Als er das Telegramm «Mary Catherine Bateson, geboren am 8. Dezember» bekam, fing Gregory sofort an, eine telegrafische Antwort aufzusetzen: «Nicht beschneiden», und telegrafierte, als ihm klarwurde, daß er eine Tochter hatte, statt dessen: «Nicht taufen.»

Drei Tage nach ihrer Geburt kam mit der Post ein Päckchen, das an Miss Mary Catherine Bateson adressiert war. Als ich das las, setzte bei mir der Lernprozeß ein, meine Tochter als eine eigene Person mit einer vollkommen eigenen Identität zu behandeln.

In meiner Familie war ich immer als Person behandelt worden, niemals als ein Kind, das etwas nicht verstehen konnte. Meine Großmutter teilte ihre Sorgen über meine Eltern mit mir, wenn sie mir die Haare kämmte. Meine Mutter nahm mich zu ihrer Forschungsarbeit an Neueinwanderern mit. Mein Vater brachte mir bei, ihm in die Augen zu schauen, als ich ein Gedicht vor einem Publikum aufsagte. Ich war ein Individuum für sie. Es war vielleicht nötig, mich – als ein Kind – davon abzuhalten, zu viel zu lesen oder zu lange aufzubleiben. Aber es wurde nie behauptet, daß ich, weil ich ein Kind war, die Welt um mich herum nicht verstehen und verantwortlich und sinnvoll darauf reagieren könnte.

Jetzt war Catherine da, eine neue Person.

19
Catherine, im Krieg geboren

Wir nannten sie Cathy. Sie war blond, ihr Kopf war nicht durch eine schwere Geburt oder den Gebrauch von Instrumenten verletzt, und sie hatte schon einen ganz eigenen Ausdruck. Ich war vollkommen glücklich.

Da sie am Fest der Unbefleckten Empfängnis geboren worden war, freute es die Schwestern im French Hospital, daß sie auch Mary hieß. Aber sie wurde nie so genannt. Vor nicht allzu langer Zeit, als sie älter wurde, wollte sie Catherine genannt werden. Ich finde das schwierig, obwohl ich immer versuche, Leute mit dem Namen anzusprechen, den sie hören wollen. Vielleicht ist das so, weil ich so lange unter Völkern gelebt habe, für die Namen ein zu wichtiger Bestandteil der Persönlichkeit sind, um leichtfertig behandelt zu werden, und bei denen die richtigen Namen fast nie benutzt wurden. Für mich wiegt der Name Catherine sehr schwer, ist nicht nur von all den Katherines, die meiner Tochter vorangingen, belastet, sondern auch von ihrer gesamten Person. Wir haben einen Kompromiß geschlossen. Ich spreche von ihr als Cathy, wenn ich mich auf sie als Kind beziehe, aber wenn ich über ihre späteren Jahre spreche, ist sie Catherine.

Meine Freundin Margaret Fries, die Pionierarbeit in der Beobachtung der Neigungen von Neugeborenen leistete, kam ins Krankenhaus, um mit Cathy die Tests zu machen, und fand sie ein ziemlich ruhiges Kind. Obwohl sie nicht einschlief, was manche Neugeborenen tun, wenn sie frustriert werden, kämpfte sie doch nicht um die Brustwarze, wenn man sie ihr wegnahm. Margaret Fries meinte, sie sei gerade so ruhig, daß es unklug wäre, sie häufigen Frustrationen auszusetzen. Manche Babies können sich nur ans Leben anpassen, indem sie hin und wieder stark schreien, aber wir achteten darauf, daß Cathy so wenig wie möglich Anlaß zum Weinen hatte.

Unweigerlich ging ihre Ankunft mit ziemlich viel Aufregung einher. Ich hatte so viele Freunde, und so viele kamen aus Kreisen, in denen Kinder eine Hauptbeschäftigung darstellen – Erzieher, Kinderanalytiker und Kinderpsychologen. Sie alle teilten meine Freude über das Kind. Das gleiche taten meine kinderlosen Freunde – Jane Belo, die uns in Bali so nahegestanden hatte und die mit uns in Kintamani gewesen war, wo ich eine Fehlgeburt hatte, und Marie Eichelberger, die Cathy als ihren besonderen Schützling ansah und für immer «Tante Marie» wurde. In England begann Nora Barlow große Pläne für eine Darwin-Bateson Ehe zu schmieden, da sie Cathy als eine mögliche Braut für ihren Enkel Jeremy ansah, der vier Monate früher geboren worden war.

Cathys Großmutter väterlicherseits schrieb, die Hände des Babys seien genau wie die ihres eigenen Vaters. Er war Chirurg am Guy's Hospital in London gewesen, und es wurde erzählt, seine Studenten seien hypnotisiert von der Schönheit seiner Hände gewesen, wenn sie ihm beim Operieren zuschauten. Meine Schwiegermutter fügte hinzu: «Margaret besitzt auch schöne Hände, obwohl sie klein sind.» Das überraschte mich, denn ich hatte immer gedacht, kleine Hände seien für eine Frau eine Zierde und könnten nicht durch ein «obwohl» abgewertet werden. Alle Batesons und Durhams waren groß, und ich hegte kurzfristig die Befürchtung – die manchmal wieder auftauchte –, daß Cathy meine Gesichtszüge hätte, die besser in ein kleines Gesicht passen, und vielleicht ihrem väterlichen Erbe gemäß wie eine Bohnenstange wachsen würde.

Wenn man ein eigenes Kind hat, dann ist es eine der faszinierendsten Beschäftigungen, das Erscheinen von ererbten Zügen und Veranlagungen zu beobachten, die einer Seite der Familie oder der anderen zugeschrieben oder angelastet werden können. Wie alles andere an der biologischen Elternschaft ist auch das ein gemischtes Vergnügen. Die Züge, auf die man stolz ist, und die Züge, die vom anderen Elternteil stammen, den man liebt, sind einem in dem gemeinsamen Kind doppelt so lieb. Ein Kind, das wie ich mit einer solchen Kombination geboren wird, hat einen besonders guten Start im Leben. Aber das Kind, das abgelehnte elterliche Charakterzüge aufweist, fängt das Leben mit einem Handicap an. Die Eltern müssen sich ganz besonders anstrengen, nicht negativ auf jene Züge in ihrem Kind zu reagieren, die sie nicht leiden können oder an sich selbst fürchten.

Cathy erbte eine glückliche Kombination von Charakterzügen der Familie. Sie hatte blaue Augen, blauer als die ihres Vaters oder meine eigenen, und ihr blondes Haar, das später in helles Braun überging, war nicht von unserem zu unterscheiden. Ihre langen Finger hat sie von ihrem Vater. Wenn sie ruhig ist, benutzt sie ihre Hände wie ihr Vater und hält ihre Finger asymmetrisch; wenn sie sich bewegt und redet, benutzt sie ihre Hände symmetrisch, wie ich. Es gibt eine Fotoserie, die entstand, als sie ungefähr drei Jahre alt war, wo sie diese beiden Arten abwechselnd vorführt, ein dutzendmal auf einem Film.

Cathy aufzuziehen war sowohl intellektuell als auch emotional ein aufregendes Abenteuer. Ich glaubte daran, daß die frühen Tage der Kindheit sehr wichtig sind – daß es etwas ausmacht, wie ein Kind geboren wird ob es nah bei seiner Mutter ist, ob es gestillt wird, und wie das Stillen beendet wird. Ich begriff auch, daß die regelmäßige Fütterung der Kinder nach der Uhr und mit einer abgemessenen Menge in der Flasche in bester Absicht geschah. Denn wenn Babies Kuhmilch bekamen, Milch, die in großen Mengen aus einer Molkerei kam – die Flaschenernährung kam zuerst in der Stadt auf –, dann mußte ein System entwickelt werden, das irgendwie dem empfindlichen, sich selbst regulierenden System entsprach, wie es zwischen einer stillenden Mutter und ihrem Säugling entsteht. Und wenn mehr Babies davor geschützt werden sollten, schwach zu werden und zu sterben, weil die Milch ihrer Mutter nicht ausreichte oder weil ein bestimmtes Kind nicht gut von der eigenen Mutter gestillt werden konnte, dann mußten manche Babies – vielleicht sogar die Mehrzahl – mit der Flasche ernährt werden. Aber 1939 verstand ich das nur ganz vage.

Damals glaubte man, das Wichtigste für das Überleben und Wohlbefinden eines Kindes sei, daß die Mutter ihr Kind und das Stillen akzeptierte. Erst später erfuhren wir von dem abweisenden Baby – dem Baby, das sich nicht an seine Mutter anpassen konnte. Noch später hörten wir von der Mutter und dem Kind, die sich physiologisch nicht aneinander gewöhnen konnten, obwohl sie sich gegenseitig nicht ablehnten.

Ich versuchte, etwas Neues zu entwickeln – das Stillen an moderne Lebensbedingungen anzupassen und eine Uhr in Situationen zu gebrauchen, wo eine Mutter, die ihr Baby andauernd an der Brust oder in einem Sack auf dem Rücken mit sich herumtrug, keine Uhr brauchte. Und ich führte die Idee ein, Notizen über den Verlauf des Stillens zu machen, damit ich erfuhr – und es nicht verfälschte, wie es so leicht geschieht –, was wirklich vorging. Meine Mutter hatte ihre Liebe zu mir dadurch ausgedrückt, daß sie umfangreiche Notizen über meine Entwicklung anfertigte. Und ich selbst hatte viele Jahre lang das Verhalten von Kindern beobachtet und beschrieben. Wie auch heute noch, war es ein wichtiger Bestandteil meines Lebens, Notizen zu machen.

Vom Augenblick an, als wir das Krankenhaus verließen und dem Krankenhausrhythmus entkommen waren, bemühte ich mich darum, das Stillen nach Cathys Bedürfnissen einzurichten. Bis dahin hatte ich nicht wissen können, wie viel sie schrie, und konnte ihr spontanes Schreien nicht von dem Schreien der andern Babies unterscheiden, die getrennt von ihren Müttern im Säuglingszimmer lagen, wo sie alle Nachteile – und keinen der Vorteile, die Mutter in der Nähe zu haben – von Lebewesen erfuhren, die in einem Wurf geboren werden, junge Katzen etwa oder junge Hunde.

Wie es so viele Frauen im Krieg machten, brachte ich mein neugeborenes Baby in mein Elternhaus in Philadelphia. Da es dort dreißig Jahre lang kein Baby mehr gegeben hatte, hatte Mutter fast all ihr Wissen vergessen, über das sie vorher einmal verfügt hatte. Aber sie erinnerte sich daran, daß kleine Babies schreien, weil sie sich langweilen, und sie empfahl, Kissen so hinter Cathy zu stopfen, daß sie etwas sehen konnte. Ich hatte eine junge Appalachin als Kindermädchen, die gelernt hatte, darauf zu achten, daß es das Baby warm genug hatte. Es war ein sehr kalter Winter, und das alte Haus war zugig. Wenn das Kindermädchen weg war, war unsere große, warme, schwarze Haushälterin da, auf deren Schoß das Baby sofort ruhig wurde.

Ich saß oft in dem niedrigen, lehnenlosen Schaukelstuhl, in dem meine Großmutter meinen Vater geschaukelt hatte, und hörte den seltsamen Nachtsendungen im Radio zu, in denen Susie oder Lucy um zwei Uhr morgens bat, daß ein bestimmtes Stück für Johnny oder Bill gespielt werden sollte, die gerade auf irgendeiner Landstraße nach Osten oder Westen unterwegs waren. Ich hatte nichts zu tun, als für genug Milch zu sorgen, das Baby zu stillen und im Arm zu halten. Ich mußte nirgendwo hin, ich hatte keine Hausarbeit zu machen, keinen schwierigen Mann zu beruhigen, keine Geldsorgen – tatsächlich hatte ich mit keinem der Probleme fertig zu werden, die das erste Kind für eine unerfahrene junge Mutter so schwierig machen können. Aber ich versuchte bewußt und auf neue Art, mein eigenes Wissen mit den Beobachtungen zu kombinieren, die ich an Müttern und Babies in vielen Kulturen gemacht hatte.

Ich trank drei Liter Milch pro Tag, um sicher zu sein, daß Cathy genug Milch bekam. Aber dann sagte Dr. Joseph Stokes, der Kinderarzt, der während meiner Zeit in Philadelphia Ben Spock sehr freundlich vertrat, meine Milch sei zu reichhaltig, und riet mir, dem Baby zuerst Wasser zu geben. Das machte sie wütend. Und einmal, als sie vor Wut schrie, stampfte ich mit dem Fuß in jener blinden reaktiven Wut auf, die eine Mutter fühlen kann, wenn ihr Kind untröstlich schreit. Ich nahm mich zusammen und verstand, was es war. Ich erlebte das nur einmal, aber es reichte mir, um zu verstehen, was hinter der Verzweiflung einer jungen Mutter steckt, die keine Ahnung von Babies hat, die das Gefühl hat, sie werde niemals mit ihrem Baby richtig umgehen können, und nach der Geburt in Depression verfällt.

Aber auch das kann ich im Nachhinein besser verstehen. 1939 wußten wir nicht, wie eng eine postpartale Depression mit hilfloser Isolation zusammenhängt. Was eine junge Mutter am meisten braucht, ist liebevoller Rat und Hilfe – und ganz besonders jemand, dem sie vertraut und der ihr sagen kann: «In ein paar Tagen, oder spätestens ein paar Wochen hast du nicht mehr das Gefühl, daß du es nicht schaffen kannst. Eines Tages fühlst du dich wieder gut und bist wieder du selbst und weißt, daß du eine Mutter mit einem Baby bist, das du genießen kannst – genauso, wie du es wolltest.»

Cathy schrie, und ich stillte sie, wenn sie schrie, und führte genaue Notizen. Sie war ein früh reagierendes Kind, das richtige Tränen vergoß, wenn ich sie in ein Zimmer schob, wo ich glaubte, sie sofort hören zu können, aber dann doch etwas spät kam. Gregory kehrte aus England zurück, als sie sechs Wochen alt war. Wir gaben der Kinderschwester frei und kümmerten uns ein ganzes Wochenende, an dem sie eine böse Kolik hatte, selbst um sie. Das war das einzige Mal, daß er sich auch um ihr körperliches Wohl kümmerte. Aber es reichte zur Entwicklung eines sehr nahen Verhältnisses zwischen Gregory und Cathy.

Bis in die frühen fünfziger Jahre, in denen so viele junge Väter, die noch Studenten waren, in engen Wohnungen mit ihren kleinen Kindern zusammenlebten und sich viel um sie kümmerten, wußten wir nicht, wieviel von solch einem intimen Verhältnis zwischen Vater und Kind abhängt. Ein kleines Baby ruft eine gewisse Art von Reaktion hervor, vielleicht mit seinen Händen, die noch den infantilen Greifreflex beibehalten haben und sich so fest und vertrauensvoll um den Finger eines Erwachsenen schließen, daß der Vater gefesselt und seine Begeisterung geweckt wird. Wenn dieser enge Kontakt verschoben wird – wenn ein Vater glaubt, daß man sich einem Baby sehr vorsichtig nähern oder es auf Abstand halten müsse, wird sein Verhältnis zu seinem Kind sich extrem von dem der Mutter unterscheiden, und die Erfahrung des Kindes mit den beiden Geschlechtern bleibt ebenfalls für immer eine andere.

Fast sofort war Gregory beunruhigt über die Wirkung, welche die schlechte Grammatik unseres indianischen Kindermädchens auf das Baby haben würde. Ich mußte ganz offensichtlich versuchen, ein ausgebildetes englisches Kindermädchen zu finden, das in das Bild paßte, das

Cathys Vater davon hatte, wie ein Kind aufzuziehen sei. Es würde Cathy auch auf das Leben in England vorbereiten, falls wir später einmal dort lebten.

Wir fuhren sobald wie möglich nach New York zurück. Von der sicheren Basis in Marie Eichelbergers Wohnung aus, wo das Baby in einer ausgepolsterten Schublade schlief, suchten wir eine Wohnung und eine Mischung aus Kindermädchen und Haushälterin. Wie damals, als ich einen Geburtshelfer suchte, fing ich mit dem Baby an. Wir wollten zuerst ein Kindermädchen finden und dann eine Wohnung nehmen, die zu dem neuen Haushalt paßte. Meine Mutter hatte in ihrer phantasievollen und humanen Art Mädchen mit Kindern angestellt, damit ihre Arbeit im Haushalt es ihnen ermöglichte, die Kinder bei sich zu behalten. Ich entschied, daß auch wir uns nach einer Mutter mit Kind umsehen sollten.

Wieder einmal hatte ich sehr viel Glück. Helen Burrows, die für zweieinhalb Jahre Cathys Kinderschwester wurde, hatte ihr Arbeitsleben als drittes Kindermädchen in einem großen Haus auf dem Land in England begonnen, und wurde schließlich, nachdem sie während der U-Boot-Gefahr im Ersten Weltkrieg den Atlantik überquert hatte, Kindermädchen beim Gouverneur von Kanada. Sie heiratete einen Butler, der nach einer stürmischen Ehe verschwand und sie mit einer Tochter zurückließ, für die sie sorgen mußte. Audrey war inzwischen vierzehn Jahre alt, ein großes, kräftiges Mädchen, das fähig und bereit war, ausgelassen mit einem Baby zu spielen. Helen war sehr intelligent und las viel. Sie sagte, sie habe die Stellung bei uns angenommen, weil ihr das Baby gefiel – Babies spielen von den ersten Tagen ihres Lebens an eine Rolle in ihrem eigenen Schicksal – und weil sie von dem, was ich ihr erzählte, gefesselt war. Zum Beispiel hatten wir vor, in jedem Zimmer Fotolampen aufzustellen, damit wir jederzeit wichtige Augenblicke in Cathys Leben fotografieren könnten.

Helen war treu und ungeheuer geduldig. Sie wußte einfach, wie man ein Kind aufzog und trotzdem die Zuneigung des Kindes von sich weg auf seine Mutter lenkte. Sie saß zum Beispiel mit Cathy auf dem Boden und brachte ihr «Hab den Teddy lieb» bei, und dann sagte sie, als ich ins Zimmer kam, ohne den Tonfall zu ändern: «Da ist deine Mama. Hab deine Mama lieb.»

Was meine Arbeit betraf, so waren die Jahre, die Helen und Audrey bei uns waren, sehr aufreibend. Im ersten Semester unterrichtete ich mittags an der New York University und wurde dann in einem Auto von einem hilfsbereiten Studenten schnell nach Hause gefahren. Zu der Zeit hatte Cathy schon ihren eigenen bequemen Nahrungsplan entwickelt. Sehr rücksichtsvoll hatte sie auf die Mahlzeit in den frühen Nachtstunden verzichtet, die jede Art von Geselligkeit am Abend unmöglich gemacht hatte, aber ich stillte sie weiterhin zwischen eins und zwei in der Nacht, bis sie sechs Monate als war. Ich arbeitete auch wieder halbtags am

Museum, und wir beide engagierten uns während der sich vertiefenden Krise, die durch den Krieg entstand, stark bei Aufgaben, die Sozialwissenschaftler leisten konnten. Gregory konnte nur wenig Geld aus England bekommen, und ich mußte durch Vorträge und Unterricht soviel wie möglich dazuverdienen.

Das bedeutete, daß ich weniger mit Cathy zusammen war, als ich gehofft hatte. Aber ich stillte sie weiter und brachte ihr bei, mit einem Löffel zu essen, als Ben Spock behauptete: «Alle klugen Kinder essen in diesem Alter schon selbst.» Helen wehrte sich dagegen. Aus ihrer Beobachtung, wie Cathy mit der Sandschaufel umging, schloß sie, daß sie noch nicht weit genug war, um einen Löffel zu benutzen, aber sie haßte die Unterstellung, daß ihr Baby nicht so klug wäre wie andere Kinder. Nachmittags, wenn wir nach Hause kamen, waren wir ein paar Stunden lang mit Cathy zusammen. Am Morgen wurde sie uns ebenfalls gebracht und spielte mit den Staubkörnchen, die im Sonnenlicht tanzten, oder begeisterte sich für die «Licht-Vögel» oben an der Decke, die durch das Umrühren einer Tasse Tee entstanden, in die das Sonnenlicht fiel.

Helen war so intelligent und verkörperte eine so lange, kluge Tradition der Kindererziehung, daß ich das Gefühl hatte, Cathy sei körperlich und geistig sehr gut bei ihr aufgehoben. Einmal blieb ich mitten in der Nacht vor der Kinderzimmertür stehen und hörte einem lebhaften Streit darüber zu, wie viele Elefanten sie im Zoo gesehen hätten, ein Streitgespräch, das ohne jede Einschränkung auf vollkommen gleicher Ebene geführt wurde. Wie für jede gute Kinderschwester, kam für Helen das Kind vor allem anderen. Sie hatte die Geduld, die nur wenige gehetzte Mütter aufbringen können, und ließ ein Kind trödeln – erst einen Schuh anziehen und dann mit dem Kätzchen spielen, bevor es den zweiten anzog. Und wenn Helen beschäftigt war, ging Audrey hin und unterhielt sich mit dem Baby. Nachts wurde es in den Schlaf gewiegt, leicht geschüttelt in einer tragbaren Babytasche, die man zusammenfalten konnte und die ich immer mitnahm, wenn ich Vorträge hielt und auf Kongresse ging. Dann kümmerten sich Gregory und ich um Cathy, denn Helen mußte zu Hause bei Audrey bleiben.

Als sie sprechen konnte, wachte sie bisweilen neben mir in einem fremden Zimmer auf und sagte «Mummy», obwohl sie im Monat zuvor jede Nacht bei Helen geschlafen hatte. Ich achtete darauf, daß sie nie an einem fremden Ort einer fremden Person überlassen wurde. Zuerst machte sie jemand, den sie kannte, mit einem neuen Ort bekannt, oder der Fremde, der sich um sie kümmern sollte, wurde ihr an einem bekannten Ort vorgestellt. Sie ging leicht und fröhlich auf Fremde zu und fühlte sich nur in Gegenwart solcher Besucher unbehaglich, die wie ihr Großvater selbst etwas zu ängstlich waren.

Sie lernte sehr früh sprechen und fing an, die umschreibende Verbform zu benutzen, die es ihr sehr leicht machte, eigene Sätze zu bilden. Wenn jemand sie zum Beispiel fragte: «Did you sit on a rock in Central Park?», dann antwortete sie: «Yes, I did sit on a rock in Central Park.» Das machte den Eindruck großer Verständigkeit, und das Resultat war, daß Leute, die mit ihr sprachen, immer schwierigere Satzkonstruktionen benutzten. Ihre Wärme und Zugänglichkeit, ihr Vertrauen und ihr großes Interesse für Menschen und Dinge riefen bei anderen lebendige Reaktionen hervor, und so erfüllte sich ihre Erwartung, daß die Welt ein freundlicher Ort sei.

Als sie achtzehn Monate alt war, wurden wir gebeten, einen Film vorzubereiten, der sich mit dem Problem des kindlichen Vertrauens auseinandersetzte. Das konfrontierte uns mit dem Problem, wie man etwas Positives angemessen darstellen kann. Angst und Wut sind leicht zu fotografieren, nicht aber Vertrauen. Schließlich entschieden wir uns für Aufnahmen von Cathy, wie sie sich in einem Babygurt vom Rand eines steilen Abhangs wirft, vollkommen sicher, daß ihr Vater den Gurt festhält. Aber dieser Film wurde nie gemacht.

Später, als sie fast drei Jahre alt war, kam der Plan auf, einen Film über ein Kind zu drehen, das zu einer Routineuntersuchung beim Arzt ist. Er sollte arbeitenden Müttern gezeigt werden, die ihre Kinder nicht in eine Kindertagesstätte geben wollten. Cathy sollte die Rolle des Kindes übernehmen, weil sie keine Angst hatte und an Filmaufnahmen gewöhnt war. Aber niemand machte sich über die Reaktion des Kinderarztes Gedanken. Der Film wurde zu einer Szene, in der Cathy lächelnd und nackt dem Kinderarzt half, der vor Lampenfieber zitterte. Aber der Film wurde nie verwendet.

Wieviel davon konnte dem Temperament zugeschrieben werden? Wieviel einem glücklichen Zufall? Wieviel hatte Erziehung damit zu tun? Vielleicht werden wir das niemals erfahren. Das einzige Verdienst, das eine Mutter und ein Vater für sich in Anspruch nehmen können, ist, ein Kind nicht erkennbar beschädigt zu haben. Das Verhältnis zwischen Erwachsenen und einem Kind ließe sich nur dann ganz verstehen, wenn man auch wüßte, wie das Kind die Rolle, die Erwachsene in seinem Leben spielen, interpretiert.

Im Winter bestand unser Haushalt aus Helen, ihrer Tochter Audrey, Cathy, Gregory und mir. Aber im Sommer fuhren wir nach Holderness in New Hampshire und lebten in der Nähe von den Franks. Dort wohnten auch zwei englische Kinder, Philomena und Claudia Guillebaud, bei uns, die wir in der Zeit von Dünkirchen herübergeholt hatten und die im Winter bei meinen Eltern lebten.

Solche Sommeraufenthalte waren mit fortwährender harter Arbeit angefüllt. Dort schauten wir abends die gesamten balinesischen Fotos durch, und Audrey zählte die Einzelaufnahmen auf den Filmstreifen, weil die Filme damals noch nicht durchnumeriert waren. Und tagsüber arbeitete Gregory in einer improvisierten Dunkelkammer und entwikkelte die Fotos, die wir für *Balinese Character* ausgewählt hatten.

In New Hampshire war jedoch auch Zeit für lange, erholsame Stunden mit den Franks in Cloverly, für Picknicks und Spiele, Zeit zum Fotografieren, für komische Rettungsszenen, wenn Cathy etwa in ihrem Gehgestell auf die glänzenden Filmstreifen zuraste, die zur Bearbeitung bereit hingen; es war Zeit für Kämpfe zwischen den großen Kindern und dem unbändigen Baby, und für das Abenteuer, im White Oak Pond zu schwimmen.

In diesen Sommermonaten hatte ich Gelegenheit zu begreifen, was es einmal bedeutet hatte, ein Kind in einem Haushalt aufzuziehen, in dem es viele willige Hände gab, um das Baby zu halten, und jemanden, der die endlose Hausarbeit erledigte und auch nachts bei dem Baby schlief, so daß der Kontakt der Mutter mit dem Kind sowohl intensiv als auch entspannt war. In gewissem Sinn war das alles anachronistisch und auch von der Kriegszeit bestimmt. Ohne den Krieg wäre nur ein Heranwachsender dagewesen, Audrey, statt drei. Und eine Kinderschwester zu haben, war natürlich ein Relikt aus früheren Zeiten. Schon vor dem Krieg verschwanden in England die Kinderschwestern; oft blieben die älteren als einzige Angestellte in großen Häusern, die in der Annahme erbaut worden waren, daß sie von einer großen Gruppe männlicher und weiblicher Dienstboten instandgehalten würden.

In diesen ersten zwei Sommern wuchsen die beiden Haushalte – unserer und der von den Franks – durch gemeinsame Interessen und warme Anteilnahme eng zusammen und eine beglückende Freundschaft entstand. Ich hatte Cloverly zum erstenmal im Sommer 1934 besucht, als Larry mich für das interdisziplinäre Seminar in Dartmouth gewann, wo ich mit meiner interdisziplinären Arbeit anfing. Damals war er ein Witwer, zweifacher, und er hatte fünf Kinder, von denen zwei noch sehr klein waren. Als wir aus Bali zurückkamen, hatte er zum drittenmal geheiratet, eine sehr schöne, junge Frau, die mit erstaunlichem Mut einen Haushalt übernommen hatte, der aus fünf Kindern bestand, von denen das älteste so alt war wie sie selbst, und einem Mann, der warmherzig bereit war, eine große Anzahl von Kollegen und Freunden in seine Welt miteinzubeziehen.

Cloverly wurde im Sommer zum Mittelpunkt für das intellektuelle und menschliche Leben einer großen Gruppe von Freunden, von denen einige Häuser in der Nähe bauten, während andere kamen, um an den Tagungen teilzunehmen, die Larry organisierte. In Cloverly gab es einen großen, schräg abfallenden Blumen- und Gemüsegarten, in dem sich Larry an den sonnigen Nachmittagen mit seinen Besuchern unterhielt, während sie in den Bohnen das Unkraut jäteten oder Erbsen für das Abendessen an dem langen, gastlichen Tisch pflücken halfen. Es gab Tennisplätze und mehrere kleine Häuser, von denen eins für die Jungen gebaut worden war und andere die beherbergten, die Ruhe für ihre Arbeit an einem Aufsatz oder einem Buch brauchten. Es wurde Mais am Ufer des Sees geröstet, und es gab Abende, an denen vor dem großen offenen Kamin im hohen Wohnzimmer gesungen wurde. Aber Cloverly war nur der Anfang. Am Tag von Pearl Harbor fragte Ruth Benedict mich auf einem Kongreß, ob ich nach Washington gehen und dort über kulturellen Wandel arbeiten wolle; Larry Frank, der ebenfalls auf dem Kongreß war, schlug vor, wir sollten den nächsten Sommer nicht in der Nähe, sondern in Cloverly selbst verbringen und uns danach in New York das große Haus der Franks in der Perry Street mit ihnen teilen. Gregory arbeitete schon an einem Kriegsprojekt im Museum of Modern Art, und ich fing an, nach Washington zu fahren und nur zum Wochenende nach Hause zu kommen. Im Frühling änderte sich alles. Wir gaben unsere Wohnung auf und wurden Teil eines großen Haushalts, der sich für die Kriegszeit eingerichtet hatte. Helen begann vorsichtig, Cathy auf den am Ende des Sommers fälligen Abschied von ihr vorzubereiten, während ich *And Keep Your Powder Dry* schrieb und Gregory an den Korrekturfahnen von *Balinese Character* saß.

Cloverly und Perry Street ermöglichten uns eine Lebensweise, die uns gut durch den Krieg brachte. Ich arbeitete mit Larry auf dieselbe Art zusammen wie vor langer Zeit mit Julian Gardy in Holicong. Wir arbeiteten und planten zusammen, und er bezog mich in ein interdisziplinäres Projekt nach dem anderen ein. In der Zwischenzeit sorgte Mary dafür, daß sich Cathy und ihr um ein Jahr jüngerer Sohn Colin aneinander gewöhnten; sie bewohnten zusammen ein Kinderzimmer. Als Cathy in die Perry Street zog, drückte sie ihre zwiespältigen Gefühle aus. «Das ist ein sehr großes Haus, Tante Mary», sagte sie. «Können wir nicht in ein kleines winziges Haus ziehen, mit Mummy und Daddy und Philomena und Claudia und Helen und Audrey und dir und Onkel Larry und Ladd und Allen und Margie und Harley und Barbie und Colin . . .?»

In Perry Street erfuhr Cathy alle Vorteile, die ein großer Haushalt bieten kann, und zugleich gab es Zeiten, zu denen sie ihre Eltern für sich allein hatte. Larry und ich arbeiteten in Washington und verbrachten das Wochenende in New York. Als ich im Sommer 1943 in England einige Vorträge hielt, hatte Gregory in Washington mit Kriegsarbeit zu tun, und im Februar 1944 ging er bis zum Ende des Krieges nach Übersee. Aber das Zusammenleben, das wir organisiert hatten, ging für Cathy und mich weiter, bis Larry 1955 in den Ruhestand trat und das Haus in der Perry Street verkaufte.

Im Sommer 1945 explodierte die Atombombe über Hiroshima. Ich zerriß jede Seite eines Buches, das ich fast fertiggeschrieben hatte. Kein Satz stimmte mehr. Ein neues Zeitalter hatte begonnen. Meine Jahre als arbeitende Ehefrau, die versuchte, intensive Forschungsarbeit mit einem intensiven persönlichen Leben zu verbinden, waren ebenfalls zu Ende.

Von jener Zeit an arbeitete ich nicht mehr nur mit einer anderen Person, sondern immer mit vielen, und mein Kind wuchs sicher im großzügigen Frankschen Haushalt auf.

20
Was es heißt, Großmutter zu sein

Während die Jahre verstrichen, hatte ich mir nicht erlaubt, auf Enkelkinder zu hoffen, denn ich wußte, daß ich alt genug wäre, um Urgroßmutter zu sein, wenn Catherine Kinder haben würde. Urgroßelternschaft ist etwas, was wir nicht für etwas sehr Wahrscheinliches halten, selbst heute, wo es im Leben der Menschen häufiger vorkommt.
Aber ich dachte daran, wie schön es wäre, falls es sich ergäbe, meine Tochter mit einem Kind zu sehen. Und ich stellte mir vor, was für eine Art Kind Catherine und Barkev Kassarjian haben würden – sie mit ihren vielen Vorfahren aus England und er mit seinen vielen Vorfahren aus dem mittleren Osten, sie mit ihrer englischen Blondheit und er mit seinen dunklen Augen und seinem schwarzen Haar. Als ich an meine Großmutter und an meine Mutter zurückdachte und an jene Art von Mutter, die zu sein ich versucht hatte, und mich an all die verschiedenen mütterlichen Menschen erinnerte, die sich um meine Tochter während ihrer Kindheit gekümmert hatten – ihre englische Kinderfrau, ihre wunderbare junge Tante Mary und ihre ergebene Patentante, Tante Marie, die ihr die Generation meiner Großmutter näherbrachte, eine Zeit, zu der die Menschen Erbstücke achteten und ihre Puppen von Generation zu Generation weitergaben – dann fragte ich mich, was für ein Kind meine Tochter haben würde und was für eine Mutter sie sein würde.

Sehr vorsichtig versuchte ich auch, nicht zuviel daran zu denken, was für eine Art Vater mein Schwiegersohn sein würde, genauso wie ich mir vorher nicht erlaubt hatte, mir einen Schwiegersohn zu erträumen. Als Biddy Barlow mich kurz vor Catherines Hochzeit fragte: «Wessen Partei wirst du ergreifen?» wurde mir auf einen Schlag klar, daß ich an solch einen Konflikt noch gar nicht gedacht hatte. Ich hatte alle Träume derart sorgsam auf das beschränkt, was Barkev für Catherine bedeutete, daß ich mich dabei ganz ausgeklammert hatte. Die Entdeckung, daß ich ihn sehr gern mochte, bereitete mir dann eine zusätzliche Freude. Ich schätzte und genoß seinen analytischen Verstand, sein lebhaftes Vergnügen an allen konkreten Details des Lebens, seine sensible Aufmerksamkeit Menschen gegenüber und seinen lebendigen Respekt für die Natur der Dinge.

Als Catherine und Barkev ihr erstes Kind auf den Philippinen verloren – Martin, der zu früh zur Welt kam und nur so lange lebte, bis er getauft und standesamtlich eingetragen war –, wußte ich, daß sie beide sehr gern ein Kind haben wollten. Ich wußte auch, daß der Schmerz Catherine in dieselbe Lage versetzt hatte, in die mich eine lange Reihe von enttäuschten Hoffnungen gebracht hatte; genau wie ich war auch sie eine potentiell überängstliche Mutter. Und wie ich würde sie sich dazu erziehen müssen, ihrem Kind zu erlauben, Risiken einzugehen. Ich konnte wieder das entsetzliche Zucken in den Waden spüren wie damals, als Cathy furchtlos auf hohe Fichten gestiegen war.

Das Baby, das sie dann erwarteten, sollte in einem der besten Krankenhäuser des Landes geboren werden, einem Krankenhaus, das Respekt vor Vätern hatte und in dem eine Mutter hoffen konnte, ungehindert stillen zu dürfen. Catherine hatte sich schon ihren Kinderarzt ausgesucht, T. Berry Brazelton, der in seiner Sorge für die Entwicklung von Kindern ein Avantgardist ist. Sie wollte ihre Aufgaben als Mutter mit ihrer Arbeit verbinden. Im Sommer, bevor das Baby zur Welt kam, fuhr sie nach Österreich, um an einem Seminar teilzunehmen, das ihr Vater organisiert hatte, und sie hatte vor, im Herbst zu unterrichten. Das Baby sollte im September kommen. Wie so viele junge Leute in den Vereinigten Staaten planten auch Catherine und Barkev, kurz vor der Geburt des Babys umzuziehen, und luden sich so zu anderen Schwierigkeiten auch noch das Chaos auf, das mit der Einrichtung einer neuen Wohnung einhergeht.

Als sie einzogen, war das eben renovierte Haus – in dem es eine kleine Wohnung für die Babysitter, ein junges Studenten-Ehepaar, geben sollte – noch nicht fertig. Das Semester fing an, und das Baby war noch nicht geboren. Schließlich klappte es trotz sorgfältiger Planung nicht mit der Telefonverbindung zu Barkev, der sich nur ein paar Straßen weiter aufhielt, und Catherine wurde im Wagen des Feuerwehrhauptmanns ins Krankenhaus gefahren, der von der besorgten Feuerwehr gerufen worden war. Es war die moderne Version einer Geburt in einem Kanu, wenn die Mutter, weit entfernt vom Dorf und der wartenden Hebamme, zum Fischen hinausgefahren ist.

Als die Nachricht eintraf, daß Sevanne Margaret geboren war, wurde mir plötzlich klar, daß ich, ohne etwas dazu beigetragen zu haben, mit einem neuen menschlichen Wesen biologisch verwandt war. Das war ein Moment, das in Diskussionen über Großelternschaft noch nie aufgekommen war und mir nie vorher aufgefallen war. In den Verwandtschaftslinien vieler primitiver Gesellschaften gehören Großeltern und Enkelkinder zusammen. Ein Kind, das seinen Vater sehr respektvoll behandeln muß, kann mit seinem Großvater scherzen und seine Großmutter verspielt «meine Frau» nennen. Die Tatsache, daß Großeltern und Enkelkinder so gut miteinander auskommen, weil sie einen gemeinsamen Feind haben, wird in vielen Gesellschaften nicht verborgen. In unserer eigenen Gesellschaft ist es meistens so, daß Großeltern ihre Enkel genießen können, weil sie keine Verantwortung für sie haben, weil sie sie nicht bestrafen müssen und sie nicht wie die Eltern Schuldgefühle und Ängste auszustehen haben. All das war bekannt. Aber ich war nie auf den Gedanken gekommen, wie seltsam es ist, es von ferne mit der Geburt eines biologischen Nachkommen zu tun zu haben.

Mir war immer sehr bewußt, wie ein Leben ein anderes tangiert – die Verbindung zum Beispiel zwischen mir und denen, die ich nie kennengelernt habe, die aber *Coming of Age in Samoa* gelesen haben und sich entschlossen, Ethnologen zu werden. Von Kindheit an war ich fähig, mir mein Verhältnis zu allen meinen Vorfahren vorzustellen, zu denjenigen, von denen ich Gene habe, zu denen, deren Namen ich nicht einmal kenne, wie auch zu denen, die halfen, mich aufzuziehen, speziell zu meiner Großmutter väterlicherseits. Aber daß man als Großmutter aus der Entfernung in einen Vorgang einbezogen war – daß irgendwo, Meilen entfernt, eine Kette von Ereignissen stattfand, die den eigenen Status für immer veränderten – daran hatte ich noch nicht gedacht, und ich fand es sehr merkwürdig.

Ich empfand so etwas wie den Schock, den Menschen haben müssen, die ihr Leben lang sicher als Bürger der Nation, in die sie geboren wurden, gelebt haben und die dann plötzlich durch den willkürlichen Beschluß einer tyrannischen Regierung entrechtet werden – wie es der alten Aristokratie in Rußland nach der Revolution geschah, den Juden im Deutschland der dreißiger Jahre und den türkischen Armeniern in der Türkei. Was mir geschah, war natürlich nicht der willkürliche Entzug von etwas, was ich als unwiderruflich gegeben angesehen hatte, sondern eher die willkürliche Bestätigung eines Status, den ich selbst nicht herbeigeführt hatte. Wissenschaftler und Philosophen haben lange Spekulationen darüber angestellt, woher der Glaube des Menschen kommt, daß er ein Geschöpf mit einem Leben nach dem Tode sei oder, etwas weniger üblich, mit einem Leben, das seinem Leben hier auf der Erde voranging. Man mag darüber wirklich nur spekulieren können, aber ich möchte jetzt den geläufigeren Spekulationen eine weitere eigene hinzufügen; der Grund dafür könnte das außergewöhnliche Gefühl sein, daß man nicht durch eine eigene Handlung verändert worden ist, sondern durch die Handlung seines Kindes.

Als neugebackene Großmutter fing ich sowohl an, die Kindheit meiner Tochter wieder zu erleben, als auch die Manifestationen von Temperament in dem winzigen Wesen zu beobachten, das Vanni genannt wurde – zu bemerken, wie sie es, während das Haus um sie herum fertiggestellt wurde, lernte, die lauten Schreinerarbeiten zu ignorieren, aber so sensibel auf Veränderungen der menschlichen Stimme reagierte, daß ihre Mutter eine leise Musik im Hintergrund anstellen mußte, um die Veränderung in der Stimme zu verschleiern, die sich ergab, wenn jemand, der gerade gesprochen hatte, dann ans Telefon ging. Ich bemerkte, wie sie auf die Muster der bunten Chintzstoffe und der Mobiles reagierte, die für sie vorbereitet worden waren. Ich führte die Filme von Cathys Geburt und ihrer frühen Kindheit vor, die meine Tochter dann so kommentierte: «Ich finde, mein Baby ist intelligenter» – oder hübscher, oder lebhafter – «als dein Baby!»

Aber ich empfand nicht die vielberufene Freiheit von Verantwortung, die Großeltern angeblich fühlen sollen. Tatsächlich kommt es mir so vor, als beschäftige einen die Verpflichtung, eine Zuflucht zu bieten, aber sich nicht einzumischen, ebenso wie die Aufmerksamkeit, die man seinen eigenen Kindern schenkt. Ich glaube, wir verlangen zu viel von Großeltern. Sie sollen sich zurückhalten – sich nicht einmischen, die Kinder nicht verwöhnen, auf nichts bestehen, sich nicht aufdrängen –, und wenn sie alt und hinfällig werden, sollen sie in einem Altersheim leben (oder wie immer es genannt wird) und sagen, daß sie glücklich sind, wenn selten genug ihre Kinder und ihre Enkelkinder zu Besuch kommen.

Die meisten amerikanischen Großeltern werden in ihrem mühsamen Beharren darauf, nicht zur Last fallen zu wollen, dadurch bestärkt, daß ihre eigenen Eltern ihnen eine Last waren. Als junge Erwachsene hatten sie selbst mit Entschiedenheit die Einmischung ihrer Eltern und Großeltern abgelehnt. Aber ich kannte das alles nicht. Ich hatte meine Großmutter geliebt und ich hatte es geschätzt, wie meine Mutter ihre Kinder gestillt und geliebt hatte. Das einzige, was ich beklagte, als ich Cathy als Baby nach Hause brachte, war, daß sich Mutter nicht an genügend Dinge, die zu wissen nützlich war, erinnern konnte. Und ich hatte mein Baby sehr gern mit der Kinderfrau und mit meinen engsten Freunden geteilt.

Ich hatte gehofft, daß Helen Burrows zu Catherine zurückkommen könne, um sich um das neue Baby zu kümmern. Aber sie war krank. Stattdessen fuhr Tulia Sampeur, das haitische Kindermädchen meines Patensohnes, nach Cambridge und sorgte für das neue Baby mit ihren sicheren, geübten Händen. Indem sie Tulia beobachtete, lernte Catherine die enorme Beeinflußbarkeit einer jungen Mutter kennen, die jene Handgriffe der Kinderpflege, mit denen sie gleich nach der Geburt konfrontiert wird, mit einer Starrheit nachahmt, die seltsam an die Konditionierung junger Enten erinnert, die jeder sich bewegenden Gestalt folgen, die sie sehen. Catherine lernte, so wie auch ich es lernte, daß man, wenn man ein Baby bekommt, eine Menge über Mütter erfährt, gleichgültig wieviel man bereits von Babies weiß.

Sevanne Margaret, Vanni genannt, ist das Kind, das ihre Eltern haben wollten. Bei ihrer Geburt war sie zierlich, und sie ist zierlich geblieben, so daß Leute immer noch so auf sie reagieren, als sei sie fast gewichtslos. Sie hat einen wunderschönen Kopf mit dunklem lockigem Haar, ihre Augen sind warm und temperamentvoll, ihr Lachen ist ein Echo des Lachens ihrer Mutter, und ihr Selbstvertrauen entspricht dem ihres Vaters, wenn er sie leicht und sicher in die Luft wirft.

Letzte Woche nahm ich sie, die jetzt etwas über zwei Jahre alt ist, mit nach Boston ins Aquarium. Es ist ein Ort, der für viele kleine Kinder leicht zum Alptraum werden kann, denn es ist dunkel dort und voll von schreienden, älteren Kindern, und immer wieder leuchten Lichter auf und ertönen Lautsprecher. Aber Vanni, in leuchtendes Grün gekleidet, rannte furchtlos hin und her, ihr erstaunliches Haar wehte hinter ihr her, und sie wurde nur von den Wärtern aufgehalten, die sie hochnahmen, um ihr Fische zu zeigen, die so hoch oben schwammen, daß sie sie nicht sehen konnte. Sie hat bereits ihren eigenen Platz gefunden und ruft mit ihrer Genauigkeit und ihrer Kontaktfähigkeit Freude und Gegenreaktionen in anderen hervor.

Und wieder denke ich über besondere Privilegien nach. Ich glaube, wir müssen Verschiedenartigkeit weiterhin schätzen und davon überzeugt sein, daß die Familie – vielleicht stärker unterstützt durch Großeltern, Tanten und Onkel, Nachbarn und Freunde und ergänzt durch vielfältigere Erfahrungen in anderen Umgebungen – für das Milieu sorgt, in dem Kinder am leichtesten zu vollgültigen menschlichen Wesen großgezogen werden können. Aber wie gehen wir dann mit dem besonderen Privileg um, das ein Kind einfach dadurch besitzt, daß es das Kind ist, das seine Eltern wollten, was wiederum eine Voraussetzung dafür ist, eine Person zu werden, von der auch andere Menschen glauben, daß sie sie wollen.

Ein paar Veränderungen sind realisierbar. In wenigen Jahren werden Eltern über das Geschlecht ihrer Kinder im voraus entscheiden können, so daß jedes Kind der ersehnte Sohn oder die ersehnte Tochter sein wird. Zum erstenmal wird dann jedes Mädchen wissen, daß seine Eltern es gewollt haben und daß es nicht, wie es so oft der Fall war, ein Nebenprodukt auf der Suche nach Jungen ist. Die Könige und Königinnen in den Märchen, die Catherine als Kind schrieb, hatten Töchter, und was die Komplexität der armenischen Tradition hinsichtlich der Rolle des Erstgeborenen angeht, so hatte Barkevs älterer Bruder schon einen Sohn. In Armenien ist «Die Prinzessin auf der Erbse» ein beliebtes Märchen – eine Geschichte über eine Prinzessin, die so leicht und empfindlich ist, daß sie die Erbse durch einen Stapel von Matratzen hindurch fühlt, die aber auch dazu bereit ist, ihr Pferd über die steilsten und gefährlichsten Gebirgspässe zu reiten.

Vielleicht werden wir dazu fähig sein, ein Meinungsklima zu entwickeln, in dem eine Mutter mit zeitweise wertfreier Imagination auf ihr ungeborenes Kind wartet, bereit, einen Fremden zu begrüßen. Und Adoption könnte zu etwas so Üblichem werden, daß der spannende Vorgang, auf ein unbekanntes Kind mit der ganzen Sehnsucht zu warten, die daher rührt, daß man es mit einem sehr geliebten Menschen bekommt, als gleichwertig empfunden wird mit dem spannenden Ereignis, zusammen mit einem geliebten Menschen ein Kind auszusuchen, das schon geboren und bereit ist, seine Hand um den Finger des Adoptivvaters zu klammern. Kinder können vielleicht akzeptieren, daß sie eben deswegen ausgesucht wurden, weil sie sichtbar sie selbst waren – ein Junge oder ein Mädchen mit weißer oder schwarzer oder brauner oder gelber Haut und mit Augen, die wie Sterne leuchten oder still wie Träume sind. Oder sie wissen in voller Zufriedenheit, daß sie als Fremde kamen und von ihren Eltern begrüßt wurden, die sie nicht ausgewählt hatten, in deren Leben sie aber eine kreative Rolle gespielt haben.

Das ganze Dilemma der Menschheit – sich entweder freudig Merkmalen zu fügen, die wir mit anderen lebendigen Kreaturen teilen, oder aber freudig an unserer Fähigkeit, unsere Kreatürlichkeit zu transzendieren, zu arbeiten – ist bereits in der Anerkennung des biologischen Kindes, enthalten, wie sehr es sich auch vom Traumkind der Eltern unterscheiden mag, und in der Würde und Verantwortung jener Menschen, die auf den persönlichen Schaffensakt verzichten und damit eine klare und bewußte Wahl für ein Kind treffen, das sie als eigenes großziehen wollen. Aber wenn all dies eintritt und der Glaube an eine solche Wahlmöglichkeit sich in Ritualen und in der Kunst ausdrückt, müssen Eltern doch immer noch mit der außerordentlichen Ungleichheit, der unkontrollierbaren Verschiedenheit des Kindes rechnen, das aus jedem Baby wird, ganz gleich ob es adoptiert oder das biologisch eigene ist. Sicherlich spielen Eltern dabei eine bedeutende Rolle. Catherine ist eine lachende, glückliche, phantasievolle Mutter und sie schenkt ihrem Kind, das, was sie selbst bekam, nämlich vollkommene Aufmerksamkeit. Es stimmt, daß eineiige Zwillinge, wenn der eine von einer lächelnden, offenen Mutter adoptiert wird und der andere von einer strengen und mürrischen, auf das sehr verschiedene Verhalten dieser beiden Mütter reagieren. Aber es besteht immer noch die Möglichkeit, daß das Baby, das mehr lächelt, die strenge Mutter zum Lachen bringt und daß ein unzufriedenes, kontaktarmes Baby die lächelnde Mutter unzufrieden und ängstlich macht.

Kurz vor Weihnachten gab es eine Sendung im Fernsehen, in der unglückliche Kinder zu sehen waren, die schrien und vor dem Kaufhaus-Santa-Claus Angst hatten, auf dessen Schoß sie gegen ihren Willen gezogen wurden. Für jedes Kind, das diese Szene im Fernsehen sah, war das ein Vorbild für Angst und Entsetzen. Aber Catherine und ich nahmen Vanni mit in die Stadt, um Santa Claus zu sehen. In den unteren Stockwerken des Kaufhauses sauste sie durch die Gänge, ging in den Massen von Ausverkaufskleidern verloren und tauchte lachend wieder auf. Sie machte sich über jeden Versuch lustig, ihr Vergnügen zu dämpfen. Oben standen wir in der langen, mit einer Kordel eingefaßten Reihe der wartenden Eltern und Kinder, und die Kinder, die von ihren Eltern gezwungen wurden, stillzustehen, wurden immer ängstlicher. Aber Vanni raste die Schlange vor und zurück, und schaukelte auf der Kordel. Als sie zu Santa Claus kamen, waren viele der Kinder verlegen und quengelten, und ein paar Kinder schrien, wie sie es im Fernsehen gelernt hatten. Aber Vanni setzte sich zufrieden auf den Schoß von Santa Claus und streichelte seinen Bart, seinen wirklich herrlichen Bart, wie sie es gelernt hatte, indem sie das Fell von Katzen und Hunden und das zarte Haar anderer Kinder streichelte.

Wenn ich Vanni beobachte, kommt mir die Kindheit ihrer Mutter in vieler Hinsicht verstärkt in den Sinn. Sie ist sehr mutig, aber auch sehr vorsichtig. Genau wie ihre Mutter erst jeden Ast ausprobierte, wenn sie auf einen großen Baum stieg, so maß Vanni, als sie Gehen lernte, erst die Entfernung zwischen Tisch und Stuhl ab. War die Entfernung zu groß, ließ sie sich fallen und krabbelte, aber wenn sie es gerade schaffen konnte, dann ging sie. Sie hat die Vernünftigkeit ihrer Mutter geerbt. Wenn man erklären kann, warum man sie um etwas bittet, dann willigt sie ein – besonders, wenn man ihr eine Rolle dabei zuteilt. «Hilf» und «selbst» – was heißt: «Ich will es selbst machen» – sind wichtige Worte in ihrem Vokabular. Sie hat auch die Art ihrer Mutter, sich etwas vorzustellen, ohne jemandem etwas davon zu sagen, und wenn der unwissende Erwachsene einen anderen Weg geht oder als erster zur Tür hereinkommt statt als letzter, bricht sie in Tränen aus. Ihre dunklen Augen, die sie von ihrem Vater hat, funkeln manchmal wie die meiner Großmutter, die dadurch so viel wilder aussah als ich. Meine Reaktionen auf sie werden verstärkt durch meine Reaktionen auf meine jüngeren Geschwister, auf meine Tochter und auf alle Babies, die ich im Arm gehalten und für die ich gesorgt habe, und auf alle Babies, die ich beobachtet und studiert habe.

Als ich selbst ein Kind hatte, entdeckte ich, daß ich zu einem voreingenommenen Beobachter kleiner Kinder geworden war. Statt sie mit liebevollen, aber unparteiischen Augen zu betrachten, sah ich jedes als älter oder jünger, größer oder kleiner, als mehr oder weniger graziös, intelligent oder begabt als mein eigenes Kind. Das störte mich. Ich hatte das Gefühl, daß ich viel über Mütter erfuhr, sobald ich selbst eine war, daß ich aber in gewisser Hinsicht zu einem weniger objektiven Beobachter von Kindern geworden war. Wenn ich mich als wissenschaftlicher Beobachter von Kindern beurteile, würde ich immer noch sagen, daß das wahr ist – daß eine Mutter oder eine Großmutter zu einer eindeutig voreingenommenen Beschreibung von Kindern neigt, die das gleiche Alter haben wie das Kind, das sie Tag für Tag am häufigsten sieht.

Aber wenn ich mich nicht als professionelle Erforscherin der Kindheit betrachte, sondern einfach als menschliches Wesen, dann scheint es mir, als müsse man die Wirkung meiner Tochter und meiner Enkelin auf meine Sicht von Kindern – und der Welt – ganz anders beschreiben. Statt einer Voreingenommenheit, die kompensiert werden muß, habe ich eine besondere und vielleicht vorübergehende Sensibilität entwickelt. Es kommt mir vor, als ob das Kind, an das man durch größere Kenntnis und besondere Liebe gebunden ist, erleuchtet sei und sein Leuchten auf jede Kindergruppe übertrage. Wenn Vanni dabei ist, sehe ich die Kinder um sie herum mit größerer Klarheit; wenn sie nicht da ist, betrachte ich Zweijährige – alle Zweijährigen, die ich jemals kannte – mit neuem Verständnis. Ich sehe ihre Gesichter klarer. Ich verstehe wieder, auf neue Weise, wie sie ihre ersten Wörter hervorbringen. Ich verstehe, was zusammengezogene Augenbrauen bedeuten, eine geballte Hand oder das leichte Schnalzen mit der Zunge. Das bestimmte Kind, das man kennt und liebt, macht es einem möglich, alle Kinder besser zu verstehen und sie lieber zu haben.

Heute ist mir noch viel klarer als damals, als ich von Mundugumor zurückkam, daß eine Gesellschaft, die aufgehört hat, Kinder zu lieben, eine Gesellschaft, die älteren Menschen jeden sinnvollen Kontakt mit Kindern entzieht, eine Gesellschaft, die irgendeine Gruppe von Männern oder Frauen so isoliert, daß sie weder Kinder haben noch sich um sie kümmern können – daß diese Gesellschaft sehr gefährdet ist. Mir scheint das ein Grund dafür zu sein, warum in den katholischen Missionsstationen in Neuguinea das Vertrauen in die Priester und Laienbrüder heute ins Wanken gerät, während die Schwestern, die sich um kleine Kinder kümmern und ihnen nahestehen, weiterarbeiten können. Es ist ungeheuer schwer, Kinder abstrakt zu lieben, sich ausschließlich der nächsten Generation zu widmen oder wirklichen Kindern mit Überzeugung zu sagen: «Jungen und Mädchen von Amerika, ihr seid die Hoffnung der Welt» – wie es uns 1917 ein Redner sagte, dessen Augen, ohne etwas zu sehen, über die Köpfe meines High School-Jahrgangs hinwegschweiften. Nur durch die genaue, aufmerksame Kenntnis bestimmter Kinder können wir – und das müssen wir – zu informierten Anwälten der Bedürfnisse aller Kinder werden und zu leidenschaftlichen Verteidigern des Rechts noch nicht empfangener Kinder auf eine glückliche Geburt.

Anfang dieses Jahres lebte ich einen Monat lang im gastfreundlichen Haus meiner Schwester und konnte so den Kassarjians, die in der Nähe wohnten, Hilfe bieten, ohne ihnen zur Last zu fallen, während Catherine und Barkev sich auf eine zweijährige Arbeitszeit im Iran vorbereiteten. In diesem arbeitsreichen Monat, in dem ich für Vanni eine Ganztags-Großmutter sein konnte, rundete sich mein Verständnis für etwas ab, für das ich mich mein Leben lang eingesetzt habe – daß jeder den Zugang zu seinen Großeltern und zu seinen Enkelkindern braucht, um sich als menschliches Wesen voll zu entfalten.

Im Kontakt zwischen Großeltern und Enkelkind fallen Vergangenheit und Zukunft in der Gegenwart zusammen. Wenn man ein geliebtes Kind anschaut, kann man nicht sagen: «Wir müssen diese Generation für die nächste opfern. Viele von ihnen müssen sterben, damit später andere leben können.» Mit diesem Argument haben Generationen alter Männer, die von Kindern abgeschnitten waren, junge Männer zum Sterben in den Krieg geschickt. Ebensowenig kann man sagen: «Ich möchte, daß dieses Kind gut lebt, egal wie sehr wir dadurch die Erde zu Ungunsten der nächsten Generationen ausplündern.» Wenn man ein Kind als sein Enkelkind ansieht kann man sich dasselbe Kind als Großmutter oder Großvater vorstellen, und kann mit den Augen einer anderen Generation andere Kinder vor sich sehen, die genauso leichtfüßig und lebendig sind und ebenso begierig darauf, etwas über die Welt zu lernen und zu wissen und sie zu lieben, die Welt, für die wir *jetzt* die Verantwortung tragen. Mein Freund Ralph Blum hat die menschliche Zeiteinheit definiert als die Spanne zwischen der Erinnerung eines Großvaters an seine eigene Kindheit und der Kenntnis eines Enkels von diesen Erinnerungen. Wir sprechen viel von menschlichen Maßstäben; wir brauchen auch eine menschliche Einheit zum Erfassen von Zeit.

21

Epilog: Verknüpfte Fäden

Wenn Leben und Arbeit so eng miteinander verbunden sind, kommen beim Schreiben einer Autobiographie viele verschiedene Arten von Fragen auf. Manche davon sind sehr alt und kamen mir in den Sinn, als ich die ersten Briefe aus Samoa nach Hause schrieb. Andere bildeten einen ständigen Refrain während der vielen Monate, in denen ich schrieb, Monate, in denen ich auch meine eigenen Spuren noch einmal zurückverfolgte, die alten See- und Flugreisen noch einmal machte und noch einmal Zeit unter den Völkern verbrachte, die ich studiert und später erneut studiert hatte, um zu sehen, wie ihr gegenwärtiges Leben meinen Erinnerungen und den schriftlichen Aufzeichnungen früherer Besuche entsprach. Viele Fragen kamen auf, als ich mit einigen Menschen, die mir im Leben sehr nahestanden und unvermeidlich in diesem Buch vorkommen, von der Vergangenheit sprach, über die ich schrieb. Eine der immer wiederkehrenden Fragen ist die nach der Zukunft der Kulturanthropologie und Ethnologie. Mir scheint, diese Fragen gehören mit in den Bericht.

Würde ich mich so ausdrücken können, daß das, was ich schrieb, auch denen verständlich wäre, die in einer sehr anderen Welt gelebt haben, entweder weil sie nicht jene Art von Arbeit taten, bei der persönliche Beziehungen und Arbeitsbeziehungen nicht zu trennen sind, oder weil sie nie in einer Situation waren, die auch nur im entferntesten der Feldforschungsarbeit ähnelt, wo man viele Monate lang isoliert lebt, allein oder mit einem Gefährten, unter einem fremdartigen und zunächst unverständlichen Volk? Und würde mein Leben jungen Menschen verständlich sein, die nach dem Zweiten Weltkrieg geboren wurden, die im Schatten der Bombe aufgezogen wurden, die dem Leben ihrer Eltern entfremdet sind und die mit dem Fernsehen aufwuchsen, das so vieles, was für mich ein großes Abenteuer war, in die Trivialsphäre der Morgennachrichten herunterzieht?

Und dann eine Frage, die all jene betraf, deren Leben sich mit meinem berührt hatte: Würde ich so schreiben können, daß die, über die ich schrieb, oder die, die das lasen, was ich über andere schrieb, sich nicht verletzt oder angegriffen fühlen werden? Das ist eines der schwierigen Dinge, die ich gelernt habe, indem ich als Ethnologe über die Kultur eines anderen Volkes und die Individuen, die diese Kultur verkörpern, schrieb. Was man mitteilt, muß verständlich und erträglich für diejenigen sein, über die man schreibt, und zur gleichen Zeit auch für die Angehörigen der eigenen Kultur und für Menschen aller anderen Kulturen auf der Welt, die vielleicht lesen, was man geschrieben hat. Manchmal schreiben Ethnologen auf eine Art über Völker, die sie studiert haben, daß sich Angehörige ihrer eigenen Kultur stark angegriffen fühlen, weil sie hinter der Darstellung der anderen Kulturen, die der Ethnologe für einfühlend hielt, eine Verurteilung ihrer selbst herausspüren. Manchmal finden auch Menschen, die keinerlei Diskussion ihrer eigenen Gefühle ertragen können, jegliche Diskussion der Gefühle anderer unerträglich.

Als ich die Biographie Ruth Benedicts schrieb, *An Anthropologist at Work*, versuchte ich, diesen verschiedenen und manchmal miteinander im Widerstreit liegenden Forderungen gerecht zu werden. Aber natürlich konnte ich nicht mit Sicherheit wissen, ob mir das gelungen war. Da war zum Beispiel das Problem der Briefe. Obwohl die realen Briefe den Empfängern gehören, hat der Schreiber der Briefe – oder seine Familie oder sein literarischer Testamentsvollstrecker – weiter das Recht, die Verwendung der Briefe zu genehmigen oder zu verweigern. Ich besaß die Rechte über Ruth Benedicts eigene Briefe. Franz Boas' Briefe, die in den Archiven der American Philosophical Society in Philadelphia aufbewahrt werden, waren Eigentum der Universität geworden. Aber der Inhalt von Edward Sapirs umfangreichen Briefen an Ruth Benedict – ihre Briefe an ihn waren nicht erhalten geblieben – blieben das Eigentum seiner Familie. Ich legte ihnen die Auszüge aus seiner Korrespondenz vor, die ich veröffentlichen wollte, und ließ all das heraus, von dem sie glaubten, daß es ihn verletzt hätte. Es gab auch Menschen, die Ruth gut gekannt hatte, die aber nicht einmal ihren Namen in einem Buch über sie erwähnt haben wollten, und ich respektierte ihre Wünsche. Zudem gab es ein paar Freunde, die ganz dagegen waren, daß erörtert würde, wie Ruth ihre Kinderlosigkeit empfunden hatte. Aber sie selbst hatte darüber ausführlich und über Jahre hinweg in ihren Tagebüchern berichtet.

Ich mußte auch immer, ohne je Sicherheit zu haben, in Betracht ziehen, was Ruth von diesem Buch über ihr Leben gehalten hätte. Ich konnte mich lediglich auf mein eigenes Gefühl dafür verlassen, wie sie empfunden hatte, auf die Kenntnis jener Gefühle, die sie mir anvertraut hatte, und daß sie mich so gut kannt hatte.

Als ich *An Anthropologist at Work* schrieb, waren Franz Boas und Ruth Benedict schon tot. Ich konnte sie nicht nach ihrer Meinung fragen. Wenn sie am Leben gewesen wären und es nötig gewesen wäre, sie zu befragen, dann hätte viel von dem, was ich sagen wollte, nicht geschrieben werden können, entweder wegen ihrer Bescheidenheit oder wegen der Schwierigkeit, sich selbst im Spiegel meiner Beschreibung zu erkennen. Ruth konnte nie eine direkte Bemerkung über ihre Schönheit ertragen. Edward Sapir bezichtigte sich fortwährend der Faulheit, während er in Wirklichkeit komplette Grammatiken vielschichtiger und schwieriger Sprachen ausarbeitete. Für Franz Boas war es unmöglich zu glauben, daß er, wenn er für diejenigen plante, für die er verantwortlich war, jemals diktatorisch wirkte, was er doch so sorgfältig zu vermeiden suchte.

Jedenfalls war meine Biographie von Ruth Benedict ein Ausdruck meiner Reaktion auf die, die bereits tot waren und die zu Lebzeiten meine Existenz und das Arbeitsleben anderer amerikanischer Ethnologen nachhaltig beeinflußt haben. Notwendigerweise gehört das, was sie für mich bedeuteten, auch in diesen Bericht über mein eigenes Leben.

Aber in diesem Buch kommen auch andere vor.

Larry Frank steht in der Mitte zwischen den noch lebenden und denen, die schon so lange tot sind, daß ich beim Schreiben über sie gleichzeitig über die Vergangenheit schreibe, die jetzt der nächsten Generation gehört – Franz Boas und William Ogburn, Ruth Benedict, Edward Sapir und A. R. Radcliffe-Brown, meine Großmutter, meine Mutter und mein Vater, Eleanore Steele und Howard Scott, Jane Belo, Colin McPhee und Walter Spies, und meine jüngste Schwester, Priscilla, die 1959 starb. Aber Larry Frank starb erst 1968. Seine Papiere sind noch nicht vollständig gesichtet, und einige seiner Manuskripte sind noch nicht veröffentlicht. Wir können gerade erst über ihn sprechen, ohne daß uns die Stimme versagt. Und in diesem Buch habe ich versucht darzustellen, was es bedeutete, mit ihm zusammenzuarbeiten.

Dann gibt es auch diejenigen, die noch sehr lebendig sind. Meine eigenen Zeitgenossen, mein Bruder Richard und meine Schwester Elizabeth erinnern sich jeweils an unsere Eltern sicher sehr anders als ich. Es gibt auch noch die Schwestern meiner Mutter und die Vettern meines Vaters, und alle haben ihre eigenen Erinnerungen an die Menschen, die sie liebten. Dann ist da der Mann meiner jüngsten Schwester und viele, mit denen ich zur Schule und ins College gegangen bin oder mit denen ich auf Forschungsreisen und anderswo zusammengearbeitet habe. Dann sind da meine früheren Männer, alles Sozialwissenschaftler, deren Leben genauso eng mit ihrer Arbeit verbunden ist wie das meine. Dann gibt es noch ihre jetzigen Frauen, ich kenne und mag alle drei. Sie würden die Ereignisse, die unser Leben miteinander verbanden, wie auch die Ereignisse, die nach der Trennung eintraten und uns gelegentlich wieder zusammenführten, anders darstellen als ich.

Dann gibt es die Kinder – meine Tochter und ihren Mann, Elizabeths Kinder, die beide Maler sind, Priscillas Sohn und ihre beiden Töchter, Luthers Tochter und Gregorys Sohn und seine kleine Tochter Nora, die nur ein Jahr älter ist als Vanni. Die Kinder der nächsten, der Enkel-Generation – Vanni und Melinda, Joshua, Benjamin und Pamela – lesen dieses Buch vielleicht nicht mehr zu Lebzeiten ihrer Großeltern; ich stelle ihnen tatsächlich Vorfahren vor, über die sie vielleicht nur sehr wenig wissen. Aber die Generation unserer Kinder ist schon erwachsen, und was immer ich auch schreibe, ist in gewissem Sinne eine Einmischung in ihr Leben und in ihre eigenen Erinnerungen. Aber jeden nach seiner Meinung über das, was ich schreibe, zu fragen, würde uns alle in die seltsam unwirkliche Situation einer Gemeinschaftsarbeit bringen, aber ohne einen der Vorteile eines solchen Unternehmens.

Die Alternative dazu war, die Schwierigkeiten selber zu lösen, so gut ich es vermochte. Wie ich auch für mich allein verarbeitet habe, wenn über mich öffentlich diskutiert wurde, wenn ich beschimpft wurde, wenn man sich über mich lustig machte, wenn ich zur Sehenswürdigkeit oder zum Mythos erhoben wurde, wenn man mich als Institution oder unruhigen Geist bezeichnete und wenn ich auf der Witzseite als Präsidentschaftskandidat erschien, mit einem menschlichen Skalp als Schmuck um den Hals. Ich habe vor mir selbst und öffentlich den Standpunkt eingenommen, daß ich nicht das Recht habe, die öffentliche Äußerung von Meinungen abzulehnen, die sich Leute von mir bilden, die ich nicht kenne und die mich nur durch das kennen, was ich geschrieben oder gesagt habe, oder durch das, was die Massenmedien mir korrekter oder fälschlicher Weise zugeschrieben haben.

Die, mit denen ich es zu tun hatte – und noch zu tun habe –, müssen sich ebenfalls mit all dem auseinandersetzen. Es ist nicht so, daß ich eine stille, private Person bin, die plötzlich vor die Öffentlichkeit tritt. All jene, über die ich hier schreibe, wie auch die vielen Menschen, die ihnen eng verbunden sind, mußten sich schon auf die eine oder andere Art mit mir auseinandersetzen. Ich komme unangemeldet in ihr Wohnzimmer, über den Bildschirm. Léonie Adams, die auf dem Land lebt, hörte meine Fernsehstimme durch eine offene Tür, als sie durch die stillen, sonntäglichen Straßen einer kleinen Stadt von der Kirche nach Hause ging. Die Mütter meiner Studenten schicken ihnen Zeitungsausschnitte, oft mit den unfreundlichsten Anmerkungen, oder sie schreiben den Rektoren der Universitäten, an denen ihre Söhne und Töchter studieren, kritische

Briefe. Als meine Tochter zehn Jahre alt war, sagte sie: «Es ist schwer, eine Mutter zu haben, die halb berühmt ist.» Ich fragte sie warum, und sie antwortete: «Weil die Leute, wenn ich annehme, daß sie dich kennen, dich so oft nicht kennen.» Und als ich sie fragte, was es hieße, berühmt zu sein, lachte sie und sagte: «Wenn man in Kreuzworträtseln vorkommt.»

Jedenfalls blieb es niemandem, der mich nah kannte, erspart, dafür bekannt zu sein, daß er mich kannte – mit allen Konsequenzen. Ob es nun als Last empfunden wird oder als Grund, stolz zu sein, als Grund, um allerlei Vergünstigungen zu bitten oder als ein ausreichender Grund, nicht offen zu diesem Verhältnis zu stehen: so ist es eben. Ich glaube nicht, daß die Wahrheit, die ich versucht habe aufzuschreiben, es verschlimmern kann.

Als ich mit diesem Buch anfing, schrieb ich Luther und berichtete ihm darüber. Wir stimmten darin überein, daß unsere Studentenehe, aus der weder ein Buch noch ein Kind hervorgegangen war – denn ein Kind oder ein Buch hätte beschrieben werden müssen –, nicht notwendigerweise in späteren öffentlichen Berichten erscheinen müsse. Hin und wieder stieß ein fleißiger Journalist bei der Durchsicht von Zeitungsausschnitten auf die Kommentare, die im ganzen Land erschienen waren und meine Entscheidung begrüßten, meinen eigenen Namen beizubehalten, als Luther und ich 1923 heirateten. Sonst blieb unsere Ehe alles in allem ein Teil unserer frühen, privaten Vergangenheit.

Als ich ihm gerade schrieb, schickte er mir einen neueren Artikel, in dem er auf der Ebene des Fachs, in dem wir lange beide gearbeitet haben, viele Elemente seiner Weltsicht zum Ausdruck brachte, die ich immer an ihm geschätzt habe. Da ich das Gefühl habe, er sollte selbst zu Wort kommen, zitiere ich hier einen Abschnitt aus seinem Artikel:

> Vielleicht kann ich den Sinn meiner Gedanken am besten illustrieren, wenn ich auf Oppenheimers glückliche Metapher von dem Haus namens «Wissenschaft» zurückgreife. Ich würde uns gern ein *neues* Zimmer in diesem großen, planlos gebauten Gebäude errichten sehen. Dieses Zimmer hätte, wie die anderen auch, keine Tür, und über dem Eingang stünden die Wörter *Denken, Reflexion, Kontemplation.* Es würde keine Tische mit Instrumenten und keine brummenden Maschinen enthalten. Es gäbe kein Geräusch außer dem sanften Gemurmel der Worte, mit denen die Menschen im Zimmer ihre Gedanken mitteilen. Es wäre ein Gemeinschaftszimmer, in das Menschen aus Zimmern mit der Bezeichnung Geologie, Anthropologie, Systematik, Technik, Biologie, Paläontologie, Logik, Mathematik, Psychologie, Linguistik und vielen anderen kämen. Und von außen herein kämen Dichter und bildende Künstler. All diese Leute kämen vorbei und säßen herum. Dieses Zimmer hätte große Fenster: die Ausblicke, die sich

durch unsere Forschungen ergeben haben. Von Zeit zu Zeit gingen die Menschen allein oder zu zweit diese Fenster, um in die Landschaft zu schauen. Diese Landschaft in all ihrer Schönheit, die manchmal zart ist und manchmal fürchterlich, kann keiner der Menschen im Zimmer allein vollständig wahrnehmen. Ja nicht einmal eine ganze Generation von Menschen kann sie vollständig kennen. Forscher aus jeder Generation reisen in abgelegene, unbekannte Winkel und kommen, wenn sie Glück haben, zurück, um ihre Entdeckungen mit uns zu teilen. So würde das Leben im *neuen* Zimmer weiter gehen – Denken, Reflexion, Kontemplation –, wenn die Forscher mit ihren Entdeckungen zurückkommen, um sie mit den Menschen im Zimmer zu teilen. Diese Landschaft, auf die wir starren und die wir zu verstehen versuchen, ist ein epischer Teil der menschlichen Erfahrung.

Da ich nun Luther zitiert hatte, überlegte ich, welcher isolierte Abschnitt aus Reos und Gregorys frühem oder späterem Werk zum Ausdruck bringen würde, was für mein Verhältnis zu den beiden wirklich bezeichnend war.

Für Reo habe ich eine seiner immer wieder auftauchenden Auseinandersetzungen mit Malinowski ausgesucht, diese hier aus einer revidierten Neuauflage des Buches *Sorcerers of Dobu:*

> In dieser Ausgabe wurde Malinowskis Einführung zur ersten Ausgabe beibehalten, aber sie wird nicht voll akzeptiert. Malinowski schrieb, es sei sein Ziel, universelle Gesetzmäßigkeiten des Verhaltens, von Zeit, Ort und Umständen, unabhängige kulturelle Gesetzmäßigkeiten zu benennen und die Sozialwissenschaften auf die Begriffe der behavioristischen Psychologie zu reduzieren. Radcliffe-Brown, der die Arbeit überwachte, auf der dieses Buch basiert, schrieb, die Sozialwissenschaften gehörten zu den Naturwissenschaften. Viele Autoren haben hervorgehoben, daß die Sozialwissenschaften, die von Aristoteles herkommen, die Ethik und die Politik, sich nicht wie die Medizin auf der Kenntnis der Biologie aufbauen oder auf irgendwelchen bekannten Naturgesetzen. Es besteht kein Zweifel daran, daß Malinowski und Radcliffe-Brown sich irrten, insofern sie die Entdeckung universeller Naturgesetze vorhersagten, die das Verhalten und die Gesellschaft regeln. Es ist deshalb verkehrt, irrige Details aus ihrem Werk so zu diskutieren, als ob es auf der Basis ihrer Voraussetzungen eine richtige Lösung geben könne. Wenn man von diesen Voraussetzungen absieht, mag sich etwas Einführendes zu einer Erörterung der spätneolithischen Gesellschaft Ozeaniens sagen lassen. Die Kenntnis der Politik oder der Ethik einer bestimmten Gesellschaft

ist nicht nötig, um allgemeine Werke zu einem solchen Thema zu verstehen, wie die von Aristoteles, John Locke, David Hume, John Dewey und Bertrand Russell.

Aus Gregorys Werk habe ich einen Abschnitt aus dem Kommentar ausgewählt, den er zu dem Referat «The Comparative Study of Culture and the Purposive Cultivation of Democratic Values» schrieb, das ich bei einem Symposium 1941 hielt:

> Was die Belohnung angeht, so dürfte auch diese Komponente uns erreichbar sein. Wenn der Balinese zufrieden und tätig gehalten wird durch eine namenlose, formlose Angst, die sich weder in Zeit noch Raum lokalisieren läßt, könnten wir selbst wachsam bleiben durch eine namenlose, formlose, nicht lokalisierbare Hoffnung auf eine großartige Leistung. Damit eine solche Hoffnung wirksam wird, braucht die Leistung kaum definiert zu werden. Wessen wir uns sicher sein müssen, ist nur, daß die Vollendung des Werkes jeden Augenblick bevorstehen kann, und ob das nun stimmt oder nicht, es läßt sich niemals überprüfen. Wir müssen so sein wie jene seltenen Maler und Wissenschaftler, die mit dieser drängenden Inspiration arbeiten, dem Drang, der von dem Gefühl herkommt, daß die große Entdeckung, die Antwort auf all unsere Probleme, oder die große Gestaltung, das perfekte Sonett, sich immer nur gerade außerhalb unserer Reichweite befindet; oder wir müssen sein wie die Mutter eines Kindes, die das Gefühl hat, daß, vorausgesetzt sie schenkt ihm durchgehend genügend Aufmerksamkeit, eine wirkliche Hoffnung darauf besteht, daß ihr Kind zu jenem ungeheuer seltenen Phänomen wird, nämlich zu einer bedeutenden und glücklichen Person.

Jeder von ihnen hätte vielleicht eine andere Passage ausgewählt, denn genau wie ich hat jeder von ihnen ein eigenes Gefühl für das, was wichtig für uns war und für den Stellenwert seiner Arbeit innerhalb der Ethnologie unserer Generation. Und diese Geschichte ist noch nicht im geringsten abgeschlossen. Wir alle arbeiten und schreiben noch.

Aber ich frage mich jetzt häufiger als früher, wofür ich mich entscheiden würde, wenn ich mein Leben noch einmal beginnen könnte. Darüber besteht kein Zweifel. Ich würde mich entschließen, Ethnologin zu werden. Aber es gibt auch Menschen, die mir eine andere Frage stellen: Wenn ich *heute* einundzwanzig Jahre alt wäre, würde ich mich dann dazu entschließen, Ethnologin zu werden?

Mir scheint, diese Frage ist in Wirklichkeit eine nach der Zukunft der Ethnologie. Werden nicht alle primitiven Völker der Welt bald ausgestorben sein? Oder werden die Kulturen der überlebenden Völker nicht durch Kontakte so verändert und zu verschiedenen Versionen der aufkommenden weltweiten Kultur umgeformt, daß sie uninteressant werden? Es gibt sogar eine Gruppe junger Ethnologen – und anderer, deren ursprüngliches Interesse an Ethnologie erloschen ist –, die derartig mit der schnellen Veränderung unserer eigenen Gesellschaft beschäftigt sind, daß sie die Bedeutung, die es hat, mit primitiven Völkern zu arbeiten, leugnen und glauben, daß weitere Aufzeichnungen von primitiven Lebensstilen nur noch kleine Details ergeben werden, Kuriositäten, welche die Mühe, sie aufzuzeichnen, nicht wert sind.

Seltsamerweise war genau das mein Einstieg. Denn selbst heute, nachdem fünfzig Jahre lang mit ausgefeilten Methoden lebende primitive Gesellschaften intensiv erforscht worden sind, verstehen nur relativ wenige Humanwissenschaftler, was unsere Ziele waren – und noch sind –, oder die Bedeutung des Materials, das ihnen jetzt zugänglich ist. Statt dieses herrliche Material zu benutzen, das durch morderne Techniken wie Film- und Tonbandaufnahmen feinste Details registriert, schreiben einige der brillantesten Autoren immer noch über irgendeinen mythischen primitiven Menschen, wie es die Lehnstuhl-Philosophen im 19. Jahrhundert taten, und wie auch Freud es tat. Wenn ich Manuskripte zu lesen bekomme, brillante Arbeiten, die in der Absicht geschrieben sind, die Grenzen der heutigen sozialwissenschaftlichen Theorien zu sprengen, finde ich zum Beispiel erstklassige Abschnitte über Biologie, aber nur Bruchstücke und Fetzen von dem, was über primitive Kulturen und die Menschen, die sie verkörpern, bekannt und wohldokumentiert vorliegt.

Vor fünfzig Jahren kannten nur sehr wenige Menschen den Sinn des Wortes Ethnologie, und ein liberaler Kritiker konnte gegen den Titel von Goldenweisers Buch *Early Civilization* protestieren, das von den Kulturen handelte, die Menschen so mühsam errichtet hatten. Aber schon damals war es klar, daß Ethnologen an zeitgenössischen Problemen arbeiten und moderne Hilfsmittel benutzen mußten, während es noch primitive Völker gab, relativ unberührte primitive Völker, unter denen wir arbeiten konnten.

Kurz vor Abschluß meines Studiums wachte ich manchmal auf und sagte mir: «Der letzte Mann auf Raratonga, der noch etwas über die Vergangenheit weiß, stirbt vielleicht heute. Ich muß mich beeilen.» Das war zu einer Zeit, als ich die Ethnologie erst vage als Rettungsaktion verstand und noch kaum wußte, daß wir an die alten Männer und die alten Frauen herankommen mußten, die sich als einzige an die alten Bräuche erinnern, die, wenn sie erst einmal zerstört sind, nie wieder rekonstruiert werden können.

Aber ich fuhr 1925 nicht nach Samoa, um die Erinnerungen der alten Leute daran, wie früher Titel vergeben wurden, aufzuzeichnen oder, wie Hieroglyphen-Tabus in Bäume eingeschnitzt wurden, oder um noch weitere Versionen polynesischer Göttergeschichten zu sammeln. Ich fuhr nicht als Antiquitätensammler oder Vertreter eines Fachs dorthin, dessen Mitglieder hauptsächlich mit den Besonderheiten des Verwandtschaftssystems oder mit der Deutung primitiver Mythen beschäftigt waren, wobei primitive Völker wie versteinerte Vorfahren behandelt wurden und dazu dienten, den zeitgenössischen Glauben an die Überlegenheit oder Degeneration der westlichen Gesellschaft zu stützen.

Ich ging nach Samoa – wie später zu den anderen Gesellschaften, über die ich arbeitete –, um mehr über die Menschen zu erfahren, Menschen, die sich nur durch ihre Kultur von uns unterscheiden. Durch die Zufälle der Geschichte hatten sich diese Kulturen so anders als unsere eigenen entwickelt, daß die Kenntnis von ihnen ein einzigartiges Licht auf uns werfen konnte, auf unsere Möglichkeiten und unsere Grenzen. Keine Versuchsanordnung, wie komplex sie auch immer sein mag, kann simulieren, was es bedeutet, als Samoaner, als Arapesh, Manus oder Balinese aufgezogen zu werden. Wir können unzählige, sorgfältig kontrollierte Experimente mit Studenten ausführen und doch nichts über jene Dinge erfahren, die uns das Studium von Völkern verschiedener lebendiger Kulturen vermitteln kann. Aber die meisten Menschen ziehen es vor, jene Art von Experimenten auszuführen, die dem Wissenschaftler das Gefühl belassen, er würde die Situation kontrollieren, statt sich der Situation auszuliefern, was man tun muß, wenn man Menschen, wie sie tatsächlich leben, studiert.

Zumeist sind Euro-Amerikaner heute noch so ethnozentrisch, so sehr mit ihren eigenen Problemen und ihrer eigenen, engen Sicht der Welt beschäftigt, so unwillig, über sich selbst und ihre eigene Zeit hinauszudenken, wie sie zu Anfang des zwanzigsten Jahrhunderts waren, als die Einsichten von Freud und Durkheim und etwas später von Piaget verzerrt wurden durch mangelnde Sorgfalt in der Beobachtung des wirklichen Verhaltens primitiver Völker und durch die Unkenntnis der Möglichkeiten, exakte vergleichende Studien menschlichen Verhaltens in solchen Kulturen durchzuführen, die auf einer anderen historischen Tradition beruhen als unsere eigene. Heutzutage gibt es Menschen, die bereit dazu sind, wie mittelalterliche Scholastiker die Literatur zu durchsuchen und dann ihre fragmentarischen Funde der ganzen modernen Komplexität der Computeranalyse zur Verfügung stellen. Dann gibt es die Rebellen auf der Suche nach einem «natürlichen» Leben, die gerne das Experiment wagen würden, in der Mitte einer primitiven Volksgruppe zu leben. Dann gibt es die sentimentalen Menschen, die am liebsten Zäune um die überlebenden Gruppen primitiver Völker errichten und sie wie wilde Tiere in einem Naturschutzpark behandeln würden. Und immer häufiger gibt es jene, die versuchen, primitive Völker, die am Rande der modernen Zivilisation leben, in Touristenattraktionen zu verwandeln – als handelte es sich um exotische Tiere, die sich in einem Zoo zur Schau stellen lassen. Aber wie viele Sozialwissenschaftler gibt es heute, die auf Wege sinnen, wie primitive Völker, soweit sie noch existieren, zu unseren Partnern und Mitarbeitern auf der Suche nach dem Wissen werden können, das letzten Endes ihre Kinder ebenso wie unsere retten könnte?

In gewisser Hinsicht könnten wir immer noch in den zwanziger Jahren leben, sogar was die Vorstellungen betrifft, die uns beim Lesen von Edna St. Vincent Millays Gedicht «The Blue Flag in the Bog» einfielen, in dem sie schrieb: «Alles, was ich jemals wußte, enthält diese Flamme hinter mir.» Der Unterschied ist der, daß die Dinge, von denen wir in jenen Tagen träumten und die wir fürchteten, heutzutage Realitäten sind. Das Feuer, das sich Edna Millay vorstellte, ist die Bombe, deren Wirkungen wir in noch sehr kleinem Umfang bereits erlebt haben. Das Ende der Welt – das Höllenfeuer, über das Billy Sunday predigte – ist zu einer realen Möglichkeit geworden. Die Verbrüderung der Menschheit und die allgemeine Humanität der Menschen, die in den zwanziger Jahren als religiöser Glaube oder als wissenschaftliche Hypothese galt, sind heutzutage vorrangige Wahrheiten.

In den zwanziger Jahren wußten wir, daß primitive Gesellschaften im Aussterben begriffen waren. Heute wissen wir, daß diejenigen, die noch übriggeblieben sind, durch den überwältigenden Einfluß unserer Technik sogar noch schneller zerstört werden – tief in Lateinamerika von skrupellosen, unkontrollierten Aktionen aus kommerzieller Gier; in Neuguinea durch Ausbeutung und das ideologische Streben nach einer Art von Unabhängigkeit, welche die Wirkungen der Ausbeutung noch verheerender machen wird; in Afrika und anderswo durch die Handlungen junger Bürokraten, deren Ziel es ist, ihre neuen Länder nach euro-amerikanischem, demokratischem oder kommunistischem Vorbild zu formen.

Trotzdem gibt es in abgeschiedenen Teilen der Welt immer noch lebende primitive Gesellschaften. Nicht nur eine Handvoll alter Männer, die sich an Teile der Initiations-Riten erinnern oder sich langsam und schmerzlich Verfahren schwarzer Magie ins Gedächtnis zurückrufen können – ein Wissen, das tief begraben liegt unter dem Schutt von zwei Generationen Missionarsunterricht; sondern vollständige, funktionierende Gesellschaften. Durch das Studium dieser Völker, die heute noch so leben wie vor Jahrhunderten und die Denk- und Gefühlsformen verkörpern, die wir nicht kennen, könnten wir unserem Wissen von uns selbst unermeßlich viel beifügen. Unter Verwendung moderner Techniken, zum Beispiel des Tonfilms, könnten Ethnologen Material für sehr viel detailliertere und zuverlässigere Analysen heranschaffen, als es früher gelang, wo wir davon abhängig waren, was ein einzelner Beobachter einmal zu sehen bekam, ein Beobachter, der nur einen Stift hatte, um aufzuschreiben, was er im Vorübergehen bemerkte. Im Unterschied zu den Stößen von Notizen in einer persönlichen Kurzschrift, die den ursprünglichen Beobachter nicht überleben, könnten Aufzeichnungen, wie sie heute möglich sind, eine unbezahlbare Quellensammlung für Generationen von neu geschulten Beobachtern darstellen.

Es ist richtig, daß herrliche Arbeit geleistet wurde seit der Zeit, als Gregory Bateson und mir klarwurde, was sich erreichen ließ, wenn man primitives Verhalten fotografisch festhielt, und wir einen quantitativen Sprung von den zwei- bis dreihundert Fotos, die man normalerweise brauchte, um eine Studie zu illustrieren, hin zu fünfundzwanzigtausend Fotografien machten, die unsere Beobachtungen enthielten. Aber wenn Ethnologen heute vollen Gebrauch von den herrlichen neuen technischen Möglichkeiten machen würden und so vorbereitet auf Forschungsreise gingen, daß sie die neuen Theorien zur Evolution der Instinkte des Menschen und der Hirnfunktion in ihre Arbeit mit einbeziehen könnten, und außerdem all das, was wir über den prägenden Einfluß von Grundmustern und die Entwicklung der individuellen Persönlichkeit erforscht haben, dann könnten sie mit Material zurückkommen, welches das, was wir leisten konnten, enorm erweitern würde.

Aber nur eine Handvoll Leute sind an der Arbeit. Die mageren Forschungsstipendien kommen häufiger Experimenten im Laboratorium oder anderen modischen Sackgassen zugute, als weiteren wichtigen Feldforschungsarbeiten. Und doch brauchen die Humanwissenschaftler für ihre Arbeit neues geeignetes Material. Und wir brauchen das beste Material, das wir nur zusammentragen können, um junge Humanwissenschaftler einer anderen Generation auszubilden, die über das Wesen der Menschen nachdenken werden, wenn es keine primitiven Gesellschaften mehr gibt und keine Gesellschaft, die nicht nur eine Spielart der weltweiten Kultur verkörpert.

Es gibt aber auch noch andere Möglichkeiten für Ethnologen. Während des Krieges lernten wir, wie wir unser Wissen und unsere Erfahrung, die wir uns während der Forschungsarbeit unter primitiven Volksgruppen angeeignet hatten, für Studien von Kulturen der modernen Welt benutzen konnten, die jene Studien ergänzten, die in Fächern entstanden, die nur innerhalb moderner Gesellschaften arbeiten und denen die Erhellung durch vergleichende Studien und die Übung fehlt, am beobachteten Verhalten lebender Menschen zu lernen. Was wir wußten, wurde damals in den Dienst des Krieges gestellt; jetzt werden diese ethnologischen Fertigkeiten dringend benötigt, um an weltweiten Problemen zu arbeiten – Probleme, die keine Nation, keine Gesellschaft unabhängig von allen anderen lösen kann. Forschungsarbeit unter isolierten primitiven Völkern ist noch immer die lohnendste Aufgabe für den einzelnen Ethnologen und für die Wissenschaften vom menschlichen Verhalten. Aber wir müssen auch die Gesellschaften verstehen, in denen unser wachsendes Wissen eingesetzt wird.

Erfahrungen mit einer anderen Kultur kann man durch Arbeit in irgendeiner anderen Gesellschaft sammeln, nicht notwendigerweise in einer isolierten und technologisch einfachen, und sie können in einer modernen Gesellschaft die Arbeit anderer Disziplinen ergänzen. Ethnologisch gut ausgebildet kann der Student, der die Sprache erlernt und völlig in der Gesellschaft lebt, die er systematisch studiert, genügend Einsichten aus allen Bereichen dieser Kultur sammeln, um wichtige Beiträge zu Theorie und Praxis zu leisten. Aber nirgendwo bereiten wir Studenten auf Arbeit dieser Art vor, indem wir sie dazu ausbilden, als Ethnologen mit Vertretern anderer Fächer zusammenzuarbeiten, oder indem wir einer neuen Generation von Studenten die Methoden beibringen, die schon vor einer Generation für ethnologische Forschung in modernen Gesellschaften entwickelt wurden. Viel Forschungsarbeit wurde an Kulturen geleistet, die nur aus der Ferne studiert wurden. Studien aus erster Hand wären ein Abenteuer ganz anderer Art.

Was gibt es für junge Ethnologen zu tun? In gewissem Sinn alles. Die bestmögliche Arbeit wurde noch nicht geleistet. Wenn ich heute einundzwanzig Jahre alt wäre, würde ich mich – als Ethnologin – dem Kommunikationsnetz von jungen Leuten aus aller Welt anschließen, die die Dringlichkeit lebenserhaltender Veränderungen erkannt haben.

Aber so spreche ich von der Erfahrung meines eigenen Lebens, in dem ich die Vergangenheit und die Zukunft als Aspekte der Gegenwart betrachtet habe. Wissen gekoppelt mit Handlung – Wissen darüber, was der Mensch war und was er ist – kann die Zukunft schützen. Ich glaube, es liegt eine Hoffnung darin, das Abenteuer der Menschheit als Ganzes zu sehen und einzig darauf zu vertrauen, daß das Wissen um den Menschen, wenn es in Ehrfurcht vor dem Leben erworben wird, Leben bringen kann.

Stammbaum

URGROSSELTERN | **GROSSELTERN** | **ELTERN**

JAMES MEAD
=
Margaret Sherwood

1. Ella =
2. *GILES F. MEAD*
   1841 – 1880
   =
3. ARTHUR =

RICHARD RAMSAY
1810 – 1885
= 1830
Priscilla Reese
1812 – 1890

1. Rachel Ann =
   1831 – 1904
2. ELLIS ANDREW =
3. WILLIAM
   WARWICK =
   1835 – 1909
4. MILTON
   COULTER =
   1837 – 1918
5. Nancy Jane =
6. Sarah Elizabeth
   183? – 1888
7. *Martha Adaline* =
   1845 – 1927
8. Louisiana Priscilla =
   1847 – 1920
9. Caroline =
   1851 – 1885

EDWARD SHERWOOD
MEAD
1874 – 1956
= 1900

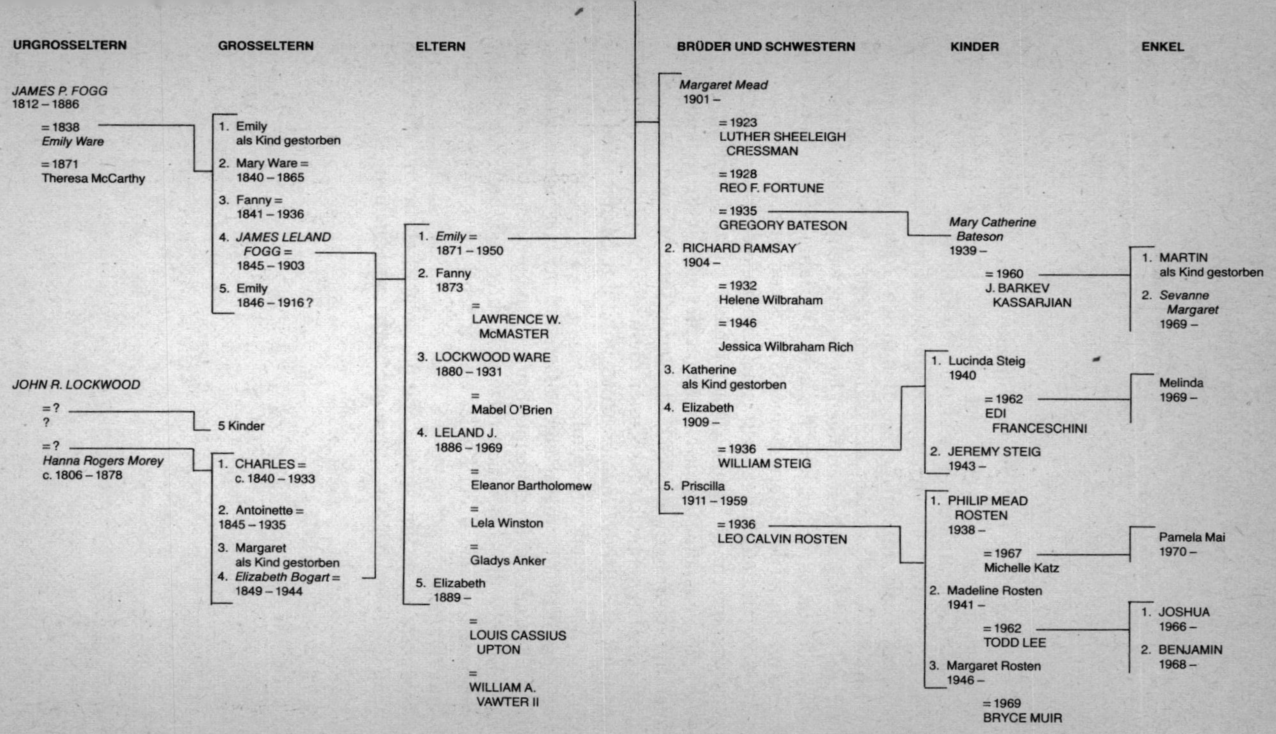
URGROSSELTERN
GROSSELTERN
ELTERN
BRÜDER UND SCHWESTERN
KINDER
ENKEL
JAMES P. FOGG
1812 – 1886
= 1838
Emily Ware
= 1871
Theresa McCarthy
JOHN R. LOCKWOOD
= ?
?
= ?
Hanna Rogers Morey
c. 1806 – 1878
1. Emily
als Kind gestorben
2. Mary Ware =
1840 – 1865
3. Fanny =
1841 – 1936
4. *JAMES LELAND FOGG* =
1845 – 1903
5. Emily
1846 – 1916 ?
5 Kinder
1. CHARLES =
c. 1840 – 1933
2. Antoinette =
1845 – 1935
3. Margaret
als Kind gestorben
4. *Elizabeth Bogart* =
1849 – 1944
1. *Emily* =
1871 – 1950
2. Fanny
1873
=
LAWRENCE W. McMASTER
3. LOCKWOOD WARE
1880 – 1931
=
Mabel O'Brien
4. LELAND J.
1886 – 1969
=
Eleanor Bartholomew
=
Lela Winston
=
Gladys Anker
5. Elizabeth
1889 –
=
LOUIS CASSIUS UPTON
=
WILLIAM A. VAWTER II
Margaret Mead
1901 –
= 1923
LUTHER SHEELEIGH CRESSMAN
= 1928
REO F. FORTUNE
= 1935
GREGORY BATESON
2. RICHARD RAMSAY
1904 –
= 1932
Helene Wilbraham
= 1946
Jessica Wilbraham Rich
3. Katherine
als Kind gestorben
4. Elizabeth
1909 –
= 1936
WILLIAM STEIG
5. Priscilla
1911 – 1959
= 1936
LEO CALVIN ROSTEN
Mary Catherine Bateson
1939 –
= 1960
J. BARKEV KASSARJIAN
1. Lucinda Steig
1940
= 1962
EDI FRANCESCHINI
2. JEREMY STEIG
1943 –
1. PHILIP MEAD ROSTEN
1938 –
= 1967
Michelle Katz
2. Madeline Rosten
1941 –
= 1962
TODD LEE
3. Margaret Rosten
1946 –
= 1969
BRYCE MUIR
1. MARTIN
als Kind gestorben
2. *Sevanne Margaret*
1969 –
Melinda
1969 –
Pamela Mai
1970 –
1. JOSHUA
1966 –
2. BENJAMIN
1968 –

Anhang: Stammbaum

Dieses Buch wurde in der Familieneinheit von den Großeltern bis zum Enkel des Enkels geschrieben. Der Sprecher, der in der Mitte steht, verleiht den Generationen auf beiden Seiten Realität.

Nach vier Generationen hat man in den Vereinigten Staaten normalerweise den Kontakt mit den Verwandten in den Ursprungsländern verloren. Ich weiß, daß sieben der Ahnenreihen, die sich von meinen Ur-Großeltern aus zurückverfolgen lassen, bis weit vor die Amerikanische Revolution zurückreichen; der achte Vorfahre war ein Tory. Hier gehe ich nur bis zu den Eltern meiner Großeltern zurück.

Jede der vertikalen Reihen stellt eine Generation dar:

In der *ersten* nenne ich nur die Namen meiner acht Urgroßeltern.

In der zweiten nenne ich die Namen meiner vier Großeltern und ihrer Brüder und Schwestern, aber nicht die Namen ihrer Männer und Frauen.

In der dritten nenne ich die Namen meiner Eltern und die Namen der Schwestern und Brüder meiner Mutter und ihre Männer und Frauen. Mein Vater war ein einziges Kind.

Die vierte Reihe ist meine eigene Generation; hier nenne ich meine eigenen Ehen und die Ehen meines Bruders und meiner Schwester.

Die fünfte ist die Generation meiner Tochter und ihrer Vettern und Cousinen ersten Grades, der Kinder meiner Schwestern, mit ihren Männern und Frauen.

Die sechste ist die jüngste Generation meiner Enkelin und ihrer Vettern und Cousinen, der Kinder meiner Neffen und Nichten.

Nachwort von Margarete Mitscherlich-Nielsen

Die Amerikanerin Margaret Mead, 1901 geboren, gehört zu den bekanntesten Anthropologen und Ethnologen unserer Zeit. Sie untersuchte die Lebensbedingungen, Sitten und Verhaltensweisen einer Anzahl primitiver Völker, darunter nordamerikanische Indianerstämme und sieben Südseekulturen. Sie lernte deren Sprachen und bemühte sich in einzigartiger Weise darum, sich in ihre für einen Amerikaner oder Europäer oft schwer verständlichen Verhaltensweisen und Lebensformen einzufühlen. Die Vorstellungen mancher Anthropologen, bei den primitiven Völkern die Ursprünge der eigenen Kultur entdecken zu können, lehnte sie ab. Denn es gibt Kleinkulturen, zum Beispiel diejenigen der Eskimos und der Samoaner oder auch mancher Indianerstämme, die, was ihre geschichtliche Vergangenheit betrifft, so alt oder älter sind als manche europäische Kultur.

Ihr geht es darum, mit Hilfe von Erfahrungen andersartiger Lebensformen neue Gesichtspunkte für die Betrachtung der eigenen Kultur beisteuern zu können.

Mit den Unterschieden im Verhalten der Geschlechter hat sich Margaret Mead ausgiebig beschäftigt. Es lag ihr daran, Genaueres darüber zu erfahren, wie weit die unterschiedlichen Charaktereigenschaften von Mann und Frau sich als biologisch bedingt herausstellten oder durch die Einflüsse der jeweiligen Kulturen geformt wurden. Dabei war ihr klar, daß die Antworten, die sie bekommen würde, von der Art ihres Fragens nicht unabhängig sein könnten. Sie versuchte nicht blind gegenüber der Tatsache zu sein, daß die jeweilige Kultur, in der wir aufwachsen, unsere Fähigkeit, beobachten und Probleme wahrnehmen zu können, auf spezifische Weise einschränkt.

Bei der Untersuchung der sieben Südseevölker zum Beispiel war dennoch nicht zu übersehen, daß das, was als «weiblich» und was als «männlich» bezeichnet wurde, sich von Stamm zu Stamm unterschied, nicht selten geradezu gegensätzlich war. Nach den Maßstäben der westlichen Welt verhielten sich die Männer oft «weiblich», die Frauen «männlich», oder aber es bestand eine Mischung von sogenannten geschlechtsspezifischen Eigenschaften, wie sie in dieser Zusammensetzung in der westlichen Welt nicht bekannt war. Dennoch unterschieden sich in allen Stammesgemeinschaften die Verhaltensweisen der Männer von denjenigen der Frauen; ihre geschlechtsspezifischen Aufgaben, mochten sie noch so von den uns bekannten abweichen, strukturierten in typischer Weise das Zusammenleben der einzelnen Stammesgemeinschaften.

«Die Beziehungen zwischen Männern und Frauen, Eltern und Kindern sind die entscheidenden Bereiche menschlicher Beziehungen überhaupt. So wie diese Beziehungen vorgezeichnet wurden, so werden sie dem Kinde an der Mutterbrust weitergegeben, das, noch ehe es gehen lernt, einen ganz bestimmten Begriff der Geschlechtererziehung in sich aufnimmt und andere Begriffe auszuschließen lernt»; so Margaret Mead in ihrem Buch «Mann und Weib»*. Liest man die Lebensgeschichte Margaret Meads, ist man geneigt, auch an sie selber anthropologische und/oder psychologische Maßstäbe anzulegen und zu verstehen zu suchen, auf welche Weise Kindheit und Jugend auf die spätere Entwicklung von Margaret Mead einwirkten.

Sie wurde als älteste Tochter eines Universitätsprofessors in Philadelphia geboren. Ihre Mutter, die als Studentin heiratete, nahm während ihrer Ehe das Studium wieder auf und promovierte, als sie Mutter von fünf Kindern war. Später beteiligte sie sich aktiv an der Lösung zahlreicher sozialer Probleme und publizierte darüber viele Artikel. Trotz der Anerkennung, die ihr ihre Arbeit einbrachte, spielte sie in den Augen ihrer Tochter Margaret in der Familie eine untergeordnete Rolle. Der Vater, der mit tyrannischer Selbstverständlichkeit die Aufmerksamkeit der Familie auf sich lenkte, stand offenbar höher in ihrer Achtung. Von ähnlicher Bedeutung war die Großmutter, die beständiger und einfühlender als der Vater und wohl auch als die Mutter war und mit der sich Margaret Mead ganz offensichtlich weitgehend identifizierte.

Auffallend für die Familie war, daß sie fortwährend umzog. Für den Amerikaner ist das allerdings in keiner Weise so ungewöhnlich, wie das dem deutschen Leser erscheinen mag. Im Sommer bewohnten sie ein Haus auf dem Lande, im Winter zog die Familie mit dem Vater in die Nähe seiner Universität, Frühjahr und Herbst verbrachte sie auf einem Besitz, der ihr gehörte und den Margaret Mead als ihre eigentliche Heimat anzusehen gewohnt war. Man hat ihre Fähigkeit, sich überall schnell zu Hause zu fühlen und sich in die verschiedenen Volksstämme und ihre Sprachen erstaunlich differenziert einfühlen zu können, in Zusammenhang damit gebracht, daß sie sich schon als Kind an immer neue häusliche und mitmenschliche Beziehungen zu gewöhnen hatte.

Eines ist jedoch auffällig: sie hatte im Laufe ihres Lebens immer wieder die Tendenz, um sich herum eine Art Großfamilie zu errichten, gemeinsam mit Freunden große Häuser zu bewohnen, in denen sie ein Zimmer für sich einrichtete, das sie ganz als ihr eigenes anerkannt wissen wollte. Ähnlich bezeichnete sie auch über viele Jahre ihres Lebens ein Zimmer

* Mann und Weib, Hamburg 1958, S. 15 (rowohlts deutsche enzyklopädie 680).

im American Museum of Natural History, dessen Assistent Curator für Ethnologie sie war, als ihr Zuhause.

Sie war das älteste von fünf Kindern. Nach ihr wurde ein Bruder geboren und später noch drei Schwestern, von denen eine als kleines Kind starb. Schon früh fühlte Margaret Mead sich als die Bestimmende innerhalb der Geschwisterreihe, meinte den Bruder zu beherrschen und hatte Schuldgefühle, wenn er gesundheitlich anfällig und weniger robust als sie war. Bei einer Frau, die sich über viele Jahre ihres Lebens mit den familiären Zusammenhängen und Problemen der unterschiedlichsten Völker befaßt hat, fällt auf, daß sie den Problemen in der eigenen Familie eher aus dem Wege geht. Rivalitäten in der Familie, offensichtlichen Benachteiligungen gegenüber, denen sie als Mädchen ausgesetzt war, stellt sie sich oft blind. Ein Beispiel: Aus der Selbstdarstellung ihrer Kindheit geht deutlich hervor, daß der Bruder vom Vater, der, wie erwähnt, innerhalb der Familie die wichtigste Rolle spielte, bevorzugt wurde. Margaret Mead betont aber dennoch immer wieder, daß sie nicht weniger erwünscht war als ihr Bruder und daß sie niemals darunter gelitten habe, «nur» ein Mädchen zu sein.

Der Vater war eine gewichtige Figur, gewiß, aber auch bei Margaret Mead scheint eine Familienkonstellation sich herausgebildet zu haben, wie sie in der westlichen Welt nicht selten vorkommt. Die Überlegenheit des Vaters, seine die Familie beherrschende Stellung und seine wissenschaftliche Bedeutung als Universitätsprofessor wurden einerseits anerkannt, andererseits wurde seine launische, oft unverständige und tyrannische Wesensart von der Großmutter wie von der Mutter sowohl geduldet als auch belächelt; die Mutter reagierte nicht selten mit Zorn und Verachtung auf ihn.

Die Familie, in der Margaret Mead groß wurde, hatte noch etwas von dem Flair, aber auch den Schwierigkeiten einer Großfamilie. Die Großmutter, eine früh verwitwete, langjährige Lehrerin, zog bald nach deren Eheschließung zu den Eltern Margarets, um an der Pflege und Ausbildung der Kinder mitzuhelfen. An ihrem einzigen Sohn, dem Vater Margarets, schien sie einerseits sehr zu hängen, obwohl sie auf der anderen Seite immer die Partei der Mutter ergriff, wenn der Vater tyrannische oder irrationale Forderungen stellte. Seine Affären mit anderen Frauen, auch der einmal auftretende ernsthafte Wunsch, die Familie zu verlassen, mißbilligte sie streng. Dennoch litt die Mutter Margarets unter der dauernden Anwesenheit ihrer Schwiegermutter und der Bedeutung, die diese für ihren Mann und ihre Kinder ganz offensichtlich besaß.

Schon bei Freud können wir feststellen, daß die Frau als Mutter eine andere Art der Anerkennung findet, als die Frau als Tochter und später als sexuelle Partnerin. Denn obwohl Freud einerseits wenig Erfreuliches über die weibliche Psyche zu berichten wußte, wie er es einmal selber sagte, machte er andererseits die Mutter und deren Liebe für das Selbstvertrauen und den Erfolg im Leben des Sohnes verantwortlich. Freuds hohe Bewertung der Mutter (eines Sohnes) und die niedrige der Frau als Ehefrau oder auch als Tochter ist in ihrer Widersprüchlichkeit von der Psychoanalyse selten aufgenommen und nur ungenügend geklärt worden.

Diese unterschiedliche Bewertung von Frauen mag auch bei Margaret Mead dazu beigetragen haben, daß ihre Beziehungen zur Mutter des Vaters weniger ambivalent waren als diejenigen zur Mutter. Entsprechend hat sie sich auch bewußt weit mehr mit der Großmutter als mit der Mutter identifiziert. Die Mutter wird als ein Mensch geschildert, der sich gegen soziale Ungerechtigkeit und für deren Beseitigung vehement einsetzte, der es aber an Einfühlung und Humor gelegentlich fehlen ließ und sogar auf naive Weise Klassendünkel zeigen konnte. Die Großmutter lebte ganz für die Familie und die Erziehung der Kinder. Auch sie war, wie die Mutter, eine gebildete Frau, die über viele Jahre als Lehrerin sich selbständig durchgesetzt hatte. Wie Mutter und Großmutter ist Margaret Mead denn auch bereit, sich in hohem Maße für andere einzusetzen, hat aber – so meint man es zwischen den Zeilen ihrer Biographie lesen zu können – hier und da die Neigung, durch ihre Hilfsbereitschaft tyrannisch auf ihre Umwelt zu wirken, so daß sich ihre Ehemänner gelegentlich darüber beklagen, von ihr unterdrückt zu werden.

Folgt man den Berichten ihrer Kindheit und später denjenigen ihrer Zeit als Studentin, als Ehefrau und als Wissenschaftlerin, glaubt man Wiederholungstendenzen beobachten zu können, die aus Identifikationen mit Mutter und Großmutter und aus ungelösten Kindheitsproblemen in der Beziehung zum Bruder stammen. Allerdings war sie im Gegensatz zur Mutter imstande, sich wiederholt von einem Mann zu lösen, von dem sie sich innerlich entfernt hatte. Die intellektuelle Zusammenarbeit mit ihren männlichen Partnern war ihr von größter Bedeutung. Dabei identifizierten sich ihre Ehemänner mit ihr und ihren Interessen zeitweilig mehr als sie sich mit ihnen. Sie hat zweifellos besser gelernt als ihre Mutter, sich zu wehren.

Bis auf den ersten waren die Männer, die sie heiratete, immer um einige Jahre jünger als sie. Fand hier eine Wiederholung der Beziehung zu ihrem jüngeren Bruder statt? Er war einer der wichtigsten Spielkameraden ihrer Kindheit, ihr jedoch an Vitalität und Durchsetzungskraft unterlegen. Ihr zweiter Mann, Reo Fortune, beklagte sich laut ihrer Darstellung darüber, daß er nach der Eheschließung mit ihr nie mehr in der Lage sein werde, Bücher zu schreiben, die als ausschließlich von ihm stammend anerkannt würden. Reo Fortune wird in manchem ihrer Berichte übrigens ähnlich tyrannisch und, was die Leistung und die Stellung der Frau betrifft, ähnlich einfühlungslos wie der Vater geschildert. Alle drei Ehen werden geschieden, es bleiben aber freundschaftliche und wissenschaftliche Beziehungen zu den früheren Ehemännern ein Leben lang bestehen. Mit Reo Fortune und Gregory Bateson unternimmt sie gemeinsam die meisten ihrer anthropologischen und ethnologischen Forschungsreisen. Beide sind aber auch ihre Rivalen; das will sie, so scheint es, nicht recht wahrhaben. So wenig wie sie in ihrer Kindheit realisieren wollte, daß auch ihr jüngerer Bruder ein Konkurrent um die Liebe der Eltern für sie gewesen ist.

Die Autobiographie Margaret Meads erscheint in der Reihe «neue frau». Ist Margaret Mead eine «neue Frau»? Und wenn ja, in welcher Beziehung? Ohne Zweifel hat sie sich durch ihre anthropologischen und ethnologischen Forschungen große Verdienste erworben. Indem sie die Geschlechtsbeziehungen in den verschiedenen Kleinkulturen untersuchte und miteinander verglich, konnte sie zeigen, daß es biologisch begründete, unveränderbare geschlechtsbedingte Eigenschaften und Daseinsnormen nicht gibt. Dadurch hat sie dazu beigetragen, daß sich das Selbstverständnis der Frauen in unserer westlichen Welt geändert hat. Ihre wissenschaftliche Arbeit bekräftigte, daß eine Frau nicht als Frau geboren, sondern dazu gemacht wird, d. h., daß unsere Erziehung und die jeweiligen kulturell bedingten Ansichten über «Weiblichkeit» und «Männlichkeit» uns bestimmte Verhaltensweisen aufzwingen.

Dennoch ist Margaret Mead keine engagierte Feministin im heutigen Sinn. Gegenseitige Rücksichtnahme der Geschlechter aufeinander ist ihr Ideal. Sie hat offenbar eher Angst vor zuviel Erfolg, Angst davor, damit Männer zu erschrecken und deren Selbstgefühl zu untergraben.

Da sie selbst sich nicht unterdrückt fühlte, oder zumindest nicht wahrhaben wollte, daß sie als kleines Mädchen im Verhältnis zum Bruder von den Eltern weniger Aufmerksamkeit erfuhr, war ihr der Kampf der Frauen um ihre Eigenständigkeit und ihre Gleichberechtigung von eher sekundärer Bedeutung. Ihre wiederholte Betonung, daß das kleine Mädchen Angst vor seiner größeren Begabung haben müsse, Angst davor, den Knaben damit zu schädigen, scheint in der Tat eigenen kindlichen Schuldproblemen zu entstammen und darüber hinaus kindliche Rivalitäten und Feindseligkeit dem nach ihr geborenen Bruder gegenüber abzuwehren.

Eine Festlegung dessen, was in einer bestimmten Gesellschaft als männlich, was als weiblich zu gelten habe, ist nach ihrer Ansicht für die Strukturierung jeder Gesellschaft notwendig. Aber nicht selten widerspricht sie sich. Einerseits haben wir durch sie erfahren, daß die meisten Kulturen unterschiedliche oder gar gegensätzliche Auffassungen von «weiblich» und «männlich» hervorbringen, dann aber konfrontiert sie uns andererseits mit eigenen Normvorstellungen aus ihrer bürgerlichen amerikanischen Umwelt von «typisch» weiblichen Eigenschaften, wie zum Beispiel derjenigen der Intuition, die sie anscheinend als unabhängig von Erziehung und Kultur ansieht.

Sie setzte sich, wie ihre Mutter und ihre Großmutter, bewußt für alle ein, die sie als unterdrückt empfand, und kämpfte wie diese deswegen auch gegen Vorurteile, wie sie in unserer patriarchalisch bestimmten Kultur Frauen gegenüber tief verwurzelt sind. Innerlich war sie aber nicht dazu bereit, für sich zu akzeptieren, daß in unserer Kultur die Frau – im Verhältnis zum Mann – als zweitrangig erlebt wird. Mit Recht, denn sie kämpfte ein Leben lang mit Erfolg dagegen und wurde weltberühmt. Die theoretische Verarbeitung ihrer Erfahrungen blieb aber meines Erachtens von den eigenen Konflikten und deren Verdrängungen nicht unberührt. Wie kann es auch anders sein.

Ist sie also eine «neue Frau»? Was ihre Fähigkeiten, ihre Durchsetzungskraft und ihre geistige Selbständigkeit anbetrifft ganz sicherlich, obwohl es Frauen dieser Art durch die Jahrhunderte immer wieder gegeben hat. Weitgehend bleibt sie mit männlichen Erfolgs- und Leistungsidealen identifiziert. Ihre Glorifizierung der Frau als Mutter wirkt auf dem Hintergrund der eigenen Lebenspraxis, in der die wissenschaftliche Arbeit stets vorrangig war, etwas gekünstelt. Aber wenn sie auch die Wertsysteme der eigenen Kultur, das was dort als gut und richtig für Mann und Frau gilt, zu wenig in Frage stellt, so hat sie doch durch ihre ethnologische Pioniertätigkeit Erkenntnisse gesammelt und uns gelehrt, Vergleiche mit Frauen anderer Kulturen vorzunehmen und Fragen über Sinn und Wert der jeweilig als «weiblich» propagierten Verhaltensweisen zu stellen, die uns ohne ihre Forschungen so leicht nicht in den Sinn gekommen wären.

Personenregister

Inhalt